令和六年

2024年版

高島易断開運本暦

高島易断蔵版

令和6年略暦

閏年　甲辰

西暦2024年・皇紀2684年

大

月	一日
一	乙丑
三	丁卯
五	己巳
七	辛未
八	壬申
十	甲戌
十二	丙子

小

月	一日
二	丙寅
四	戊辰
六	庚午
九	癸酉
十一	乙亥

三伏日

初伏	七月十五日
中伏	七月廿五日
末伏	八月十四日

国民の祝日

元日	一月一日
成人の日	一月八日
建国記念の日	二月十一日
天皇誕生日	二月廿三日
春分の日	三月廿日
昭和の日	四月廿九日
憲法記念日	五月三日
みどりの日	五月四日
こどもの日	五月五日
海の日	七月十五日
山の日	八月十一日
敬老の日	九月十六日
秋分の日	九月廿二日
スポーツの日	十月十四日
文化の日	十一月三日
勤労感謝の日	十一月廿三日

民俗行事

旧元日	二月十日
初午	二月十二日
ひな祭り	三月三日
花まつり	四月八日
メーデー	五月一日
端午	五月五日
七夕	七月七日
ぼん	七月十五日
十五夜	九月十七日
十三夜	十月十五日
七五三	十一月十五日

甲子
一月一日　三月一日　四月卅日　六月廿九日　八月廿八日　十月廿七日　十二月廿六日

天赦
一月一日　三月十五日　五月卅日　七月廿九日　八月十二日　十月十一日　十二月廿六日

八専
二月十八日　四月十八日　六月十七日　八月十六日　十月十五日　十二月十四日

庚申
二月廿六日　四月廿六日　六月廿五日　八月廿四日　十月廿三日　十二月廿二日

土用
一月十八日　四月十六日　七月十九日　十月廿日

十方暮れ
一月廿一日　三月廿一日　五月廿日　七月十九日　九月十七日　十一月十六日

己巳
一月六日　三月六日　五月五日　七月四日　九月二日　十一月一日　十二月卅一日

彼岸
三月廿日　九月廿二日

社日
三月廿五日　九月廿一日

天一天上
一月卅日　三月卅日　五月廿九日　七月廿八日　九月廿六日　十一月廿五日

二十四節気

小寒	一月六日
大寒	一月廿日
立春	二月四日
雨水	二月十九日
啓蟄	三月五日
春分	三月廿日
清明	四月四日
穀雨	四月十九日
立夏	五月五日
小満	五月廿日
芒種	六月五日
夏至	六月廿一日
小暑	七月六日
大暑	七月廿二日
立秋	八月七日
処暑	八月廿二日
白露	九月七日
秋分	九月廿二日
寒露	十月八日
霜降	十月廿三日
立冬	十一月七日
小雪	十一月廿二日
大雪	十二月七日
冬至	十二月廿一日

日曜表

一月	七日、十四日、廿一日、廿八日
二月	四日、十一日、十八日、廿五日
三月	三日、十日、十七日、廿四日、卅一日
四月	七日、十四日、廿一日、廿八日
五月	五日、十二日、十九日、廿六日
六月	二日、九日、十六日、廿三日、卅日
七月	七日、十四日、廿一日、廿八日
八月	四日、十一日、十八日、廿五日
九月	一日、八日、十五日、廿二日、廿九日
十月	六日、十三日、廿日、廿七日
十一月	三日、十日、十七日、廿四日
十二月	一日、八日、十五日、廿二日、廿九日

雑節

節分	二月三日
八十八夜	五月一日
入梅	六月十日
半夏生	七月一日
二百十日	八月卅一日

2024年版

令和6年　高島易断開運本暦

幸せと繁栄の手引書

この暦を活用して幸運を手に入れましょう。

■今年のあなたの運勢がわかります
■日本と世界の動きや景気がわかります
■方位の吉凶、吉日がわかります
■人相・手相・家相がわかります
■幸せを呼ぶ命名法
■厄年の知識
■魔除けのお咒《まじな》い
■冠婚葬祭の常識がわかります
■その他にも役立つ知識を満載

高島易断蔵版

目次

※本書は2023年6月に製作しました。掲載の祝日は「国民の祝日に関する法律」により変更される場合があることをご了承ください。

暦の基礎知識 3

本年の方位の吉凶と、暦の見方や基本的な用語について詳しく解説しています。

行事・祭事 47

行事、旧暦、六輝、暦注、東京・大阪の日出入、満干潮の時刻などを掲載しています。

九星別運勢と方位の吉凶 73

九星別の年運・月運・日運、方位の吉凶を掲載しています。生まれた年から自分の九星を調べ(74~75ページ参照)、毎日の生活の指針にしてください。

実用百科 221

人相や手相の見方、家相、冠婚葬祭の常識など、実用的な情報が満載です。また、効果の見込めるお咒いや護符を多種類にわたって収録しています。ぜひお役立てください。

高島易断開運本暦

暦の基礎知識

令和6年・年盤座相

西暦2024年

甲辰《きのえたつ》　三碧木星《さんぺきもくせい》

覆燈火《ふくとうひ》　鬼宿《きしゅく》

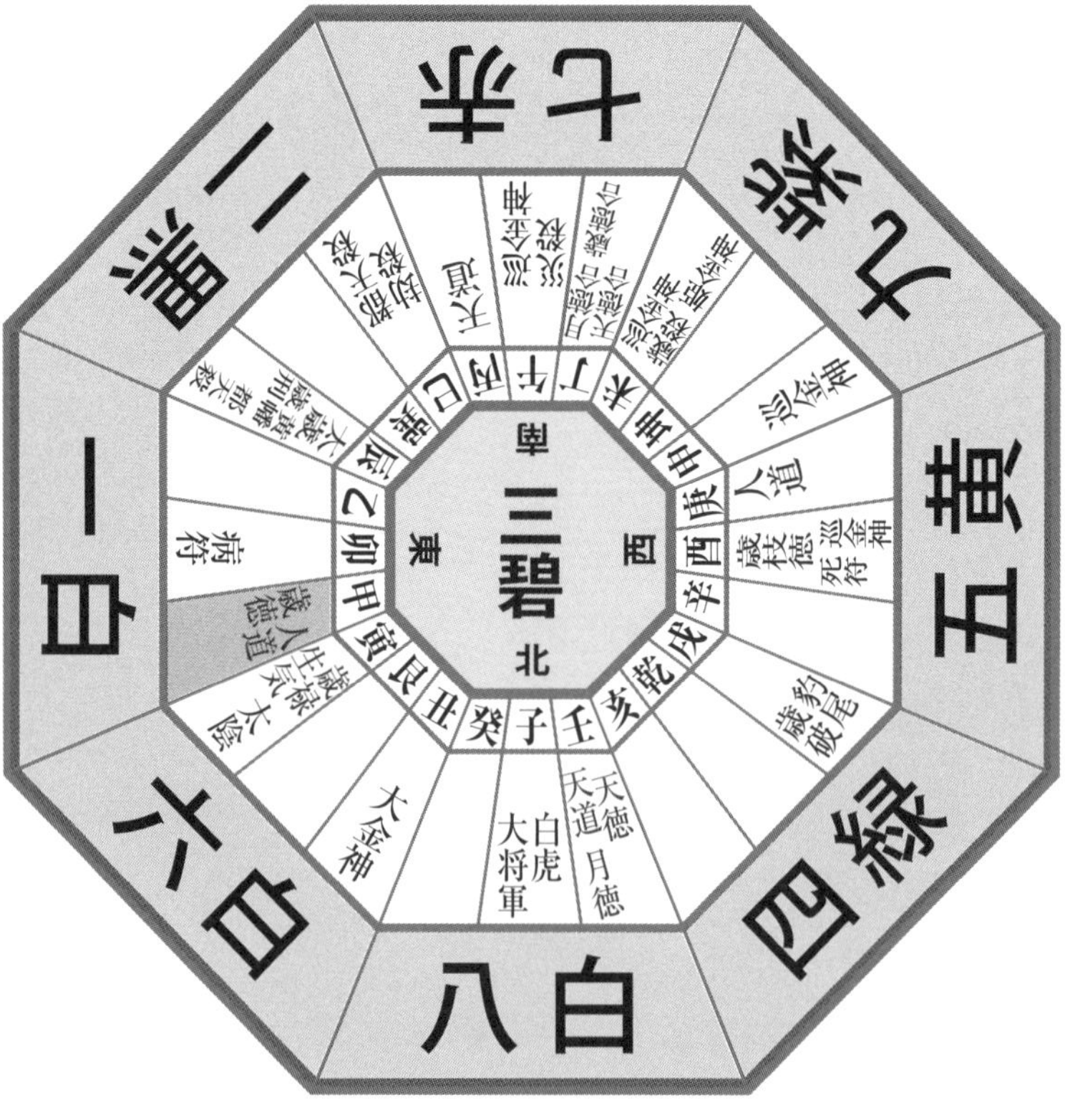

（吉神・凶神）

本年の方位吉凶の説明

令和六年は、甲辰三碧木星中宮《きのえたつさんぺきもくせいちゅうぐう》で、納音《なっちん》は覆燈火《ふくとうひ》、二十八宿は鬼宿《きしゅく》にあたります。前ページ令和六年の年盤座相のように三碧が中央に配され、北に八白、東北に六白、東に一白、東南に二黒、南に七赤、西南に九紫、西に五黄、西北に四緑がそれぞれ配されます。

従って今年の五黄殺《ごおうさつ》は西、暗剣殺《あんけんさつ》は東です。歳破《さいは》は戌《いぬ》の方位になります。

これによって、本年二月立春から翌年の節分までの方災は次のようになります。西、東、戌の方位に向かっての普請、動土、造作、改築、土木工事、長期旅行、移転などをすることは、どなたにも大凶となります。各人の本命星が回座しているところを本命殺、その反対側を本命的殺と称し、五黄殺、暗剣殺、歳破と共に大凶方となります。これらの方位を犯しますと、すべてに厳しい方《ほう》災《さい》が生じます。

なお神殺《しんさつ》と称して、十干と十二支により、子方《ねのかた》に大将《だいしょう》軍《ぐん》、白狐《びゃっこ》、丑方《うしのかた》に大金神《だいこんじん》、寅方《とらのかた》に太陰《たいいん》、卯方《うのかた》に病符《びょうふ》、辰方《たつのかた》に黄幡《おうばん》、都天殺《とてんさつ》、歳刑《さいぎょう》、巳方《みのかた》に都天殺《とてんさつ》、劫殺《ごうさつ》、午方《うまのかた》に巡金神《めぐりこんじん》、災殺《さいさつ》、未方《ひつじのかた》に巡金神《めぐりこんじん》、姫金神《ひめこんじん》、歳殺《さいさつ》、申方《さるのかた》に巡金神《めぐりこんじん》、酉方《とりのかた》に巡金神《めぐりこんじん》、死符《しふ》、戌方《いぬのかた》に歳破《さいは》、豹尾《ひょうび》などが回座《かいざ》しています。

これらの主な神殺については、9ページからの凶神と凶方作用の説明をご参照ください。

本年の吉神処在方

本年は東方のうち、甲方《きのえのかた》が歳徳《としとく》にあたり、恵方《あきのかた》となります。甲方《きのえのかた》に歳徳《としとく》、人道《じんどう》、辰方《たつのかた》に太歳《たいさい》、丙方《ひのえのかた》に天道《てんどう》、丁方《ひのとのかた》に月徳合《げっとくごう》、歳徳合《としとくごう》、天徳《てんとく》合《ごう》、庚方《かのえのかた》に人道《じんどう》、酉方《とりのかた》に歳枝徳《さいしとく》、壬方《みずのえのかた》に天道《てんどう》、天徳《てんとく》、月徳《げっとく》、寅方《とらのかた》に歳禄《さいろく》、生気《せいき》が回座しています。

二十四山の同じ方位に吉神、凶神が回座する場合は、吉神が凶神を制化することが原則です。ただし五黄殺、暗剣殺、歳破が回座する方位は制化できません。

本年の八将神、金神の処在方

八将神の処在方

太歳神《たいさいじん》　辰方《たつのかた》　この方位に向かっての、樹木の伐採掛け合い、談判などは凶。

大将軍《だいしょうぐん》　子方《ねのかた》　この方位に向かっての、動土、普請、移転、旅行などは凶。

太陰神《だいおんじん》　寅方《とらのかた》　この方位に向かっての、出産、結婚など女性に関することは凶。

歳刑神《さいぎょうじん》　辰方《たつのかた》　この方位に向かっての、種播き、樹木の伐採、動土は凶。

歳破神《さいはじん》　戌方《いぬのかた》　この方位に向かっての、普請、造作、移転、旅行などは凶。

歳殺神《さいさつじん》　未方《ひつじのかた》　この方位に向かっての、結婚、出産、移転、旅行などは凶。

黄幡神《おうばんじん》　辰方《たつのかた》　この方位に向かっての、建築、移転、結婚などは凶。

豹尾神《ひょうびじん》　戌方《いぬのかた》　この方位に向かっての、従業員の採用、家畜を求めることなどは凶。

金神の処在方

動土、普請、移転、婚礼などを忌む。

大金神《だいこんじん》……丑方《うしのかた》
姫金神《ひめこんじん》……未方《ひつじのかた》
巡金神《めぐりこんじん》……午方《うまのかた》、未方《ひつじのかた》、申方《さるのかた》、酉方《とりのかた》

凶方神の遊行日

大将軍は三年塞がりの大凶方ですが、遊行日を利用すれば障りはありません。金神も同様ですが、九紫火星か天道、天徳、月徳を用いると障りがありません。

○**大将軍の遊行日**
春…甲子《きのえね》より五日間は東方　夏…丙子《ひのえね》より五日間は南方
秋…庚子《かのえね》より五日間は西方　冬…壬子《みずのえね》より五日間は北方
土用…戊子《つちのえね》より五日間は中央

○**金神遊行日**
甲寅《きのえとら》より五日間は南方　丙寅《ひのえとら》より五日間は西方
戊寅《つちのえとら》より五日間は中央　庚寅《かのえとら》より五日間は北方
壬寅《みずのえとら》より五日間は東方

○**金神四季遊行日**
春…乙卯《きのとう》より五日間は東方　夏…丙午《ひのえうま》より五日間は南方
秋…辛酉《かのととり》より五日間は西方　冬…壬子《みずのえね》より五日間は北方

方位盤の見方

暦をご覧になる方のほとんどが、まずいちばんに関心を抱かれるのがご自分の運勢、次いで方位の吉凶に関することのようです。暦を正しく理解し、活用していただくために、ぜひ心得ていただきたい方位の見方の予備知識について説明しましょう。

■方位盤

暦に掲げてある八角形の方位盤は、円周三百六十度を八等分して四十五度ずつにしてあります。そして東・西・南・北の四正《しせい》と、東南（巽）、西南（坤）、西北（乾）、東北（艮）の四隅《しぐう》をそれぞれ配置して、八方位にしてあります。通常地図に用いられている方位は常に北が上部になって、南が下部になっていますが、暦上の方位盤は南が上部になっているのが特徴ですから、間違いのないように注意してください。

■二十四山と八宮の名称

○**二十四山《にじゅうしざん》**　方位盤の八方位には毎年、毎月回座する九星が配置してあります。そしてこの一角ずつをさらに十五度ずつ三つに分割して三山とし、全八角に二十四山が配当されています。

○**坎宮《かんきゅう》**　北方の四十五度の一角を坎宮《かんきゅう》と称して、壬《みずのえ》、子《ね》、癸《みずのと》に三等分してあります。

○**艮宮《ごんきゅう》**　北方と東方の中間の四十五度一角を艮宮《ごんきゅう》と称して、丑《うし》、艮《ごん》、寅《とら》に三等分してあります。

○**震宮《しんきゅう》**　東方の四十五度の一角を震宮《しんきゅう》と称して、甲《きのえ》、卯《う》、乙《きのと》に三等分してあります。

○**巽宮《そんきゅう》**　東方と南方の中間四十五度の一角を巽宮《そんきゅう》と称して、辰《たつ》、巽《そん》、巳《み》に三等分してあります。

○**離宮《りきゅう》**　南方の四十五度の一角を離宮《りきゅう》と称して、丙《ひのえ》、午《うま》、丁《ひのと》に三等分してあります。

○**坤宮《こんきゅう》**　南方と西方の中間四十五度の一角を坤宮《こんきゅう》と称して、未《ひつじ》、坤《こん》、申《さる》に三等分してあります。

○**兌宮《だきゅう》**　西方の四十五度の一角を兌宮《だきゅう》と称して、庚《かのえ》、酉《とり》、辛《かのと》に三等分してあります。

○**乾宮《けんきゅう》**　西方と北方の中間四十五度の一角を乾宮《けんきゅう》と称して、戌《いぬ》、乾《けん》、亥《い》に三等分してあります。

■方位

○**鬼門《きもん》**　俗に鬼門といわれている凶方位は、艮宮（丑、艮、寅）の方位です。

○**裏鬼門《うらきもん》**　鬼門の真向かい側にあたる凶方位が裏鬼門で、坤宮（未、坤、申）の方位です。

吉神と吉方作用の説明

■歳徳神《としとくじん》 この吉神は「歳中（歳徳）の徳神」で、飛泊《ひはく》（とどまる）する方位を「あきのかた」「恵方」といいます。その年一年の大吉方として、この方位に新居を求めたり、勤務・開業すれば、天徳を受け幸福の神力を賜ります。さらに、その人の本命星と相生の星が同座している時は万事大吉となります。

また、知能を啓発し、神秘的な効験作用を得ることができ、入学試験や商事大業の成功の地として喜恵ありとされています。ただし、月の凶神と会う時は、凶災を受けることがあるので注意します。

○歳徳神の飛泊する方位

甲《きのえ》、己《つちのと》年＝甲《きのえ》方　乙《きのと》、庚《かのえ》年＝庚《かのえ》方

丙《ひのえ》、辛《かのと》、戊《つちのえ》、癸《みずのと》年＝丙《ひのえ》方　丁《ひのと》、壬《みずのえ》年＝壬《みずのえ》方

■太歳神《たいさいじん》 歳星（木星）の精といわれ、天地の間に降り、万物を観察し、八方に臨見します。森羅万象の発育繁茂をつかさどる歳神で、健康増進、事業発展、植樹などに効ありとされます。

この方位に向かって伐木、取り壊しなどをすることは災いがあるとされていますが、諸吉神同泊すれば上吉となります（飛泊方位はその年の十二支の方位です）。

■歳禄神《さいろくじん》 その年の天干守座の方とされ、十干に従う十二支在泊の方位に一年間の富福、方徳余慶を授けるとされています。

この方位に向かう旅行、転居、造作、耕作、婚姻、取引などはすべて成就するとされています。

○歳禄神の飛泊する方位

甲《きのえ》年＝寅《とら》方　乙《きのと》年＝卯《う》方　丙《ひのえ》年＝巳《み》方　丁《ひのと》年＝午《うま》方

戊《つちのえ》年＝巳《み》方　己《つちのと》年＝午《うま》方　庚《かのえ》年＝申《さる》方　辛《かのと》年＝酉《とり》方

壬《みずのえ》年＝亥《い》方　癸《みずのと》年＝子《ね》方

■歳徳合《さいとくごう》…歳徳神と並んで最も上吉となります。また、徳の力が重なればさらによくなるため、万殺これに害をなさず、万事大吉であるとされています。

■歳枝徳《さいしとく》…「歳中の徳神」で、この方位に向けて建築、修築などをすることは吉とされています。天徳、天福があり、万徳をつかさどるため、入学試験、出産などにも効があるとされています。

※その他の年の吉方として五徳（天徳、天道、月徳、天徳合、月徳合）、人道などがあり、何をするにも吉とされています。

■天徳《てんとく》…火の神で陽神、天道は陽明を簡単に見つけられるようになり、自然の流れに則します。

■月徳《げっとく》…月の神で陰神、徳力及び財力を発揮し、凶神、凶殺を解殺します。

また、商売、事業などで効力を発揮し、万事発達の顕現作用を得られる方位でもあります。したがって、修造、移転、入院、求医、旅行、入学、結婚などは自身の本命星吉方となる方位であれば、人事関係にも功を奏する吉神となります。天地万物と自身に大智大道を与え、神を通して、先見の明が得られるようになります。

■生気《せいき》…生気は五行相生（木火土金水の相互協力のできる気の全体量）であり、万物成育の徳を備えています。道を開き、造栄を得る喜びとなります。また、治療などに用いて験があります。よって、建築、移転、入院などは天徳の恵みを受けて心眼が開くといわれます。月の生気は天道と相対して、特にその力が旺盛になります。

■人道《じんどう》…人道は二方位があり、それらは相対の位置にあることで凶殺を消し、吉福を招きます。二方位とも同位であり、上吉とされています。治療面に効力を発揮し、子供を育てるために、これを用いると功をなします。病人は人道方位に入院すると、よい助けがあるといわれます。

凶神と凶方作用の説明

年々の凶方には神殺と方殺とがあり、その作用いかんによっては一生に作用することもあるので注意を要します。神殺とは、八将神と金神、その他凶神飛泊の方位をいい、方殺とは、一般的に六大凶殺といわれる本命殺、本命的殺、五黄殺、暗剣殺、歳破、月破の六種を指します。

神殺とは

■太歳神《たいさいじん》　本来は、天地の恵みを作出し、「苦しい時の神頼み」をする人を救う吉神です。しかし、この方位に向かって争いや伐木などをすると、殺気強烈の凶神となることがあります。

■大将軍《だいしょうぐん》　三年間同じ方位にとどまり、ほかには移動しないので「三年塞がり」といわれています。もとは太白星の精で、金気、万物を殺伐する大凶方です。この方位に向かっての動土、移転は方災を被ります。子《ね》、丑《うし》、亥《い》年は酉《とり》方、寅《とら》、卯《う》、辰《たつ》年は子《ね》方、巳《み》、午《うま》、未《ひつじ》年は卯《う》方、申《さる》、酉《とり》、戌《いぬ》年は午《うま》方に飛泊します。

■太陰神《だいおんじん》

太歳神の皇妃でもあり、その年の陰事をつかさどります。この方位に向かっての縁談、出産といった女性に関することは、すべて忌むべきとされています。出産のための入院・通院を避け、婚姻などはとどめたほうがよいでしょう。

○太陰神の飛泊する方位

子《ね》年＝戌《いぬ》方　丑《うし》年＝亥《い》方　寅《とら》年＝子《ね》方　卯《う》年＝丑《うし》方
辰《たつ》年＝寅《とら》方　巳《み》年＝卯《う》方　午《うま》年＝辰《たつ》方　未《ひつじ》年＝巳《み》方
申《さる》年＝午《うま》方　酉《とり》年＝未《ひつじ》方　戌《いぬ》年＝申《さる》方　亥《い》年＝酉方《とりのかた》

■歳刑神《さいぎょうじん》

水星の精で、刑罰をつかさどる凶神とされます。この飛泊方位に向かって動土、種播き、伐木などをすると災いを招くといわれています。

■歳破神《さいはじん》

八将神の一つで、太歳神の反対側を回ることになっており、歳陰といわれます。物を滅ぼす神ともいわれ、その年の十二支と向かい合う方位に飛泊します。移転、普請、旅行などに凶とされています。

■歳殺神《さいさつじん》

金星の精で、殺気が最も強く、この方位に向かっての移転、婚礼、出産は厳に忌むとされています。

■黄幡神《おうばんじん》

羅睺星《らこうせい》の精で、戦いの神であり、武術には吉神となります。しかし、蔵を造作して財産を貯めると凶となります。動土を忌み犯せば必ず損失があるので、造作、婚礼、出産、建築などは避けることです。やむを得ない時は、天徳、月徳などを用いて解消するとよいとされます。

■豹尾神《ひょうびじん》

豹尾神は常に黄幡神の対冲、百八十度反対側におり、従業員や家畜を求めるには凶となります。蜘蛛の巣に掛かった虫類の如く、身の自由を束縛され、破産するとされるので注意を要します。どうしても使う場合には、天がすべてを赦す天赦星を用います。

■大金神《だいこんじん》

金気の精で、万物を殺伐する恐るべき凶方です。庚申《かのえさる》、辛酉《かのととり》の年はその殺気がますます激烈となります。この方位に向かっての建築、動土、移転、入婚は避けます。

■姫金神《ひめこんじん》

大金神と同等で、女性にとっては特に慎むべき方位です。婚礼、新築、改修なども忌む方位で、犯せば宝財、財産を損失する困難を生じます。「金神西に回れば水害、飢饉、天災あり」の言い伝えがあります。

■巡金神《めぐりこんじん》

大金神、姫金神と同等で、四季の土用はその災い、殺気が強まります。時としては、人命にも関わりますが、天道、天徳、月徳の諸吉神や九紫火星に会う時は解消するといわれます。

方殺とは

■五黄殺《ごおうさつ》 その年の方位盤と毎月の方位盤の五黄土星が飛泊する方位をいいます。本来、五黄土星は中央を定位置として徳を備えていますが、殺伐の気も強烈で、すべてのものを包み込む作用があるとされます。

これを犯す時は事業の不調、失業、長期にわたる疾患、盗難、死亡などの凶現象が現れ、どのような吉神の徳も効果がないので、厳に避けなければなりません。

■暗剣殺《あんけんさつ》 五黄殺の正反対側になり、中央に座す（中宮）星の定位置です。すべてを統括する五黄以外の位のないものが中央に入るため、定位は暗剣の作用を受けることになります。多くの場合は本業以外で悪いことが起こりがちになり、色情問題や他人の保証で迷惑をこうむったり、肉親縁者のことでトラブルが起こり損害や迷惑を受けるので、この方位への移転は厳に慎みます。

■本命殺《ほんめいさつ》 年、月共に自分の本命星の座所の方位を指します。この方位を犯すと、多くの場合、健康に影響します。修理、移転、婚礼なども不可です。

■本命的殺《ほんめいてきさつ》 自分の本命星の位置する方位の反対側の方位を指します。この方位を犯すと、精神的な悩みを誘発することがあります。

■歳破《さいは》（月破《げっぱ》） 年（月）の十二支の対冲にあたり、破の文字が示すように物事に破れの作用を現すものです。相談事の不調、縁談などの不成立、対人的不和、争論などの災いがあります。

■定位対冲《ていいたいちゅう》…定位対冲とは、各九星がその本来の定位置の反対側に座した時の方位をいいます。この方位を犯すと凶現象を示すとされますが、事情によってはわざわざこの方位を用いさせ、吉兆を得ることがあります。

■都天殺《とてんさつ》…五黄殺に匹敵する力を持つといわれ、この方位に向かって何事をするにも凶とされます。

■白虎《びゃっこ》…非常に殺伐の気が盛んとされます。この方位に向かっての普請、動土は慎むこととされています。

■病符《びょうふ》…前年の太歳神の跡に位置し、病気に注意を要する方位で、これを犯すと一年後に発病します。健康に自信のない人は特に注意してください。

■死符《しふ》…前年の歳破神の跡に位置し、墓地を買ったり墓を作ったりする時に用いてはならない方位です。これを犯すと、五年にして主人の死に遭うとされています。

■劫殺《ごうさつ》・災殺《さいさつ》…二神とも歳殺神に次ぐ凶方とされ、歳殺神と合わせ「三殺」の意になります。この方位に向かって普請、動土、修築、造作をすると、盗難、病難を招くといわれています。

吉日を選ぶ方法

暦によって吉日を選ぶにはどうすればよいでしょうか。大安や仏滅、二十八宿や各種の暦注を見ていくと、一年三百六十五日のうち、すべてがそろってよい日はほとんどないということになってしまいます。

一般的には、本命星（生まれ年の九星）、月命星と干支に重点を置いて、二十八宿、中段という順でよい日を見ます。48ページからの「行事・祭事」欄の上から四段目に九星が載っていますので、自分の本命星と相性のよい日を選びます。同様に、三段目に干支が載っていますので、自分の生まれ年の干支と相性のよい日を探します。

本命星、干支と相性がよい日であれば、ほかが多少気に入らない日であっても吉日として差し支えありません。ただし、三りんぼうや不成就日などにあたる日は避けたほうがよいでしょう。

◆九星による吉日

一白生まれ…六白、七赤、三碧、四緑、一白の日
二黒生まれ…九紫、六白、七赤、八白、五黄の日
三碧生まれ…一白、九紫、四緑の日
四緑生まれ…一白、九紫、三碧の日
五黄生まれ…九紫、六白、七赤、二黒、八白の日
六白生まれ…二黒、五黄、八白、一白、七赤の日
七赤生まれ…二黒、五黄、八白、一白、六白の日
八白生まれ…九紫、六白、七赤、二黒、五黄の日
九紫生まれ…三碧、四緑、二黒、五黄、八白、九紫の日

◆十干による吉日

甲（きのえ）・乙（きのと） 生まれの人は丙・丁・壬・癸の日。
丙（ひのえ）・丁（ひのと） 生まれの人は甲・乙・戊・己の日。
戊（つちのえ）・己（つちのと） 生まれの人は丙・丁・庚・辛の日。
庚（かのえ）・辛（かのと） 生まれの人は戊・己・壬・癸の日。
壬（みずのえ）・癸（みずのと） 生まれの人は庚・辛・甲・乙の日。

◆十二支による吉日

子（ね） 年生まれの人は子・寅・卯・申・酉・亥の日。
丑（うし） 年生まれの人は丑・巳・午・申・酉の日。
寅（とら） 年生まれの人は子・卯・巳・午・亥の日。
卯（う） 年生まれの人は子・寅・卯・巳・午・亥の日。
辰（たつ） 年生まれの人は丑・辰・巳・午・申・酉・戌の日。
巳（み） 年生まれの人は丑・寅・卯・辰・巳・午・未・戌の日。
午（うま） 年生まれの人は丑・寅・卯・辰・巳・午・未・戌の日。
未（ひつじ） 年生まれの人は丑・辰・巳・午・未・酉・戌の日。
申（さる） 年生まれの人は子・丑・辰・未・申・酉・戌・亥の日。
酉（とり） 年生まれの人は子・丑・辰・未・申・酉・戌・亥の日。
戌（いぬ） 年生まれの人は丑・辰・巳・午・未・申・酉・戌の日。
亥（い） 年生まれの人は子・寅・卯・申・酉・亥の日。

干支が意味するもの

干支は六十干支とも呼ばれるように、十干と十二支との組み合わせで、六十通りになります。

十干とは「甲乙丙丁戊己庚辛壬癸」のことです。

甲（きのえ）丙（ひのえ）戊（つちのえ）庚（かのえ）壬（みずのえ）　兄（え）陽

乙（きのと）丁（ひのと）己（つちのと）辛（かのと）癸（みずのと）　弟（と）陰

干支を組み合わせる時は、必ず上に十干を置くところから、天干とも呼ばれています。一方、十二支というのは地支とも呼ばれ、もともと月を数えるための序数に使われた文字で、旧暦の十一月から十月までを意味するものであったと伝えられています。

	子	丑	寅	卯	辰	巳	午	未	申	酉	戌	亥
旧	十一月	十二月	一月	二月	三月	四月	五月	六月	七月	八月	九月	十月

このように十二支は、一年の生活を表したものですが、十干の干が木の幹であるのに対し、十二支の支は幹から出た枝であり、いわば十干の補強的役割を持つものと思われます。

陰陽論は、剛と柔、男と女などのように、対立的発想ですが、十干の陰陽を兄弟という対立にして、「兄《え》」「弟《と》」と記し、五行の「木火土金水」をそれぞれ訓読みにし、「きのえ」「きのと」「ひのえ」「ひのと」……としたものです。「えと」とはつまり兄弟に由来しており、陰と陽に分類した十干の総称といえます。

「十二支」にしても、さまざまな解釈がありますが、やはり農耕生活を反映する自然暦の発想をもとに、植物の芽生えから、生長、成熟、収穫へと移って、再び大地にかえる経過が、あたかも人間の生から土へというドラマに似ているところから、太古の昔から現在まで幅広く親しまれ、発育成長の過程を占い、吉凶の判断の元として、暦に使用されているものと思われます。

六十干支と納音《なっちん》の吉凶判断

六十干支を五行「木火土金水」に配し、さらにその五行を六種別に配した納音は、性と質を知り、この五行の物象により、人の一生の運命を知ることができます。表紙裏の年齢早見表参照。

海中金《かいちゅうきん》

甲子…根気のある努力家だが、功を急ぐと結果悪し。経済の切り回しで大成功。

乙丑…強情でわがままな性格を慎み、家庭、社交、事業に専心することが成功の道。

炉中火《ろちゅうひ》

丙寅…火の性でも、元気旺盛の火。周囲からは好かれるが、軽挙妄動を慎むこと。

丁卯…温和で円満な性質が大いに役立つが、異性問題で身を滅ぼすので要注意。

大林木《だいりんき》

戊辰…生来、賢明だが、短気を慎み温和を心掛け、実直に働けば、晩年安泰。

己巳…聡明で一業一芸に秀でる反面、短絡的な欠点に注意し、努力が成功の鍵。

路傍土《ろぼうつち》

庚午…物質的に恵まれる反面、気迷い、煩悶など波乱多いが、晩年には幸福。

辛未…人のために尽くすタイプだが、変転の多い一生。勇気と根性で晩年安泰。

剱鋒金《けんぼうきん》

壬申…才知あり器用だが、短気で争いを好むのが欠点。自重と物事の締め括りが大切。

癸酉…円満、活発で好かれるが、怠惰が欠点。真剣に対応すれば晩年大成。

山頭火《さんとうか》

甲戌…清廉直行のタイプ。頭領の風格があるので、自重と寛容の精神が大成の元。

乙亥…正直者だが、実行力と協調性に欠ける。短所を慎めば、福祉関係で大成。

澗下水《かんかみず》

丙子…気分にむらがあり、内容が伴わないのが欠点。実行力と信用を得ること。

丁丑…協調性に乏しいので、自我を捨て社交性を心掛け、努力すれば将来安定。

城頭土《じょうとうつち》

戊寅…プライドが高く、わがままで対人関係が下手なのが欠点。融和を図れば大成。

己卯…意地っ張りだが、自意識過剰。他人の協力を得て努力するのが成功の鍵。

白鑞金《はくろうきん》

庚辰…わがままで自尊心が強く、ケンカ早く、人に受け入れられ難い。和を心掛けよ。

辛巳…何事も誠意と円満を心掛け他人に接すれば、無難に推移する。

楊柳木《ようりゅうき》

壬午…可もなく不可もなし。大特技もないが、無能でも平凡に終わる人。

癸未…消極的なため、発展が遅れる。明朗、活発、勇敢に実行すれば成功する。

井泉水《せいせんみず》

甲申…才知あり、清廉で金運もよいが、狡猾さと虚言を慎め。協調性が大切。

乙酉…円満で八方美人的。重宝がられる反面、高慢さで信用と親友を失う。

屋上土《おくじょうつち》

丙戌…明朗快活で信用と好感を得られるが、大成を望むより守りのほうが安泰。

丁亥…努力家だが交際下手で損をする。自覚し、人との和を図れば長となる。

霹靂火《へきれきひ》

戊子…強情でわがままなため、立身の機会を失うことあり。頑固より温情が必要。

己丑…明朗性に乏しく、陰気で社交性に欠ける。周囲と協調の精神を持て。

松柏木《しょうはくき》

庚寅…人の和と信用を得るが、気移り多いため、とかく失敗が多い。

辛卯…苦労性で疑い深いので、幸運を逃がす。自戒して努力すれば、晩年は大成。

長流水《ちょうりゅうみず》

壬辰…社交的だが高慢なため争いやすい。周囲とは円満主義に徹すれば大成する。

癸巳…表面のんきなようだが、短気な面がある。真面目に努力すれば、晩年安泰。

沙中金《さちゅうきん》

甲午…頭領の天分があるが、短気と強情を慎まないと、大失敗をするので注意。

乙未…怠け癖、取り越し苦労、迷い等多く、能率の上がらないタイプ。情熱を持て。

山下火《さんかひ》

丙申…やる気があってもチャンスに恵まれない。天恵を得るよう努力すること。

丁酉…野心もあり努力家。人のために尽くす心で努力すれば、成功の途が開ける。

平地木《へいちき》

戊戌…地味で勤勉家だが、独断偏見強く、協調性に欠ける。寛大な心が成功を呼ぶ。

己亥…直行努力型。豪放磊落、才知あるが強情。自己を捨て、人に尽くせば大成功。

壁上土《へきじょうつち》

庚子…勤勉だが、人の和を乱すので失敗。この欠点を改めないと成功しない。

辛丑…内面的で細かいことにこだわり過ぎて、失敗する。小を捨てて努力すれば成功。

金箔金《きんぱくきん》

壬寅…正義感旺盛だが、度を過ぎると失敗する。ほどほどに。なお、晩年女難の相あり。

癸卯…智謀兼備、人の和もあるが、独断専行が失敗につながる。欠点を自覚せよ。

覆燈火《ふくとうひ》

甲辰…落ち着いた人柄で努力家だが、生一本な性格が災いする。目標を一つに。

乙巳…温和な人物。機敏性と積極性に乏しい。目標を一つにすれば晩年安泰。

天河水《てんかみず》

丙午…明朗快活な性格が人に好かれ、大器晩成型。散財には十分注意のこと。

丁未…人情に厚く勤勉家。反面、放漫な傾向があるので、緻密さを欠くと失敗。

大駅土《だいえきつち》

戊申…器用で才知に富み、福運もあるが、高慢、短気、非常識さが人に嫌われる。

己酉…快活で才知もあり人に好かれるが、大言壮語や他人への軽蔑が失敗の原因。

釵釧金《さいせんきん》

庚戌…真面目で不器用だが仕事熱心。突然変異的に悪の道へ走る人もいる。

辛亥…学問好きで努力家だが、陰鬱かつ閉鎖的。独自の分野を開拓し成功する。

桑柘木《そうしゃき》

壬子…商才に富み、移り気な人が多い。協力者に恵まれれば、五十歳過ぎに成功。

癸丑…素直な人柄で、口数少なく、非常識な行動が誤解される。自戒努力が成功。

大渓水《だいけいみず》

甲寅…負けず嫌いが諸事円満を欠き、損をする。小細工をしなければ成功。

乙卯…温和だが、強靭な面あり。勝負事、色情を慎まないと、身の破滅を招く。

沙中土《さちゅうつち》

丙辰…気位高く、放言と高慢心が災いの元。調和の気持ちが、成功への近道。

丁巳…芸術家肌で個性強く、円滑を欠き、失敗しがち。慎重に努力すれば成功。

天上火《てんじょうひ》

戊午…活発な行動派。わがままで独善的なため損をする。短気と傲慢心を慎むこと。

己未…思慮分別あり、慎重な性格。諸事順調にこなすが、義理人情で失敗する。

柘榴木《しゃりゅうき》

庚申…神経質で感情の起伏が激しい性格。平気で人を裏切る。協調の精神が成功。

辛酉…個性が強過ぎ、仕事の鬼タイプ。義理人情を重んじ努力すれば大成する。

大海水《たいかいみず》

壬戌…高潔で慈善心に富むが、自己暗示や狂言的な傾向あり。色情に注意。

癸亥…才気煥発で善人だが、自己中心的な行動が失敗の元。反省があれば大成する。

十二支一代の運気と守り本尊

※一月一日から立春の前日までに生まれた人は、前年の十二支になります。

子《ね》年生まれ

千手観音《せんじゅかんのん》／縁日十七日

性格と運気　子年生まれの人は派手さと質素さを併せ持ち、実直で約束を守る人とのんびり屋の人、また、倹約して貯蓄に回す人と宵越しの金は持たない人とに分かれます。

人情の機微には人一倍強く、相手の気持ちを察することは驚くほど早いでしょう。怒りやすい面もありますが、平素は落ち着いた態度で物事を処理します。激怒しても尾を引かずに忘れて、表面は和解したように見えますが、気持ちの奥には許せない想いを抱えます。気持ちを端的に表さず、陰徳を重ねることです。

中年期に苦労したり、晩年家庭運がない人がありますが、いずれも十代の良否が分かれ道です。

一白水星子年の人は特に十代を大切にして、二十代後半から三十代初めの運を逃さないようにしましょう。

四緑木星子年の人は初年の運気がよければ晩年もよいのですが、家庭に少々難があるようです。

七赤金星子年の人は、早い時期に運気をつかまえないと晩年に苦労します。

家庭を大切にし、こつこつと日々を生きることで、晩年の運気も徐々に高まっていきます。

丑《うし》年生まれ

虚空蔵菩薩《こくうぞうぼさつ》／縁日十三日

性格と運気　丑年生まれの人は、粘り強く、どっしりとした優しい性格に見えますが、内心は人に負けるのが嫌いで、何事も自分の思いのままに進めていきます。家庭はあまり顧みず、円満を欠き、わかっていてもなかなか素直になれません。心の隅では悪いと思っていても、言葉に出して説明するのが苦手なため、思うことの半分も表すことができない人です。根が実直なので、正しいことには素直に立ち向かい、曲がったことには怒り心頭に発するようです。人受けがよいので、よき人との出会いがあると幸福になれますが、一歩間違えると苦労が続きます。

三碧木星丑年の人は初年運と中年運とがあり、初年運のよい人は中年後に苦労し、初年運が悪い人は後々に再婚によって良運となることもあります。六白金星丑年の人は、自己啓発によって運気を取り入れます。九紫火星丑年の人は三十六、七歳で難に遭い、失敗する可能性が大です。家庭を豊かにすれば、幸運が訪れます。

寅《とら》年生まれ

虚空蔵菩薩《こくうぞうぼさつ》／縁日十三日

性格と運気　寅年生まれの人は、情義に厚く、進取の気性に富んでおり、成功する人もありますが、短兵急は運気を逃すことになるでしょう。若いうちから学問などに専念し運を豊富に持ち合わせ、その才能を生かして、理性と智の戦いに打ち勝っていくとよいでしょう。

しかし、あまりに急速過ぎると方向違いに進んでしまう傾向があります。冷静な判断で、目上の人の意見なども聞き、希望が輝く道へ進めるように注意していきます。どっしりと構えた処し方、自己の信念を開発する力を大いに発揮して、功を生む運気と世間の信頼を得るとよいでしょう。

二黒土星寅年の人は成功運が早きにあり、子孫の成長と共に熟年まで続きます。五黄土星寅年の人は、初年を上手に越えれば、三十代、四十代と幸運に恵まれるようです。

八白土星寅年の人は、壮年期にしっかりとした土台を築き、晩年に備えましょう。色情を慎み、一家を盛り立てることです。

卯《う》年生まれ

文殊菩薩《もんじゅぼさつ》／縁日廿五日

性格と運気　卯年生まれの人は、柔らかな性格で、穏やかに世間との交際を広めていくことが得意な人です。そのままの意気を続けていくとよいのですが、家庭を持つと、苦労のために途中で重責に堪えられなくなる時もあるでしょう。しかし、その責務を果たすと、幸運が舞い降りてくるようです。口を慎み、望外の出世を望まず、熱意を傾けてひたむきな努力をしていくことが、幸運をつかむことになるのです。

春のさわやかな風のように、人には温かく和やかに接して、中年以降の良運をしっかり築き上げると、幸運が一足飛びに手に入るでしょう。

一白水星卯年の人は、早い運気に有頂天になると、良運を手放すようになることが多いので気を付けましょう。四緑木星卯年の人は、中年の運気を大事に温存し、色情の迷いを慎み、晩年に備えます。七赤金星卯年の人は、飲食に注意して、家庭環境に留意し、還暦以降の運の訪れを迎え入れることで晩年幸福になります。

辰《たつ》年生まれ

普賢菩薩《ふげんぼさつ》／縁日廿四日

性格と運気　辰年生まれの人は、気が短く、にぎやかなことが好きで、極端に心情を表に出します。苦しいことや難事によく耐え、愚痴一つこぼさずに頑張りますが、時々耐えきれずに爆発してしまいます。こうした荒っぽさが、幸運をも吹き飛ばしてしまうので気を付けましょう。事ある時には落ち着いた行動で一大運を呼び寄せ、大成させていきましょう。家庭の礎をしっかりと定め、慈悲の心をすべてのものに施し、失敗のないよう防御策を立て、生涯の安定を図るとよいでしょう。

三碧木星辰年の人は、気位が高いのを改め、低位な行動で実年以降の良運を迎えることです。六白金星辰年の人は、特に子年の運気が盛んになります。その運を逃さないようにしましょう。九紫火星辰年の人は、運気が訪れるのが早いか遅いかです。早い運を温めて、晩年に備えると良好になるでしょう。

巳《み》年生まれ

普賢菩薩《ふげんぼさつ》／縁日廿四日

性格と運気　巳年生まれの人は、一見温厚そうですが、内実はことのほか努力家で剛気な性格です。難関を切り抜けた人には力が授けられますから、中年期の弱気や苦しみを切り開きましょう。家庭をおろそかにすると壊滅し、自己の猜疑心のみが残ることになります。一個人の力では何もできないことを常に脳裏に刻み、約束したことは力一杯守りきることが、三十代、四十代に大幸運を得ることになります。

二黒土星巳年の人は運気が早く、仲介によって成功の糸をつかみます。五黄土星巳年の人は三十代に運気があり、人に尽くした後に良運となります。八白土星巳年の人は、中年に家人の助けによる運気があります。増長せず、信心に道を開くことです。

午年《うま》生まれ

勢至菩薩《せいしぼさつ》／縁日廿三日

性格と運気　午年生まれの人は、人の世話事も苦にせず、身を粉にしてやり通すことがあります。重宝がられて懸命に尽くし、人から尊敬されますが、よかれと思って動いたことを、仇《あだ》で返されることもあります。無念さを味わうことにもなりますから、人柄をよく見て交際するとよいでしょう。親分肌・姉御肌の行動は、成功した後にするもので、途中は自己保身のみを考えて進みましょう。自然の流れに即した生き方が大切です。時勢を先取りして、成功への道を選び出しましょう。

一白水星午年の人は、時勢を反映させた動き方で青年期を乗り切ることです。四緑木星午年の人は良妻を得ます。家庭を大事にし、酒に溺れないように気を付けましょう。

七赤金星午年の人は、還暦近くに幸運が訪れる天運があります。

未年《ひつじ》生まれ

大日如来《だいにちにょらい》／縁日八日

性格と運気　未年生まれの人は、一本気の性格で、計画的に物事を判断したり、区分けが上手にできる人です。言動がはっきりしているので敵も多くなりますが、正直で篤実な性格のため、上位の引き立てを受け、同輩からも慕われるでしょう。言葉の使い分けが巧みで、人の気をよく見抜けるので評判はよいのですが、臆病な部分もあるので、優柔不断になって幸運を逃す人もあります。普段から心身を鍛えることが、苦労から救われることにつながります。信仰心が厚く、幼少より神仏に縁のある行動がみられ、人によっては早い運気もあります。

三碧木星未年の人は、中年頃に損害を受けることがあるようです。信念を強く持って難局に立ち向かい、突破することを心掛けましょう。六白金星未年の人は、中年の苦労で晩年に大きな運気に恵まれます。九紫火星未年の人は、交際を上手にすることで良運を受けることになり、力量を発揮します。

申年《さる》生まれ

大日如来《だいにちにょらい》／縁日八日

性格と運気　申年生まれの人は、順応性のある、打てば響く性質です。反応が抜群で、即座に事を進めて結果を求めます。物事を追究してやまず、他の人にはない感性を有しているのが特徴で、その知識を買われて素晴らしい生き方をします。しかし、そのために大きな失敗や行き過ぎがあり、人との調和に事欠く場合もあります。自分本位になることがあるので十分に注意しましょう。世話好きなので、よい意味で良運を逃さず取り入れれば、安泰に保持していけるでしょう。

二黒土星申年の人は、初年苦労しますが、十代後半から運気が出てきます。家庭との調和を心掛けましょう。五黄土星申年の人は、才能はあるので、短気を起こさず、協調性を保っていけば晩年平安に過ごせます。八白土星申年の人は、五十代、六十代までに運をつかみ取るようにします。逃すとしばらくは遠のいてしまうので、周囲の意見をよく聞くようにしましょう。

酉《とり》年生まれ

不動明王《ふどうみょうおう》／縁日廿八日

性格と運気　酉年生まれの人は、思慮分別があり、先を見るのが上手です。そのため、自信過剰になり、自己の力に頼り過ぎて失敗することが多いでしょう。また、一つの事を長く続けていくことができないため転々とすることもあります。態度はもの静かで、争い事は好まず、頼まれたことには忠実に動きます。しかし、自尊心が強く、体裁を気にして派手な活動をします。根気よく、一つの事に力を入れれば好運を得られるのですが、強気ではチャンスを逃すこととなります。広い視野で知識を吸収すれば、良好に道が開かれます。

一白水星酉年の人は、目先の利きがよいため、一発的なものは良好です。晩年の運気に期待しましょう。四緑木星酉年の人は、物腰が静かで判断力が優れています。気の迷いを防いで、情熱を燃やしていきましょう。七赤金星酉年の人は、肉親の縁が薄いですが、運気が早く、見聞を広めていくと好調な面があるでしょう。

戌《いぬ》年生まれ

阿弥陀如来《あみだにょらい》／縁日十五日

性格と運気　戌年生まれの人は、とかく高ぶったり、人とは違った点に着目して、目を見張るような品を作ることもあり、人から重宝がられます。しかし、自分本位が邪魔をして特定の人としか交流せず、また人を信用することが下手なので、孤立することがあるようです。他人より上位に座しているという考えが念頭にあるので、損をする場合が多いようです。反感を持たれることもありますから、注意しましょう。

三碧木星戌年の人は、年少の頃から生家を離れ苦労しますが、三十代に良運に恵まれるでしょう。

六白金星戌年の人は、負けず嫌いや自己本位で片意地を張ることを直し、度量を大きく、人の助言も聞き、酒を慎みます。五十代の運気を上手に生かしましょう。九紫火星戌年の人は、言葉遣いに注意します。計算高い考えを変えて、よき忠言を聞き入れ、晩年を安泰に暮らしましょう。

亥《い》年生まれ

阿弥陀如来《あみだにょらい》／縁日十五日

性格と運気　亥年生まれの人は、正直で困難によく耐え、向上心に燃え、何事も成し遂げねばならないと思っています。しかし、正しい道を求むあまりに頑固になり、人情の機微は理解しても、多少柔軟性に欠けるため、しばしば運気を逃してしまうこともあります。家庭での重荷もたびたびあり、苦労の連続になることもあります。しかし、その苦労が後々有利に展開することにもなるのです。生家を離れて早く独立するのが、成功の早道になることもあります。晩年の運気を納めるとよいでしょう。

二黒土星亥年の人は、十代の苦労に短気を起こさずに慎んで、二十代に現れる運を逃さぬようにします。五黄土星亥年の人は、生来慎重で思慮深いのですが、時にする失敗に注意します。三十ないし四十代初めに大きな失意に遭いますが、六十過ぎの運を大切にしましょう。八白土星亥年の人は、青竹を割ったような気性で、淡泊で短気なため、他人との調和を欠く場合があります。よき心掛けで、熟年に来る幸運を取り入れるようにしましょう。

九星の説明

数千年の昔、中国で洪水を防ぐための治水工事をした時に、洛水という黄河の支流から現れた亀の甲羅に一から九までの模様があったといわれています。

これは中央に五を配し、縦、横、斜めのどこを足しても十五になる不思議なものでした。これが九星のもとになっています。

これら一から九までの各数字に、白、黒、碧、緑、黄、赤、紫の七色と木、火、土、金、水の五行があてはめられ、さらに易の八卦との対応により、各星に定位置が与えられました。これにより、各星の配置によって人の運命が影響されると考えられるようになり、それを深く掘り下げたのが、九星判断法です。

また、各年（年家九星）、月（月家九星）、日（日家九星）にも九星が配当され、吉凶を占うのに用いられるようになりました。

もともとは、戦争の勝利法として、自分自身を一つの星に置き換えて将来を予測する方法として使われていましたが、その後、戦国の時代も終わりを告げ、やがて平和の時代へと移り変わったため、さらに九星気学へと発展したのです。

江戸時代までの暦には九星は掲載されていませんでしたが、明治以降、暦本に占いとして掲載されるようになり、その後急速に九星術が盛んになりました。

九星は魔方陣の上を定められた法則に従い循環しています。その時々の各星の力のバランスを考え、自分の行動の指針として活用することが、運気を向上させる方法となります。九星術を活用することができれば、人生のよき羅針盤となるでしょう。

九星図

相性を判断する

九星による相性は、一白水星から九紫火星までの九星の五行、木・火・土・金・水の相生・相剋によって決められます。すなわち、

木とは三碧木星、四緑木星、
火とは九紫火星、
土とは二黒土星、五黄土星、八白土星、
金とは六白金星、七赤金星、
水とは一白水星のことをいいます。

また十二支にも相性の吉凶があります。したがって九星、十二支双方から見ての相性が吉であれば申し分ありません。

日常生活でも、男女の間でも、「なんとなく気が合う」とか「合わない」とかいうことがよくありますが、人と人とは以心伝心、自分が持った感情がすぐ相手に伝わります。そのうえで、九星の相性と十二支の相性が自分でわかると、このうえなく便利です。

相性は生涯の幸、不幸を決める場合もありますので、結婚の相性などは専門家による鑑定も考慮に入れておいてください。さまざまな人との相性を正確に活用することで、ぜひ幸運な人生を送りましょう。

相生五行図

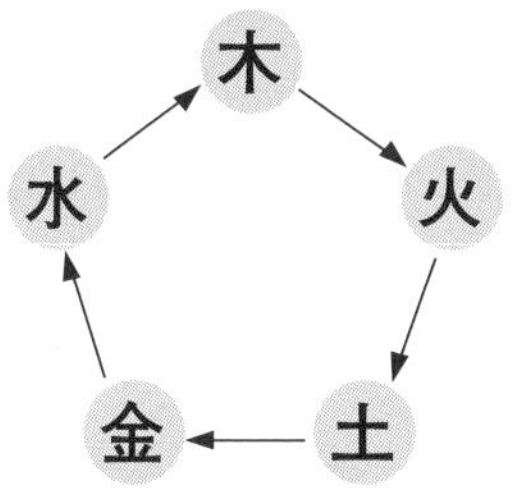

- 木は火を生じ
- 火は土を生じ
- 土は金を生じ
- 金は水を生じ
- 水は木を生じます

相剋五行図

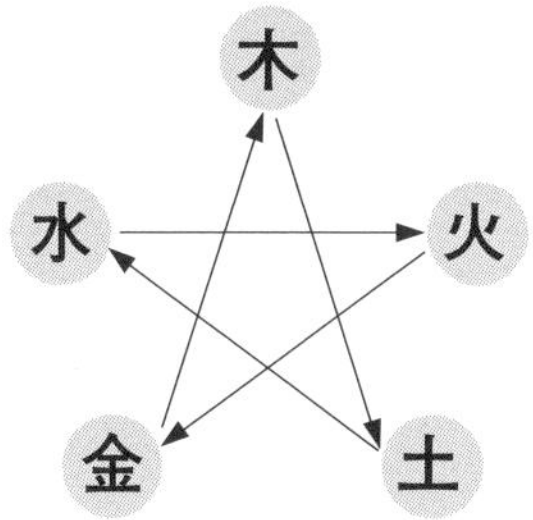

- 木は土を剋し
- 火は金を剋し
- 土は水を剋し
- 金は木を剋し
- 水は火を剋します

比和五行図

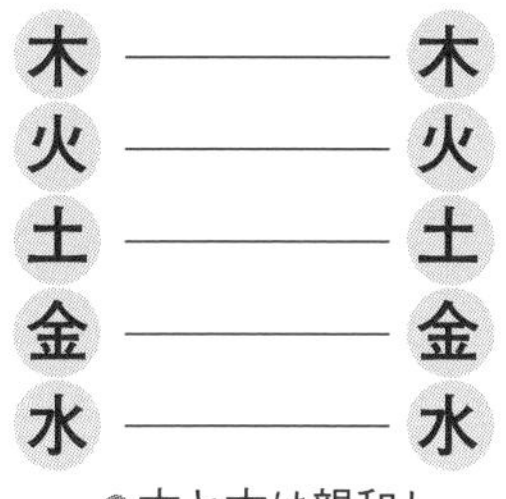

- 木と木は親和し
- 火と火は親和し
- 土と土は親和し
- 金と金は親和し
- 水と水は親和します

●九星による女性から見た大・中吉の男性

	大吉	中吉
一白生まれ	六白・七赤	一白・三碧・四緑
二黒生まれ	九紫	五黄・八白・六白・七赤・二黒
三碧生まれ	一白	九紫・四緑・三碧
四緑生まれ	一白	九紫・三碧・四緑
五黄生まれ	九紫	六白・七赤・八白・二黒・五黄
六白生まれ	二黒・五黄・八白	一白・七赤・六白
七赤生まれ	二黒・五黄・八白	一白・七赤・六白
八白生まれ	九紫	二黒・五黄・六白・七赤・八白
九紫生まれ	三碧・四緑	二黒・五黄・八白・九紫

●九星による男性から見た大・中吉の女性

	大吉	中吉
一白生まれ	三碧・四緑	六白・七赤・一白
二黒生まれ	六白・七赤	二黒・五黄・八白・九紫
三碧生まれ	九紫	一白・四緑・三碧
四緑生まれ	九紫	一白・三碧・四緑
五黄生まれ	六白・七赤	二黒・八白・九紫・五黄
六白生まれ	一白	二黒・五黄・八白・七赤・六白
七赤生まれ	一白	二黒・五黄・八白・六白・七赤
八白生まれ	六白・七赤	二黒・五黄・九紫・八白
九紫生まれ	二黒・五黄・八白	三碧・四緑・九紫

●十二支による男女の相性

子年生まれ	申・辰・丑年の人が吉
丑年生まれ	巳・酉・子年の人が吉
寅年生まれ	午・戌・亥年の人が吉
卯年生まれ	亥・未・戌年の人が吉
辰年生まれ	申・子・酉年の人が吉
巳年生まれ	酉・丑・申年の人が吉
午年生まれ	寅・戌・未年の人が吉
未年生まれ	亥・卯・午年の人が吉
申年生まれ	子・辰・巳年の人が吉
酉年生まれ	巳・丑・辰年の人が吉
戌年生まれ	寅・午・卯年の人が吉
亥年生まれ	卯・未・寅年の人が吉

六輝の説明

中国宋時代に誕生し、室町時代に伝来した六輝星は別名を孔明六曜星とも呼ばれ、中国の三国志で有名な名将諸葛孔明が発明したとの説もありますが、史実ではなくあくまでも伝説です。

江戸時代はほとんど人気がなく、載せていない暦もかなりあったようですが、明治の改暦で他の人気暦注が消えた後、装いも新たに再び登場して、戦後になると爆発的な人気を博し現在に至っています。

伝来した当初は、泰安《たいあん》、留連《りゅうれん》、速喜《そっき》、赤口《しゃっく》、将吉《しょうきち》、空亡《くうぼう》の順でしたが、江戸末期頃より、今日のような名称に変わり、日の吉凶を知るのに暦、カレンダーはもとより、手帳などにも大きく載っています。

また六輝は、悪い日が三日であとは吉日、善日、幸日が交互に配列されていますが、これは陰陽の原則に基づいていると考えられます。

ただ、暦により解釈は多少異なっているものがあるようです。六輝が生まれた中国では現在、大安も仏滅も友引もなく、日本でだけの人気です。

◐**先勝**　せんかち・せんしょう　先勝日《にち》の略。急用や訴訟などに吉の日とされています。ただし午後は凶となります。旧暦の一月朔日《ついたち》、七月朔日に配されています。

⊤**友引**　ともびき　友引日《にち》の略。午前中と夕刻と夜は相引きで勝負なしの吉の日。ただし昼は凶。この日葬儀をすると、他人の死を招く恐れがあるといわれています。旧暦の二月朔日、八月朔日に配されています。

◑**先負**　せんまけ・せんぷ　先負日《にち》の略。静かにしているのがよい日とされ、特に公事や急用を避ける日。午後大吉。旧暦三月朔日、九月朔日に配されています。

●**仏滅**　ぶつめつ　仏滅日《にち》の略。この日に開店、移転など、新規に事を起こすことはもちろんのこと、陰陽道で何事をするのも忌むべき日とされています。旧暦四月朔日、十月朔日に配されています。

○**大安**　たいあん・だいあん　大安日《にち》の略。陰陽道でこの日、結婚、旅行、建築、開店など、何事をなすのにも吉日とされています。旧暦五月朔日、十一月朔日に配されています。

⦶**赤口**　しゃっく・しゃっこう　赤口日《にち》の略。赤口神《しゃっこうじん》が衆生を悩まし、新規の事始めはもちろんのこと、何事をするのも忌むべき日とされています。ただし正午のみ吉。旧暦六月朔日、十二月朔日に配されています。

中段（十二直）の説明

たつ（建）	この日は建の意で最高吉日。神仏の祭祀、結婚、開店等すべて大吉。動土蔵開き凶。
のぞく（除）	この日は不浄を払い百凶を除き去り、医師かかり始め、種播き吉。結婚、動土は凶。
みつ（満）	この日は満の意で万象万物すべて満たされる良日。建築、移転、結婚、祝い事吉。
たいら（平）	この日は平の意で、物事の平等分配を図るので、地固め、種播き、結婚、祝い事吉。
さだん（定）	良悪が定まる意で、建築、移転、結婚、開店、開業等、祝い事吉。樹木の植え替え凶。
とる（執）	この日は執の意で、万事活動育成を促す日。祝い事等吉で財産整理等には凶。
やぶる（破）	この日は破の意で、訴訟等には吉。結婚その他約束事、神仏の祭祀等は凶。
あやぶ（危）	この日は万事に危惧を含み、何事も控え目に慎んで吉。旅行、登山、船乗り等は凶。
なる（成）	この日は成就の意で、建築、開店、種播き等の新規事はすべて吉。訴訟事等は大凶。
おさん（納）	この日は別名天倉といい、万物を納めるのに吉。神仏祭祀、結婚、見合い等は凶。
ひらく（開）	険を開き通じる意で、建築、結婚、開業等吉。ただし葬儀、その他の不浄事凶。
とづ（閉）	この日は諸事閉止する意で、金銭の収納、建墓は吉。棟上げ、結婚、開店等は凶。

中段（十二直）の由来

別名を中段という十二直は、十二建とも十二客とも呼ばれていました。江戸時代の「かな暦」の中段に載っていたもので、日常生活に深く関わり、かなり重要視されていました。

現在では日の吉凶は、大安、友引などで知られる、六曜六輝のほうが断然主役になっていますが、平安時代から江戸、明治、大正、昭和の初期あたりまでは、六輝より十二直によって婚礼の日取りなどを選んでいました。さらに、移転、建築、造作、養蚕、治療、事業、法事、衣服の裁断、旅行、井戸掘りなど、日常生活のあらゆる吉凶を、この十二直によって判断していました。十二直の直の字が、アタルという意味で信じられていたようです。

十二直は、十二支と関係があり、もともとは中国の北斗七星信仰に由来したものです。中心は建で六輝の大安と同じです。

二十八宿の説明

東方七宿	角《かく》	婚礼普請着初吉葬儀凶
	亢《こう》	種播結納吉家造は凶
	氐《てい》	婚礼酒造種播吉普請凶
	房《ぼう》	新規事婚礼棟上等大吉
	心《しん》	神祭移転旅行吉他は凶
	尾《び》	開店婚礼造作吉衣裁凶
	箕《き》	普請動土池掘吉葬儀凶
北方七宿	斗《と》	新規事倉庫建築動土吉
	牛《ぎゅう》	何事に用いても吉祥日
	女《じょ》	稽古事始吉訴訟婚葬凶
	虚《きょ》	学問吉積極的行動は凶
	危《き》	壁塗酒造旅行吉仕立凶
	室《しつ》	祝事婚礼造作祭祀等吉
	壁《へき》	旅行婚礼万事大吉南凶
西方七宿	奎《けい》	柱立棟上神仏祭事等吉
	婁《ろう》	普請造作庭造契約事吉
	胃《い》	世話事普請造作公事吉
	昴《ぼう》	参詣祝事新規事婚礼吉
	畢《ひつ》	祭祀婚礼棟上取引始吉
	觜《し》	稽古事始吉造作着初凶
	参《しん》	婚礼旅行は吉葬儀は凶
南方七宿	井《せい》	参詣動土種播吉衣裁凶
	鬼《き》	婚礼のみ凶他全て大吉
	柳《りゅう》	造作婚礼葬儀などは凶
	星《せい》	祭祀治療吉婚礼葬儀凶
	張《ちょう》	見合い神仏祈願祝宴吉
	翼《よく》	耕作始め樹木植替え吉
	軫《しん》	地鎮祭就職婚姻祭祀吉

二十八宿の由来

二十八宿とは、季節を定める方法として、古代中国で考え出されたものです。夕暮、西の空に細い三日月が見えますが、この三日月は朔から数えて三日めの月という意味です。

朔の日の月を新月と呼びますが、新月と二日の月は見えません。三日でようやく見えて、この三日月の位置から見えなかった新月と二日の月を推定し、月、星、太陽などの位置がある程度正確に計算できたものと思われます。

そこで月の通る道に沿って、目立つ星を目標に二十八の星座を決め、これを二十八宿と称して日、月に配当して、古来吉凶を占うのに用いられています。

各星宿は天空を西から東へと数え、黄道帯を、東方青龍、北方玄武、西方白虎、南方朱雀の四宮とし、これをさらに七分割して配当されています。

節気　循環する自然の移ろい

●立春《りっしゅん》　旧暦正月寅月の正節で、新暦二月四日頃、節分の翌日となります。暦上では春となり、この日が一年の初めとされました。この頃から気温は上昇に向かい始め、どことなく春の気配が感じられる時期です。

●雨水《うすい》　旧暦正月寅月の中気で、新暦では二月十八日頃になります。この頃から雨水がぬるみ始め、草木が芽生える兆しがあります。

●啓蟄《けいちつ》　旧暦二月卯月の正節で、新暦では三月五日頃になります。冬ごもりをしていたいろいろな虫が、地下から地上にはい出してくる頃といわれています。

●春分《しゅんぶん》　旧暦二月卯月の中気で、新暦では三月二十一日頃になります。太陽は真東から昇り真西に沈み、昼と夜の長さがほぼ等しくなる日で、この日から徐々に昼が長くなり、夜が短くなります。春の彼岸の中日となっています。

●清明《せいめい》　旧暦三月辰月の正節で、新暦では四月四日頃になります。春の気が明るく美しく輝き、草木の花が咲き、清新の時となります。

●穀雨《こくう》　旧暦三月辰月の中気で、新暦では四月二十日頃になります。春雨が降る日が多く、冬の間乾いていた大地や田畑を湿らせ、天からの恵みとなる季節です。

●立夏《りっか》　旧暦四月巳月の正節で、新暦では五月五日頃になります。新緑が鮮やかになり、山野に生気が走り、皐月風の匂いが立ち始める頃となります。

●小満《しょうまん》　旧暦四月巳月の中気で、新暦では五月二十一日頃になります。山野の植物が花に埋もれ、実を結びます。田植えの準備で人も忙しく、月もおぼろに輝く時です。

●芒種《ぼうしゅ》　旧暦五月午月の正節で、新暦では六月五日頃になります。雨が長い日数降りしきり、農家は稲を植える準備などで多忙を極めます。

●夏至《げし》　旧暦五月午月の中気で、新暦では六月二十一日頃になります。この日、北半球では昼が最も長く、反対に夜が最も短くなります。梅雨真っ盛りの時期で長雨が降り続きます。

●小暑《しょうしょ》　旧暦六月未月の正節で、新暦では七月七日頃になります。日脚は徐々に短くなりますが、暑さは日ごとに増していきます。

●大暑《たいしょ》　旧暦六月未月の中気で、新暦では七月二十三日頃になります。暑さがますます加わり、一年で最も気温の高い時期です。

●立秋《りっしゅう》　旧暦七月申月の正節で、新暦では八月七日頃になります。暦の上では秋になります。残暑はなお厳しいですが、風や雲に秋の気配が感じられるようになってきます。

●処暑《しょしょ》　旧暦七月申月の中気で、新暦では八月二十三日頃になります。暑さもそろそろおさまり、秋風の吹く頃となります。収穫の秋も目前となります。

●白露《はくろ》　旧暦八月酉月の正節で、新暦では九月七日頃になります。白露とは「しらつゆ」の意味で、野の草などに付いたつゆの光が、秋の趣を感じさせます。

●秋分《しゅうぶん》　旧暦八月酉月の中気で、新暦では九月二十三日頃になります。春分同様、昼夜の長さがほぼ等しくなります。秋の彼岸の中日で、祖先の霊を敬い亡き人の霊を偲ぶ日となっています。

●寒露《かんろ》　旧暦九月戌月の正節で、新暦では十月八日頃になります。寒露とは、晩秋から初冬の頃に野草に付く露のことです。紅葉は鮮やかに映え、冷気を肌に感じ始める季節となります。

●霜降《そうこう》　旧暦九月戌月の中気で、新暦では十月二十三日頃になります。早朝に霜の降りるのを見るようになり、冬が間近にせまっている時です。

●立冬《りっとう》　旧暦十月亥月の正節で、新暦では十一月七日頃になります。陽の光もなんとなく弱くなり、日没も早くなります。木の葉も落ち、冬枯れの始まりです。

●小雪《しょうせつ》　旧暦十月亥月の中気で、新暦では十一月二十二日頃になります。高い山には真っ白な雪が見られます。木枯らしが吹き、物寂しい冬が近いのを感じます。

●大雪《たいせつ》　旧暦十一月子月の正節で、新暦では十二月七日頃になります。山の峰は積雪によって綿で覆われたようになり、平地も北風が身にしみる候になります。

●冬至《とうじ》　旧暦十一月子月の中気で、新暦では十二月二十二日頃になります。北半球では、一年で昼が最も短く、夜が最も長くなります。この日を境に一陽来復、日脚は少しずつ伸びていきます。この日にかぼちゃを食べ、柚子《ゆず》湯に入り、一年の健康を願う習慣があります。

●小寒《しょうかん》　旧暦十二月丑月の正節で、新暦では一月五日頃になります。この日から「寒の入り」とします。本格的な冬で、降雪と寒風にさいなまれます。

●大寒《だいかん》　旧暦十二月丑月の中気で、新暦では一月二十日頃になります。冬将軍がますます活躍し、寒さの絶頂期ですが、その極寒を切り抜けてこそ、春の日ざしの暖かさを天恵として感じるのです。

特殊日吉凶の説明

暦日上には古くから伝わる吉凶を示した特殊な日がありますが、私達が日常、吉祥であれかしと縁起をかつぐ人情は、古今、洋の東西を問わず、いつの世も不変のことでしょう。その意味で、暦日上の特殊な日の吉凶について述べてみます。

一粒万倍日　いちりゅうまんばいび

一粒の種が万倍に増える吉日です。そのために諸事成功を願って事始めに用いられ、古くから、特に商売始め、開店、金銭を出すのによいとされています。反面、増えて多くなる意味から、人から物を借りたり、借金するのには凶の日です。

八専　はっせん

八専とは、陰暦壬子《みずのえね》の日から癸亥《みずのとい》の日までの十二日間のうち、これに五行を配した時、干と支が専一となる壬子《みずのえね》、甲寅《きのえとら》、乙卯《きのとう》、丁巳《ひのとみ》、己未《つちのとひつじ》、庚申《かのえさる》、辛酉《かのととり》、癸亥《みずのとい》の八日のことで、一年に六回あります。この日は法事・供養などの仏事、嫁取り、建て替えにあたっての取り壊しなどの破壊的なことなどには悪い日とされています。ただし、十二日間のうち、干支が専一とならない癸丑《みずのとうし》、丙辰《ひのえたつ》、戊午《つちのえうま》、壬戌《みずのえいぬ》の四日間は間日となり、障りはありません。

不成就日　ふじょうじゅび

障りがあって物事が成就せず、悪い結果を招く凶日とされています。

特に結婚、開店、柱立て、命名、移転、契約事などには不向きで、この日に急に何事かを思い立ったり、願い事をすることすら避けるべきだとされています。

三りんぼう　さんりんぼう

昔から普請始め、柱立て、棟上げなどには大凶日とされ、この日を用いて後日災禍が起きると、近所隣をも亡ぼすとされています。

参考までにこの日の見方を掲げます。

旧正月、旧四月、旧七月、旧十月は亥の日。

旧二月、旧五月、旧八月、旧十一月は寅の日。
旧三月、旧六月、旧九月、旧十二月は午の日。
（注・旧暦の変わり目は各月の節入日からです）

天一天上　てんいちてんじょう

天一天上とは、人事の吉凶禍福をつかさどる天一神が天上する日です。天一神は癸巳《みずのとみ》の日に天上するので、それから戊申《つちのえさる》の日までの十六日間は、天一神の障りはなく、いずれの方角へ行っても自由であるとされています。

天一神は、天上から降りた後、次のように、下界で八方を巡って過ごすといわれています（天一神遊行）。この間は、それぞれの方位に向かってのお産、交渉事などは凶とされています。

天一神の遊行日

己酉《つちのととり》の日から六日間…東北の方位
乙卯《きのとう》の日から五日間…東の方位
庚申《かのえさる》の日から六日間…東南の方位
丙寅《ひのえとら》の日から五日間…南の方位
辛未《かのとひつじ》の日から六日間…西南の方位
丁丑《ひのとうし》の日から五日間…西の方位
壬午《みずのえうま》の日から六日間…西北の方位
戊子《つちのえね》の日から五日間…北の方位

天赦　てんしゃ

この日は干支相生、相剋の中を得る大吉日で、天の恩恵により何の障害も起きない日とされ、特に結婚、開店、事業、創立、拡張などには最良の日とされています。

土用　どよう

一年の春・夏・秋・冬にはそれぞれの四季の土用があり、その期間は十八日前後です。この期間中は、特に動土、土木工事に着手することは大凶とされています。

冬の土用　一月十七日頃から二月立春の前日まで。
春の土用　四月十七日頃から五月立夏の前日まで。
夏の土用　七月二十日頃から八月立秋の前日まで。
秋の土用　十月二十日頃から十一月立冬の前日まで。

ただし、土用中でも間日は障りありません。その間日は、春は巳《み》、午《うま》、酉《とり》の日。夏は卯《う》、辰《たつ》、申《さる》の日。秋は未《ひつじ》、酉《とり》、亥《い》の日。冬は寅《とら》、卯《う》、巳《み》の日となります。

十方暮れ　じっぽうぐれ

干支相剋の凶日（ただし相剋しない日も含む）で、甲申《きのえさる》の日から入って癸巳《みずのとみ》の日までの十日間です。この日は労多くして功少ない日とされ、新規に事を起こすと失敗損失を招きます。なお、旅立ちにも凶日とされています。

三伏日　さんぷくび

旧暦五月、新暦六月の夏至後三回目の庚《かのえ》の日を初伏《しょふく》、四回目の庚の日を中伏《ちゅうふく》、立秋後一回目の庚の日を末伏《まっぷく》とし、それらを総称して三伏日といいます。

庚は金の兄で、金性ですが、夏の季節は火性が最も強くなります。庚の金は夏の火に負けることから、凶日とされます。

三伏日は、種播き、旅行、結婚、その他和合には用いないほうがよいとされています。

大つち、小つち　おおつち、こつち

六十干支のうち、庚午《かのえうま》の日から丙子《ひのえね》の日までの七日間を大つち（大犯土）といいます。大つちの終わりの日から一日置いて、戊寅《つちのえとら》の日から甲申《きのえさる》の日までの七日間を小つち（小犯土）といっています。

大つち、小つちの期間は、穴掘り、井戸掘りや建墓、種播きなど、土を崩すようなことはすべて慎まなければならないとされています。

いろいろな説がありますが、この期間中は土を動かすことなく休ませる意味といえるでしょう。

大つちから小つちへの変わり目の、丁丑《ひのとうし》の日は間日とされ、障りのない日となります。

臘日　ろうじつ

狩りを行なって獲物を捕らえ、先祖の霊に捧げる臘祭という中国の古い行事が元になっています。臘とは狩りのことです。

現在は、大寒に近い辰《たつ》の日を臘日としていますが、これには諸説があります。かまどの神を祀り、また禊《みそぎ》を行なって穢《けが》れを除くといった風習がありました。

また、神事、結婚には凶日とされています。

庚申　こうしん

古代中国では道教の伝説により、人間の体内には三尸《さんし》の虫がいて、その人の悪行を監視し、庚申の日の夜、眠っている間に体の外に抜け出し天に昇り、天界にその罪を報告するとされていました。

これをさせないため、庚申の日の夜は神々を祀り酒盛りなどをして夜を徹しました。これを庚申待《こうしんまち》、宵庚申《よいごうしん》などといいます。

日本にもこれが伝わり、江戸時代には民間で盛んに行なわれるようになりました。現在でも各地に庚申塔が多く残されています。

仏教では青面金剛《しょうめんこんごう》、神道では猿田彦神《さるたひこのかみ》を祀り信仰するようになり、道祖神信仰と結びつけられた面もあります。

甲子　きのえね

甲子は六十干支の最初にあたり、干支の五行も相生となっていることから、その年、日は吉とされました。

また、庚申待と同じように、甲子の日の夜、大黒天《だいこくてん》を祀って子《ね》の刻まで起きている、甲子待《きのえねまち》の行事も各地で行なわれています。

大黒天は頭に頭巾をかぶり、手に小槌を持ち、米俵に乗る神像で親しまれています。大黒が大国に通じることから、日本神話の大国主命《おおくにぬしのみこと》と同一視され（神仏習合）、七福神の一体として、民俗信仰の対象になったものです。

己巳　つちのとみ

巳待《みまち》ともいいます。福徳賦与の神、弁財天《べんざいてん》を祀る日となっています。蛇（巳）は弁財天の使者と考えられていたことから、己巳の日に弁財天を祀るようになりました。

弁財天は、もともとインドの神で、妙音天、美音天、弁天とも呼ばれています。人の穢れを払い、音楽、弁才、財福、知恵をつかさどる技芸の神です。

また、雄弁と知恵の守護神ともいわれ、福徳を増し、長寿と財宝を与える神ともされています。

事柄別の良い日取り

結婚に関する良い日取り

お見合い

お互いが顔見知りである間柄なら問題ありませんが、初めてというお見合いの場合は、まず本人お互いの本命星の吉方が合う方角の場所を選んでください（本書に九星別に各月の吉方位が載っています）。次に、日は暦の各月の六輝の欄の大安、友引がよく、中段では、「たつ、みつ、たいら、とる、なる、ひらく」の日を選びます。

結納

結納の日取りは、嫁ぐ人から見て嫁ぎ先の方角が吉方位になる日か、暦の中段の、「なる、みつ、たいら、さだん」の日や六輝の大安、友引がよく、先勝の日でしたら午前中に行ないます。

婚礼

結婚式の日取りは、嫁ぐ人にとって嫁ぎ先の家の方角が吉方位となる年、月、日を選ぶことが大切です。気学及び九星学に基づいてこの吉方位を決めることになりますと、普通の人ではなかなか難しいのですが、古くから世間一般的には、暦の中段の「なる、たいら、たつ、さだん」、または六輝の大安日を選びます。

腹帯の吉日

古《いにしえ》より俗に岩田帯といわれている妊娠腹帯は犬のお産が概して安産であるということにあやかって、五ヵ月目の戌《いぬ》の日にするものとされています。

古文書には甲子《きのえね》、甲戌《きのえいぬ》、乙丑《きのとうし》、丙午《ひのえうま》、丙戌《ひのえいぬ》、戊戌《つちのえいぬ》、庚戌《かのえいぬ》、庚子《かのえね》、辛酉《かのととり》の日がよいとも記されています。また一般的には、暦の中段の「なる、みつ、たつ」の日を吉日としています。

胞衣《えな》を納める方位

胞衣を納めるには、その年の五黄殺、暗剣殺、本命殺、本命的殺、歳破の五大凶殺方位を避けて、生児の本命星と相生する星の回座している吉方の方角か、またはその年の歳徳神の位置する「あきのかた」の方角に納めるのがよいとされています。

事業に関する良い日取り

商談

商談を進めようとする相手の方位をまず調べます。そしてその方位が自分の本命星と現在、相生か相剋かを見て、相生であれば暦の中段の「たつ、みつ、たいら、さだん、とる、なる、ひらく」の吉日を、また六輝の大安、先勝の午前、友引の日を選んで話を進めればよいでしょう。

開店

業種により開店の時期はいろいろと考えられますが、自分の本命星が、方位盤の西南、東、東南に入る年、月で決めます。日を決めるには暦の中段の、「たつ、みつ、たいら、さだん、なる、ひらく」がよく、六輝では大安、先勝（午前中）、友引がよいとされています。

新築・改築に関する良い日取り

地鎮祭

土木工事や建築の基礎工事に着手する前に、その土地の神を祀って、工事の無事と、厄災を払うことを祈願するのが地鎮祭です。建築主と相性のよい土地を選んで行なうとよいでしょう。

■地鎮祭の吉日……甲子《きのえね》、甲寅《きのえとら》、甲辰《きのえたつ》、乙酉《きのととり》、戊申《つちのえさる》、庚子《かのえね》、庚戌《かのえいぬ》、壬子《みずのえね》、壬寅《みずのえとら》（ただし寅の日の三りんぼうは凶です）。これらのうちでも、土用は避けてください。

柱立て

柱立てによい日とされている吉日は、甲子《きのえね》、甲寅《きのえとら》、甲辰《きのえたつ》、乙酉《きのととり》、戊申《つちのえさる》、庚子《かのえね》、庚午《かのえうま》、庚戌《かのえいぬ》、壬子《みずのえね》、壬寅《みずのえとら》の日です。ただし、寅の日の三りんぼうにあたる日は凶日となりますから、注意してください。

■柱立ての順序

春は南から立てはじめ東、西、北の順
夏は北から立てはじめ南、西、東の順
秋は東から立てはじめ西、北、南の順
冬は西から立てはじめ東、南、北の順

以上の順に立てます。

棟上げ

甲子《きのえね》、甲辰《きのえたつ》、乙酉《きのととり》、乙亥《きのとい》、庚子《かのえね》、庚辰《かのえたつ》、庚戌《かのえいぬ》、癸巳《みずのとみ》、癸酉《みずのととり》。

右の日が棟上げに吉日とされています。

勝負事、交渉事に勝つ

昔から、諸事必勝法としてこれを行なえば、負けずに勝つという秘法が伝えられています。それは、左図・表を使って、破軍星というものを求め、それを必ず背にして勝負事、交渉事にあたるという方法です。

例えば、九月のある日、午前九時から十時の間に事に掛かるとします。図1を見ると、その時刻は「巳」の刻となります。次に図2を見てください。九月の欄には「一つ目」とあります（月は旧暦を使います）。先ほど調べた図1の「巳」から、一つ分、時計回りに進んだところを見ると「午」になります。この午の方位が破軍星の方位です。この方位を背にして進むには、図1で見て反対側「子」の方位に進めばよいのです。

【図1】

【図2】

正月 五つ目	四月 八つ目	七月 十一目	十月 二つ目
二月 六つ目	五月 九つ目	八月 十二目	十一月 三つ目
三月 七つ目	六月 十目	九月 一つ目	十二月 四つ目

種播きの適期

水稲	四月下旬～五月中旬	大豆	五月上旬～六月中旬
陸稲	五月上旬～五月下旬	小豆	六月上旬～六月中旬
大麦	十月中旬～十一月中旬	にんじん	六月中旬～七月中旬
小麦	十月中旬～十一月下旬	白菜	八月上旬～八月下旬
裸麦	十月中旬～十一月中旬	大根	八月下旬～九月上旬
粟	五月下旬～七月上旬	そらまめ	九月中旬～十月中旬
きび	五月上旬～六月中旬	さつまいも	五月中旬～六月中旬
とうもろこし	四月上旬～五月下旬	じゃがいも	三月中旬～三月下旬
いんげん	四月中旬～五月上旬	ごぼう	四月下旬～五月上旬、九月下旬～十月上旬
そば	四月下旬～六月上旬、八月上旬～八月下旬	ねぎ	三月中旬～三月下旬、九月中旬～九月下旬
里芋	四月中旬～四月下旬	かぶ	八月下旬～九月下旬、二月下旬～五月下旬
なす	四月下旬～五月中旬	ほうれんそう	八月下旬～九月中旬、十月上旬～十月下旬
トマト	四月下旬～五月中旬		
きゅうり	四月下旬～五月中旬		
かぼちゃ	四月下旬～五月中旬		

丙寅《ひのえとら》、丁卯《ひのとう》、庚辰《かのえたつ》、辛巳《かのとみ》、戊子《つちのえね》、戊午《つちのえうま》、己丑《つちのとうし》、己未《つちのとひつじ》、甲午《きのえうま》、乙巳《きのとみ》、乙未《きのとひつじ》の日は、種播きを忌むべき日とされています。

播いた種が火の勢いや土の力で押しつぶされたり、根を切られたりすることがあるので、忌日とされています。

土公神の吉凶

土公神は土を守る神で、季節によって移動します。その居場所を掘り起こすと祟《たた》りがあるといわれています。その性質は荒々しく、荒神ともいわれます。

春（二月～四月）＝かまど　夏（五月～七月）＝門
秋（八月～十月）＝井戸　冬（十一月～翌一月）＝庭

井戸掘り、井戸さらいの吉凶

全国的に水道施設が発達して、井戸は徐々に減少しています。しかし、井戸にはいろいろな利用法があり、捨てがたいものです。水と火は、日常生活の中でも最も必要性が高く、また家相の観点からも庭内の吉方位に設置しなければなりません。最近ではマンションの受水槽などの位置などにも注意を施したいものです。

■井戸を掘る位置（土地、家屋の中心から見て）
甲《きのえ》、乙《きのと》、丙《ひのえ》、丁《ひのと》、庚《かのえ》、辛《かのと》、壬《みずのえ》、癸《みずのと》、巳《み》、亥《い》の方位

■井戸掘りの吉日
甲子《きのえね》、乙亥《きのとい》、庚子《かのえね》、辛亥《かのとい》、壬子《みずのえね》、壬申《みずのえさる》、癸酉《みずのととり》、癸亥《みずのとい》の日

■井戸さらいの吉日
春…甲子《きのえね》、壬子《みずのえね》、癸亥《みずのとい》の日
秋…庚子《かのえね》、辛亥《かのとい》、壬寅《みずのえとら》、甲寅《きのえとら》の日

なお、夏土用中は井戸さらいは凶とされています。マンションの受水槽の清掃などもこれにならいます。

鍼灸の吉日

左記の日は鍼《はり》、灸《きゅう》によい日となっていますが、暦の中段、二十八宿の凶日と重なる時は差し控えます。

甲辰《きのえたつ》の日　甲申《きのえさる》の日　甲戌《きのえいぬ》の日　乙巳《きのとみ》の日
丙子《ひのえね》の日（ただし夏は凶）　丙辰《ひのえたつ》の日
丙申《ひのえさる》の日　丙戌《ひのえいぬ》の日　丁丑《ひのとうし》の日　丁卯《ひのとう》の日
丁亥《ひのとい》の日（ただし夏は凶）　戊申《つちのえさる》の日（ただし男は凶）
己亥《つちのとい》の日（ただし女は凶）　庚子《かのえね》の日（ただし秋は凶）
庚午《かのえうま》の日　辛丑《かのとうし》の日　辛卯《かのとう》の日　壬辰《みずのえたつ》の日
壬午《みずのえうま》の日　壬戌《みずのえいぬ》の日　癸丑《みずのとうし》の日

本年の年忌一覧

一周忌	令和五年死亡	**二十七回忌**	平成十年死亡
三回忌	令和四年死亡	**三十三回忌**	平成四年死亡
七回忌	平成三十年死亡	**三十七回忌**	昭和六十三年死亡
十三回忌	平成二十四年死亡	**五十回忌**	昭和五十年死亡
十七回忌	平成二十年死亡	**百回忌**	大正十四年死亡
二十三回忌	平成十四年死亡		

年中行事

正月

一月の異称は、正月、睦月、年初月、初陽、正陽月、月正、太郎月、芳歳、発歳、関歳など、意味のわかるものからわからないものまで、およそ五十近い名称があるそうです。一月は一年の初めで、「元《はじめ》」ともいい、正、陽、首、初、大、上、嘉などのめでたい字が上に付きます。「睦月」というのは一家中が仲良く親しみ合う、ムツビアウ月の意味で、「正月」の正は改める、改まるの意味で、改まった月ということです。

正月は五穀を守るという年神様を迎え、新年のお祝いをする大切な月です。一月一日の神祭りをはじめ、二十日正月と呼ばれる一月二十日までの間に、種々の年初の行事が行なわれます。

◆**門松**…古来、年の初めに年神様が空から降りてくると信じられており、その目印となるのが門松です。門松を立てるのは十二月二十六日から二十八日頃です。なお、二十九日は「九松（苦待つ）」といい、三十一日の場合は一夜飾りとなるので避けられています。

◆**しめ飾り**…玄関にしめ飾りを飾るのは、家の中にある今までの不浄を清め、年神様をお迎えできる清浄な場所であることを表し、併せて種々の災いの侵入を防ぐ意味があります。必ず新ワラを使って作ります。輪飾りは、台所、水道の蛇口、各自の部屋など家の中の要所や、自動車に飾ってその場所を清めます。

◆**しめ縄**…神棚のある家では、新しいワラで作ったしめ縄を飾ります。一般的には前垂れしめ縄、ごぼうじめ、大根じめの三種類となります。新しいワラを左綯《な》いに綯って間に四手を挟みます。左右の太さが違う時には、太いほうが神棚に向かって右にくるようにします。初詣などでいただいたお札を祀る場合は、向かって左側に祀ります。

◆**小正月**…元日を大正月といい、十五日は小正月といいます。この日にあずきがゆを食べて健康を祈ります。また、この日には飾ってあった正月飾りを取り、焼く行事が行なわれます。

節分　二月三日頃

◆**由来**…もともと節分とは、立春、立夏、立秋、立冬のそれぞれの前日をいい、季節の分かれ目となる日のことです。現在、行事として残っているのは立春の前日だけとなります。

◆**風習**…節分には、いわしの頭をひいらぎの枝に刺して戸口や軒下に飾る風習が各地に伝わっています。これは、平安朝の昔に節分の夜になると都に鬼が出没し、女、子供を食べるので、鬼が臭いを嫌うという「いわし」と、トゲが鬼の目を刺すといわれるひいらぎを戸口に飾って、鬼よけにしたことが元とされています。

また新しい年を前に、邪気を払い、厄を落とそうということから立春前日の追儺《ついな》の行事が始まりました。

ひな祭り　三月三日

女の子の幸せを願う三月三日の「ひな祭り」は他に桃の節句、上巳《じょうし》の節句ともいわれます。古代中国では三月初めの巳《み》の日を上巳といっていました。現在我が国では三月三日をひな祭りの日としています。

ひな人形を飾って、その子が健やかに成長し、幸福になるようにと願ってお祝いをします。

桃の節句には、ちらしずしに蛤のお吸い物が一般的です。蛤は二つに離すと他の貝とは絶対に合わないことから、女性の貞操を意味するといわれます。

お彼岸　春　三月十七日頃から一週間　秋　九月二十日頃から一週間

お彼岸は春と秋の年に二回あります。春は春分の日、秋は秋分の日を中日として前後に三日ずつ七日間をお彼岸と呼びます。この日は太陽が真西に没するので、西方に極楽浄土があるという仏教の教えから死者の冥福を祈り、仏供養、墓参りなどをします。各家庭でもこの七日間に家族そろって墓参りをする習慣となっています。また、仏前には故人の好物や季節のものを供えます。

端午の節句　五月五日

五月五日の節句で、桃の節句を女子の節句とするのに対して、これは男子の節句です。別名「菖蒲《しょうぶ》の節句」といわれます。邪気を除くために薬草として用いられた菖蒲を軒にさしたり、菖蒲湯に入ったりします。

また、男児のいる家では五月人形を飾って出世を願います。現在我が国では、この五月五日を「こどもの日」として国民の祝日としています。

母の日 父の日　五月の第二日曜日 六月の第三日曜日

五月の第二日曜日は母の日とされています。母が健在な人は赤いカーネーションを、亡くなった人は白いカーネーションを胸にさし、母への感謝の気持ちを新たにしています。母の日というのは最初アメリカで起きたもので、クリスチャンであった女性が自分の母の命日に白いカーネーションを信者に配ったのが始まりとされています。日本に定着したのは第二次世界大戦以後です。この日はお母さんに喜んでもらえそうなものを贈って感謝の気持ちを伝えます。

また、六月の第三日曜日は父の日とされています。母の日のカーネーションに対して、父の日はバラが普通です。

七夕　七月七日

七月七日の七夕祭りは牽牛星《けんぎゅうせい》、織女星《しょくじょせい》が天の川で会うという伝説や、神様の衣を織る棚織女《たなばたひめ》への信仰などが元になった行事です。

地方によって、一ヵ月遅れで行なうところもあります。

盂蘭盆会《うらぼんえ》　七月十三日〜十六日

※旧暦、月遅れのところもあります

七月十五日を中心として行なわれる仏教上の行事のことで、一般にはお盆といいます。梵語でウランバナといい、お釈迦《しゃか》様が餓鬼道《がきどう》に落ちて苦しんでいる弟子の母を供養して救済した故事が起源とされています。しかし一般には先祖の霊が帰ってくる日として、魂を迎え供養する行事になっています。

お盆入りの日の十三日には仏壇を清め、仏壇の前に盆棚を作り祖霊を迎えます。昔は大がかりなものを作りましたが、今では机を置いて真菰《まこも》を敷いたものを盆棚としています。

お盆の間は盆棚に季節の野菜や果物、そうめん、白玉などを供え、ご先祖様の乗り物として、なすときゅうりで作った牛と馬を並べます。十三日の迎え盆には夕方になったら迎え火を門や玄関の前で焚いて祖霊を迎え、十六日には再び門口で送り火を焚いて祖霊を送り出します。お盆の期間は地方によってさまざまですが、七月十三日に祖霊を迎え十六日の夕に送り出すというところが多く、これを旧暦や月遅れで行なうところもあります。

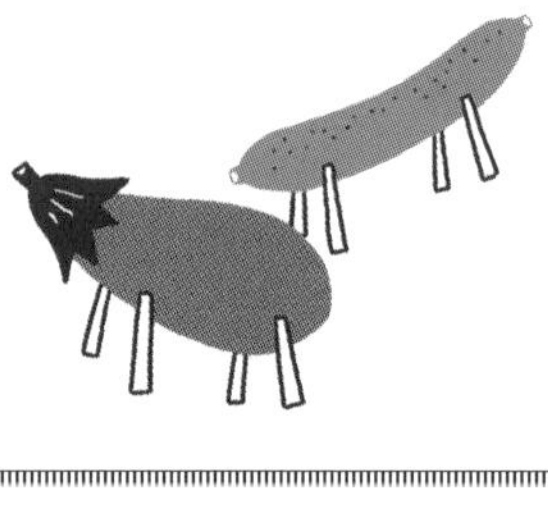

敬老の日 九月の第三月曜日

「敬老の日」は、「国民の祝日に関する法律」の改正により、平成十五年（二〇〇三年）から、九月の第三月曜日に変更されました。

この日は、長い年月社会に尽くしてきた老人の労をねぎらい、長寿を祝ってさし上げると同時に、老人福祉への関心を深めるために設けられたものです。しかし、この一日だけを敬老の日と考えず、三百六十五日いつも敬老の意識を絶やさず持ちたいものです。

また、敬老の日に忘れてならないのは、老人と同居してその面倒を見てくれている人々への感謝です。老人へ贈り物をする時に、一緒に感謝の気持ちを金品で表したいものです。

月見 旧八月十五日

陰暦では七月を初秋、八月を仲秋、九月を晩秋といいます。中国ではそれぞれの月の満月の日に祝宴をはる習慣がありました。

日本でも旧暦八月十五日の月を一年のうちで最も明るく美しい「中秋の名月」として愛で、供物をしてその姿を眺め、詩歌を詠んだりする風習がありました。月が農業の目安になっていたところから、収穫を月に感謝する意味があったと思われます。

冬至 十二月二十二日頃

旧暦十一月、子《ね》の月の中気で新暦の十二月二十二日頃になります。この日は一年中で太陽の高度が最も低く、昼が短く夜が一番長い日です。この頃から日脚は徐々に伸びてきますが、寒さは本格的になっていきます。この日には風呂の湯に柚子《ゆず》を入れて柚子湯に入る習慣があり、また、冬至まで保存していたかぼちゃを食べると一年間無病息災で暮らせるといわれています。

クリスマス 十二月二十五日

十二月二十五日はクリスマス。キリストの誕生を祝う日として、キリスト教徒にとっては年間最大の行事です。現在日本では、宗教的な意味から離れ、パーティーやプレゼントの交換などをする楽しい行事になっています。

年末

いよいよ新しい年を迎える準備をしましょう。一年の決算をすませた後、一年の穢《けが》れを除くために家の内外を大掃除して清めます。

大みそかの夜、新しい年を迎える深夜零時頃になると、全国各地の寺院で除夜の鐘を鳴らします。人間の持つ百八つの煩悩を消し去り、すがすがしい気持ちで新年を迎えるということです。

令和6年・運気概要時運占断

①日本全体について

本卦《ほんか》䷆地水師《ちすいし》の上爻変《じょうこうへん》

本卦《ほんか》の象意解《しょういかい》は「地勢渕《ちせいふち》に臨《のぞ》むの象《かたち》、寡《か》を以《も》って衆《しゅう》を伏《ふく》するの意」です。この卦名《かめい》の地水師の師は、争い・戦《いくさ》と読みます。結果として人物が優れた技量や人徳を備えていれば問題はないのですが、ごく普通の技量の人物では支えきれないものがあり、目的が達しにくいのです。

象《しょう》に曰《いわ》く「大君有命《たいくんめいあり》、以正功也《もってこうをただすなり》。小人勿用《しょうじんもちいるなかれ》。必乱《かならずくに》邦也《みだるなり》。」とあります。大君命《たいくんめい》あり、以《も》って功《こう》を正《ただ》すなり。小人用《しょうじんもち》いるなかれ。必《かなら》ず邦乱《くにみだ》れるなり。と読めます。

戦いの後に功のあった者には論功勲章《ろんこうくんしょう》が行なわれます。しかし、いかに功績があったとしても、その器ではない人物を重い地位の任務に就かせては国の将来を危うくするのです。

象《しょう》に曰《いわ》く「師衆也《しはしゅうなり》。貞正也《ていはせいなり》。能以衆正《よくしゅうをひきいてただせば》、可以王牟《もってきみたるべし》。剛中而応《ごうちゅうにしておうじ》、行険而順《けんをおこないてじゅんなり》。以此毒天下《ここをもっててんかをくるしめ》。而民従之《しかもたみこれにしたがう》。吉又何咎牟《きちにしてまたなんのとがかあらん》。」とあります。師《し》は衆《しゅう》なり。貞《てい》は正《せい》なり。能《よ》く衆《しゅう》を以《ひき》いて正《ただ》せば、以《も》って王《きみ》たるべし。剛中《ごうちゅう》にして応《おう》じ、険《けん》を行《おこ》ないて順《じゅん》なり。ここを以《も》って天下を毒《くる》しめ。しかも民《たみ》これに従《したが》う。吉《きち》にしてまた何《なん》の咎《とが》かあらん。と読めます。

艱難《かんなん》を行なうにあたっても、よくよく正しい道に順《したが》うのであれば、一時的に天下を苦しめたとしても、民は必ず心から尊敬しついてくるものなのです。さらにこの易卦《えきか》は帰魂卦《きこんか》と呼ばれます。繋辞伝《けいじでん》に「原始反終《はじめをたずねおわりにかえる》故知死生之説《ゆえにしせいのせつをしる》」と記してあります。始めを原《たず》ね終《お》わりに反《かえ》る故《ゆえ》に死生《しせい》の説を知ると読めます。これは例えると、人間の肉体は霊魂《れいこん》の家である。いうなれば人が期限を限って家を借りるのと似ています。期限が来て肉体が死ぬと霊魂がなくなります。これが人間の命運で、期限が来ると肉体が倒れたために霊魂が住めなくなることをいいます。病気や非常事態で肉体が崩壊して霊魂が住めなくなることは非命運で、上爻《じょうこう》に至った時に命運が尽きるとされます。

之卦《しか》は䷃山水蒙《さんすいもう》です。象意解《しょういかい》は「巌険雲烟《がんけんうんえん》の象、花を生じて未《いま》だ開《ひら》かずの意」です。

このようなことから本年の日本全体を見ていきますと、令和六年は上に立つ指導者の資質が厳しく問われる年といえます。本年の社会情勢は、良くなる方向ではなく悪い方向へ向かうと見られます。各所で上に立つ人の不祥事や指導力不足が従来以上に指摘されたり露呈したりします。

初めを訪ねて帰るという「初めの原理」は、国民のためという前提に帰れば良いのです。国民のためであるという原理原則の道をとるならば、苦しくても希望が持てるので艱難《かんなん》にも耐える強さを国民は備えているものです。

②日本の経済について

本卦《ほんか》䷲震為雷《しんいらい》の初爻変《しょこうへん》

本卦《ほんか》の象意解《しょういかい》は「二龍玉《にりゅうぎょく》を競《きそ》うの象《かたち》、声あって形なきの意《い》」です。この卦名《かめい》の震《しん》は震《ふる》う、動くですが、震は雷《らい》で震雷《しんらい》一たび震うと大いに驚かすが、その形は見ることができません。

爻辞《こうじ》に「震来虩虩《しんきたるにげきげきたり》、後笑言啞啞《のちにしょうげんあくあくたり》。吉《きち》。」とあります。震来《しんき》たるに虩虩《げきげき》たり、後《のち》に笑言啞啞《しょうげんあくあく》たり。吉《きち》。と読めます。気力充実している人物が現れて身をもって事に当たり、大事業を成し遂げる。内心は失敗を恐れるも細心の注意を払って実行していくので、ついには成し遂げる。成功の 暁《あかつき》 には苦労を語り合い、祝福することになるのです。

震雷が轟《とどろ》く時は恐れおののくけれど、過ぎ去ってみればみんなでいつもと変わらず笑い合います。恐れ慎んでいればやがて平常の中の幸せが訪れるのです。

象《しょう》に曰《いわ》く「震来虩虩《しんきたるにげきげきたり》、恐致福也《おそれてふくをいたすなり》。笑言啞啞《しょうげんあくあくたり》、後《のち》有則也《にはのりあるなり》」とあります。震来《しんき》たるに虩虩《げきげき》たり、恐れて福を致すなり。笑言啞啞《しょうげんあくあく》たり、後《のち》には則《のり》あるなりと読めます。震雷が来たときは恐れおののいて福徳《ふくとく》を成すのです。そして笑い合って、いつもの生活に戻るものです。

之卦《しか》は䷏雷地予《らいちよ》です。象意解《しょういかい》は「雷《らい》、地を出《い》でて奮《ふる》うの象、行止《こうし》時に順《したが》うの意」です。

このようなことから本年の日本の経済を見ていきますと、気力充実し実力ある人物が現れ、身を挺《てい》して大きな仕事に手を出し推進していきます。そしてその事業は大きく成功して耳目《じもく》を驚かせます。成功するまでの苦労努力を誰も知っていて、世間の人は噂をします。吉の作用が働き、活況を帯びます。

経済は一時的に活況を呈します。今までこんな人がいたのかと思うような人物が出て、全体が刺激を受けて、自分もやってみようかという同志意識が生まれ、景気の底上げをします。

けれどもこの卦象《かしょう》は、掛け声だけは勢いが良いけれど重要な内容が伴わないという欠点があります。空騒ぎで終わらせないよう、個人個人が十分に自覚して働く意識が大事になります。

③日本の社会について

本卦《ほんか》䷏雷地予《らいちよ》の五爻変《ごこうへん》

本卦《ほんか》の象意解《しょういかい》は「雷《らい》、地を出《い》でて奮《ふる》うの象《かたち》、行止《こうし》時に順《したが》うの意《い》」です。

易卦《えきか》は䷏で震雷《しんらい》☳が坤地《こんち》☷の上にあります。従って地上で大いに雷鳴《らいめい》を轟《とどろ》かせるのです。卦名《かめい》の予は楽しむ・予《あらかじ》めと読みます。遊興《ゆうきょう》に心を奪われること・不慮《ふりょ》の出来事に備える心構えのあるものと二つの意があります。

道理に順《したが》って動くことを示しています。天地も道理に順いきちんと動きますので、相呼応して順調に進んでいくことを示します。刑罰《けいばつ》などもきちんと行なわれ、民衆は安堵《あんど》するのです。音楽活動が盛んになる風潮もあります。

爻辞《こうじ》に「貞疾《ていしつ》、恒不死《つねなればしせず》」貞疾《ていしつ》、恒《つね》なれば死せずと読めます。やりたいことができず悶々《もんもん》としているけれど王道《おうどう》に順うならばたやすく沈んでしまうことはないと告げています。社会の営《いとな》みを健全に後世に伝えていくことが現在に生きている者たちの責務だといえます。トップに非《あら》ざる者が実権を握って動かして歯がゆい感覚を味わうとしても、節度を弁《わきま》えた行動が正道を示します。

之卦《しか》は☱☷沢地萃《たくちすい》です。象意解は「鯉、龍門《りゅうもん》に登るの象、妓歌《ぎか》、衆《しゅう》に従うの意」です。

このようなことから本年の日本の社会について見ていきますと、世上意のままにならないけれど道理に従い動いていくことをわずかながらでも実感できる社会となります。遊興に現《うつつ》を抜かす人たちも見受けられます。遊興に過ぎれば心に隙ができ、つまらない失敗をします。しかしながら社会全体では予め警戒する風潮が働いているので、最低限の秩序は守られていきます。詐欺師らによる強奪事件、飲食店での行き過ぎた悪ふざけも抑えられる傾向にあります。家を継がせることも柔軟な考え方が浸透していく様子があります。一方では、家名を代々つないでいくことを固守する人もいます。

④日本の政治について

本卦《ほんか》☲☶火山旅の四爻変《よんこうへん》

本卦《ほんか》の象意解《しょういかい》は「日西山《せいざん》に傾《かたむ》くの象《かたち》、鳥を見て矢を失うの意」です。

本卦の上卦《じょうか》☲には離火《りか》の日があり、下卦《げか》☶艮山《ごんさん》は山です。従って山に陽が傾く象《かたち》になります。「離は、はなれる鳥」を表し、「艮山は動かない矢」と見ます。往時《おうじ》の旅の孤独と難しさやつらさを考慮《こうりょ》しないと読み取れない卦象《かしょう》です。仲間がいない寂《さび》しい状態が火山旅なのです。

爻辞《こうじ》に「旅于処《たびところにおいてす》。得其資斧《そのしふをえ》。我心不快《わがこころよからず》。」とあります。旅処《たびところ》においてす。其《そ》の資斧《しふ》を得。我が心よからず。と読めます。情勢の流れるところで地位や資力を得たけれど本意ではないので心から喜べる心境ではないのです。自分の希望するような地位ではない人が権力の座についている。しかしながら信頼できる人物が傍にいないため、一人浮いてしまっている状況です。

象《しょう》に「旅于処《たびところにおいてす》。未得位也《いまだくらいをえざるなり》」とあります。旅処《たびところ》においてす。未《いま》だ位を得ざるなりと読めます。中途半端な感じであり、本当の意味での位に値する権力は得られていないのです。

之卦《しか》は☶☶艮為山《ごんいさん》です。象意解は「山上関《さんじょうせき》を鎖《と》ざすの象、葛藟《かつるい》を身に纏《まと》うの意」です。

このようなことから本年の日本の政治を見ていきますと、トップと周囲との関係が密ではなく、トップが浮いている様子が見られます。問題意識を共有できないで的外《まとはず》れな政策が行なわれるきらいがあります。笛吹《ふえふ》けども踊らずで、国民は少し冷めた目で見ています。トップに立ったは良いが信頼できるブレーンが周りにいないまま手を打つ有様は、あたかも数打てば当たる方式で、無駄な政策議論を重ねています。互《ご》卦《か》に沢風大過《たくふうたいか》が潜《ひそ》んでいます。重過ぎる任務を示しています。

⑤日本の外交について

本卦《ほんか》䷙山天大畜《さんてんたいちく》の三爻変《さんこうへん》

本卦《ほんか》の象意解《しょういかい》は「金《きん》、巌中《がんちゅう》に在《あ》るの象《かたち》、浅水舟《せんすいふね》を行《や》るの意」です。

本卦の大畜は乾天《けんてん》☰で、天の気を蓄え草木を養う艮山《ごんさん》☶を表しています。また大畜は剛健《ごうけん》にして気力充実しています。危険や障害を乗り越えていける。上爻《じょうこう》の剛強《ごうきょう》が手綱《たづな》を締めていれば正道を貫くことができるのです。

爻辞《こうじ》に「良馬遂《りょうばおう》。利艱貞《かんていによろし》。日閑輿衛利有攸往《ひによえいをならえばゆくところあるによろし》。」とあります。

良馬《りょうば》遂《お》う。艱貞《かんてい》に利《よろ》し。日に輿衛《よえい》を閑《なら》えば往《ゆ》く攸《ところ》有《あ》るに利《よろ》し。と読めます。文字通りに解釈すれば、良馬を得たけれど馬を御する術が未熟である。剛健で怒りっぽい馬を御すことは難しい。しばらくは馬を御す術に長けた人物に任せ、時間をかけて馬を御す術を磨くのが良い。そうすれば馬も慣れて良馬にもなるでしょう。

外交問題に当てはめて考えると、相手国は理解を示す国であっても日本の思い通りには進行しない。他の同盟国と手を結んで外交に当たるのが賢明であると解釈されます。

之卦《しか》は䷨山沢損《さんたくそん》です。象意解は「貴賤《きせん》、位《くらい》を正しくするの象、奢《おご》りを損して孚《まこと》を存《そん》するの意」です。

このようなことから本年の日本の外交を見ていきますと、日本を理解してくれる親日国も存在するけれど、その対応法や駆け引きなどが未熟なため、うまく進行していかない雰囲気が見られます。相手国は剛健で戦も辞さない意見をちらつかせるようです。ひるまず他の同盟国と手を結び、時間をかけて気長に日本の意思を伝えるのが国際間のルールかもしれません。象《しょう》に上　志《うえこころざし》を合わせれば也《なり》とありますので連携《れんけい》プレーが重要な意味を持つように思われます。

⑥日本の気象・災害について

本卦《ほんか》䷇水地比《すいちひ》の上爻変《じょうこうへん》

本卦《ほんか》の象意解《しょういかい》は衆星《しゅうせい》、北に拱《むこ》うの象《かたち》、和楽隔《わらくへだ》てなきの意」です。

易卦《えきか》は争いの後は睦《むつ》み合い助け合うことを示唆《しさ》しています。比《ひ》は人が二人並んだ形です。本卦は坤地《こんち》☷の上に坎水《かんすい》☵があり、両者が親和しています。唯一の陽爻《ようこう》である五爻《ごこう》に多くの陰爻《いんこう》が親しんでいます。

爻辞《こうじ》に「比之无首《これにひすしゅなし》。凶《きょう》。」とあります。之《これ》に比《ひ》す首《しゅ》无《な》し。凶《きょう》。と読めます。親しもうとしても時機を逸したので首尾を全《まっと》うすることができないと解釈されます。せっかくの計画も時宜《じぎ》を得なければ何の役にも立たなくなってしまいます。助け合うという精神も、相互の理解が一致しなければ災害時に役に立たなくなってしまいます。終わりを全うしないことによる犠牲者が出てしまいます。

この易卦《えきか》は地上に水をたたえている象《かたち》ですから、水害が起きることを暗示しています。

之卦《しか》は䷓風地観《ふうちかん》です。象意解は「風塵埃《じんあい》を揚《あ》げるの象、花を見て雨に遇《あ》うの意」です。

このようなことから本年の日本の気象・災害を見ていきますと、災害対策が疎かにされているか、計画されても実行が遅れているために被害が大きくなってしまうことを暗示しています。

唯一の五爻《ごこう》の陽爻《ようこう》に下からの四つの陰爻《いんこう》が突き上げ、上《じょう》爻《こう》の陰爻一つが上から押さえつけている易卦《えきか》です。いかに剛《ごう》爻《こう》といえど支えきれない形になり、地震の心配を有しています。互卦《ごか》の䷖山地剥《さんちはく》が山からの災害を表します。山崩《やまくず》れによる土砂災害にも警戒が必要です。この易卦《えきか》の天象《てんしょう》は曇りです。どんよりと曇った日は油断がならない時です。

⑦世界の動きについて

本卦《ほんか》䷖山地剥《さんちはく》の上爻変《じょうこうへん》

本卦《ほんか》の象意解《しょういかい》は「鼠《そ》倉廩《そうりん》を穿《うが》つの象《かたち》、旧《きゅう》を去って新《しん》を生《しょう》じるの意《い》」です。

本卦《ほんか》の剥《はく》は「はぎとる」で、今まさに☶艮山《ごんさん》の一陽爻《ようこう》が「はぎとられ」て坤地《こんち》☷の陰爻《いんこう》になろうとする寸前です。旧来からの脱出を図ろうとしているものです。

象《しょう》に曰《いわ》く「君子得輿《くんしはよをえ》、民所載也《たみののするところなり》。小人剥盧《しょうじんはろをはくす》。終不可用也《ついにもちいるべからざるなり》」とあります。君子《くんし》は輿《よ》を得《え》、民の載《の》する所なり。小人《しょうじん》は蘆《ろ》を剥《はく》す。終《つい》に用いるべからざるなりと読めます。輿とは人を乗せて運ぶ屋形で、盧は小さな家のこと。人の上に立つような人は民衆に担《かつ》がれます。思慮の足りない小人は小さな家さえ失う羽目になってしまう。そのような人を用いるべきではないと解釈されます。旧来型の大国主義は崩《くず》れ、民衆に支持された人物が担《かつ》がれて国を動かそうとしていく姿が見えます。

之卦《しか》は䷁坤為地《こんいち》です。象意解は「含弘斐《がんこうひ》有るの象《かたち》、品《ひん》物《ぶつ》資《よ》って生《しょう》じるの意」です。

このようなことから本年の世界の動きを見ていきますと、世界全体が大きく変わろうとしている情勢が見て取れます。従来型の大国主義はすたれ、民衆に支持された人物が国家を背負っていく流れが主流のようになります。派手さはないけれど地道に国を動かそうとする空気が強くなってきたのです。小人《しょうじん》ともいうべき者が世界を動かそうとしているけれど、上爻《じょうこう》☶艮山《ごんさん》の一陽《いちよう》の輿《よ》に乗った人物はしたたかに自国の意志を貫いている。世界は衰運の極《きわ》みのような時期にありますが、艱難辛苦《かんなんしんく》の後には一陽来復《いちようらいふく》の時が控えています。

⑧米国の情勢について

本卦《ほんか》䷔火雷噬嗑《からいぜいごう》の五爻変《ごこうへん》

本卦《ほんか》の象意解《しょういかい》は「頤中《いちゅう》に物あるの象《かたち》、夫婦閨《ねや》に怒《いか》るの意《い》」です。

本卦《ほんか》の噬嗑《ぜいごう》は噛《か》み合《あ》わすことです。そして上卦《じょうか》の離火《りか》☲は女性卦で妻を表し、下卦《げか》の震雷《しんらい》☳は男性卦で夫を表します。上に妻がいて下に夫がいる関係なので、序列を乱していると易卦《えきか》では判断します。現代の世上では反論のあるところでしょうが、易卦《えきか》上での判断基準なのでこのように判断します。爻辞《こうじ》に「噬乾肉《ほしにくをかみ》、得黄金《おうごんをえたり》。貞 厲 无 咎《ていなればあやうけれどとがなし》。」とあります。乾肉《ほしにく》を噬《か》み、黄金《おうごん》を得《え》たり。貞《てい》なれば厲《あやう》けれど咎《とが》なし。と読めます。乾《ほ》し肉《にく》を噛《か》んで苦労するけれど、そのおかげで黄金即ち良い事実を発見する。首尾一貫《しゅびいっかん》した策《さく》をとるならば、危ないところはあるけれど咎《とが》めはないのです。民衆は支持するのです。

之卦《しか》は䷘天雷无妄《てんらいむぼう》です。象意解は「雷暑《らいしょ》に逢《あ》うて震《ふる》うの象、石中玉《せきちゅうたま》を蘊《つ》むの意」です。

このようなことから米国の情勢を見ていきますと、乾し肉を噛むように苦労するけれど民衆の支持を得られます。一貫して姿勢を変えずブレないところが支持されることになります。歯と歯の間に物が挟まったように邪魔が入るけれど、積極性を発揮して進んでいく姿勢が見られます。上卦《じょうか》の離火《りか》☲は太陽、下卦《げか》の震雷《しんらい》☳は震動・活動の卦象《かしょう》ですから、邪魔者を跳ね除けながら進むことができます。中途半端な妥協をせず、真正面からぶつかっていく姿勢が見られます。大象《たいしょう》に、和を乱す者には懲罰《ちょうばつ》を加えるのが良いとあります。主爻《しゅこう》の五陰《ごいん》は、柔和な中にも毅然《きぜん》とした意思決定をする様子です。

⑨欧州の情勢について

本卦《ほんか》䷀乾為天《けんいてん》の四爻変《よんこうへん》

本卦《ほんか》の象意解《しょういかい》は「龍《りゅう》変化を示すの象《かたち》、万物資《ばんぶつよ》って始まるの意《い》」です。

本卦の乾為天は易学上《えきがくじょう》最も尊《とうと》いとしています。反対に力量以上の不相応な態度を取る人と解釈することもあります。いずれにしても能動的で積極的な事を表します。四爻《よんこう》の爻辞《こうじ》に「或 躍 在 淵《あるいはおどりてふちにあり》。咎无《とがなし》。」とあります。或《ある》いは躍《おど》りて淵《ふち》に在《あ》り。咎无《とがな》し。と読めます。積極的に働きかける国もあります。勢いがあって新たな手を打つ国もあります。しかしながら、全体の様子を見ているのか腰が引けている国も見られます。歴史の中で長い間主導的立場を貫《つらぬ》いてきた国も、歴史の大転換期を迎《むか》えて戸惑《とまど》っている様子が見られます。

象《しょう》に「進无咎《すすむもとがなきなり》」とあります。進《すす》むも咎无《とがな》きなりと読めます。実行しても何ら咎められることはないと易卦《えきか》では解釈されます。結果は少し中途半端な統一性となり、まとまっていない状況が見られます。戦災や天災に見舞われた時にも各国の思惑《おもわく》がからみ、援助や支援に足並みが揃《そろ》わない傾向が見られます。

之卦《しか》は䷈風天小蓄《ふうてんしょうちく》です。象意解は「暁風残月《ぎょうふうざんげつ》の象、相《あい》親しみ相疎《うと》んじるの意」です。

このようなことから本年の欧州の情勢を見ていきますと、歴史的転換期に直面して各国の思惑が一致せず、足並みが揃わないきらいがあります。しかし、大筋は同一方向を指しているように見えます。積極的に行動するけれど、これで良いのかと逡巡《しゅんじゅん》する様子もまた見られるのです。一国が「躍りて」と活動をし始めるけれど「淵に在り」と他国が日和見《ひよりみ》をしている様子も見られます。

⑩諸国の情勢について

本卦《ほんか》䷍火天大有《かてんたいゆう》の上爻変《じょうこうへん》

本卦《ほんか》の象意解《しょういかい》は「窓を穿《うが》って明《めい》を開《ひら》くの象《かたち》、深谷《しんこく》花を発《ひら》くの意《い》」です。

本卦の大有は「大いに有《たも》つ」の意味です。時運《じうん》を得て運気に勢いのある卦象《かしょう》なのですが、五爻《ごこう》にある主爻《しゅこう》は陰爻《いんこう》で、柔弱な主君なのです。見方を変えれば、柔和な主君の包容力で周りを包み込み、円満に推移することを示しています。またこの易卦《えきか》は豊作《ほうさく》・豊穣《ほうじょう》を表します。

爻辞《こうじ》に「自天祐之《てんよりこれをたすく》。吉无不利《きちにしてよろしからざるなし》。」とあります。天自《てんよ》り之《これ》を祐《たす》く。吉《きち》にして利《よろ》しからざる无《な》し。と読めます。唯一の陰爻《いんこう》である五爻《ごこう》を多くの賢者が支えている。それはあたかも天からの祐《たす》けといえる。善行を積んだ国が周囲国から支援を得ている様子が見られます。今こそ積極的に国のために動く時であるという自覚の国が芽生《めば》えて広がっていく様子が見られます。

しかし互卦《ごか》に沢天夬《たくてんかい》があり、盛運の中にも決壊《けっかい》する恐れがあり、同時に帰魂卦《きこんか》であることを忘れてはいけないのです。死んで繁栄を見ることができないことがあるのです。

之卦《しか》は䷡雷天大壮《らいてんたいそう》です。象意解は「猛虎角《もうこつの》を生じるの象、錦《にしき》を衣《き》て夜行《い》くの意」です。

このようなことから本年の諸国の情勢を見ていきますと、積善《せきぜん》の家に予慶《よけい》有りの言葉通り、自国を良くしようと一生懸命に動いてきた国が天の恵みを受けるように繁栄に向かおうとしている姿が見えます。その姿を見て援助の手を差し伸べようとしている周囲国の姿は尊いものです。中には繁栄を見ることなく死を迎える君主もいます。なぜなら、この易卦《えきか》は帰魂卦ゆえに天命を全《まっと》うしたといえるからです。

高島易断開運本暦

行事・祭事

令和6年

2024
令和6年

一月(大)

睦《む》月《つき》

房《ぼう》宿《しゅく》

(一月六日小寒の節より月命乙丑
六白金星の月となる。暗剣殺は西北の方位)

旧 十一月小
十二月大

日	曜	十干・十二支	九星	行事	旧暦	六輝	中段	二十八宿	東京 日出入	東京 満潮	東京 干潮	大阪 日出入	大阪 満潮	大阪 干潮
一日	月	きのえ ね	一白	⊡元日、年賀、初詣 鷲宮催馬楽神楽 陽遁始め、天赦、一粒万倍日、初子 旧十一月小、甲子	20	赤口	たつ	畢	06:50 16:38	08:23 19:14	01:44 13:55	07:05 16:58	10:50 21:28	04:03 16:14
二日	火	きのと うし	二黒	初荷、初夢、書初め 皇居一般参賀 不成就日	21	先勝	のぞく	觜	06:50 16:39	08:54 20:00	02:16 14:36	07:05 16:59	11:27 22:22	04:33 20:31
三日	水	ひのえ とら	三碧	出雲大社吉兆さん、福岡筥崎宮玉せせり 浜松三日堂寺野ひよんどり 三りんぼう 初寅	22	友引	みつ	参	06:50 16:40	09:27 21:04	02:48 15:31	07:05 17:00	12:02 23:35	05:01 21:10
四日	木	ひのと う	四緑	◑下弦 官庁御用始め 初卯	23	先負	たいら	井	06:51 16:41	10:03 22:35	03:25 16:57	07:05 17:00	12:32 –	05:30 21:45
五日	金	つちのえ たつ	五黄	初水天宮 初辰	24	仏滅	さだん	鬼	06:51 16:41	10:43 –	04:18 18:30	07:05 17:01	04:11 13:00	06:06 22:16
六日	土	つちのと み	六白	小寒(05:49)、東京消防庁出初式 キリスト教公現祭 己巳 初巳	25	大安	さだん	柳	06:51 16:42	00:38 11:30	05:46 19:32	07:06 17:02	13:30 –	22:43 –
七日	日	かのえ うま	七赤	七草 福岡太宰府天満宮うそ替え—鬼すべ 大つち(〜十三日) 三りんぼう	26	赤口	とる	星	06:51 16:43	02:45 12:26	07:15 20:20	07:06 17:03	06:25 14:09	08:51 23:07
八日	月	かのと ひつじ	八白	⊡成人の日、初薬師 東京鳥越神社とんど焼き	27	先勝	やぶる	張	06:51 16:44	03:48 13:28	08:24 21:03	07:06 17:04	06:50 14:59	10:14 23:35
九日	火	みずのえ さる	九紫	京都西本願寺御正忌報恩講(〜十六日) 前橋初市まつり	28	友引	あやぶ	翼	06:51 16:45	04:30 14:28	09:21 21:47	07:06 17:05	07:06 16:00	11:14 –
十日	水	みずのと とり	一白	一一〇番の日 十日えびす、初金毘羅 不成就日	29	先負	なる	軫	06:51 16:46	05:08 15:21	10:11 22:32	07:06 17:06	07:20 17:04	00:09 12:00
十一日	木	きのえ いぬ	二黒	●新月、鏡開き、蔵開き 愛知熱田神宮踏歌神事 旧十二月大	朔	赤口	おさん	角	06:51 16:47	05:45 16:07	10:57 23:17	07:05 17:06	07:42 18:03	00:47 12:42
十二日	金	きのと い	三碧	初亥	2	先勝	ひらく	亢	06:50 16:48	06:22 16:52	11:40 –	07:05 17:07	08:12 18:58	01:26 13:23
十三日	土	ひのえ ね	四緑	長野新野の雪祭り(〜十五日) 一粒万倍日	3	友引	とづ	氐	06:50 16:49	06:58 17:36	00:01 12:21	07:05 17:08	08:46 19:48	02:06 14:06
十四日	日	ひのと うし	五黄	仙台どんと祭 大阪四天王寺どやどや	4	先負	たつ	房	06:50 16:49	07:33 18:21	00:43 13:02	07:05 17:09	09:24 20:38	02:47 14:51

行事・祭事の日程は変更される場合があります。ご了承ください。

十五日	月	つちのえ　とら	六白	東京世田谷ボロ市(〜十六日) 小正月、富山利賀の初午	小つち(〜二十一日)	5	仏滅	のぞく	心	06:50 16:50	08:07 19:09	01:23 13:44	07:05 17:10	10:03 21:28	03:27 15:42
十六日	火	つちのと　う	七赤	えんま詣り 藪入り	一粒万倍日 不成就日	6	大安	みつ	尾	06:50 16:51	08:38 20:02	02:00 14:29	07:05 17:11	10:44 22:23	04:08 16:42
十七日	水	かのえ　たつ	八白	秋田三吉梵天祭 防災とボランティアの日	臘日	7	赤口	たいら	箕	06:49 16:52	09:08 21:07	02:35 15:22	07:04 17:12	11:25 23:31	04:48 18:12
十八日	木	かのと　み	九紫	冬土用(0:24) ◐上弦、初観音		8	先勝	さだん	斗	06:49 16:53	09:37 22:28	03:08 16:30	07:04 17:13	12:05 –	05:24 20:12
十九日	金	みずのえ　うま	一白		三りんぼう	9	友引	とる	牛	06:49 16:54	10:10 –	03:44 17:55	07:04 17:14	12:40 –	21:21 –
二十日	土	みずのと　ひつじ	二黒	大寒(23:07)、二十日正月 岩手毛越寺延年の舞、福岡大江の幸若舞		10	先負	やぶる	女	06:48 16:55	00:41 10:52	04:42 19:15	07:03 17:15	10:10 –	22:18 –
二十一日	日	きのえ　さる	三碧	福井敦賀西町の綱引き 初大師	十方暮れ(〜三十日)	11	仏滅	あやぶ	虚	06:48 16:56	03:40 11:59	06:53 20:18	07:03 17:16	07:49 –	23:03 –
二十二日	月	きのと　とり	四緑			12	大安	なる	危	06:47 16:57	04:23 13:41	08:34 21:12	07:03 17:17	08:06 –	23:41 –
二十三日	火	ひのえ　いぬ	五黄			13	赤口	おさん	室	06:47 16:58	04:52 14:55	09:41 21:59	07:02 17:18	08:18 16:43	15:10 –
二十四日	水	ひのと　い	六白	初地蔵、東京巣鴨とげぬき地蔵尊大祭 東京亀戸天神うそ替え神事(〜二十五日)	不成就日	14	先勝	ひらく	壁	06:46 16:59	05:18 15:44	10:28 22:41	07:02 17:19	07:20 17:39	00:17 12:13
二十五日	木	つちのえ　ね	七赤	初天神	一粒万倍日	15	友引	とづ	奎	06:46 17:01	05:42 16:23	11:04 23:19	07:01 17:20	07:31 18:25	00:51 12:43
二十六日	金	つちのと　うし	八白	○満月 文化財防火デー		16	先負	たつ	婁	06:45 17:02	06:06 16:57	11:36 23:53	07:01 17:21	07:56 19:05	01:25 13:16
二十七日	土	かのえ　とら	九紫	奈良若草山焼き 小田原最乗寺道了尊大祭(〜二十八日)		17	仏滅	のぞく	胃	06:45 17:03	06:28 17:29	12:04 –	07:00 17:22	08:26 19:41	01:58 13:49
二十八日	日	かのと　う	一白	初不動	一粒万倍日	18	大安	みつ	昴	06:44 17:04	06:51 18:00	00:24 12:32	06:59 17:23	08:56 20:16	02:29 14:23
二十九日	月	みずのえ　たつ	二黒			19	赤口	たいら	畢	06:43 17:05	07:13 18:33	00:52 13:00	06:59 17:24	09:25 20:51	02:57 14:59
三十日	火	みずのと　み	三碧		天一天上(〜二月十四日)	20	先勝	さだん	觜	06:43 17:06	07:35 19:08	01:18 13:29	06:58 17:25	09:52 21:29	03:24 15:40
三十一日	水	きのえ　うま	四緑		三りんぼう	21	友引	とる	参	06:42 17:07	07:59 19:48	01:43 14:00	06:57 17:26	10:19 22:13	03:49 16:29

2024
令和6年

二月（閏）

如月《きさらぎ》

心宿《しんしゅく》

（二月四日立春の節より月命丙寅 五黄土星の月となる。暗剣殺はなし）

旧 十二月大 正月小

日	曜	十干・十二支	九星	行事		旧暦	六輝	中段	二十八宿	東京 日出入	東京 満潮	東京 干潮	大阪 日出入	大阪 満潮	大阪 干潮
一日	木	きのと ひつじ	五黄	山形黒川王祇祭（〜二日） 三重尾鷲ヤーヤ祭り（〜五日）	旧十二月大 不成就日	22	先負	やぶる	井	06:41 17:08	08:23 20:37	02:07 14:37	06:57 17:27	10:44 23:09	04:14 17:31
二日	金	ひのえ さる	六白			23	仏滅	あやぶ	鬼	06:41 17:09	08:50 21:43	02:31 15:25	06:56 17:28	11:08 –	04:39 18:52
三日	土	ひのと とり	七赤	**節分**、豆まき ◑**下弦**、奈良春日大社節分万燈籠		24	大安	なる	柳	06:40 17:10	09:21 23:26	02:58 16:43	06:55 17:29	00:34 11:29	02:12 20:23
四日	日	つちのえ いぬ	八白	**立春**（17:27）		25	赤口	なる	星	06:39 17:11	10:00 –	03:37 18:25	06:55 17:30	11:33 –	21:48 –
五日	月	つちのと い	九紫		三りんぼう	26	先勝	おさん	張	06:38 17:12	03:18 10:59	06:16 19:42	06:54 17:31	06:23 09:54	08:01 22:42
六日	火	かのえ ね	一白	和歌山新宮神倉神社お燈まつり		27	友引	ひらく	翼	06:37 17:13	03:59 12:39	08:09 20:44	06:53 17:32	06:44 –	23:23 –
七日	水	かのと うし	二黒	北方領土の日	一粒万倍日	28	先負	とづ	軫	06:36 17:14	04:30 14:17	09:20 21:37	06:52 17:33	06:58 15:41	11:35 23:59
八日	木	みずのえ とら	三碧	針供養 事始め		29	仏滅	たつ	角	06:35 17:15	05:00 15:19	10:10 22:26	06:51 17:34	07:04 17:16	12:01 –
九日	金	みずのと う	四緑	奥能登あえのこと	不成就日	30	大安	のぞく	亢	06:34 17:16	05:30 16:09	10:53 23:11	06:50 17:35	07:19 18:12	00:34 12:34
十日	土	きのえ たつ	五黄	●**新月**、福島信夫三山暁まいり（〜十一日） 旧元日、加賀菅生石部神社竹割まつり	旧正月小	朔	先勝	みつ	氐	06:34 17:17	06:00 16:55	11:31 23:53	06:49 17:36	07:45 19:01	01:10 13:11
十一日	日	きのと み	六白	⊙**建国記念の日**、秋田六郷のカマクラ（〜十五日） 奈良橿原神宮紀元祭		2	友引	たいら	房	06:33 17:18	06:29 17:39	12:09 –	06:48 17:37	08:15 19:47	01:47 13:51
十二日	月	ひのえ うま	七赤	**振替休日**、京都伏見稲荷初午大祭 初午、宮城米川の水かぶり	一粒万倍日 不成就日	3	先負	さだん	心	06:32 17:19	06:56 18:23	00:30 12:46	06:47 17:38	08:47 20:32	02:23 14:33
十三日	火	ひのと ひつじ	八白	東京板橋の田遊び		4	仏滅	とる	尾	06:31 17:20	07:21 19:09	01:04 13:23	06:46 17:39	09:21 21:19	03:00 15:20
十四日	水	つちのえ さる	九紫	奈良長谷寺だだおし バレンタインデー		5	大安	やぶる	箕	06:30 17:21	07:44 19:58	01:35 14:02	06:45 17:40	09:54 22:11	03:35 16:13

十五日	木	つちのと　とり	一白	福井水海の田楽能舞、秋田横手のかまくら（〜十六日） 福島都々古別神社の御田植祭		6	赤口	あやぶ	斗	06:28 17:22	08:06 20:53	02:02 14:45	06:44 17:41	10:25 23:15	04:07 17:21
十六日	金	かのえ　いぬ	二黒	横手のぼんでん（〜十七日） 松山椿まつり（〜十八日）		7	先勝	なる	牛	06:27 17:23	08:28 22:04	02:24 15:39	06:43 17:42	10:46 −	04:22 18:55
十七日	土	かのと　い	三碧	◐上弦、伊勢神宮祈年祭（〜二十三日）、岡山西大寺会陽はだか祭り 八戸えんぶり（〜二十日）、京都涌出宮居籠祭（〜十八日）	三りんぼう	8	友引	おさん	女	06:26 17:24	08:50 −	02:35 16:59	06:42 17:43	09:07 −	20:28 −
十八日	日	みずのえ　ね	四緑		八専（〜二十九日）	9	先負	ひらく	虚	06:25 17:25	09:16 −	18:41 −	06:41 17:44	08:14 −	21:49 −
十九日	月	みずのと　うし	五黄	雨水（13:13） 千葉茂名の里芋祭（〜二十一日）	一粒万倍日	10	仏滅	とづ	危	06:24 17:26	04:41 10:10	06:50 20:04	06:40 17:45	07:50 −	22:45 −
二十日	火	きのえ　とら	六白		不成就日	11	大安	たつ	室	06:23 17:27	04:28 13:59	09:21 21:05	06:39 17:46	07:58 −	23:25 −
二十一日	水	きのと　う	七赤			12	赤口	のぞく	壁	06:22 17:28	04:41 15:06	10:00 21:53	06:38 17:46	08:04 16:56	14:52 23:59
二十二日	木	ひのえ　たつ	八白	愛知国府宮はだか祭		13	先勝	みつ	奎	06:21 17:29	04:58 15:48	10:28 22:31	06:37 17:47	06:47 17:40	12:03 −
二十三日	金	ひのと　み	九紫	⊙天皇誕生日 京都醍醐寺五大力尊仁王会		14	友引	たいら	婁	06:19 17:30	05:16 16:22	10:55 23:05	06:36 17:48	07:01 18:19	00:31 12:28
二十四日	土	つちのえ　うま	一白	○満月 二の午、上州白久保のお茶講	一粒万倍日	15	先負	さだん	胃	06:18 17:31	05:35 16:53	11:21 23:35	06:34 17:49	07:24 18:54	01:01 12:57
二十五日	日	つちのと　ひつじ	二黒	京都北野天満宮梅花祭		16	仏滅	とる	昴	06:17 17:32	05:53 17:24	11:46 −	06:33 17:50	07:49 19:28	01:30 13:28
二十六日	月	かのえ　さる	三碧		庚申	17	大安	やぶる	畢	06:16 17:33	06:11 17:54	00:02 12:11	06:32 17:51	08:14 20:01	01:57 14:00
二十七日	火	かのと　とり	四緑			18	赤口	あやぶ	觜	06:14 17:34	06:30 18:27	00:28 12:36	06:31 17:52	08:37 20:36	02:21 14:33
二十八日	水	みずのえ　いぬ	五黄		不成就日	19	先勝	なる	参	06:13 17:35	06:49 19:01	00:52 13:02	06:30 17:53	09:00 21:14	02:46 15:09
二十九日	木	みずのと　い	六白		三りんぼう	20	友引	おさん	井	06:12 17:36	07:09 19:38	01:14 13:28	06:28 17:54	09:23 21:57	03:12 15:49

日出入、満潮、干潮について

●毎日の日出入、満潮、干潮の時刻は東京（晴海）、大阪における値です。

●資料提供　一般財団法人日本水路協会　情報事業部　電話〇三（五七〇八）七〇七一

2024
令和6年

三月（大）

弥生《やよい》

尾宿《びしゅく》

（三月五日啓蟄の節より月命丁卯
四緑木星の月となる。暗剣殺は東南の方位）

旧 正月小 二月大

日	曜	十干・十二支	九星	行事	旧暦	六輝	中段	二十八宿	東京 日出入	東京 満潮	東京 干潮	大阪 日出入	大阪 満潮	大阪 干潮
一日	金	きのえ　ね	七赤	春季全国火災予防運動（～七日） 旧正月小 甲子	21	先負	ひらく	鬼	06:10 17:36	07:30 20:22	01:37 13:58	06:27 17:54	09:46 22:50	03:39 16:36
二日	土	きのと　うし	八白	越後浦佐毘沙門堂裸押合大祭 若狭小浜お水送り 一粒万倍日	22	仏滅	とづ	柳	06:09 17:37	07:52 21:18	01:58 14:35	06:26 17:55	10:05 –	04:07 17:32
三日	日	ひのえ　とら	九紫	耳の日 ひな祭り	23	大安	たつ	星	06:08 17:38	08:18 22:54	02:18 15:32	06:25 17:56	00:10 09:54	01:45 18:37
四日	月	ひのと　う	一白	◑下弦	24	赤口	のぞく	張	06:07 17:39	08:49 –	02:29 17:18	06:23 17:57	08:42 –	20:11 –
五日	火	つちのえ　たつ	二黒	啓蟄（11:23）	25	先勝	のぞく	翼	06:05 17:40	03:40 09:44	05:48 19:12	06:22 17:58	06:02 –	22:06 –
六日	水	つちのと　み	三碧	己巳	26	友引	みつ	軫	06:04 17:41	03:46 12:29	08:29 20:29	06:21 17:59	06:20 –	22:57 –
七日	木	かのえ　うま	四緑	消防記念日 大つち（～十三日） 不成就日	27	先負	たいら	角	06:02 17:42	04:08 14:22	09:24 21:26	06:19 18:00	06:26 16:20	11:30 23:35
八日	金	かのと　ひつじ	五黄	国際女性デー	28	仏滅	さだん	亢	06:01 17:43	04:33 15:21	10:03 22:14	06:18 18:00	06:26 17:19	11:46 –
九日	土	みずのえ　さる	六白	茨城鹿島神宮祭頭祭	29	大安	とる	氐	06:00 17:44	04:58 16:09	10:38 22:56	06:17 18:01	06:43 18:07	00:10 12:17
十日	日	みずのと　とり	七赤	●新月 宮城鹽竈神社帆手まつり 旧二月大 一粒万倍日	朔	友引	やぶる	房	05:58 17:44	05:23 16:54	11:13 23:34	06:15 18:02	07:08 18:52	00:45 12:52
十一日	月	きのえ　いぬ	八白	東日本大震災の日 不成就日	2	先負	あやぶ	心	05:57 17:45	05:48 17:38	11:48 –	06:14 18:03	07:37 19:36	01:20 13:31
十二日	火	きのと　い	九紫	奈良東大寺二月堂修二会（お水取り）	3	仏滅	なる	尾	05:56 17:46	06:11 18:22	00:09 12:23	06:13 18:04	08:08 20:21	01:55 14:13
十三日	水	ひのえ　ね	一白	鹿児島霧島神宮御田植祭 京都嵐山虚空蔵法輪寺十三まいり（～五月十三日）	4	大安	おさん	箕	05:54 17:47	06:33 19:07	00:40 12:58	06:11 18:05	08:38 21:08	02:30 14:57
十四日	木	ひのと　うし	二黒	ホワイトデー	5	赤口	ひらく	斗	05:53 17:48	06:54 19:53	01:09 13:35	06:10 18:05	09:07 22:00	03:02 15:48

十五日	金	つちのえ　とら	三碧	京都嵯峨釈迦堂お松明式 長野善光寺春の御会式 一粒万倍日、三りんぼう 小つち（〜二十一日）、天赦	6	先勝	とづ	牛	05:51 17:49	07:13 20:45	01:33 14:15	06:09 18:06	09:29 23:12	03:28 16:48
十六日	土	つちのと　う	四緑	西宮廣田神社御例祭	7	友引	たつ	女	05:50 17:50	07:32 21:55	01:52 15:02	06:07 18:07	09:19 –	03:24 18:04
十七日	日	かのえ　たつ	五黄	◐上弦 彼岸入り	8	先負	のぞく	虚	05:49 17:50	07:49 –	01:57 16:14	06:06 18:08	07:24 –	19:30 –
十八日	月	かのと　み	六白	石川氣多大社おいで祭り（〜二十三日）	9	仏滅	みつ	危	05:47 17:51	07:59 –	18:04 –	06:04 18:09	07:04 –	21:01 –
十九日	火	みずのえ　うま	七赤	不成就日	10	大安	たいら	室	05:46 17:52	04:00 –	19:41 –	06:03 18:09	07:04 –	22:10 –
二十日	水	みずのと　ひつじ	八白	●春分の日（12:06） 東京上野動物園開園記念日	11	赤口	さだん	壁	05:44 17:53	03:53 14:08	09:34 20:45	06:02 18:10	07:14 16:03	14:04 22:55
二十一日	木	きのえ　さる	九紫	十方暮れ（〜三十日）	12	先勝	とる	奎	05:43 17:54	04:04 15:02	09:47 21:31	06:00 18:11	06:24 16:49	14:07 23:30
二十二日	金	きのと　とり	一白	放送記念日 奈良法隆寺お会式（〜二十四日） 一粒万倍日	13	友引	やぶる	婁	05:41 17:55	04:20 15:40	10:09 22:07	05:59 18:12	06:06 17:28	11:47 –
二十三日	土	ひのえ　いぬ	二黒	彼岸明け 世界気象デー	14	先負	あやぶ	胃	05:40 17:55	04:36 16:13	10:32 22:39	05:57 18:13	06:23 18:03	00:02 12:09
二十四日	日	ひのと　い	三碧	福岡阿蘇神社泥打祭り	15	仏滅	なる	昴	05:39 17:56	04:53 16:44	10:57 23:08	05:56 18:13	06:45 18:37	00:30 12:36
二十五日	月	つちのえ　ね	四緑	○満月、電気記念日 社日、奈良薬師寺花会式（〜三十一日）	16	大安	おさん	畢	05:37 17:57	05:10 17:16	11:21 23:35	05:55 18:14	07:06 19:10	00:56 13:04
二十六日	火	つちのと　うし	五黄		17	赤口	ひらく	觜	05:36 17:58	05:28 17:48	11:45 –	05:53 18:15	07:27 19:44	01:20 13:34
二十七日	水	かのえ　とら	六白	東京品川千躰荒神春季大祭（〜二十八日） 神奈川仙石原湯立獅子舞 一粒万倍日 三りんぼう、不成就日	18	先勝	とづ	参	05:34 17:59	05:45 18:21	00:01 12:10	05:52 18:16	07:49 20:19	01:44 14:06
二十八日	木	かのと　う	七赤		19	友引	たつ	井	05:33 18:00	06:04 18:56	00:26 12:35	05:51 18:17	08:11 20:58	02:11 14:40
二十九日	金	みずのえ　たつ	八白		20	先負	のぞく	鬼	05:31 18:00	06:24 19:34	00:51 13:02	05:49 18:17	08:34 21:44	02:40 15:19
三十日	土	みずのと　み	九紫	天一天上（〜四月十四日）	21	仏滅	みつ	柳	05:30 18:01	06:45 20:18	01:15 13:31	05:48 18:18	08:55 22:41	03:11 16:03
三十一日	日	きのえ　うま	一白	復活祭（イースター）	22	大安	たいら	星	05:29 18:02	07:08 21:17	01:39 14:08	05:46 18:19	09:02 –	03:45 16:56

2024
令和6年

四月（小）

卯《う》月《づき》

箕《き》宿《しゅく》

（四月四日清明の節より月命戊辰
三碧木星の月となる。暗剣殺は東の方位）

旧 二月大 三月小

日	曜	十干・十二支	九星	行事	旧暦	六輝	中段	二十八宿	東京 日出入	東京 満潮	東京 干潮	大阪 日出入	大阪 満潮	大阪 干潮
一日	月	きのと ひつじ	二黒	新学年、新財政年度 エイプリルフール 旧二月大	23	赤口	さだん	張	05:27 18:03	07:33 23:09	02:06 15:02	05:45 18:20	07:55 –	17:59 –
二日	火	ひのえ さる	三碧	◑下弦 日光輪王寺強飯式	24	先勝	とる	翼	05:26 18:04	08:03 –	02:45 16:41	05:44 18:21	06:01 –	19:26 –
三日	水	ひのと とり	四緑	一粒万倍日	25	友引	やぶる	軫	05:24 18:05	02:21 09:11	06:36 18:43	05:42 18:21	05:19 –	21:19 –
四日	木	つちのえ いぬ	五黄	清明（16:02） 埼玉秩父神社御田植祭 不成就日	26	先負	やぶる	角	05:23 18:05	02:58 12:47	08:27 20:05	05:41 18:22	05:37 15:00	13:09 22:20
五日	金	つちのと い	六白	山梨信玄公祭り（～七日）	27	仏滅	あやぶ	亢	05:22 18:06	03:24 14:18	09:05 21:03	05:40 18:23	05:32 16:17	11:05 23:02
六日	土	かのえ ね	七赤	春の全国交通安全運動（～十五日）、愛知犬山祭（～七日） 佐原香取神宮御田植祭（～七日） 一粒万倍日	28	大安	なる	氐	05:20 18:07	03:49 15:15	09:40 21:50	05:38 18:24	05:38 17:08	11:23 23:39
七日	日	かのと うし	八白	世界保健デー	29	赤口	おさん	房	05:19 18:08	04:14 16:04	10:14 22:31	05:37 18:24	06:00 17:54	11:55 –
八日	月	みずのえ とら	九紫	花まつり	30	先勝	ひらく	心	05:17 18:09	04:38 16:50	10:48 23:09	05:36 18:25	06:27 18:39	00:15 12:31
九日	火	みずのと う	一白	●新月、滋賀長浜曳山まつり（～十七日） 茨城笠間稲荷神社例大祭 一粒万倍日、不成就日 旧三月小	朔	先負	とづ	尾	05:16 18:10	05:02 17:35	11:23 23:43	05:34 18:26	06:57 19:24	00:50 13:11
十日	水	きのえ たつ	二黒	新潟糸魚川けんか祭り 京都平野神社桜花祭	2	仏滅	たつ	箕	05:15 18:10	05:25 18:20	11:59 –	05:33 18:27	07:27 20:11	01:26 13:53
十一日	木	きのと み	三碧	旧ひな祭り、鳥取もちがせ流しびな メートル法公布記念日	3	大安	のぞく	斗	05:13 18:11	05:48 19:06	00:16 12:35	05:32 18:28	07:57 21:01	02:00 14:39
十二日	金	ひのえ うま	四緑	大津日吉大社山王祭（～十五日） 世界宇宙飛行の日 三りんぼう	4	赤口	みつ	牛	05:12 18:12	06:10 19:53	00:45 13:12	05:30 18:28	08:22 21:59	02:32 15:29
十三日	土	ひのと ひつじ	五黄	和歌山熊野本宮大社例大祭（～十五日） 日光二荒山神社弥生祭（～十七日）	5	先勝	たいら	女	05:11 18:13	06:32 20:45	01:13 13:52	05:29 18:29	08:33 23:30	02:59 16:26
十四日	日	つちのえ さる	六白	京都今宮神社やすらい祭り、岐阜春の高山祭（～十五日） 奈良當麻寺聖衆来迎練供養会式	6	友引	さだん	虚	05:09 18:14	06:54 21:54	01:38 14:38	05:28 18:30	06:54 –	02:51 17:29

日	曜	干支	九星	行事	新暦	六曜	中段	宿						
十五日	月	つちのと とり	七赤	科学技術週間（～二十一日）	7	先負	とる	危	05:08 18:14	07:16 −	02:05 15:42	05:26 18:31	06:27 −	18:38 −
十六日	火	かのえ いぬ	八白	◐上弦 春土用（21：20）	8	仏滅	やぶる	室	05:07 18:15	00:19 07:31	02:59 17:16	05:25 18:32	05:54 −	20:01 −
十七日	水	かのと い	九紫	不成就日	9	大安	あやぶ	壁	05:05 18:16	02:18 −	18:51 −	05:24 18:32	05:57 −	21:19 −
十八日	木	みずのえ ね	一白	発明の日 越後一宮彌彦神社大々神楽 八専（～二十九日） 一粒万倍日	10	赤口	なる	奎	05:04 18:17	02:45 13:41	08:49 20:00	05:23 18:33	05:43 15:48	13:09 22:13
十九日	金	みずのと うし	二黒	穀雨（23：00） 岐阜古川の起し太鼓（～二十日）	11	先勝	おさん	婁	05:03 18:18	03:06 14:39	09:11 20:49	05:21 18:34	05:09 16:33	12:58 22:52
二十日	土	きのえ とら	三碧	郵政記念日	12	友引	ひらく	胃	05:02 18:19	03:25 15:21	09:35 21:29	05:20 18:35	05:21 17:11	11:30 23:24
二十一日	日	きのと う	四緑	靖國神社春季例大祭（～二十三日） 一粒万倍日	13	先負	とづ	昴	05:00 18:19	03:44 15:58	10:00 22:03	05:19 18:36	05:39 17:46	11:49 23:52
二十二日	月	ひのえ たつ	五黄		14	仏滅	たつ	畢	04:59 18:20	04:03 16:33	10:25 22:35	05:18 18:36	05:57 18:20	12:13 −
二十三日	火	ひのと み	六白	鹿児島与論十五夜踊り サン・ジョルディの日	15	大安	のぞく	觜	04:58 18:21	04:22 17:08	10:51 23:05	05:17 18:37	06:16 18:54	00:16 12:39
二十四日	水	つちのえ うま	七赤	○満月 三りんぼう	16	赤口	みつ	参	04:57 18:22	04:41 17:43	11:17 23:34	05:15 18:38	06:37 19:29	00:42 13:09
二十五日	木	つちのと ひつじ	八白	奈良興福寺文殊会 不成就日	17	先勝	たいら	井	04:55 18:23	05:02 18:18	11:44 −	05:14 18:39	07:00 20:07	01:10 13:41
二十六日	金	かのえ さる	九紫	庚申	18	友引	さだん	鬼	04:54 18:24	05:25 18:56	00:03 12:12	05:13 18:40	07:25 20:50	01:41 14:17
二十七日	土	かのと とり	一白	和歌山道成寺会式、岩手日高火防祭 長崎開港記念日	19	先負	とる	柳	04:53 18:25	05:48 19:38	00:32 12:43	05:12 18:40	07:50 21:41	02:15 14:58
二十八日	日	みずのえ いぬ	二黒		20	仏滅	やぶる	星	04:52 18:25	06:14 20:27	01:02 13:18	05:11 18:41	08:10 22:47	02:52 15:45
二十九日	月	みずのと い	三碧	●昭和の日、山形米沢上杉まつり（～五月三日） 佐賀有田陶器市（～五月五日）、壬生大念佛狂言（～五月五日）	21	大安	あやぶ	張	04:51 18:26	06:42 21:33	01:36 14:01	05:10 18:42	07:50 −	03:37 16:41
三十日	火	きのえ ね	四緑	東京府中くらやみ祭（～五月六日） 一粒万倍日 甲子	22	赤口	なる	翼	04:50 18:27	07:15 23:07	02:19 14:59	05:09 18:43	01:39 07:07	04:49 17:44

2024
令和6年

五月(大)

皐《さ》月《つき》

斗《と》宿《しゅく》

(五月五日立夏の節より月命己巳 二黒土星の月となる。暗剣殺は西南の方位)

旧 三月小 四月小

日	曜	十干・十二支	九星	行事	旧暦	六輝	中段	二十八宿	東京 日出入	東京 満潮	東京 干潮	大阪 日出入	大阪 満潮	大阪 干潮
一日	水	きのと うし	五黄	◑下弦、メーデー、富山高岡御車山祭 八十八夜、岩手平泉春の藤原まつり(〜五日) 旧三月小	23	先勝	おさん	軫	04:49 18:28	08:05 –	03:38 16:24	05:08 18:44	03:43 –	19:00 –
二日	木	ひのえ とら	六白	下関赤間神宮先帝祭(〜四日) 奈良東大寺聖武天皇祭	24	友引	ひらく	角	04:48 18:29	00:44 10:11	06:17 18:05	05:07 18:44	04:22 –	20:30 –
三日	金	ひのと う	七赤	●憲法記念日、博多どんたく(〜四日)、石川七尾青柏祭(〜五日) 小田原北條五代祭り、横浜開港記念みなと祭り、京都伏見稲荷還幸祭 一粒万倍日 不成就日	25	先負	とづ	亢	04:47 18:30	01:42 12:39	07:43 19:26	05:06 18:45	04:28 14:58	11:22 21:36
四日	土	つちのえ たつ	八白	●みどりの日 愛知豊川稲荷春季大祭(〜五日)	26	仏滅	たつ	氐	04:46 18:30	02:20 14:04	08:28 20:26	05:05 18:46	04:28 16:03	10:35 22:24
五日	日	つちのと み	九紫	立夏(09:10)、端午、菖蒲湯 ●こどもの日、児童福祉週間(〜十一日) 己巳	27	大安	たつ	房	04:45 18:31	02:51 15:06	09:07 21:16	05:04 18:47	04:47 16:55	10:59 23:05
六日	月	かのえ うま	一白	振替休日 大つち(〜十二日)	28	赤口	のぞく	心	04:44 18:32	03:20 15:59	09:44 22:00	05:03 18:48	05:14 17:44	11:33 23:44
七日	火	かのと ひつじ	二黒		29	先勝	みつ	尾	04:43 18:33	03:48 16:48	10:21 22:40	05:02 18:48	05:45 18:31	12:12 –
八日	水	みずのえ さる	三碧	●新月 世界赤十字デー 旧四月小	朔	仏滅	たいら	箕	04:42 18:34	04:15 17:36	10:59 23:18	05:01 18:49	06:17 19:19	00:22 12:54
九日	木	みずのと とり	四緑		2	大安	さだん	斗	04:41 18:35	04:43 18:22	11:37 23:54	05:00 18:50	06:49 20:09	00:59 13:39
十日	金	きのえ いぬ	五黄	石川小松お旅まつり(〜十二日) 愛鳥週間(〜十六日)	3	赤口	とる	牛	04:40 18:35	05:12 19:07	12:16 –	04:59 18:51	07:19 21:02	01:36 14:26
十一日	土	きのと い	六白	岐阜大垣まつり(〜十二日) 岐阜長良川の鵜飼開き 不成就日 三りんぼう	4	先勝	やぶる	女	04:39 18:36	05:40 19:53	00:29 12:55	04:58 18:51	07:43 22:01	02:12 15:16
十二日	日	ひのえ ね	七赤	母の日、看護の日 京都松尾大社還幸祭	5	友引	あやぶ	虚	04:38 18:37	06:10 20:41	01:03 13:37	04:57 18:52	07:33 23:11	02:47 16:08
十三日	月	ひのと うし	八白		6	先負	なる	危	04:37 18:38	06:41 21:34	01:40 14:22	04:57 18:53	06:21 –	03:21 17:00
十四日	火	つちのえ とら	九紫	島根出雲大社大祭礼(〜十六日) 小つち(〜二十日)	7	仏滅	おさん	室	04:36 18:39	07:17 22:38	02:24 15:15	04:56 18:54	04:40 –	17:54 –

旧暦	曜日	干支	九星	行事	日	六曜	十二直	二十八宿	時刻1	時刻2	時刻3	時刻4	時刻5	時刻6
十五日	水	つちのと う	一白	◐上弦 沖縄本土復帰記念日、京都葵祭 一粒万倍日	8	大安	ひらく	壁	04:36 18:39	08:09 23:48	03:36 16:20	04:55 18:55	03:56 –	18:56 –
十六日	木	かのえ たつ	二黒	一粒万倍日	9	赤口	とづ	奎	04:35 18:40	10:18 –	06:00 17:37	04:54 18:55	04:02 –	20:11 –
十七日	金	かのと み	三碧	東京浅草三社祭(～十九日)、奈良興福寺薪御能(～十八日) 日光東照宮春季例大祭(～十八日)、下田黒船祭(～十九日)	10	先勝	たつ	婁	04:34 18:41	00:49 12:37	07:34 18:49	04:54 18:56	04:01 15:24	11:51 21:15
十八日	土	みずのえ うま	四緑	仙台青葉まつり(～十九日)	11	友引	のぞく	胃	04:33 18:42	01:33 13:59	08:17 19:49	04:53 18:57	04:11 16:17	11:16 22:01
十九日	日	みずのと ひつじ	五黄	山形酒田まつり(～二十一日)、福井三国祭(～二十一日) 奈良唐招提寺うちわまき 不成就日	12	先負	みつ	昴	04:33 18:43	02:07 14:56	08:50 20:38	04:52 18:58	04:26 17:00	11:13 22:36
二十日	月	きのえ さる	六白	小満(22:00) 十方暮れ(～二十九日)	13	仏滅	たいら	畢	04:32 18:43	02:35 15:42	09:20 21:20	04:52 18:58	04:41 17:38	11:29 23:06
二十一日	火	きのと とり	七赤		14	大安	さだん	觜	04:31 18:44	03:02 16:24	09:49 21:58	04:51 18:59	04:58 18:14	11:51 23:36
二十二日	水	ひのえ いぬ	八白		15	赤口	とる	参	04:31 18:45	03:29 17:02	10:18 22:34	04:50 19:00	05:19 18:49	12:17 –
二十三日	木	ひのと い	九紫	○満月 三りんぼう	16	先勝	やぶる	井	04:30 18:46	03:56 17:40	10:49 23:09	04:50 19:01	05:45 19:26	00:07 12:49
二十四日	金	つちのえ ね	一白	神戸湊川神社楠公祭(～二十六日)	17	友引	あやぶ	鬼	04:30 18:46	04:25 18:19	11:22 23:45	04:49 19:01	06:15 20:07	00:42 13:25
二十五日	土	つちのと うし	二黒	山形鶴岡天神祭	18	先負	なる	柳	04:29 18:47	04:55 19:00	11:57 –	04:49 19:02	06:47 20:53	01:19 14:05
二十六日	日	かのえ とら	三碧		19	仏滅	おさん	星	04:29 18:48	05:27 19:44	00:21 12:35	04:48 19:03	07:19 21:44	02:00 14:50
二十七日	月	かのと う	四緑	一粒万倍日 不成就日	20	大安	ひらく	張	04:28 18:48	06:01 20:34	00:59 13:17	04:48 19:03	07:48 22:43	02:46 15:39
二十八日	火	みずのえ たつ	五黄	一粒万倍日	21	赤口	とづ	翼	04:28 18:49	06:40 21:30	01:42 14:04	04:47 19:04	07:20 23:54	03:43 16:32
二十九日	水	みずのと み	六白	天一天上(～六月十三日)	22	先勝	たつ	軫	04:27 18:50	07:29 22:29	02:35 14:58	04:47 19:05	06:57 –	04:59 17:28
三十日	木	きのえ うま	七赤	消費者の日 天赦	23	友引	のぞく	角	04:27 18:50	08:41 23:25	03:46 16:01	04:47 19:05	01:59 –	18:30 –
三十一日	金	きのと ひつじ	八白	◑下弦 世界禁煙デー	24	先負	みつ	亢	04:26 18:51	10:27 –	05:22 17:15	04:46 19:06	02:41 13:02	10:05 19:41

2024
令和6年

六月（小）

水無月《みなづき》

牛宿《ぎゅうしゅく》

（六月五日芒種の節より月命庚午
一白水星の月となる。暗剣殺は北の方位）

旧 四月小 五月大

日	曜日	十干・十二支	九星	行事		旧暦	六輝	中段	二十八宿	東京 日出入	東京 満潮	東京 干潮	大阪 日出入	大阪 満潮	大阪 干潮
一日	土	ひのえ さる	九紫	気象記念日、電波の日 写真の日	旧四月小	25	仏滅	たいら	氐	04:26 18:52	00:15 12:14	06:46 18:32	04:46 19:07	02:57 14:42	09:55 20:49
二日	日	ひのと とり	一白	横浜開港記念日		26	大安	さだん	房	04:26 18:52	01:00 13:45	07:43 19:39	04:46 19:07	03:23 15:53	10:06 21:44
三日	月	つちのえ いぬ	二黒			27	赤口	とる	心	04:25 18:53	01:40 15:00	08:31 20:37	04:45 19:08	03:54 16:53	10:38 22:32
四日	火	つちのと い	三碧	歯と口の健康週間（～十日）	三りんぼう 不成就日	28	先勝	やぶる	尾	04:25 18:54	02:20 16:01	09:14 21:28	04:45 19:08	04:27 17:47	11:18 23:16
五日	水	かのえ ね	四緑	芒種（13：10） 環境の日、名古屋熱田まつり		29	友引	やぶる	箕	04:25 18:54	02:59 16:54	09:57 22:16	04:45 19:09	05:03 18:38	12:01 －
六日	木	かのと うし	五黄	●新月	旧五月大	朔	大安	あやぶ	斗	04:25 18:55	03:37 17:41	10:39 23:00	04:45 19:09	05:40 19:27	00:00 12:46
七日	金	みずのえ とら	六白	広島とうかさん大祭（～九日）	三りんぼう	2	赤口	なる	牛	04:25 18:55	04:15 18:24	11:21 23:42	04:45 19:10	06:17 20:13	00:41 13:32
八日	土	みずのと う	七赤	岩手チャグチャグ馬コ		3	先勝	おさん	女	04:25 18:56	04:52 19:03	12:03 －	04:45 19:10	06:54 20:58	01:22 14:18
九日	日	きのえ たつ	八白	沖縄糸満ハーレー		4	友引	ひらく	虚	04:24 18:56	05:29 19:41	00:21 12:45	04:44 19:11	07:29 21:44	02:03 15:03
十日	月	きのと み	九紫	入梅、滋賀近江神宮漏刻祭 旧端午、時の記念日	一粒万倍日 不成就日	5	先負	とづ	危	04:24 18:57	06:05 20:18	00:59 13:25	04:44 19:11	07:58 22:31	02:45 15:46
十一日	火	ひのえ うま	一白		一粒万倍日	6	仏滅	たつ	室	04:24 18:57	06:43 20:56	01:37 14:04	04:44 19:12	06:17 23:24	03:32 16:29
十二日	水	ひのと ひつじ	二黒			7	大安	のぞく	壁	04:24 18:58	07:26 21:34	02:18 14:44	04:44 19:12	06:20 －	04:34 17:11
十三日	木	つちのえ さる	三碧			8	赤口	みつ	奎	04:24 18:58	08:20 22:13	03:08 15:27	04:44 19:13	00:29 －	17:52 －
十四日	金	つちのと とり	四緑	◐上弦、大阪住吉大社御田植神事 北海道神宮例祭（～十六日）		9	先勝	たいら	婁	04:24 18:58	09:37 22:55	04:18 16:17	04:44 19:13	01:47 12:17	10:02 18:34

十五日	土	かのえ いぬ	五黄	伊勢神宮月次祭(～二十五日)		10	友引	さだん	胃	04:24 18:59	11:16 23:37	05:52 17:21	04:44 19:13	02:25 15:01	10:13 19:26
十六日	日	かのと い	六白	父の日 奈良率川神社三枝祭(～十八日)		11	先負	とる	昴	04:24 18:59	12:59 –	07:05 18:32	04:44 19:14	02:41 16:30	10:29 20:31
十七日	月	みずのえ ね	七赤		八専(～二十八日)	12	仏滅	やぶる	畢	04:24 18:59	00:22 14:28	07:54 19:37	04:45 19:14	02:52 17:38	10:48 21:29
十八日	火	みずのと うし	八白	海外移住の日	不成就日	13	大安	あやぶ	觜	04:25 19:00	01:07 15:32	08:34 20:33	04:45 19:14	03:09 18:19	11:09 22:18
十九日	水	きのえ とら	九紫		三りんぼう	14	赤口	なる	参	04:25 19:00	01:52 16:19	09:11 21:23	04:45 19:15	03:37 18:45	11:33 23:03
二十日	木	きのと う	一白	世界難民の日 京都鞍馬寺竹伐り会式		15	先勝	おさん	井	04:25 19:00	02:36 17:00	09:48 22:08	04:45 19:15	04:14 19:08	12:03 23:46
二十一日	金	ひのえ たつ	二黒	夏至(05:51)		16	友引	ひらく	鬼	04:25 19:00	03:18 17:39	10:27 22:51	04:45 19:15	04:56 19:36	12:39 –
二十二日	土	ひのと み	三碧	○満月 新潟月潟まつり(～二十三日)	一粒万倍日	17	先負	とづ	柳	04:25 19:01	03:59 18:18	11:07 23:34	04:45 19:15	05:41 20:10	00:28 13:18
二十三日	日	つちのえ うま	四緑	東京愛宕千日詣り(～二十四日) オリンピックデー、沖縄慰霊の日	一粒万倍日	18	仏滅	たつ	星	04:26 19:01	04:40 18:58	11:50 –	04:46 19:15	06:29 20:48	01:11 14:00
二十四日	月	つちのと ひつじ	五黄			19	大安	のぞく	張	04:26 19:01	05:21 19:39	00:16 12:33	04:46 19:15	07:19 21:30	01:55 14:43
二十五日	火	かのえ さる	六白		庚申	20	赤口	みつ	翼	04:26 19:01	06:04 20:19	00:58 13:17	04:46 19:16	08:12 22:15	02:43 15:27
二十六日	水	かのと とり	七赤	国連憲章調印記念日	不成就日	21	先勝	たいら	軫	04:26 19:01	06:51 20:59	01:42 14:00	04:47 19:16	09:08 23:03	03:35 16:13
二十七日	木	みずのえ いぬ	八白			22	友引	さだん	角	04:27 19:01	07:46 21:38	02:29 14:43	04:47 19:16	10:08 23:55	04:38 17:01
二十八日	金	みずのと い	九紫	貿易記念日		23	先負	とる	亢	04:27 19:01	08:53 22:15	03:25 15:28	04:47 19:16	11:18 –	06:08 17:52
二十九日	土	きのえ ね	九紫	◑下弦	甲子 隠遁始め	24	仏滅	やぶる	氐	04:28 19:01	10:14 22:52	04:32 16:20	04:48 19:16	00:45 12:48	08:17 18:50
三十日	日	きのと うし	八白	大祓 茅の輪くぐり		25	大安	あやぶ	房	04:28 19:01	11:47 23:33	05:49 17:25	04:48 19:16	01:31 14:41	09:02 19:57

2024
令和6年

七月(大)

文《ふみ》月《づき》

女宿《じょしゅく》

（七月六日小暑の節より月命辛未 九紫火星の月となる。暗剣殺は南の方位）

旧 五月大 六月小

日	曜	十干・十二支	九星	行事	旧暦	六輝	中段	二十八宿	東京 日出入	東京 満潮	東京 干潮	大阪 日出入	大阪 満潮	大阪 干潮
一日	月	ひのえ とら	七赤	山開き、海開き、鳥越神社水上祭形代流し 半夏生（17：31）、全国安全週間（～七日） 旧五月大 三りんぼう	26	赤口	なる	心	04:28 19:01	13:37 –	06:59 18:44	04:49 19:16	02:13 18:11	09:44 21:07
二日	火	ひのと う	六白		27	先勝	おさん	尾	04:29 19:01	00:21 15:17	07:58 20:01	04:49 19:16	02:54 19:06	10:28 22:12
三日	水	つちのえ たつ	五黄		28	友引	ひらく	箕	04:29 19:01	01:19 16:20	08:51 21:08	04:49 19:16	03:38 19:30	11:14 23:08
四日	木	つちのと み	四緑	独立記念日（アメリカ） 一粒万倍日 不成就日、己巳	29	先負	とづ	斗	04:30 19:01	02:22 17:05	09:40 22:07	04:50 19:15	04:26 19:07	11:59 23:54
五日	金	かのえ うま	三碧	一粒万倍日 大つち（～十一日）	30	仏滅	たつ	牛	04:30 19:01	03:19 17:43	10:28 22:56	04:50 19:15	05:17 19:30	12:42 –
六日	土	かのと ひつじ	二黒	小暑（23：20） ●新月、東京入谷朝顔市（～八日） 旧六月小	朔	赤口	たつ	女	04:31 19:00	04:08 18:16	11:13 23:37	04:51 19:15	06:07 20:02	00:35 13:23
七日	日	みずのえ さる	一白	秋田東湖八坂神社例大祭 七夕、奈良吉野蔵王堂蛙飛び行事	2	先勝	のぞく	虚	04:31 19:00	04:49 18:46	11:55 –	04:51 19:15	06:54 20:36	01:14 14:03
八日	月	みずのと とり	九紫	一粒万倍日	3	友引	みつ	危	04:32 19:00	05:28 19:15	00:14 12:33	04:52 19:15	07:38 21:12	01:52 14:41
九日	火	きのえ いぬ	八白	浅草観音四万六千日・ほおずき市（～十日）	4	先負	たいら	室	04:33 19:00	06:04 19:42	00:48 13:07	04:53 19:14	08:19 21:49	02:31 15:17
十日	水	きのと い	七赤		5	仏滅	さだん	壁	04:33 18:59	06:41 20:09	01:20 13:39	04:53 19:14	08:58 22:26	03:12 15:51
十一日	木	ひのえ ね	六白	大阪生國魂神社生國魂祭（～十二日） 不成就日	6	大安	とる	奎	04:34 18:59	07:21 20:36	01:54 14:10	04:54 19:14	09:40 23:02	03:59 16:23
十二日	金	ひのと うし	五黄	佐原の大祭夏祭り（～十四日） 会津伊佐須美神社御田植祭	7	赤口	やぶる	婁	04:34 18:59	08:06 21:04	02:31 14:40	04:54 19:13	10:27 23:33	05:05 16:52
十三日	土	つちのえ とら	四緑	ぼん迎え火 東京靖國神社みたままつり（～十六日） 小つち（～十九日）	8	先勝	あやぶ	胃	04:35 18:58	09:03 21:34	03:15 15:12	04:55 19:13	11:31 23:59	08:10 17:20
十四日	日	つちのと う	三碧	◐上弦、和歌山熊野那智の火祭 革命記念日（フランス）	9	友引	なる	昴	04:36 18:58	10:14 22:08	04:14 15:52	04:55 19:13	15:21 –	08:52 17:52

十五日	月	かのえ　たつ	二黒	●海の日、ぼん、博多祇園山笠追い山笠、茅ヶ崎・寒川浜降祭 山形出羽三山神社花まつり、宮城塩竈みなと祭 初伏	10	先負	おさん	畢	04:36 18:57	11:49 22:46	05:34 16:56	04:56 19:12	00:22 17:12	09:32 18:46
十六日	火	かのと　み	一白	ぼん送り火、藪入り えんま詣り	11	仏滅	ひらく	觜	04:37 18:57	14:10 23:35	06:48 18:31	04:57 19:12	00:46 18:01	10:10 20:10
十七日	水	みずのえ　うま	九紫	京都祇園祭山鉾巡行前祭（後祭二十四日） 一粒万倍日 三りんぼう	12	大安	とづ	参	04:38 18:56	15:36 –	07:47 19:53	04:57 19:11	01:15 18:32	10:46 21:53
十八日	木	みずのと　ひつじ	八白		13	赤口	たつ	井	04:38 18:56	00:40 16:21	08:37 21:00	04:58 19:11	01:59 18:54	11:21 23:05
十九日	金	きのえ　さる	七赤	夏土用（13：17） 小倉祇園太鼓（～二十一日） 十方暮れ（～二十八日） 不成就日	14	先勝	のぞく	鬼	04:39 18:55	01:54 16:58	09:26 21:55	04:59 19:10	03:02 19:10	11:55 23:47
二十日	土	きのと　とり	六白	青森恐山大祭（～二十四日）、山口祇園祭り鷺の舞 熊谷うちわ祭（～二十二日）、勤労青少年の日 一粒万倍日	15	友引	みつ	柳	04:40 18:55	02:58 17:33	10:13 22:44	04:59 19:10	04:27 19:28	12:31 –
二十一日	日	ひのえ　いぬ	五黄	○満月	16	先負	たいら	星	04:40 18:54	03:51 18:07	11:00 23:27	05:00 19:09	05:41 19:53	00:26 13:08
二十二日	月	ひのと　い	四緑	大暑（16：44）、敦賀氣比神宮総参祭、宮島嚴島神社管絃祭 うわじま牛鬼まつり・和霊大祭（～二十四日）	17	仏滅	さだん	張	04:41 18:53	04:38 18:40	11:45 –	05:01 19:08	06:39 20:24	01:05 13:46
二十三日	火	つちのえ　ね	三碧		18	大安	とる	翼	04:42 18:53	05:23 19:13	00:08 12:27	05:01 19:08	07:30 20:59	01:46 14:24
二十四日	水	つちのと　うし	二黒	地蔵ぼん、大阪天満宮天神祭（～二十五日） 土用丑の日、新潟彌彦燈籠まつり（～二十六日）	19	赤口	やぶる	軫	04:43 18:52	06:08 19:44	00:48 13:06	05:02 19:07	08:19 21:36	02:29 15:04
二十五日	木	かのえ　とら	一白	徳島眉山天神社天神祭 中伏	20	先勝	あやぶ	角	04:43 18:51	06:56 20:14	01:28 13:43	05:03 19:06	09:09 22:15	03:16 15:44
二十六日	金	かのと　う	九紫	神奈川真鶴貴船まつり（～二十七日）	21	友引	なる	亢	04:44 18:50	07:49 20:42	02:09 14:17	05:04 19:06	10:02 22:54	04:11 16:25
二十七日	土	みずのえ　たつ	八白	隅田川花火大会 福島相馬野馬追（～二十九日） 不成就日	22	先負	おさん	氐	04:45 18:50	08:48 21:09	02:55 14:51	05:04 19:05	11:04 23:32	05:22 17:06
二十八日	日	みずのと　み	七赤	◑下弦 熊本阿蘇神社おんだ祭り 天一天上（～八月十二日）	23	仏滅	ひらく	房	04:46 18:49	09:57 21:37	03:49 15:24	05:05 19:04	12:36 –	06:59 17:46
二十九日	月	きのえ　うま	六白	一粒万倍日、天赦 三りんぼう	24	大安	とづ	心	04:46 18:48	11:29 22:11	04:59 16:06	05:06 19:03	00:08 –	08:21 –
三十日	火	きのと　ひつじ	五黄	大阪住吉大社住吉祭（～八月一日）	25	赤口	たつ	尾	04:47 18:47	14:34 22:59	06:21 17:43	05:07 19:02	00:29 19:03	09:28 –
三十一日	水	ひのえ　さる	四緑	箱根芦ノ湖湖水まつり、京都愛宕神社千日詣り（～八月一日） 諏訪大社下社お舟祭（～八月一日）、八戸三社大祭（～八月四日）	26	先勝	のぞく	箕	04:48 18:46	16:00 –	07:35 19:52	05:07 19:02	19:33 –	10:26 –

2024 令和6年

八月(大)

葉《は》月《づき》

虚《きょ》宿《しゅく》

(八月七日立秋の節より月命壬申 八白土星の月となる。暗剣殺は東北の方位)

旧 六月小 七月大

日	曜	十干・十二支	九星	行事	旧暦	六輝	中段	二十八宿	東京 日出入	東京 満潮	東京 干潮	大阪 日出入	大阪 満潮	大阪 干潮
一日	木	ひのと とり	三碧	八朔、大宮氷川神社例祭 盛岡さんさ踊り(～四日)、弘前ねぷたまつり(～七日) 一粒万倍日、旧六月小	27	友引	みつ	斗	04:49 18:45	00:34 16:35	08:39 21:20	05:08 19:01	19:52 –	11:13 –
二日	金	つちのえ いぬ	二黒	富山魚津たてもん祭り(～三日) 青森ねぶた祭(～七日)	28	先負	たいら	牛	04:49 18:45	02:23 17:03	09:34 22:16	05:09 19:00	04:20 19:00	02:53 11:53 23:55
三日	土	つちのと い	一白	秋田竿燈まつり(～六日)、三重桑名石取祭(～四日) 水の祭典久留米まつり(～五日)	29	仏滅	さだん	女	04:50 18:44	03:26 17:29	10:23 22:56	05:09 18:59	05:22 19:09	12:30 –
四日	日	かのえ ね	九紫	●新月 旧七月大	朔	先勝	とる	虚	04:51 18:43	04:11 17:53	11:05 23:29	05:10 18:58	06:10 19:34	00:25 13:05
五日	月	かのと うし	八白	山形花笠まつり(～七日)	2	友引	やぶる	危	04:52 18:42	04:49 18:15	11:41 23:59	05:11 18:57	06:52 20:04	00:59 13:39
六日	火	みずのえ とら	七赤	広島原爆の日 仙台七夕まつり(～八日) 不成就日	3	先負	あやぶ	室	04:53 18:41	05:24 18:37	12:14 –	05:12 18:56	07:30 20:34	01:33 14:11
七日	水	みずのと う	六白	立秋(09:09)、鼻の日 下関忌宮神社数方庭祭(～十三日)	4	仏滅	あやぶ	壁	04:53 18:40	05:57 18:58	00:27 12:43	05:12 18:55	08:07 21:04	02:08 14:41
八日	木	きのえ たつ	五黄	御嶽山雲上大御神火祭 千葉館山観光まつり	5	大安	なる	奎	04:54 18:39	06:31 19:20	00:55 13:10	05:13 18:54	08:43 21:32	02:45 15:09
九日	金	きのと み	四緑	長崎原爆の日、京都清水寺千日詣り(～十六日) 宝塚中山寺星下り大会式、高知よさこい祭り(～十二日)	6	赤口	おさん	婁	04:55 18:37	07:08 19:41	01:24 13:35	05:14 18:53	09:21 21:57	03:25 15:35
十日	土	ひのえ うま	三碧	旧七夕	7	先勝	ひらく	胃	04:56 18:36	07:48 20:04	01:54 13:59	05:15 18:52	10:04 22:20	04:11 16:00
十一日	日	ひのと ひつじ	二黒	⊡山の日 一粒万倍日	8	友引	とづ	昴	04:56 18:35	08:35 20:29	02:27 14:23	05:15 18:51	10:59 22:42	05:12 16:26
十二日	月	つちのえ さる	一白	振替休日、徳島市阿波おどり(～十五日) 天赦	9	先負	たつ	畢	04:57 18:34	09:33 20:56	03:08 14:48	05:16 18:50	23:02 –	06:32 –
十三日	火	つちのと とり	九紫	◐上弦、月遅れぼん迎え火、岡山笠岡白石踊(～十六日) 岐阜郡上おどり徹夜おどり(～十六日)	10	仏滅	のぞく	觜	04:58 18:33	10:56 21:29	04:07 15:18	05:17 18:49	23:09 –	07:51 –
十四日	水	かのえ いぬ	八白	奈良春日大社中元万燈籠(～十五日)、平戸のジャンガラ(～十八日) 新島村若郷の大踊、大分姫島盆踊り(～十六日) 不成就日、末伏	11	大安	みつ	参	04:59 18:32	14:52 22:15	05:37 17:16	05:18 18:48	17:50 –	09:13 –

十五日	木	かのと い	七赤	月遅れぼん、宮城松島灯籠流し（～十六日） 終戦の日、周防祖生の柱松行事（祖生中村） 三りんぼう	12	赤口	たいら	井	05:00 18:31	15:46 23:40	07:05 19:38	05:18 18:46	18:16 –	10:17 –
十六日	金	みずのえ ね	六白	月遅れぼん送り火、箱根大文字焼 京都五山送り火、秋田西馬音内盆踊り（～十八日） 八専（～二十七日） 一粒万倍日	13	先勝	さだん	鬼	05:00 18:29	16:15 –	08:14 21:01	05:19 18:45	18:35 –	11:02 23:32
十七日	土	みずのと うし	五黄	滋賀建部大社船幸祭	14	友引	とる	柳	05:01 18:28	01:42 16:43	09:12 21:54	05:20 18:44	02:04 18:46	11:38 23:46
十八日	日	きのえ とら	四緑		15	先負	やぶる	星	05:02 18:27	02:57 17:11	10:03 22:37	05:21 18:43	04:51 19:00	12:12 –
十九日	月	きのと う	三碧	鎌倉宮例大祭（～二十一日） 秋田花輪ばやし（～二十日）	16	仏滅	あやぶ	張	05:03 18:26	03:50 17:40	10:50 23:15	05:21 18:42	05:50 19:22	00:15 12:47
二十日	火	ひのえ たつ	二黒	○満月	17	大安	なる	翼	05:03 18:25	04:37 18:07	11:32 23:52	05:22 18:41	06:39 19:50	00:50 13:22
二十一日	水	ひのと み	一白		18	赤口	おさん	軫	05:04 18:23	05:22 18:34	12:10 –	05:23 18:39	07:25 20:21	01:28 13:58
二十二日	木	つちのえ うま	九紫	処暑（23：55） 不成就日	19	先勝	ひらく	角	05:05 18:22	06:07 18:59	00:28 12:45	05:24 18:38	08:10 20:54	02:09 14:34
二十三日	金	つちのと ひつじ	八白	一粒万倍日	20	友引	とづ	亢	05:06 18:21	06:54 19:23	01:05 13:18	05:24 18:37	08:57 21:27	02:54 15:11
二十四日	土	かのえ さる	七赤	京都地蔵ぼん 沖縄全島エイサーまつり（～二十五日） 庚申	21	先負	たつ	氐	05:07 18:19	07:44 19:45	01:43 13:47	05:25 18:36	09:48 21:59	03:45 15:46
二十五日	日	かのと とり	六白		22	仏滅	のぞく	房	05:07 18:18	08:39 20:07	02:24 14:13	05:26 18:34	10:51 22:25	04:48 16:15
二十六日	月	みずのえ いぬ	五黄	◑下弦 山梨吉田の火祭り（～二十七日）	23	大安	みつ	心	05:08 18:17	09:45 20:30	03:13 14:34	05:27 18:33	22:11 –	06:13 –
二十七日	火	みずのと い	四緑	神奈川大山阿夫利神社秋季例大祭（～二十九日） 三りんぼう	24	赤口	たいら	尾	05:09 18:15	11:41 20:55	04:19 14:35	05:27 18:32	19:32 –	07:44 –
二十八日	水	きのえ ね	三碧	一粒万倍日 甲子	25	先勝	さだん	箕	05:10 18:14	21:34 –	05:52 –	05:28 18:30	19:03 –	09:07 –
二十九日	木	きのと うし	二黒		26	友引	とる	斗	05:10 18:13	16:05 –	07:24 20:56	05:29 18:29	19:19 –	10:12 –
三十日	金	ひのえ とら	一白	不成就日	27	先負	やぶる	牛	05:11 18:11	01:06 16:21	08:34 21:43	05:29 18:28	19:28 –	10:58 –
三十一日	土	ひのと う	九紫	二百十日 出羽三山神社八朔祭（～九月一日）	28	仏滅	あやぶ	女	05:12 18:10	02:42 16:39	09:28 22:14	05:30 18:26	04:34 18:23	02:23 11:34 23:44

2024
令和6年

九月（小）

長《なが》月《つき》

危宿《きしゅく》

（九月七日白露の節より月命癸酉 七赤金星の月となる。暗剣殺は西の方位）

旧 七月大 八月大

日	曜	十干・十二支	九星	行事	旧暦	六輝	中段	二十八宿	東京 日出入	東京 満潮	東京 干潮	大阪 日出入	大阪 満潮	大阪 干潮
一日	日	つちのえ たつ	八白	防災の日、健康増進普及月間（～三十日） 八尾おわら風の盆（～三日）、鹿島神宮神幸祭（～二日） 旧七月大	29	大安	なる	虚	05:13 18:09	03:31 16:58	10:11 22:42	05:31 18:25	05:21 18:36	12:07 –
二日	月	つちのと み	七赤	福井敦賀まつり（～十五日） 己巳	30	赤口	おさん	危	05:13 18:07	04:09 17:17	10:47 23:09	05:32 18:24	06:01 19:00	00:09 12:38
三日	火	かのえ うま	六白	●新月 青森岩木山お山参詣 旧八月大 大つち（～九日）	朔	友引	ひらく	室	05:14 18:06	04:42 17:35	11:19 23:35	05:32 18:22	06:38 19:26	00:39 13:08
四日	水	かのと ひつじ	五黄	富山射水加茂神社の稚児舞 不成就日 一粒万倍日	2	先負	とづ	壁	05:15 18:04	05:15 17:54	11:48 –	05:33 18:21	07:13 19:52	01:10 13:36
五日	木	みずのえ さる	四緑	石炭の日	3	仏滅	たつ	奎	05:16 18:03	05:47 18:12	00:01 12:14	05:34 18:20	07:48 20:16	01:43 14:02
六日	金	みずのと とり	三碧		4	大安	のぞく	婁	05:16 18:01	06:20 18:31	00:26 12:39	05:34 18:18	08:23 20:38	02:16 14:26
七日	土	きのえ いぬ	二黒	白露（12：11） 秋田角館のお祭り（～九日）	5	赤口	のぞく	胃	05:17 18:00	06:55 18:50	00:52 13:03	05:35 18:17	09:00 20:59	02:52 14:51
八日	日	きのと い	一白	新潟柏崎女谷綾子舞	6	先勝	みつ	昴	05:18 17:59	07:33 19:11	01:19 13:25	05:36 18:15	09:43 21:20	03:31 15:17
九日	月	ひのえ ね	九紫	重陽、救急の日 京都上賀茂神社重陽神事	7	友引	たいら	畢	05:19 17:57	08:15 19:32	01:47 13:47	05:37 18:14	10:36 21:37	04:18 15:44
十日	火	ひのと うし	八白	二百二十日	8	先負	さだん	觜	05:19 17:56	09:08 19:56	02:22 14:07	05:37 18:13	21:18 –	05:16 –
十一日	水	つちのえ とら	七赤	◐上弦 東京芝大神宮だらだら祭り（～二十一日） 小つち（～十七日） 三りんぼう	9	仏滅	とる	参	05:20 17:54	10:33 20:24	03:10 14:23	05:38 18:11	19:55 –	06:23 –
十二日	木	つちのと う	六白	不成就日 一粒万倍日	10	大安	やぶる	井	05:21 17:53	21:07 –	04:37 –	05:39 18:10	17:28 –	07:50 –
十三日	金	かのえ たつ	五黄		11	赤口	あやぶ	鬼	05:22 17:51	15:27 23:22	06:33 20:06	05:39 18:08	17:51 –	09:38 –
十四日	土	かのと み	四緑	鎌倉鶴岡八幡宮例大祭（～十六日） 山形谷地八幡宮の林家舞楽（～十五日）	12	先勝	なる	柳	05:22 17:50	15:48 –	07:57 21:06	05:40 18:07	18:04 –	10:32 23:27

十五日	日	みずのえ うま	三碧	老人週間（～二十一日） 京都岩清水八幡宮勅祭岩清水祭	13	友引	おさん	星	05:23 17:48	01:49 16:11	08:57 21:43	05:41 18:05	03:52 18:07	11:10 23:30
十六日	月	みずのと ひつじ	二黒	⊡敬老の日	14	先負	ひらく	張	05:24 17:47	02:56 16:35	09:47 22:18	05:42 18:04	04:55 18:20	11:44 23:56
十七日	火	きのえ さる	一白	十五夜、鹿児島与論十五夜踊り 十方暮れ（～二十六日） 一粒万倍日	15	仏滅	とづ	翼	05:25 17:45	03:46 17:00	10:30 22:53	05:42 18:03	05:43 18:43	12:18 –
十八日	水	きのと とり	九紫	○満月	16	大安	たつ	軫	05:25 17:44	04:33 17:24	11:09 23:27	05:43 18:01	06:28 19:11	00:30 12:53
十九日	木	ひのえ いぬ	八白	彼岸入り	17	赤口	のぞく	角	05:26 17:43	05:18 17:48	11:46 –	05:44 18:00	07:13 19:41	01:08 13:28
二十日	金	ひのと い	七赤	石川お熊甲祭、太宰府天満宮神幸式大祭（～二十五日） 空の日、動物愛護週間（～二十六日） 不成就日	18	先勝	みつ	亢	05:27 17:41	06:03 18:11	00:03 12:19	05:44 17:58	07:58 20:12	01:48 14:03
二十一日	土	つちのえ ね	六白	社日 秋の全国交通安全運動（～三十日）	19	友引	たいら	氐	05:28 17:40	06:50 18:33	00:39 12:50	05:45 17:57	08:45 20:42	02:32 14:38
二十二日	日	つちのと うし	五黄	⊡秋分の日（21：44） 旭川こたんまつり	20	先負	さだん	房	05:28 17:38	07:39 18:54	01:16 13:18	05:46 17:55	09:38 21:06	03:22 15:09
二十三日	月	かのえ とら	四緑	振替休日 千葉大原はだか祭り（～二十四日） 三りんぼう	21	仏滅	とる	心	05:29 17:37	08:34 19:14	01:57 13:42	05:47 17:54	10:49 21:09	04:21 15:25
二十四日	火	かのと う	三碧	結核予防週間（～三十日） 一粒万倍日	22	大安	やぶる	尾	05:30 17:35	09:44 19:34	02:44 14:01	05:47 17:53	18:51 –	05:38 –
二十五日	水	みずのえ たつ	二黒	◑下弦 彼岸明け、富山こきりこ祭り（～二十六日）	23	赤口	あやぶ	箕	05:31 17:34	19:51 –	03:49 –	05:48 17:51	18:18 –	07:03 –
二十六日	木	みずのと み	一白	天一天上（～十月十一日）	24	先勝	なる	斗	05:32 17:32	15:24 –	05:27 –	05:49 17:50	18:19 –	08:32 –
二十七日	金	きのえ うま	九紫		25	友引	おさん	牛	05:32 17:31	15:26 –	07:07 21:10	05:50 17:48	18:33 –	09:43 –
二十八日	土	きのと ひつじ	八白	東京西多摩春日神社鳳凰の舞（～二十九日） 不成就日	26	先負	ひらく	女	05:33 17:29	01:35 15:41	08:17 21:27	05:50 17:47	03:41 17:58	01:28 10:30
二十九日	日	ひのえ さる	七赤	宮崎五ヶ瀬の荒踊（～三十日） 一粒万倍日	27	仏滅	とづ	虚	05:34 17:28	02:40 15:58	09:06 21:51	05:51 17:45	04:29 17:42	01:33 11:05 23:31
三十日	月	ひのと とり	六白		28	大安	たつ	危	05:35 17:26	03:22 16:15	09:45 22:16	05:52 17:44	05:09 17:59	11:37 23:51

2024
令和6年

十月(大)

神無月《かんなづき》

室宿《しっしゅく》

(十月八日寒露の節より月命甲戌六白金星の月となる。暗剣殺は西北の方位)

旧 八月大 九月小

日	曜	十干・十二支	九星	行事	旧暦	六輝	中段	二十八宿	東京 日出入	東京 満潮	東京 干潮	大阪 日出入	大阪 満潮	大阪 干潮
一日	火	つちのえ いぬ	五黄	全国労働衛生週間(〜七日)、法の日 京都北野天満宮ずいき祭り(〜五日)、国慶節(中国) 旧八月大	29	赤口	のぞく	室	05:35 17:25	03:58 16:32	10:19 22:41	05:53 17:43	05:46 18:21	12:06 –
二日	水	つちのと い	四緑		30	先勝	みつ	壁	05:36 17:24	04:32 16:50	10:49 23:06	05:53 17:41	06:21 18:44	00:19 12:33
三日	木	かのえ ね	三碧	●新月 旧九月小 不成就日	朔	先負	たいら	奎	05:37 17:22	05:05 17:08	11:18 23:31	05:54 17:40	06:55 19:06	00:48 12:58
四日	金	かのと うし	二黒		2	仏滅	さだん	婁	05:38 17:21	05:38 17:26	11:44 23:56	05:55 17:39	07:29 19:26	01:18 13:23
五日	土	みずのえ とら	一白	福島二本松提灯祭り(〜七日) 兵庫上鴨川住吉神社神事舞(〜六日) 三りんぼう	3	大安	とる	胃	05:39 17:19	06:11 17:45	12:10 –	05:56 17:37	08:05 19:47	01:49 13:48
六日	日	みずのと う	九紫	国際協力の日、国際文通週間(〜十二日) 長野南木曽田立の花馬祭り 一粒万倍日	4	赤口	やぶる	昴	05:39 17:18	06:46 18:05	00:22 12:35	05:56 17:36	08:43 20:07	02:22 14:16
七日	月	きのえ たつ	八白	長崎くんち(〜九日)	5	先勝	あやぶ	畢	05:40 17:17	07:23 18:26	00:48 12:59	05:57 17:34	09:28 20:26	02:59 14:45
八日	火	きのと み	七赤	寒露(04:00) 阿寒湖まりも祭り(〜十日)	6	友引	あやぶ	觜	05:41 17:15	08:06 18:48	01:17 13:23	05:58 17:33	10:26 20:29	03:42 15:17
九日	水	ひのえ うま	六白	香川金刀比羅宮例大祭(〜十一日) 世界郵便デー、秋の高山祭(〜十日) 一粒万倍日 三りんぼう	7	先負	なる	参	05:42 17:14	09:02 19:12	01:52 13:49	05:59 17:32	19:16 –	04:35 –
十日	木	ひのと ひつじ	五黄	目の愛護デー 神戸海神社秋祭り(〜十二日)	8	仏滅	おさん	井	05:43 17:12	10:39 19:39	02:41 14:24	05:59 17:30	16:25 –	05:40 –
十一日	金	つちのえ さる	四緑	◐上弦、佐原の大祭秋祭り(〜十三日) 東京池上本門寺お会式(〜十三日) 天赦 不成就日	9	大安	ひらく	鬼	05:44 17:11	13:44 20:27	04:03 17:28	06:00 17:29	16:54 –	07:00 –
十二日	土	つちのと とり	三碧	滋賀大津祭(〜十三日) 奈良矢柱神社題目立 一粒万倍日	10	赤口	とづ	柳	05:44 17:10	14:32 23:53	06:02 20:06	06:01 17:28	17:15 –	08:46 –
十三日	日	かのえ いぬ	二黒	宮城布袋まつり 和歌山竈山神社例祭	11	先勝	たつ	星	05:45 17:08	14:59 –	07:30 20:44	06:02 17:27	17:16 –	09:51 23:06
十四日	月	かのと い	一白	⊡スポーツの日、兵庫灘のけんか祭り(〜十五日) 鉄道の日、愛媛西条まつり石岡神社祭礼(〜十五日)	12	友引	のぞく	張	05:46 17:07	01:46 15:24	08:31 21:17	06:03 17:25	03:52 17:18	10:34 23:07

十五日	火	みずのえ　ね	九紫	新聞週間（〜二十一日）、天理石上神宮ふるまつり　十三夜、善光寺秋のお会式、和歌山熊野速玉大祭（〜十六日）　八専（〜二十六日）	13	先負	みつ	翼	05:47 17:06	02:48 15:48	09:20 21:51	06:04 17:24	04:44 17:36	11:11 23:35
十六日	水	みずのと　うし	八白	日光東照宮秋季大祭（〜十七日）　愛媛新居浜太鼓祭り（〜十八日）	14	仏滅	たいら	軫	05:48 17:05	03:40 16:12	10:03 22:25	06:04 17:23	05:31 18:02	11:47 −
十七日	木	きのえ　とら	七赤	○満月、靖國神社秋季例大祭（〜十九日）　貯蓄の日	15	大安	さだん	角	05:49 17:03	04:27 16:37	10:42 23:01	06:05 17:22	06:16 18:31	00:09 12:23
十八日	金	きのと　う	六白	統計の日、岩手釜石まつり（〜二十日）　東京浅草寺菊供養会、三重上野天神祭（〜二十日）	16	赤口	とる	亢	05:50 17:02	05:14 17:01	11:19 23:37	06:06 17:20	07:02 19:02	00:48 12:59
十九日	土	ひのえ　たつ	五黄	東京日本橋べったら市（〜二十日）　京都建勲神社船岡大祭　不成就日	17	先勝	やぶる	氐	05:50 17:01	06:01 17:26	11:53 −	06:07 17:19	07:49 19:32	01:30 13:35
二十日	日	ひのと　み	四緑	秋土用（06:51）　えびす講	18	友引	あやぶ	房	05:51 16:59	06:48 17:50	00:15 12:26	06:08 17:18	08:39 19:59	02:15 14:09
二十一日	月	つちのえ　うま	三碧	一粒万倍日　三りんぼう	19	先負	なる	心	05:52 16:58	07:38 18:14	00:54 12:56	06:09 17:17	09:37 20:16	03:05 14:40
二十二日	火	つちのと　ひつじ	二黒	京都時代祭　京都鞍馬の火祭	20	仏滅	おさん	尾	05:53 16:57	08:33 18:39	01:35 13:26	06:09 17:16	11:01 18:32	04:02 14:55
二十三日	水	かのえ　さる	一白	霜降（07:15）　電信電話記念日　庚申	21	大安	ひらく	箕	05:54 16:56	09:43 19:04	02:23 13:59	06:10 17:14	18:07 −	05:07 −
二十四日	木	かのと　とり	九紫	◑下弦、国連デー　長崎平戸おくんち（〜二十七日）　一粒万倍日	22	赤口	とづ	斗	05:55 16:55	11:39 19:27	03:24 15:01	06:11 17:13	17:13 −	06:18 −
二十五日	金	みずのえ　いぬ	八白	島根大土地神楽（〜二十六日）	23	先勝	たつ	牛	05:56 16:54	13:35 −	04:49 −	06:12 17:12	17:20 −	07:38 −
二十六日	土	みずのと　い	七赤	原子力の日　宇都宮二荒山神社菊水祭（〜二十七日）	24	友引	のぞく	女	05:57 16:52	14:15 −	06:22 20:26	06:13 17:11	17:22 −	08:56 −
二十七日	日	きのえ　ね	六白	文字・活字文化の日　読書週間（〜十一月九日）　甲子　不成就日	25	先負	みつ	虚	05:58 16:51	01:12 14:40	07:33 20:51	06:14 17:10	03:30 16:52	00:35 09:49
二十八日	月	きのと　うし	五黄	速記の日	26	仏滅	たいら	危	05:59 16:50	02:19 15:01	08:25 21:17	06:15 17:09	04:17 16:59	00:31 10:28 23:22
二十九日	火	ひのえ　とら	四緑		27	大安	さだん	室	06:00 16:49	03:06 15:22	09:06 21:44	06:16 17:08	04:56 17:16	11:01 23:37
三十日	水	ひのと　う	三碧		28	赤口	とる	壁	06:01 16:48	03:45 15:42	09:42 22:10	06:17 17:07	05:33 17:36	11:30 −
三十一日	木	つちのえ　たつ	二黒	ハロウィン	29	先勝	やぶる	奎	06:02 16:47	04:22 16:01	10:15 22:36	06:17 17:06	06:09 17:56	00:01 11:56

2024
令和6年

十一月（小）

霜《しも》月《つき》

壁宿《へきしゅく》

（十一月七日立冬の節より月命乙亥
五黄土星の月となる。暗剣殺はなし）

旧 十月大 十月大

日	曜	十干・十二支	九星	行事	旧暦	六輝	中段	二十八宿	東京 日出入	東京 満潮	東京 干潮	大阪 日出入	大阪 満潮	大阪 干潮
一日	金	つちのと み	一白	●新月、新米穀年度、計量記念日、灯台記念日 教育・文化週間（～七日）、明治神宮秋の大祭（～三日） 旧十月大 己巳	朔	仏滅	あやぶ	婁	06:03 16:46	04:57 16:22	10:46 23:02	06:18 17:05	06:44 18:15	00:27 12:22
二日	土	かのえ うま	九紫	佐賀唐津くんち（～四日） 一粒万倍日、三りんぼう 大つち（～八日）	2	大安	なる	胃	06:03 16:45	05:32 16:43	11:16 23:29	06:19 17:04	07:19 18:37	00:56 12:49
三日	日	かのと ひつじ	八白	⊙文化の日 箱根大名行列、鹿児島弥五郎どん祭り	3	赤口	おさん	昴	06:04 16:44	06:07 17:06	11:45 23:57	06:20 17:03	07:56 19:00	01:27 13:18
四日	月	みずのえ さる	七赤	振替休日 不成就日	4	先勝	ひらく	畢	06:05 16:43	06:43 17:29	12:13 –	06:21 17:02	08:37 19:23	02:01 13:51
五日	火	みずのと とり	六白	一の酉 高知八代農村歌舞伎 一粒万倍日	5	友引	とづ	觜	06:06 16:42	07:22 17:55	00:27 12:42	06:22 17:01	09:26 19:40	02:39 14:26
六日	水	きのえ いぬ	五黄		6	先負	たつ	参	06:07 16:41	08:08 18:22	01:00 13:14	06:23 17:00	10:28 19:18	03:24 15:07
七日	木	きのと い	四緑	立冬（07：20）、亥の子祭・炉開き 秋田保呂羽山の霜月神楽（～八日） 三りんぼう	7	仏滅	たつ	井	06:08 16:40	09:07 18:53	01:40 13:53	06:24 17:00	12:12 18:46	04:15 16:10
八日	金	ひのえ ね	三碧	世界都市計画の日 京都伏見稲荷大社火焚祭	8	大安	のぞく	鬼	06:09 16:40	10:29 19:34	02:31 14:57	06:25 16:59	15:23 –	05:14 –
九日	土	ひのと うし	二黒	秋季全国火災予防運動（～十五日）、愛知津島神社参候祭 ◐上弦、太陽暦採用記念日、福島須賀川松明あかし	9	赤口	みつ	柳	06:10 16:39	12:03 21:09	03:42 17:20	06:26 16:58	16:03 –	06:22 –
十日	日	つちのえ とら	一白	京都嵐山もみじ祭、技能の日 静岡音無神社尻つみ祭り、茨城岩井将門まつり 小つち（～十六日）	10	先勝	たいら	星	06:11 16:38	13:08 23:49	05:18 19:16	06:27 16:57	16:17 –	07:45 23:23
十一日	月	つちのと う	九紫	京都松尾大社上卯祭 世界平和記念日	11	友引	さだん	張	06:12 16:37	13:50 –	06:46 20:05	06:28 16:56	02:21 16:10	09:00 22:36
十二日	火	かのえ たつ	八白	千葉誕生寺御会式 不成就日	12	先負	とる	翼	06:13 16:36	01:29 14:22	07:52 20:43	06:29 16:56	03:37 16:23	09:53 22:44
十三日	水	かのと み	七赤		13	仏滅	やぶる	軫	06:14 16:36	02:38 14:52	08:45 21:21	06:30 16:55	04:33 16:49	10:36 23:15
十四日	木	みずのえ うま	六白		14	大安	あやぶ	角	06:15 16:35	03:35 15:22	09:31 21:58	06:31 16:54	05:23 17:19	11:17 23:52

十五日	金	みずのと ひつじ	五黄	七五三、鹿児島与論十五夜踊り 千葉中山法華経寺御会式(～十八日)	15	赤口	なる	亢	06:16 16:34	04:27 15:51	10:14 22:37	06:32 16:54	06:11 17:52	11:57 –
十六日	土	きのえ さる	四緑	○満月 愛知豊川稲荷秋季大祭(～十七日)　十方暮れ(～二十五日)	16	先勝	おさん	氐	06:17 16:34	05:16 16:21	10:54 23:16	06:33 16:53	07:00 18:25	00:34 12:36
十七日	日	きのと とり	三碧	二の酉 奈良談山神社例大祭　一粒万倍日	17	友引	ひらく	房	06:18 16:33	06:03 16:52	11:32 23:57	06:34 16:53	07:50 18:57	01:18 13:14
十八日	月	ひのえ いぬ	二黒	一粒万倍日	18	先負	とづ	心	06:19 16:33	06:50 17:23	12:09 –	06:35 16:52	08:43 19:26	02:05 13:53
十九日	火	ひのと い	一白	三りんぼう	19	仏滅	たつ	尾	06:20 16:32	07:36 17:54	00:38 12:45	06:35 16:52	09:39 19:39	02:55 14:31
二十日	水	つちのえ ね	九紫	不成就日	20	大安	のぞく	箕	06:21 16:32	08:24 18:27	01:21 13:23	06:36 16:51	10:42 18:10	03:46 15:12
二十一日	木	つちのと うし	八白	京都東本願寺報恩講(～二十八日)	21	赤口	みつ	斗	06:22 16:31	09:16 19:03	02:06 14:07	06:37 16:51	13:23 18:05	04:37 16:16
二十二日	金	かのえ とら	七赤	小雪(04:56)、宮崎神話の高千穂夜神楽まつり(～二十三日) 熊本八代妙見祭(～二十三日)、大阪少彦名神社神農祭(～二十三日)	22	先勝	たいら	牛	06:23 16:31	10:15 19:51	02:56 15:11	06:38 16:50	15:31 –	05:30 –
二十三日	土	かのと う	六白	⊡勤労感謝の日 ◑下弦、伊勢神宮新嘗祭(～二十九日)	23	友引	さだん	女	06:24 16:30	11:18 21:38	03:54 17:15	06:39 16:50	15:54 –	06:28 –
二十四日	日	みずのえ たつ	五黄		24	先負	とる	虚	06:25 16:30	12:17 –	05:05 19:13	06:40 16:49	15:50 –	07:38 23:37
二十五日	月	みずのと み	四緑	天一天上(～十二月十日)	25	仏滅	やぶる	危	06:26 16:29	00:09 13:04	06:20 20:02	06:41 16:49	03:13 15:52	08:47 23:27
二十六日	火	きのえ うま	三碧		26	大安	あやぶ	室	06:27 16:29	01:44 13:42	07:24 20:37	06:42 16:49	04:14 16:06	09:37 23:16
二十七日	水	きのと ひつじ	二黒	東京品川千躰荒神秋季大祭(～二十八日)	27	赤口	なる	壁	06:28 16:29	02:48 14:14	08:17 21:07	06:43 16:49	05:02 16:22	10:17 23:28
二十八日	木	ひのえ さる	一白	感謝祭(アメリカ) 税関記念日　不成就日	28	先勝	おさん	奎	06:29 16:29	03:36 14:43	09:01 21:37	06:44 16:48	05:44 16:38	10:50 23:49
二十九日	金	ひのと とり	九紫	三の酉　一粒万倍日	29	友引	ひらく	婁	06:30 16:28	04:17 15:12	09:41 22:06	06:45 16:48	06:20 16:58	11:20 –
三十日	土	つちのえ いぬ	八白	岡山最上稲荷お火たき大祭(～十二月七日)　一粒万倍日	30	先負	とづ	胃	06:31 16:28	04:55 15:40	10:17 22:36	06:46 16:48	06:54 17:22	00:14 11:51

2024
令和6年

十二月(大)

師走《しわす》

奎宿《けいしゅく》

(十二月七日大雪の節より月命丙子 四緑木星の月となる。暗剣殺は東南の方位)

旧 十一月大 十二月小

日	曜	十干・十二支	九星	行事	旧暦	六輝	中段	二十八宿	東京 日出入	東京 満潮	東京 干潮	大阪 日出入	大阪 満潮	大阪 干潮
一日	日	つちのと い	七赤	地域歳末たすけあい運動(～三十一日) ●新月、映画の日、世界エイズデー 旧十一月大 三りんぼう	朔	大安	たつ	昴	06:32 16:28	05:31 16:08	10:52 23:08	06:47 16:48	07:27 17:51	00:43 12:25
二日	月	かのえ ね	六白	埼玉秩父夜祭(～三日)	2	赤口	のぞく	畢	06:33 16:28	06:06 16:38	11:26 23:41	06:48 16:48	08:03 18:22	01:16 13:01
三日	火	かのと うし	五黄	障害者週間(～九日) 島根美保神社諸手船神事	3	先勝	みつ	觜	06:33 16:28	06:43 17:09	12:00 –	06:48 16:48	08:43 18:54	01:52 13:40
四日	水	みずのえ とら	四緑	人権週間(～十日)	4	友引	たいら	参	06:34 16:28	07:23 17:42	00:17 12:36	06:49 16:48	09:27 19:23	02:32 14:23
五日	木	みずのと う	三碧	奥能登あえのこと 納めの水天宮 不成就日	5	先負	さだん	井	06:35 16:28	08:07 18:18	00:56 13:15	06:50 16:48	10:17 19:22	03:16 15:14
六日	金	きのえ たつ	二黒		6	仏滅	とる	鬼	06:36 16:28	08:57 19:00	01:38 14:02	06:51 16:48	11:15 18:49	04:02 16:19
七日	土	きのと み	一白	大雪(00:17) 京都千本釈迦堂大根焚き(～八日)	7	大安	とる	柳	06:37 16:28	09:50 19:58	02:24 15:03	06:52 16:48	12:27 –	04:51 –
八日	日	ひのえ うま	九紫	納め薬師、福岡ふいご大祭 針供養、事納め	8	赤口	やぶる	星	06:38 16:28	10:45 21:29	03:18 16:31	06:52 16:48	13:51 –	05:45 21:57
九日	月	ひのと ひつじ	八白	◐上弦 京都了徳寺大根焚き(～十日)	9	先勝	あやぶ	張	06:38 16:28	11:36 23:23	04:24 18:09	06:53 16:48	00:04 14:23	06:48 22:06
十日	火	つちのえ さる	七赤	世界人権デー、埼玉武蔵一宮氷川神社大湯祭本祭 納めの金毘羅	10	友引	なる	翼	06:39 16:28	12:23 –	05:43 19:17	06:54 16:48	01:59 14:53	08:01 22:01
十一日	水	つちのと とり	六白		11	先負	おさん	軫	06:40 16:28	01:08 13:08	07:01 20:08	06:55 16:48	03:28 15:25	09:07 22:25
十二日	木	かのえ いぬ	五黄	漢字の日	12	仏滅	ひらく	角	06:41 16:29	02:36 13:51	08:06 20:53	06:55 16:48	04:37 16:00	10:03 23:03
十三日	金	かのと い	四緑	正月事始め 煤払い 一粒万倍日 不成就日	13	大安	とづ	亢	06:41 16:29	03:43 14:34	09:02 21:37	06:56 16:49	05:37 16:38	10:53 23:45
十四日	土	みずのえ ね	三碧	東京泉岳寺赤穂義士祭 一粒万倍日 八専(～二十五日)	14	赤口	たつ	氐	06:42 16:29	04:38 15:16	09:53 22:20	06:57 16:49	06:30 17:17	11:40 –

十五日	日	みずのと うし	二黒	○満月、年賀郵便特別扱い開始、東京世田谷ボロ市(～十六日) 奈良春日若宮おん祭り(～十八日)、静岡秋葉の火祭り(～十六日)		15	先勝	のぞく	房	06:43 16:29	05:25 15:57	10:39 23:03	06:58 16:49	07:16 17:58	00:30 12:24
十六日	月	きのえ とら	一白	石川氣多大社鵜祭	三りんぼう	16	友引	みつ	心	06:43 16:30	06:07 16:36	11:22 23:47	06:58 16:50	07:59 18:40	01:15 13:06
十七日	火	きのと う	九紫	東京浅草寺羽子板市(～十九日)		17	先負	たいら	尾	06:44 16:30	06:47 17:14	12:02 –	06:59 16:50	08:41 19:21	02:00 13:48
十八日	水	ひのえ たつ	八白	納めの観音		18	仏滅	さだん	箕	06:45 16:30	07:24 17:51	00:28 12:40	06:59 16:50	09:23 20:01	02:43 14:29
十九日	木	ひのと み	七赤			19	大安	とる	斗	06:45 16:31	07:59 18:28	01:08 13:17	07:00 16:51	10:06 20:41	03:25 15:13
二十日	金	つちのえ うま	六白			20	赤口	やぶる	牛	06:46 16:31	08:33 19:07	01:46 13:56	07:01 16:51	10:52 18:20	04:05 16:05
二十一日	土	つちのと ひつじ	五黄	冬至(18:21)、納めの大師、ゆず湯 奈良葛城一言主神社一陽来復祭	不成就日	21	先勝	あやぶ	女	06:46 16:32	09:08 19:54	02:23 14:42	07:01 16:52	11:42 –	04:44 –
二十二日	日	かのえ さる	四緑		庚申	22	友引	なる	虚	06:47 16:32	09:44 21:00	03:00 15:43	07:02 16:52	12:39 23:25	05:19 21:51
二十三日	月	かのと とり	三碧	◑下弦		23	先負	おさん	危	06:47 16:33	10:22 22:38	03:42 17:18	07:02 16:53	13:32 –	05:48 22:11
二十四日	火	みずのえ いぬ	二黒	納めの地蔵 三重伊勢大神楽		24	仏滅	ひらく	室	06:48 16:33	11:05 –	04:39 18:49	07:02 16:53	03:08 14:01	06:08 22:30
二十五日	水	みずのと い	一白	クリスマス 京都北野天満宮終い天神	一粒万倍日	25	大安	とづ	壁	06:48 16:34	00:43 11:51	05:58 19:46	07:03 16:54	14:14 –	22:52 –
二十六日	木	きのえ ね	一白		一粒万倍日、甲子、天赦 陽遁始め	26	赤口	たつ	奎	06:48 16:35	02:36 12:43	07:16 20:28	07:03 16:55	06:37 14:28	08:52 23:17
二十七日	金	きのと うし	二黒	官庁御用納め		27	先勝	のぞく	婁	06:49 16:35	03:39 13:35	08:19 21:05	07:04 16:55	06:49 14:57	10:07 23:44
二十八日	土	ひのえ とら	三碧	納めの不動	三りんぼう	28	友引	みつ	胃	06:49 16:36	04:22 14:24	09:11 21:41	07:04 16:56	07:06 15:40	11:00 –
二十九日	日	ひのと う	四緑		不成就日	29	先負	たいら	昴	06:49 16:37	04:57 15:08	09:56 22:18	07:04 16:57	07:23 16:29	00:11 11:41
三十日	月	つちのえ たつ	五黄			30	仏滅	さだん	畢	06:50 16:37	05:31 15:48	10:37 22:56	07:05 16:57	07:42 17:20	00:40 12:20
三十一日	火	つちのと み	六白	●新月、大晦日、年越し、八坂神社けら詣り 大祓、男鹿のナマハゲ、出羽三山神社松例祭(～元旦)	旧十二月小 己巳	朔	赤口	とる	觜	06:50 16:38	06:04 16:27	11:15 23:35	07:05 16:58	08:06 18:13	01:13 12:59

心に届く
手紙のあいさつ

時候のあいさつとは

普通私達が手紙を書く場合、大きく分けて〝実用〟と〝社交〟に区別できるものと考えられます。実用は移転の通知や招待状などで比較的面倒ではありませんが、社交には一定の形式というものがあります。まず冒頭に書くのが「拝啓」などで、そのあとに時候のあいさつとなります。時候のあいさつは、自分なりに季節感を織り込んでのびのびと書くことが大切です。決まり文句を並べすぎるのは味気ないものです。

時候のあいさつのさまざまな表現

※**一月（睦月・正月）**
初春・新春・厳寒のみぎり・寒の入り・大寒・寒気ことのほか厳しい日々ですが・降り積もる雪・スキー・スケート

※**二月（如月・梅見月）**
晩冬の候・寒明け・余寒の候・立春とは名ばかりで、朝夕はまだ寒さの厳しい季節でございますが・三寒四温

※**三月（弥生・花見月）**
早春の候・浅春のみぎり・急に春めいた今日この頃・一雨ごとの暖かさ・暑さ寒さも彼岸までと申しますが・雛祭り・春一番

※**四月（卯月・花残月）**
花冷え・花便り・うららか・春陽麗和の好季節・桜花爛漫の候・春たけなわ・楽しい新学期・春暖の候

※**五月（皐月・早苗月）**
薫風の候・晩春・立夏・緑したたる好季節・新緑の目にしみる昨今・春色ようやく衰え、吹く風も夏めいてまいりました

※**六月（水無月・風待月）**
梅雨・衣がえの季節・田植え・紫陽花・つばめ・梅雨冷えの折柄・初夏の候・素足の快い味わい・若鮎のさわやかな光り

※**七月（文月・七夜月）**
盛夏・梅雨明けの暑さ・土用の入り・天の川・七夕・爽快な夏・暑気日ごとに加わり・星祭り・いよいよ夏休み・避暑・夕風の涼味うれしい頃

※**八月（葉月・月見月）**
残暑の候・立秋・旧盆・秋立つ・朝顔・夏を惜しむ・秋立つとは申しながら、暑熱いまだ衰えをみせず・暑さもようやく峠を越え

※**九月（長月・菊月）**
二百十日・虫の音・秋晴れ・野分けの季節・朝夕日毎に凌ぎやすくなり・新涼の候・天高く馬肥ゆる好季節・日々、ひと雨ごとに秋も色こく相成り

※**十月（神無月・雷無月）**
秋冷・秋の味覚・月見・読書の秋・仲秋の候・昨今は日脚も短く相成り・菊薫る好季節・秋気身にしみる頃となりました

※**十一月（霜月・雪待月）**
晩秋・立冬・向寒・菊日和・渡り鳥・冬支度・七五三・逐日冷気加わる折柄・落陽の音にも秋の淋しさ身にしみて

※**十二月（師走・春待月）**
寒冷・酉の市・ゆず湯・冬至・初氷・木枯らし吹きすさぶ季節・歳末多端の折・本年も余すところ旬日に迫り

高島易断開運本暦

九星別運勢と方位の吉凶

◎大吉　○吉　△凶　▲大凶

生まれ年別の九星の調べ方

本命星の出し方

生まれた年の九星を「本命星」といい、この星を主体にして方位や運勢を占います。各自の本命星を出すには、左の早見表を見てください。

まず自分の生まれ年を見て、右に行きますと、九星欄に九星が載っています。それがあなたの本命星となります。ただし、この場合に注意していただきたいことは、二月の節分以前の月・日に生まれた人は、その前の年に生まれた人と同じ本命星となることです。

暦上の新年は立春からです。たとえば平成五年一月三十日生まれの人の本命星は、平成五年の「七赤金星」ではなく、平成四年の「八白土星」になります。これは大切なことですから、間違えないようにしてください。

同様に干支も癸酉ではなく壬申になります。

年齢の数え方

左表の年齢は満年齢になっていますので、今年の誕生日が来てこの年齢になります。また、この表の満年齢に一歳を加えれば数え年になります。

年齢から本命星を探す場合も、二月節分までに生まれた人は、その前年に生まれた人の年齢の欄を見るよう、注意してください。

年齢	干支	生年 邦暦	生年 西暦	九星
歳		年	年	
29	乙亥	平成7	1995	五黄土星
28	丙子	8	1996	四緑木星
27	丁丑	9	1997	三碧木星
26	戊寅	10	1998	二黒土星
25	己卯	11	1999	一白水星
24	庚辰	12	2000	九紫火星
23	辛巳	13	2001	八白土星
22	壬午	14	2002	七赤金星
21	癸未	15	2003	六白金星
20	甲申	16	2004	五黄土星
19	乙酉	17	2005	四緑木星
18	丙戌	18	2006	三碧木星
17	丁亥	19	2007	二黒土星
16	戊子	20	2008	一白水星
15	己丑	21	2009	九紫火星
14	庚寅	22	2010	八白土星
13	辛卯	23	2011	七赤金星
12	壬辰	24	2012	六白金星
11	癸巳	25	2013	五黄土星
10	甲午	26	2014	四緑木星
9	乙未	27	2015	三碧木星
8	丙申	28	2016	二黒土星
7	丁酉	29	2017	一白水星
6	戊戌	30	2018	九紫火星
5	己亥	平成31 令和元	2019	八白土星
4	庚子	2	2020	七赤金星
3	辛丑	3	2021	六白金星
2	壬寅	4	2022	五黄土星
1	癸卯	5	2023	四緑木星
0	甲辰	6	2024	三碧木星

＊甲（きのえ）、乙（きのと）、丙（ひのえ）、丁（ひのと）、戊（つちのえ）、己（つちのと）、庚（かのえ）、辛（かのと）、壬（みずのえ）、癸（みずのと）、子（ね）、丑（うし）、寅（とら）、卯（う）、辰（たつ）、巳（み）、午（うま）、未（ひつじ）、申（さる）、酉（とり）、戌（いぬ）、亥（い）

令和６年（干支／九星）年齢早見表

年齢	干支	生年 邦暦	生年 西暦	九星
歳		年	年	
97	丁卯	昭和2	1927	一白水星
96	戊辰	3	1928	九紫火星
95	己巳	4	1929	八白土星
94	庚午	5	1930	七赤金星
93	辛未	6	1931	六白金星
92	壬申	7	1932	五黄土星
91	癸酉	8	1933	四緑木星
90	甲戌	9	1934	三碧木星
89	乙亥	10	1935	二黒土星
88	丙子	11	1936	一白水星
87	丁丑	12	1937	九紫火星
86	戊寅	13	1938	八白土星
85	己卯	14	1939	七赤金星
84	庚辰	15	1940	六白金星
83	辛巳	16	1941	五黄土星
82	壬午	17	1942	四緑木星
81	癸未	18	1943	三碧木星
80	甲申	19	1944	二黒土星
79	乙酉	20	1945	一白水星
78	丙戌	21	1946	九紫火星
77	丁亥	22	1947	八白土星
76	戊子	23	1948	七赤金星
75	己丑	24	1949	六白金星
74	庚寅	25	1950	五黄土星
73	辛卯	26	1951	四緑木星
72	壬辰	27	1952	三碧木星
71	癸巳	28	1953	二黒土星
70	甲午	29	1954	一白水星
69	乙未	30	1955	九紫火星
68	丙申	31	1956	八白土星
67	丁酉	32	1957	七赤金星
66	戊戌	33	1958	六白金星
65	己亥	34	1959	五黄土星
64	庚子	35	1960	四緑木星

年齢	干支	生年 邦暦	生年 西暦	九星
歳		年	年	
63	辛丑	昭和36	1961	三碧木星
62	壬寅	37	1962	二黒土星
61	癸卯	38	1963	一白水星
60	甲辰	39	1964	九紫火星
59	乙巳	40	1965	八白土星
58	丙午	41	1966	七赤金星
57	丁未	42	1967	六白金星
56	戊申	43	1968	五黄土星
55	己酉	44	1969	四緑木星
54	庚戌	45	1970	三碧木星
53	辛亥	46	1971	二黒土星
52	壬子	47	1972	一白水星
51	癸丑	48	1973	九紫火星
50	甲寅	49	1974	八白土星
49	乙卯	50	1975	七赤金星
48	丙辰	51	1976	六白金星
47	丁巳	52	1977	五黄土星
46	戊午	53	1978	四緑木星
45	己未	54	1979	三碧木星
44	庚申	55	1980	二黒土星
43	辛酉	56	1981	一白水星
42	壬戌	57	1982	九紫火星
41	癸亥	58	1983	八白土星
40	甲子	59	1984	七赤金星
39	乙丑	60	1985	六白金星
38	丙寅	61	1986	五黄土星
37	丁卯	62	1987	四緑木星
36	戊辰	63	1988	三碧木星
35	己巳	昭和64 平成元	1989	二黒土星
34	庚午	2	1990	一白水星
33	辛未	3	1991	九紫火星
32	壬申	4	1992	八白土星
31	癸酉	5	1993	七赤金星
30	甲戌	6	1994	六白金星

運勢の見方

本書によって自分の運勢を知りたい時は、まず「生まれ年別の九星の調べ方」（74～75ページ）によって、自分の九星（本命星）を確認し、次に九星別の運勢欄（77ページ～）から、自分の九星の箇所を探します。そこにはあなたの本年の運勢及び毎月の運勢が記載されていますから、吉方位・凶方位と併せて慎重に検討し、あなたの本年の開運吉祥の指針をつかんでください。

なお、各九星ごとの最初のページには、今年の運勢の変化を表すグラフを掲載しています。

弱運であっても悲観することなく、強運でも油断して怠けないでください。強弱だけを気にせず、運勢の流れをくみ取って、力強く進みましょう。

方位の調べ方

九星別の運勢欄で今年の自分の吉方位はどちらか、凶方位はどちらかを調べることができます。年盤で吉方位でも、月盤で吉方位でない場合があります。またこの反対もありますが、この場合は最大吉方位とはなりません。人生の重要事には、最大吉方位をとることが最良の吉慶をつかむことになります。

年の吉方位を重んじ、取引や小旅行のように一時的なものを占う場合は、月盤の吉方位を利用する方法もあります。

適職の調べ方

九星別の運勢欄には、各星ごとの適職を掲載していますので、これを参考にしてください。

一白水星《いっぱくすいせい》

2024年の運勢の変化と指針

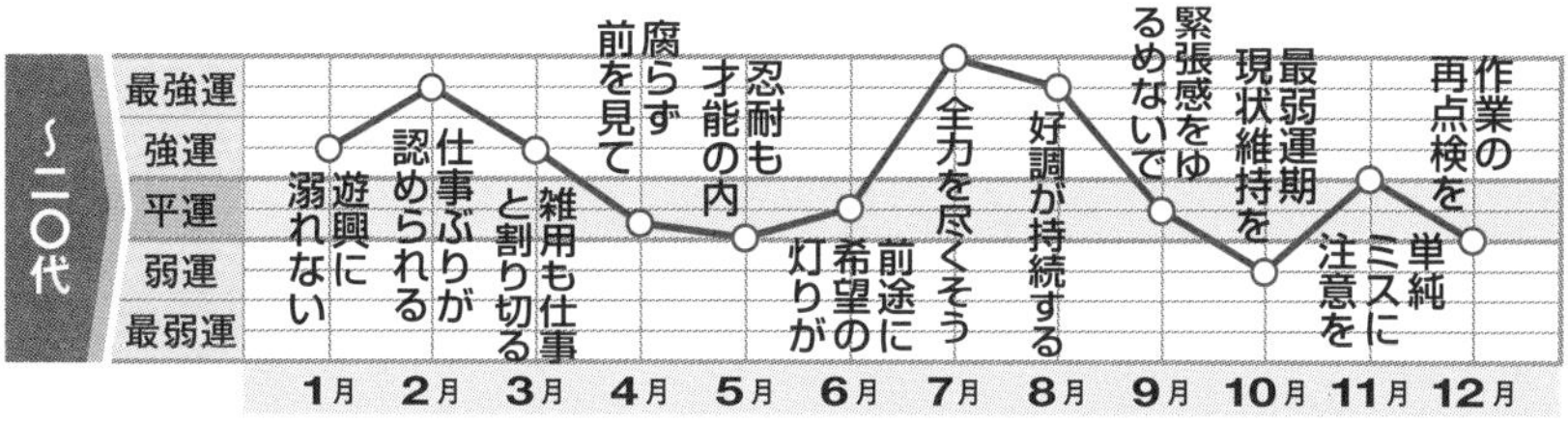

～二〇代
最強運
強運
平運
弱運
最弱運
100
80
60
40
20
0
1月 遊興に溺れない
2月 仕事ぶりが認められる
3月 雑用も仕事と割り切る
4月 腐らず前を見て
5月 忍耐も才能の内
6月 前途に希望の灯りが
7月 全力を尽くそう
8月 好調が持続する
9月 緊張感をゆるめないで
10月 最弱運期現状維持を
11月 単純ミスに注意を
12月 作業の再点検を

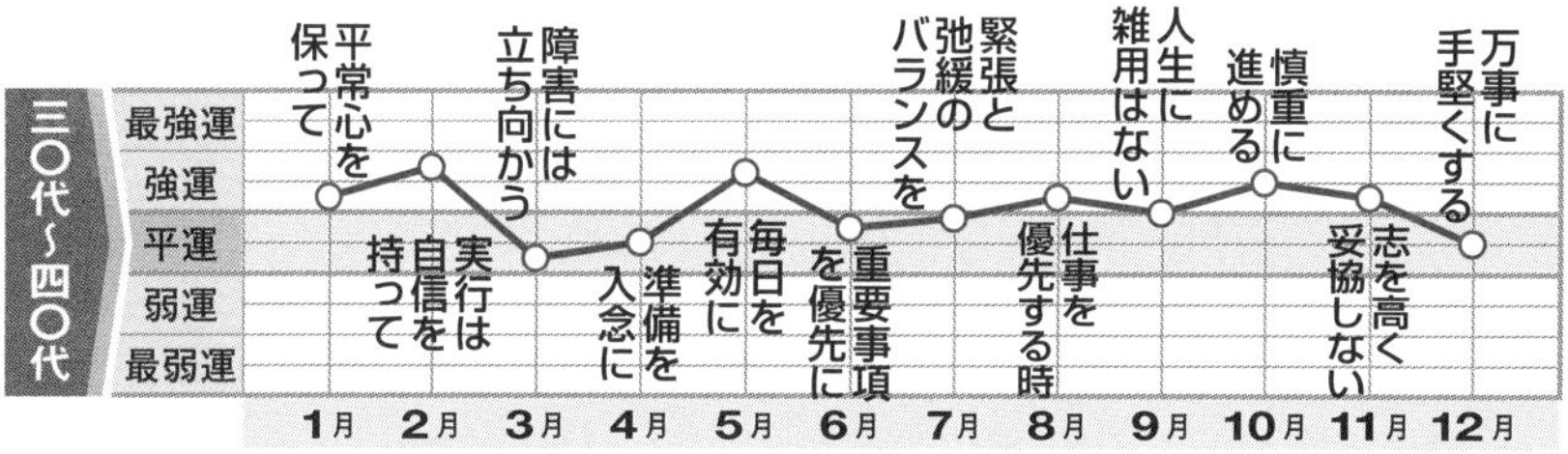

三〇代～四〇代
最強運
強運
平運
弱運
最弱運
100
80
60
40
20
0
1月 平常心を保って
2月 実行は自信を持って
3月 障害には立ち向かう
4月 準備を入念に
5月 毎日を有効に
6月 重要事項を優先に
7月 緊張と弛緩のバランスを
8月 仕事を優先する時
9月 人生に雑用はない
10月 慎重に進める
11月 志を高く妥協しない
12月 万事に手堅くする

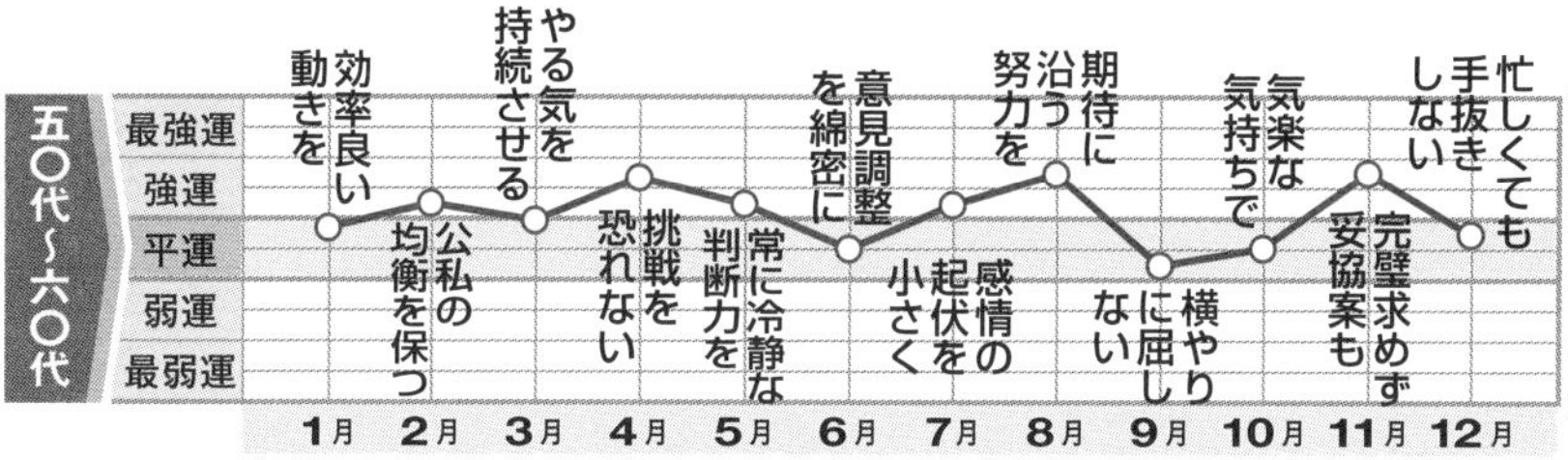

五〇代～六〇代
最強運
強運
平運
弱運
最弱運
100
80
60
40
20
0
1月 効率良い動きを
2月 公私の均衡を保つ
3月 やる気を持続させる
4月 挑戦を恐れない
5月 常に冷静な判断力を
6月 意見調整を綿密に
7月 感情の起伏を小さく
8月 期待に沿う努力を
9月 横やりに屈しない
10月 気楽な気持ちで
11月 完璧求めず妥協案も
12月 忙しくても手抜きしない

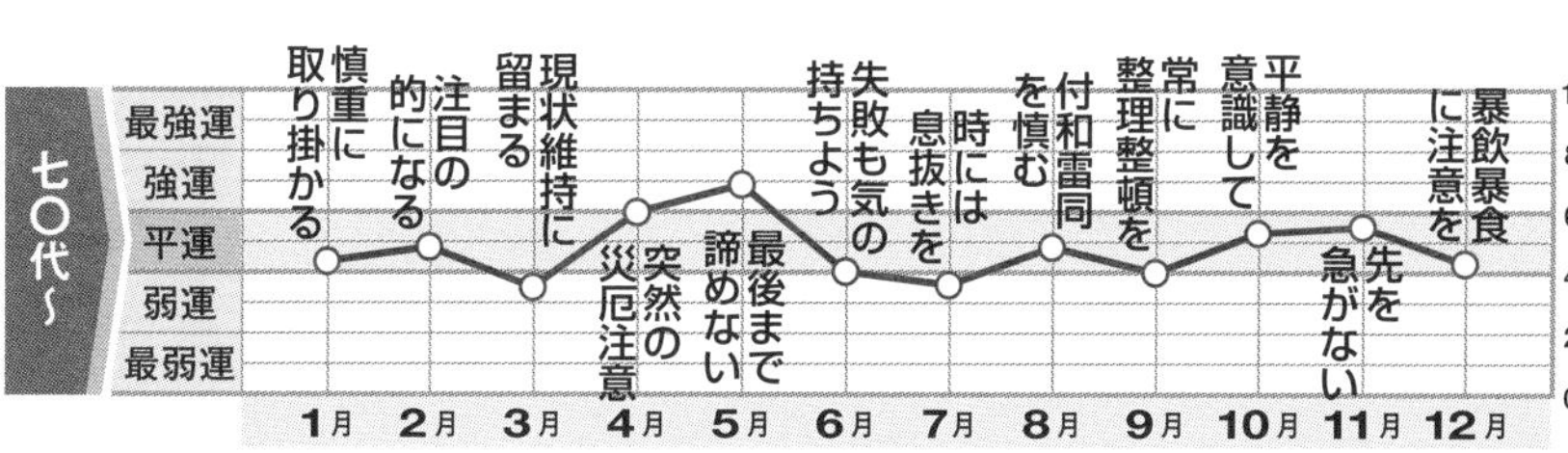

七〇代～
最強運
強運
平運
弱運
最弱運
100
80
60
40
20
0
1月 慎重に取り掛かる
2月 注目の的になる
3月 現状維持に留まる
4月 突然の災厄注意
5月 最後まで諦めない
6月 失敗も気の持ちよう
7月 時には息抜きを
8月 付和雷同を慎む
9月 常に整理整頓を
10月 平静を意識して
11月 先を急がない
12月 暴飲暴食に注意を

一白水星生まれの人

7歳（平成29年　丁酉）	43歳（昭和56年　辛酉）	79歳（昭和20年　乙酉）
16歳（平成20年　戊子）	52歳（昭和47年　壬子）	88歳（昭和11年　丙子）
25歳（平成11年　己卯）	61歳（昭和38年　癸卯）	97歳（昭和 2年　丁卯）
34歳（平成 2年　庚午）	70歳（昭和29年　甲午）	106歳（大正 7年　戊午）

一白水星

生長期

本年は生長期といって、今まで冬眠していた草木が芽を出してこれからぐんぐん生長していく時期です。行動的なあなたは積極的にあれこれとやってみたい衝動に駆られます。しかし、気持ちの中で少し待ってとストップをかけてください。勢いはあるのですが、あまり良い星回りではありません。人間関係も活発になり仕事面でも新企画があり、さらに移転したいとか新規事務所を出してみたいという活発な気運になります。しかし、うかつに手を出さないほうが良いです。暗剣殺という殺伐とした大凶殺が付き、さらに足を引っ張る八白土星という相性の悪い凶殺が被同会して付いているからです。十分に警戒しなければいけない星回りなのです。新規計画などは次年度に繰り越したほうが良いです。着手当時は勢いがありますが、ある日突然災厄に見舞われて計画がすべておじゃんになってしまう危険性を含んでいるのです。八白土星は不動産に関係の深い星です。この年の不動産の売買は避けましょう。良い時期の巡りならば不動産に縁が強くなって優良物件に巡り合えますが、本年は悪い面が強調されます。取引には慎重なあなたがつい引きずり込まれるように危険な選択をしてしまいます。十分に気を付けましょう。

思い付いたように重大なことに手を出してしまいます。思わぬ落とし穴に堕ちてしまいます。そして、よりによって昔の古傷を蒸し返される不運も重なります。本年は今まで継続してきたことを守り通すのが最善策です。

一白水星方位吉凶図

適職

法律家、医師、印刷業、飲食業、書店、文筆業、政治家、漁業水産加工、酒類製造販売業、観光旅行業、クリーニング業、ガソリンスタンド、モデル、タレント、コンパニオン等

吉方

本年は相生する六白金星が回座する東北方位、七赤金星が回座する南方位、四緑木星が回座する西北方位のうち、乾の方位、亥の方位が吉方となります。月別の吉方は毎月の運勢欄をご覧ください。

凶方

本年は五黄土星が回座する西方位が五黄殺、反対の一白水星が回座する東方位が暗剣殺の大凶方位になります。一白水星が回座する東方位が本命殺、五黄土星が回座する西方位が本命的殺となり暗剣殺、五黄殺と重なる大凶方位になります。本年の十二支である辰の反対側、戌の方位が歳破で大凶方位です。月別の凶方は毎月の運勢欄をご覧ください。

♣ 健康運

今年の健康運は動き過ぎによる疾患に注意しましょう。生長期というという活動的な運勢の年ですが、あまり動きが激し過ぎると、暗剣殺という大凶殺が悪さをします。新しいことに挑戦して肉体を酷使しますが、動き過ぎて無理をすると、肝臓に負担をかけて大病になりかねません。夢中になると向こう見ずな行動を取りがちです。

電気の取り扱いには油断せず、感電に注意しましょう。神経痛やリウマチにも警戒が必要です。喘息の持病がある人は、空気の悪い場所への出入りに注意しましょう。

打撲による手足の疾患は意外に重症になることがありますので用心してください。

◆ 金銭運

本年は働けば働いた分の実入りがあります。目標を決めて進めていくのが良いです。ただし金銭の管理には十分な計画を立て、丁寧に取り扱いましょう。思わぬ障害が出て出費を余儀なくされる事態に遭遇するかもしれません。気を引き締めて、甘い言葉や儲け話には乗らないようにしましょう。詐欺まがいのいい加減な話が多いものです。また、今年は保証人を引き受けては絶対にいけません。トラブルに巻き込まれる危険があります。今年の金運は悪くないのです。周囲があなたを利用しているのです。「スキを作らない、スキを与えない」を心掛けてください。

博打には決して手を染めてはいけない危険な年です。

♥ 恋愛運

一白水星生まれのあなたの恋は、密かにするものというイメージです。人に相談することなく水面下で愛を育んでいくタイプです。周囲に気が付かれたときは「えっ！　もう結婚するの？」という周囲の驚きを楽しむ雰囲気さえあります。

今年は異性との交際を遊び半分ですると大きな痛手を被ります。遊び半分の恋愛ごっこは波乱を呼びますので控えましょう。既婚者との恋愛も、高い代償を支払うことになります。

今年の異性運は良いのですが、あなたから見て東方位に住んでいる相手とは付き合わないほうが無難です。お付き合いするなら十分に見極めてからにしましょう。

一白水星生まれの運勢指針

❖七　歳
集団生活にも慣れると少しずつ人の好き嫌いが現れてくるものです。好き嫌いはあっても仕方ありません。しかし嫌いな相手に意地悪や過激な言葉を向けないように指導してあげることは大切です。

❖十　六　歳
この年頃になると体格も良くなり、一人前に見えたりします。しかし精神的には未熟なところがあるものです。家庭でも社会でも常識を教えることは大人になった時に生きてきます。

❖二十五歳
仕事に真剣に向き合わないと、障害に遭った時に助けてくれる人がいなくなります。あなたは仕事をする時は一生懸命にやる人です。災難にも真剣に対処して、損失を最低限に収めましょう。

❖三十四歳
重要な時期に差しかかっている年齢です。将来を見据えた基礎固めの手を打ちましょう。人との付き合いはほどほどにしておかないと、仕事に支障が出てきます。

❖四十三歳
運気はあなたに味方しない時です。焦点を絞って一つのことを完全に仕上げるようにしましょう。仕事には真面目に向き合うあなたですから、難局にぶつかっても打開策は見つかります。

❖五十二歳
運気は良いです。持っている力を全力で出し切って成果を挙げましょう。それなりの結果はあがってくるはずです。結果をつかむまでは緊張感をゆるめないことが肝心です。

❖六十一歳
事前準備を周到にして取り掛かりましょう。段階を踏んで進んでいけば、結果は良好を得られます。邪道を用いたり過程を省いたりすると、結果は悪くなります。

❖七　十　歳
親しくなるとわがままになるものです。親しき仲にも礼儀ありで対応したほうが、万事に都合良くいきます。人は丁寧な扱いを受けると丁寧に返してくれるものです。

❖七十九歳
自分が納得しても相手が承諾しないような方法は良くないでしょう。相互の理解があって初めて社会性が保たれるものです。人の噂話や悪口は控えましょう。悪口や噂話は人間性を疑われます。

❖八十八歳
良い運気の巡り合わせです。周囲との和合を心掛けると楽しい人生を送ることができます。今まで培ってきた経験を話すだけでも気持ちが晴れることがあるでしょう。

❖九十七歳
若い時から柔和な性格だったあなたです。ますます人間が練れた人物となっていることでしょう。足腰が弱ったとはいえ、その天分を惜しむ声はあるでしょう。埋もれさせず世の中に役立たせて。

❖一〇六歳
人との会話が活性化エネルギーとなって働きます。周囲の人々と会話を楽しみましょう。話題が合わなくても自分の人生体験を話せば良いのです。聞きたい人はいるのです。

一月運勢

一月六日小寒の節より
月命乙丑　六白金星の月
暗剣殺　西北の方位

陽気な雰囲気の年明けとなります。賑やかさに惑わされて自分を見失わないように注意しましょう。華やかさの裏には必ず愛別離苦という哀しい事実が隠されています。嬉しい出会いがある人、哀しい別れを経験しなければいけない人と分かれます。

正月のゆるんだ気分で飲食の機会も増えます。度が過ぎないように警戒してください。飲んだあとで転ぶと、思わぬ大きな怪我になります。足元がふらつくほど飲んだあとは十分に用心しましょう。

金銭面は比較的良い月ですが生活が派手になりやすい傾向です。自制心を。

1月の方位

今月の吉方位

吉→東、申、坤

1 月	○	新年を安らかな気分で迎え寿ごう
2 火	◎	目上への尊敬の気持ち素直に出す
3 水	△	節度を失うと災難に遭遇する事も
4 木	△	他者への気遣いは何気なくしよう
5 金	▲	多くを語らず不言実行するのが吉
6 土	○	趣味を生かしてリフレッシュする
7 日	△	アイディアが浮かんだら書き残す
8 月	○	実践に備えて心構えを怠らない事
9 火	○	得意分野に的を絞り集中的に活動
10 水	○	上から目線にならぬよう謙虚さを
11 木	◎	出だしが重要手抜かりない準備を
12 金	△	決断の時を逸しない緊張感を保つ
13 土	△	口やかましい人に邪魔されぬよう
14 日	▲	自分のペースで日常生活を進める
15 月	○	馴れ合いの対応はミスを犯す原因
16 火	△	言動が目立つので控え目な態度で
17 水	○	じっくりと腰を据えて取り組む吉
18 木	○	優先順位を考え効率良く進行する
19 金	○	遊び心を忘れ仕事に専念をしよう
20 土	◎	一歩ずつ着実に仕上げる意気込み
21 日	△	思い立ったら即実行が最善策の日
22 月	△	他人の噂話はしない運気を下げる
23 火	▲	不規則な生活習慣病に警戒しよう
24 水	○	取引を惰性で行なうと凡ミスする
25 木	△	机上の理論も大事だが実践重視で
26 金	○	ある種の経験値は大切に生かそう
27 土	○	時には会食などして息抜きをする
28 日	○	順調に進む時一層気配り忘れずに
29 月	◎	好調の裏に潜む落とし穴に警戒を
30 火	△	懸案事項は早目に片づけてしまう
31 水	△	金銭の利得ではない価値観も重視

二月運勢

二月四日立春の節より
月命丙寅　五黄土星の月
暗剣殺　なし

華やかな雰囲気の前月に比べ、一転して重苦しい空気の月に変わります。衰運気になり、人の交流も少なくなります。今月は新しいことには手を出さず、現在地に留まる方針をとるのが良いです。作業の過程の一つ一つを丁寧に確認しながら進みましょう。穏やかそうに見えるけれど変化変動の激しい月です。情勢を正しく見極め、猛進を慎みましょう。

家族間や親戚間での問題が浮上することがあります。転職などの話が突然起きたりしますが、冷静に判断して、今月は動かずに現状維持を心掛けるのが良いです。

2月の方位

今月の吉方位

大吉→亥、乾
吉→東南

日	曜日	運勢	内容
1	木	▲	衰運時は現状維持を心掛けて進む
2	金	○	同僚の意見にも素直に耳を傾ける
3	土	△	計画倒れにならぬよう準備万全に
4	日	○	休日は心身のリフレッシュを図る
5	月	◎	小さくまとまらず広い視野で検討
6	火	○	八方美人にならず方向性を一定に
7	水	◎	流れに沿い無理な圧力を掛けない
8	木	△	事態を甘く見ると障害に遭う注意
9	金	△	気負わず平常心で精進を重ねよう
10	土	▲	秘密裏に事を進めると禍根を残す
11	日	○	心にもない言動は周囲の顰蹙買う
12	月	△	話し合いを重視し結論を急がない
13	火	○	完結を手にするまで気を緩めない
14	水	◎	初志貫徹を貫く精神が重要な時に
15	木	○	気分が優れなくても笑顔絶やさず
16	金	◎	状況を把握していれば成果を得る
17	土	△	言葉の説得だけでは成就は難しい
18	日	△	万事に一呼吸置き慎重に行動する
19	月	▲	衰運期でも前進の気を持続させる
20	火	○	一点に集中して力を出し切る心を
21	水	△	出だしが大事計画に沿った活動を
22	木	○	人との会話が力強い励ましになる
23	金	◎	運気好調でもトラブルは避けよう
24	土	○	実るほど頭垂れる稲穂の謙虚さを
25	日	◎	足りないところは知恵を絞り補う
26	月	△	突然の中断も想定内に入れ進行を
27	火	△	自己の本分を認識し努力をしよう
28	水	▲	円滑に活動できるよう整理整頓を
29	木	○	栄誉を受けるような慶事あるかも

三月運勢

三月五日啓蟄の節より
月命丁卯　四緑木星の月
暗剣殺　東南の方位

今月は一転して言動が目立つ月となります。日頃の行動や発言には神経を使い、過激な言動は避けましょう。吉のほうでは隠れていた善行が明るみに出て賞賛されますが、反面では過去の悪行が蒸し返され、尾ひれを付けて大きく喧伝されたりします。いつも公明正大な態度が望ましいのですが、思ったことをそのまま口に出す傾向がある人は十分に用心をしましょう。誤解されて悔しい思いを噛みしめないようにしましょう。

健康に関しては、熱が出たら早めに診察を受けましょう。眼病にも注意を。

3月の方位

今月の吉方位

なし

1 金	△	堅苦しく考えず心開き柔軟に対応
2 土	○	軽口は相手見て使わないと危険に
3 日	◎	素直な気持ちで協力者の助け得る
4 月	○	安請け合いをして信用落とさない
5 火	◎	大言壮語せず地道に遂行が吉運に
6 水	△	災難は気を付けても来ると覚悟を
7 木	△	策略せずとも状況に任せた動きを
8 金	▲	失敗が目立つ日万事慎重な行動を
9 土	○	実直な対応が物事を円滑推進する
10 日	△	他者を軽視する身内推しをしない
11 月	○	目標に向かい一直線に邁進をする
12 火	◎	強気に押すも理論武装を怠りなく
13 水	○	馴れ合いの作業に落とし穴警戒を
14 木	○	事態の急変にも沈着冷静に対処を
15 金	△	うま過ぎる話の鵜呑みは危険伴う
16 土	△	遅くても確実な方法が最善策です
17 日	▲	小さな失敗を大きくしない工夫を
18 月	○	見栄を張るやり方は長続きしない
19 火	△	他人の噂話は後の禍を招く元凶に
20 水	○	何事も公私の別を明確な心構えに
21 木	◎	気負わず平静な気持ちで実力出す
22 金	○	丸く収めようとせず筋を通す気で
23 土	○	運気好調でも油断のならない一日
24 日	△	上辺ではなく内部充実を優先する
25 月	△	難問も前向きの気持ちあれば進展
26 火	▲	急進的に進まず過程確認しながら
27 水	○	付和雷同せず自己信念に基づいて
28 木	△	好機逃さず早い結論が求められる
29 金	○	名誉のために利益放出もあり得る
30 土	◎	浮わついた言動を取らず地に足を
31 日	○	八方に気を配り緊張感を忘れない

四月運勢

四月四日清明の節より
月命戊辰　三碧木星の月
暗剣殺　東の方位

運気は一気に開けた感じの月です。何でもできそうな勢いのある月になります。しかし、それは間違いです。運気は上々なのですが、いつ災難が襲ってきても不思議ではない月なのです。その心構えがあれば、物事の決着は早くつけるのが得策です。災難を恐れるあまり何もしないのでは発展がありません。困難が起きた時の対処の仕方で損失が大きくなるか小さくなるかの差が出ます。

悩みが起きた時は早く解決することが重要です。悩みを抱えたままでは良い仕事はできないからです。

4月の方位

今月の吉方位

大吉→東北、南
吉→亥、乾

日	曜	運	内容
1	月	○	我意を強く押すと抵抗も強くなる
2	火	△	家庭内の出来事を軽視しないこと
3	水	△	駆け引きせず真正面からぶつかる
4	木	▲	相手の抵抗は予想外に強い柔軟に
5	金	○	自分を知って活動範囲を決めよう
6	土	△	本質がわかれば問題は早めに決着
7	日	○	押してダメなら引いてみる戦略で
8	月	◎	遠方より朗報が入る予兆がある日
9	火	○	中傷して優越感を得ようとしない
10	水	◎	内容吟味して遂行すれば成果ある
11	木	△	現状維持に徹し新規事は避けよう
12	金	△	不本意な取引には応じない精神を
13	土	▲	障害は努力の後ろからついて来る
14	日	○	人生に息抜き必要今日はその時に
15	月	△	雑念捨て仕事に集中するのが吉運
16	火	○	積極的に過ぎ他人の領域侵さない
17	水	◎	私情挟まず公的用事を優先させる
18	木	○	言葉巧みに近寄る人物に要注意を
19	金	◎	労働意欲が湧き人のために尽くす
20	土	△	順調に進むような時でも油断せず
21	日	△	実物大の自分を出すのが最善策に
22	月	▲	目先の利益にこだわらず大局観で
23	火	○	こちらから仕掛けず出方を待とう
24	水	△	自分の信念貫けば賛同者が現れる
25	木	○	活動力に恵まれる時全力を尽くす
26	金	◎	穏当な計画ならスムーズに進捗する
27	土	○	我田引水な方法論では排斥される
28	日	◎	規則正しい習慣が幸運招き寄せる
29	月	△	他者に頼らずできることは自分で
30	火	△	見せかけではなく本物の力を磨く

五月運勢

五月五日立夏の節より
月命己巳　二黒土星の月
暗剣殺　西南の方位

仕事に全力を尽くしましょう。成果が出やすい月です。遠方の取引にも縁ができて利益が上がる傾向にあります。好機を逃さず飛躍につなげましょう。不動産を扱っている人には幸運な月となります。誠意を持って全力を尽くせば大きな取引がまとまる可能性を秘めています。年配の女性からの依頼は大きな利益につながることがあります。単純なミスをして破談にならぬよう細心の注意を払って事に当たりましょう。

約束を失念してしまわないように注意してください。作業の手順を確認しながら進めましょう。

5月の方位

今月の吉方位

大吉→北、南

日	曜	運勢	内容
1	水	▲	一歩後退して客観的に見る習慣を
2	木	○	得意なものに的を絞り集中をする
3	金	△	手掛けることの調査は十分にする
4	土	○	責務は嫌なことも全うする精神を
5	日	◎	人に尽くす気持ちがあれば順調に
6	月	○	自分の生き方を大事にするのが吉
7	火	◎	思った通りに進められる好運な日
8	水	△	些事に囚われず大所高所から見る
9	木	△	周囲との調和を大切にして進展を
10	金	▲	手を広げずに保全措置とるのが良
11	土	○	大事なことから迅速に処理をする
12	日	△	適度のところで手を打つのが無難
13	月	○	後手にならぬよう先手打つ心構え
14	火	◎	一言言いたいが我慢する気持ちで
15	水	○	忙しいけれど実績が実らない日に
16	木	◎	小細工をせずに単刀直入に進める
17	金	△	新規アイディア出ても後日に回す
18	土	▲	手際良く処理しないと邪魔が入る
19	日	▲	邪道に走らず正道を貫いて進もう
20	月	○	気力充実する難しい案件も対応を
21	火	△	マンネリを打破して新風を入れる
22	水	○	付和雷同せず独自の判断基準大事
23	木	◎	節度ある付き合いから指針を得る
24	金	○	のんびりムードが漂う油断せずに
25	土	◎	自己啓発は日常の自己の生活中に
26	日	△	継続してきたことを無駄にしない
27	月	▲	準備がまずいと物事の成就は不可
28	火	▲	口舌に注意してしゃべり過ぎない
29	水	○	派手な言動になりがち節度を保つ
30	木	△	万全期すこと挑戦すること両立を
31	金	○	遊興に過ぎると本業で凡ミスする

六月運勢

六月五日芒種の節より
月命庚午　一白水星の月
暗剣殺　北の方位

興味を引く新しいことが次々に飛び込んでくる月です。好奇心旺盛になるのは良いことです。ただし、あれもこれもと欲張って焦点がぼけてしまっては何にもなりません。ポイントを絞って着手しましょう。こんな時こそ計画表をきちんと作って計画通りに推進させていくことが重要です。輪の中心にされ依頼事をされることがあります。嫌がらずに引き受けてみましょう。感謝されることが生きがいや、やりがいとなり、あなた自身を発展させていきます。

不眠症の人は気分を上手にコントロールしましょう。就寝前のスマホは厳禁です。

６月の方位

今月の吉方位

大吉→西南
吉→東北

日	曜	運勢
1	土	◎目上の意見を尊重するよう配慮を
2	日	○身の回りを小奇麗に保ち運を招く
3	月	◎計画した事柄を確実に実行しよう
4	火	△打算的気持ちでは足元見られ失敗
5	水	△実践を重視し実行しながら修正を
6	木	▲私情を挟まずビジネスと割り切る
7	金	○責任ある仕事を任されたら全力で
8	土	△おだてに乗らず冷静に自己判断で
9	日	○反対論が出やすい時低姿勢でいる
10	月	◎地道な研鑽努力が認められる吉日
11	火	○秘密裏に事を運ぶと後に禍根残す
12	水	◎独自の企画が脚光浴びて賞賛得る
13	木	△障害を乗り越えてこそ上昇気流に
14	金	△表立たず控え目に過ごすのが良い
15	土	▲衰運だが身辺が慌ただしく忙しい
16	日	○調子の良い時こそ慎重な心遣いを
17	月	△人の出入りに惑わされず自分流を
18	火	○自信過剰は大きな失敗につながる
19	水	◎故郷や実家の用事は優先的に対処
20	木	○無機質な論理より情実が重要な時
21	金	◎名誉を受けても有頂天にならない
22	土	△立場考えて脇役に回るのが良策に
23	日	△気を許してついつい散財に用心
24	月	▲予定外のことでスケジュール狂う
25	火	○緊張感ゆるめて忘れ物しないこと
26	水	△常套手段用いるのがより効果的に
27	木	○古傷が暴露されるかもしれない時
28	金	◎手堅く安全第一策をとるのが得策
29	土	◎古い知人と再会し話が弾む一日に
30	日	○予定外の雑用入り用事が捗らない

七月運勢

七月六日小暑の節より
月命辛未　九紫火星の月
暗剣殺　南の方位

仕事は絶好調の月です。注目度が高まり周囲からの期待も大きくなります。運気の勢いがあります。計画は順調に進んでいきます。選択した方向性の良否を正しく見極めていけば成果は大きいです。利益が大きいからといって欲の深追いをすると、元も子も失くしてしまいます。中道の精神を発揮して対処しましょう。特に南方位から来る人で有利性を声高に主張する人には十分に警戒してください。

一瞬の迷いで好機を逃してしまうことがあります。決断力は日頃の生活態度の中で養いましょう。

7月の方位

今月の吉方位

大吉→西南
吉→寅、艮

日	曜	運	
1	月	△	成し遂げる成功体験積重ねる心を
2	火	○	根性で押し切ろうとせず効率考え
3	水	▲	内省し不足な点の自己研鑽をする
4	木	△	努力は裏切らず内部に蓄積される
5	金	△	情勢の変化を見極めながら活動を
6	土	◎	丹念な継続こそが成就につながる
7	日	○	注目され意欲旺盛でも緊張感保つ
8	月	◎	気負わず平常心で臨むのが最善策
9	火	○	好機を見逃さず果敢にチャレンジ
10	水	△	新風吹き込み常に新たな気持ちで
11	木	○	時には灰色の結論が有効打になる
12	金	▲	気持ちが空回りをしやすい着実に
13	土	△	高圧的な態度にならぬよう自制を
14	日	△	休日をうまく利用し息抜きをする
15	月	◎	順序通りに進めて結論を急がない
16	火	○	思い付きでの方針変更は挫折する
17	水	◎	人に見られぬ所でも全力を尽くす
18	木	○	規則正しい正攻法な生活が吉運に
19	金	△	口先だけの約束はしないのが良い
20	土	○	好機を生かす勇気を持つのが大事
21	日	▲	生きるには生活上の知恵が大切に
22	月	△	外部の雑音に惑わされず自分流を
23	火	△	節度失うと信用なくす危険度増す
24	水	◎	遅滞あっても結果は良好を得る日
25	木	○	その時の気分により猛進をしない
26	金	◎	自己保身に走らず他者へ配慮する
27	土	○	身内への気配りは大きな味方を得る
28	日	△	新しいものに目が向くが我慢して
29	月	○	意欲盛んでも慎重さが求められる
30	火	▲	中道精神を守り行き過ぎないこと
31	水	△	無意味と思われる意見は言わない

八月運勢

八月七日立秋の節より
月命壬申　八白土星の月
暗剣殺　東北の方位

ベテラン社員から干渉が入り、業務が停滞することがあります。古い考え方の時もありますが、全部がそうとも限りません。経験から身につけた知識には役に立つものが多々あるものです。上手に対応しましょう。どうしても受け入れられない時は、きちんと理由を付けて説明しましょう。うやむやにするのは良くありません。

妙に気力の充実を覚える時があります。自分の実力をしっかり見極め、あまり分不相応な計画は引き受けないほうが無難です。反対に気力の衰えを感じた時は無理せず、十分に休息をとるようにしましょう。

8月の方位

今月の吉方位

大吉→東南
吉→南、北

日	曜	運	
1	木	△	気が抜けた途端に大きな失敗する
2	金	◎	欲の深追いをせず中庸のところで
3	土	○	実力相応な実施なら良好得られる
4	日	◎	盛運だが高慢な態度は反発を買う
5	月	○	置かれた立場で全力尽くすのが吉
6	火	△	外出する機会が増す戸締まり用心
7	水	○	他者への非難は自らの疎外感得る
8	木	▲	精神が不安定なので結論は延ばす
9	金	△	強気で攻めるも論理の矛盾は不可
10	土	△	最悪の事態も想定した実行が必要
11	日	◎	楽しい気分でリフレッシュをする
12	月	○	他者との波長を合わせるのが良策
13	火	◎	他者の攻撃受けやすい目立たずに
14	水	○	今日の出会いは有益な結果を得る
15	木	△	心境の変化が大きい日冷静に行動
16	金	○	大言壮語してできない約束しない
17	土	▲	発言と行動は状況弁えて判断する
18	日	△	努力の結果が現れなくても継続を
19	月	△	惰性の日常では進歩発展などない
20	火	◎	甘い言葉に釣られず確認怠らない
21	水	○	とかく邪魔が入りやすいが平静に
22	木	◎	周囲の協力あっての成果と心得る
23	金	○	対立的気分にならず友好的に対応
24	土	△	人との交流大事にし孤立をしない
25	日	○	積極的行動は良いが協調精神保つ
26	月	▲	観察力を磨き時流に遅れないよう
27	火	△	生活習慣を正すための訓練をする
28	水	△	目上の人には礼儀を弁えた言葉を
29	木	◎	楽しい会食が明日への英気を養う
30	金	○	計画通りに進まなくても焦らない
31	土	◎	笑顔忘れず前向きに前進が吉運に

九月運勢

九月七日白露の節より
月命癸酉　七赤金星の月
暗剣殺　西の方位

援助者の協力を受けやすい月です。受ける援助を上手に活用していくと、物事がスムーズに進みます。また、今月は仕事量がいつになく増えますので、手順をしっかり考えて効率良く推進していきましょう。

時流に乗ることも大切で、仕事上で逆らうのは得策ではありません。目先の変わったところだけをまねるのではなく自己の特色が出るように工夫しましょう。

子供に関する問題が発生した時は迅速に手を打ちましょう。手遅れは重大な結果を招いてしまうことがあります。

9月の方位

今月の吉方位

大吉→東南
吉→北

日	曜	運	内容
1	日	○	陰の取引をせずに公明正大にする
2	月	△	急いてはことをし損じる安全策を
3	火	○	時間おかない迅速な対応が効果的
4	水	▲	目的が良くても途中経過が問題に
5	木	△	先を急がず余裕を持って前進する
6	金	△	順調そうでも突然の災厄に注意を
7	土	◎	運気盛運思い切った行動も可能に
8	日	○	身内に喜ばしい出来事ある兆候が
9	月	◎	遅くても正攻法で遂行するのが吉
10	火	△	情のない注意の仕方では効果なし
11	水	△	将来の目標が見えないと進まない
12	木	○	自ら率先するより後をついて行く
13	金	▲	置かれた立場は悪くても誠意示す
14	土	△	才気走った言動は敬遠されるだけ
15	日	△	正論であっても無理強いはしない
16	月	◎	休日でも不規則な生活は良くない
17	火	○	呼吸器疾患に注意を要する一日に
18	水	◎	経験者の意見を聞きながら着実に
19	木	△	華やかだが内容の乏しい人に注意
20	金	△	些細な不始末を軽視しない習慣を
21	土	○	相互理解の上に立って事を進める
22	日	▲	多言を慎み黙々と責務を遂行する
23	月	△	運気は良くないが精神が安定する
24	火	△	動きが目立つ時確実性を重視して
25	水	◎	運気盛大な時新計画実行に最適運
26	木	○	方法論にこだわらず自由な発想で
27	金	◎	心の安定は充実した仕事への前提
28	土	△	万事に本質を見極めて推進しよう
29	日	△	憂いを残すような秘密は残さない
30	月	○	自己信念を通すのがうまくいく時

今月の幸運数＝2、4、9　幸運色＝レッド

十月運勢

十月八日寒露の節より
月命甲戌　六白金星の月
暗剣殺　西北の方位

物事を推進する時は腰を据えて対応しましょう。他に適する仕事があると考えるのは間違いです。目前の職務に全力を尽くしましょう。

親しくなると気を許し、馴れ合いの口ぶりになってしまうことがあります。親しき仲にも礼儀ありという言葉があります。せっかくまとまりかけた商談がそれで破談になってしまうのを避けましょう。

今月は遊興の誘いが多くなります。節度を保ち気分転換を図ると、精神がリラックスして仕事も効率良くなります。ストレス発散が上手にできるのも生き抜く力です。

10月の方位

今月の吉方位

吉→西南

日	曜	運	内容
1	火	▲	思い違いの責任転嫁せず誠実対処
2	水	△	過去の業績にこだわれば進歩ない
3	木	△	独断専行せずに周囲と協調をして
4	金	◎	充実の一日を過ごすことができる
5	土	○	目下や部下の問題には迅速に対応
6	日	◎	実行の途中経過確認しながら進行
7	月	△	アイディア閃いても実行は後日に
8	火	△	ファッションセンスは魅力の一つ
9	水	○	意に染まないことも調和の気持ち
10	木	▲	自己本位な考え方は協力得られず
11	金	△	常に状況把握を怠らずに遂行する
12	土	△	手を打つタイミングを外さぬこと
13	日	◎	希望は大きく持ち将来見据え進展
14	月	○	軌道修正は時間かけ時流も読んで
15	火	○	馴れ合いで妥協すると問題を残す
16	水	○	事態の急変にも冷静に対応をして
17	木	△	交遊関係に気配りし誤解なきよう
18	金	○	秘密裏に運ぶと暴く人が現れる時
19	土	▲	小さなことも見落とさぬ注意力を
20	日	△	外部からの圧力に負けず信念貫く
21	月	△	大事なことは早めに決着をつける
22	火	◎	多様な考えから有効打が生まれる
23	水	○	忙しくてももう一息頑張る精神を
24	木	○	一瞬の気の迷いが不首尾を招く元
25	金	○	基本を忘れずに堅実に進めていく
26	土	△	明るい気持ちでの活動が実りある
27	日	○	冒険をせず正攻法の努力を続ける
28	月	▲	我慢も努力のうちと認識し忍耐を
29	火	△	重要度計り大事な点から優先的に
30	水	△	障害あった時は感情を抑え冷静に
31	木	◎	運気旺盛でも行き過ぎぬよう注意

今月の幸運数＝5、6、0　幸運色＝レモンイエロー

十一月運勢

十一月七日立冬の節より
月命乙亥　五黄土星の月
暗剣殺　なし

一生懸命やっているのに成果が上がらないもどかしさを感じるでしょう。焦らずペースダウンする時です。物事が進展しないと自分の能力を疑って悲観してしまうものですが、今月はやる気と成果がうまく噛み合わないだけです。

長い目で見た対処法をとりましょう。先に進めるより内容を充実させることを主体にすると気持ちが楽になり、かえって成果も順調に上がってくるものです。

目下や部下に迷惑をかけられますが、彼らの面倒を見るのも仕事と割り切りましょう。人材を育てるのも大事な仕事です。

11月の方位

今月の吉方位

大吉→亥、乾
吉→辰、巽

日	曜	運	内容
1	金	○	過去にこだわらず前を向いて進む
2	土	○	流れに逆らわずに障害と向き合う
3	日	○	不平言わず現状でできる頑張りを
4	月	△	日常の何でもない生活を重視して
5	火	○	依頼事は自分の力量考えて受ける
6	水	▲	古き良き習慣なら再活用を試みる
7	木	△	現状を見据え目前の案件に全力で
8	金	△	活気があっても緊張感ゆるめない
9	土	◎	ありのままの自分を出して進展を
10	日	○	休日を満喫するも忘れ物には注意
11	月	◎	仕事に絶好調の時フルに活動して
12	火	○	親しい人との会食が活力源となる
13	水	△	無駄を省いて効率良く行動をする
14	木	○	油断すると足元見られ利益なくす
15	金	▲	取らぬ狸の皮算用せず地道に働く
16	土	△	穏やかに話すと相手によく伝わる
17	日	△	情を無視して利得のみを追わない
18	月	◎	交際上手は大きな財産所有と同じ
19	火	○	お山の大将にならず意見を聞こう
20	水	◎	決断したら迷わず一直線に遂行を
21	木	○	小さな成功体験が大きな成果生む
22	金	△	困難乗り越えワンランク上目指す
23	土	○	公明正大にして秘密など作らない
24	日	▲	運気は衰運時の経過を静かに待つ
25	月	△	保証頼まれても受けないのが良い
26	火	△	口論は運気を下げるので避けよう
27	水	◎	遠方に用事ができる朗報が多い時
28	木	○	殻に閉じこもらず広く意見交換を
29	金	◎	頑張り過ぎないで休養も忘れずに
30	土	○	遊びの中にも礼儀を守る習慣大事

十二月運勢

十二月七日大雪の節より
月命丙子　四緑木星の月
暗剣殺　東南の方位

実力を過信せず地道に前進しましょう。難問に遭遇しても簡単に諦めない強い信念も必要です。上司や経験者に相談するのも有効な方法です。正々堂々と歩んでいくことを心掛けましょう。常にそのようにして進んでいると思っても、今月はそのことを肝に銘じてください。隠し事や秘密は早い時期に露見します。

恋愛関係にある二人は些細なことから口論にならないように注意してください。よく話し合うのが良策です。

私生活では見栄を張らずに過ごすことを心掛けてください。

12月の方位

今月の吉方位

なし

1	日	△	突き詰めて考えず気楽に進めよう
2	月	○	感情的にならず冷静に判断をする
3	火	▲	悩み事を抱え込まず識者に相談を
4	水	△	簡単に思えることにも全力を出す
5	木	△	新しいものに無闇に手を出さない
6	金	◎	営業に携わる人には好運期の到来
7	土	○	腸や気管支の疾患に十分に注意を
8	日	◎	一時的成功の有頂天を戒め謙虚に
9	月	○	無理な工作をしないで平常手段で
10	火	△	考え方の違いは話し合いで理解を
11	水	○	目標完遂は目前の課題クリアから
12	木	▲	火の粉が身に降りかからぬように
13	金	△	目下にも敬意を表する人格を持つ
14	土	△	相手の非を攻撃しても解決しない
15	日	○	努力なしで手に入る物は何もない
16	月	○	精神的な喜びある出来事が起きる
17	火	◎	成果は努力と時間に比例して出る
18	水	○	動けば経費も増すバランス取って
19	木	△	馴れ合いでだらだらと実行しない
20	金	○	安全性を忘れると損失につながる
21	土	▲	ミスも大きく喧伝される警戒して
22	日	△	一息ついて本年を見返して反省を
23	月	△	疲労は肉体だけでなく胃腸も注意
24	火	○	事前準備を入念にし無理をしない
25	水	○	人の言葉に迷い起こさず初志貫徹
26	木	○	来期に期待寄せ心の準備をしよう
27	金	○	障害起きても沈着冷静に処理する
28	土	△	家庭内の問題は早めに解決をする
29	日	△	公私混同せず明るい気分で過ごす
30	月	▲	内容を重視してゆっくり処理する
31	火	○	一方に偏らず公正な方法が最善策

二《じ》黒《こく》土《ど》星《せい》

2024年の運勢の変化と指針

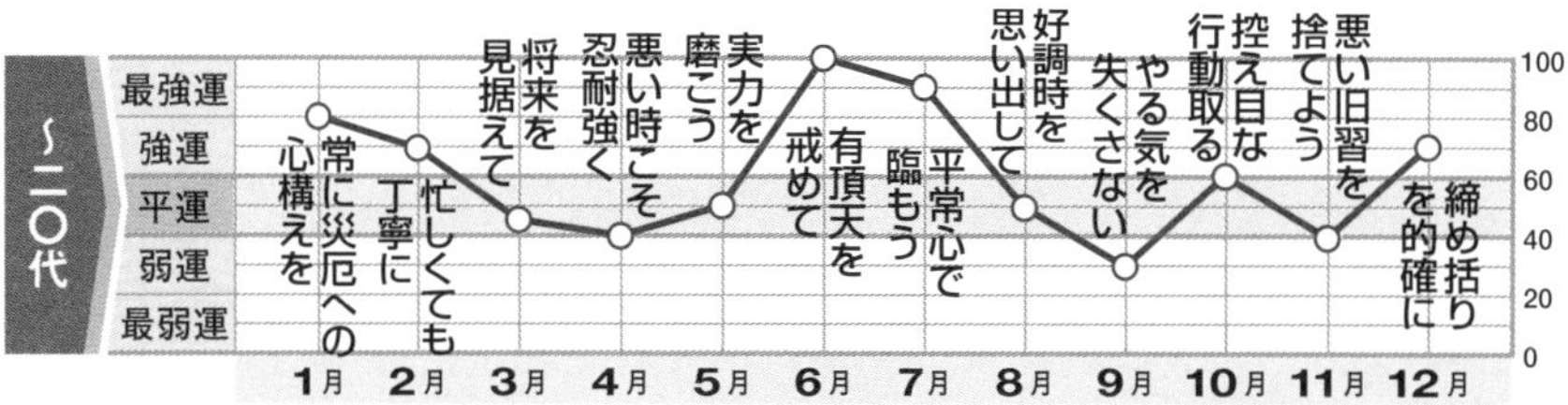

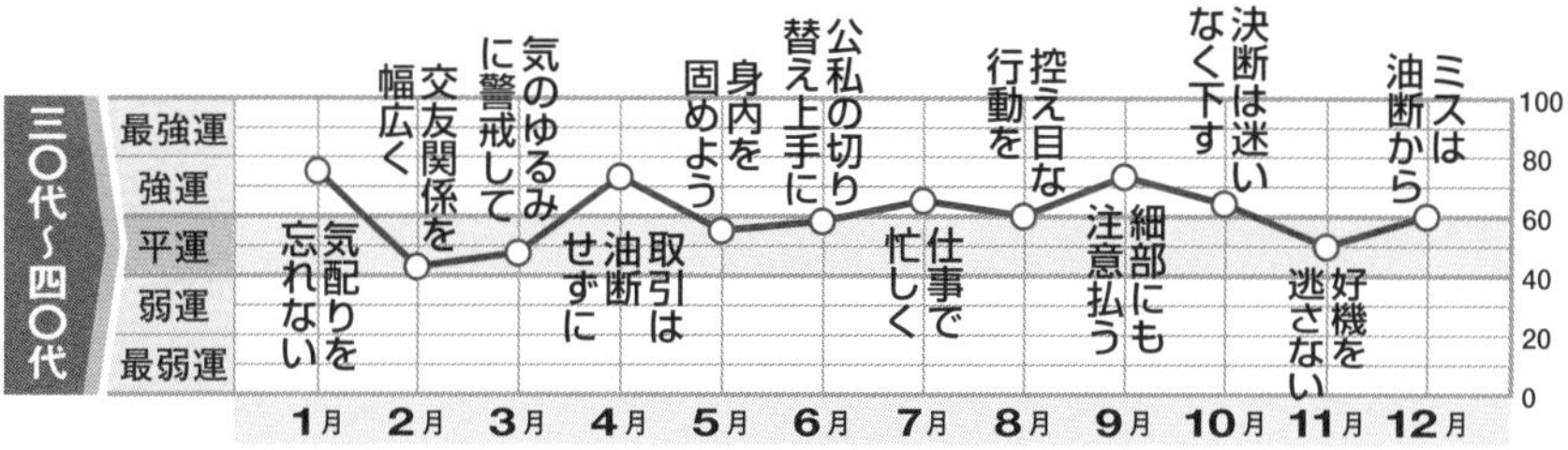

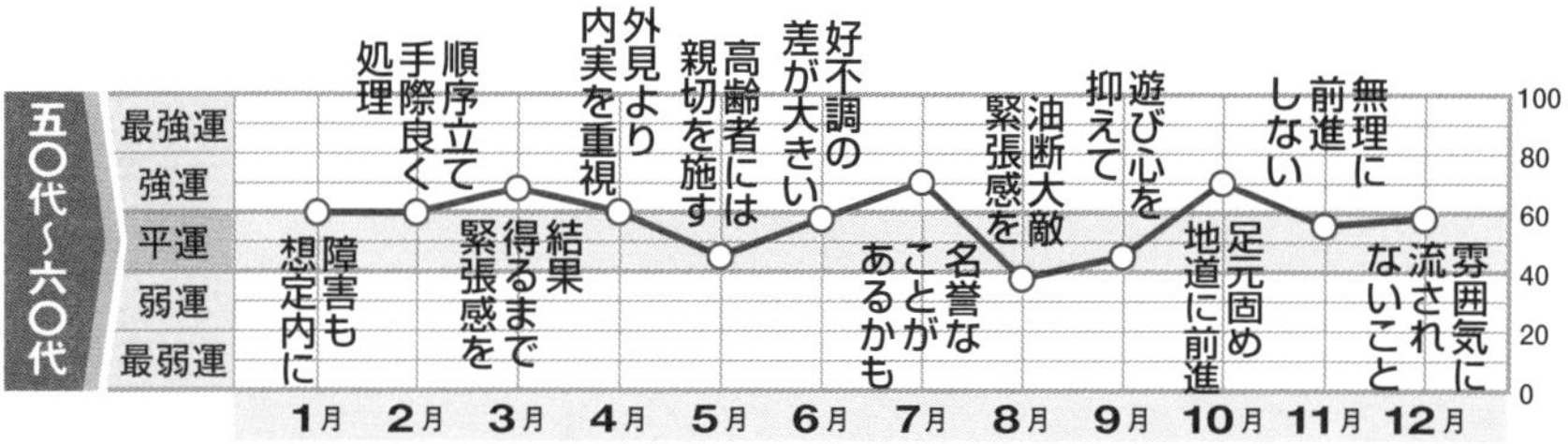

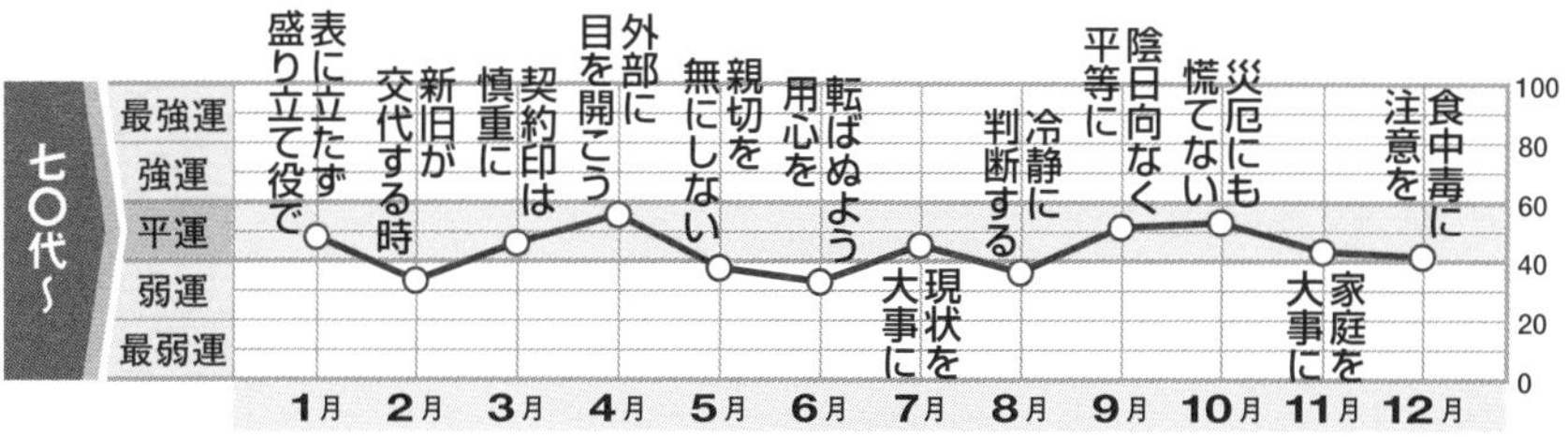

二黒土星生まれの人

8歳（平成28年　丙申）	44歳（昭和55年　庚申）	80歳（昭和19年　甲申）
17歳（平成19年　丁亥）	53歳（昭和46年　辛亥）	89歳（昭和10年　乙亥）
26歳（平成10年　戊寅）	62歳（昭和37年　壬寅）	98歳（昭和元年・大正15年　丙寅）
35歳（平成元年・昭和64年　己巳）	71歳（昭和28年　癸巳）	107歳（大正６年　丁巳）

二黒土星◎

開花期

本年のあなたの星は、東南方位の巽宮《そんきゅう》に回座しています。開花期は、文字通りつぼみが開き大輪の花を咲かせる時です。新規の支店を出す、新築移転や転職などにも良好な時期です。新規の支店設置に伴い遠方との取引が活発になる兆候があります。積極的に取り組んでみると良いです。仕事もさることながら交友関係も活発になり広がりを見せます。疎遠だった人とも再会ができて、意外な喜び事があります。新たな出会いや取引も期待できます。さらに、信用が増し地位が向上する兆しも見られます。注意しなければいけないのは、名誉や地位向上を得て高慢な態度を取ると親しい人と離れ離れになって寂しさを味わうことになってしまうことです。いつも謙虚な姿勢を忘れないようにしましょう。対人関係はいつも適度な距離感を保って相手に対する尊敬の念や礼節を忘れないことです。契約に関しては、書類によく目を通して間違いのないように注意をしましょう。好調な時ほど油断してしまう心持ちに警戒を強く持ちましょう。

独身の人には恋愛や結婚の好機の時です。恋愛中の二人には結婚に進む幸せな時期でもあります。この年に結婚すると実家を離れるケースが多いものです。巽宮には遠いという象意解があります。新婚旅行も少し遠い所へ行きたくなるものです。恋愛も同僚や周りの人に喜んでもらえる幸せな時期です。

旅行に縁が薄かった人も旅行に行きたくなります。旅行に縁が深くなる年でもあります。

二黒土星方位吉凶図

適職

農業、不動産業、建築・土木業、陶磁器業、古物販売業、レストラン業、産婦人科、婦人用品販売ストア、胃腸クリニック、会社補佐役、シルバー産業、米屋等

吉方

本年は相生する七赤金星が回座する南方位、九紫火星が回座する西南方位、八白土星が回座する北方位、六白金星が回座する東北方位が吉方位となります。月別の吉方は毎月の運勢欄をご覧ください。

凶方

本年は五黄土星が回座する西方位が五黄殺、反対の一白水星が回座する東方位が暗剣殺の大凶方位となります。二黒土星が回座する東南方位が本命殺、四緑木星が回座する西北方位が本命的殺の大凶方位になります。本年の十二支である辰の反対側、戌の方位が歳破で大凶方位です。月別の凶方は毎月の運勢欄をご覧ください。

♣ 健康運

本年は運勢も良く健康運も良好です。良いからといっても、不健康な生活をしても大丈夫というわけではありません。気を付けなくてはいけないのは風邪で、軽いからと甘く見ると重症な病を引き起こしかねません。また、胃腸関係に注意を払ってください。仕事が大切とはいえ、健康面を疎かにしてはいけません。食事に注意を払い、睡眠を十分にとりましょう。

毎日の小さな努力の積み重ねが、晩年になっても衰えない肉体を維持する良い方法です。少しでも違和感を覚えたら早めに診察を受けましょう。風邪を引いた後の消化不良は案外重症となることがあります。熱っぽいと感じる程度でも、迅速な手当てを必要としています。

◆ 金銭運

本年は自然と金回りが良くなる星回りです。物事がまとまる方向へ動く時なので、それにつられて金運も良くなります。遠方からの話にも有利な条件の事柄があります。積極的に動かなくても、ラッキーな取り引きから利が生まれます。

何よりも信用を守ることが大事です。旅行先で偶然に金運が良くなる事柄に出会うこともあります。この星生まれのあなたは少しずつでも貯蓄して無駄遣いをしないので、自然にお金が貯まります。しかしあまりムキになって金運を追いかけるのはやめましょう。「追えば逃げる。放せばつく」と言われるように、金運は正しく働く人には正確についてきます。

パスタやうどん・そばなどを食べると、金運を招くことができます。

♥ 恋愛運

本年の恋愛運は活発です。

職場にも遠方にも縁ある人が動いている感じです。この星生まれのあなたは恋愛に不器用に見えてもなかなか積極的なところがあります。少し親しくなったら声を掛けてみましょう。

また、知り合いから縁談などの話が持ち込まれることもあるでしょう。声を掛けられたら、敬遠するのではなく土俵に上がってみましょう。生涯を共にする相手となるかも知れません。いずれにしても動かないことには話が進まないでしょう。ただし、西北方位からの話はうまくまとまりません。途中までうまくいっても安心せず、注意深くお付き合いをして観察を怠らないことです。

二黒土星生まれの運勢指針

❖八　歳

交際範囲が広がり、好奇心も大きくなります。人格形成の時期に部屋でスマホの操作ばかりして暮らすと、人との交際術も養われません。大きくなってから問題児になります。

❖十　七　歳

うまくいっているのに突然の災厄に襲われると強いショックを受けます。周囲の大人は様子の変化を見逃さずに手を差し伸べる注意力が重要です。

❖二十六歳

若い時の失敗は挽回できるものです。しかし本人には重大な重荷となってしまうことがあります。周りの人が気付いたら、カバーできることを教えてあげましょう。失敗は成功のもとです。

❖三十五歳

万事に忍耐強く前向きに進めましょう。一歩ずつ前進する気持ちを失くさなければ、最終的には目的地に到達できることが多いものです。継続して推進させることが成功の秘訣です。

❖四十四歳

周囲から注目される一年となります。身だしなみに注意を払い、日々の言動にも気を付けましょう。適度な緊張感は自分を前進させる原動力にもなります。

❖五十三歳

新たな挑戦をするのに年齢は関係ありません。やりたいことがあれば、果敢に実行してみましょう。やってみれば案外簡単に進んでいくものです。

❖六十二歳

行動と実績が噛み合わず、少し期待外れかもしれません。でも、実行したという努力は刻まれ残ります。努力は蓄積されるものです。そして努力は裏切らないことも確かです。

❖七十一歳

小川のせせらぎは少しの水の流れでも流れ続けることによって沢の底をきれいに保ちます。研鑽も続けることで脳細胞の活性化を維持させます。いつまでも若く動けることの原動力です。

❖八　十　歳

結果を早く出したいという気持ちが強く働くと、過程が疎かになります。遅くても確実な実りを手にするには丁寧に進めることが何よりの良い方法です。

❖八十九歳

周囲の雑音に惑わされることは良くありません。しかし、あまりにマイペースで周囲を無視したような活動は好ましくありません。年齢に関係なく周囲との和は大切にしましょう。

❖九十八歳

生きてきた過去を振り返り、周囲の人に感謝を捧げる気持ちが大切です。日々の暮らしの中で他者の助けなしに生きることはできません。相互助け「愛」の気持ちは大切です。

❖一〇七歳

若い時はかなりの激しさを発揮していたあなたも温厚な人物になったことでしょう。体験を聞かせてあげましょう。若い世代の参考になることでしょう。

一月運勢

一月六日小寒の節より
月命乙丑　六白金星の月
暗剣殺　西北の方位

歯車が噛み合わないもどかしさを感じる月です。年明けの月ですから状況を観察して慎重に歩んでいきましょう。本年の方針を固め、一年間の方向性を確認しておくのが良いです。その上で計画に沿って進展していくのが賢明です。場合によっては結果が早めに出てきます。結果が遅くなり、現れないこともあります。現れなくても今月の努力は蓄積されているはずです。将来の発展のための種播きと考えて精進をしましょう。

危険な橋は渡らないようにしましょう。今月は無理する時ではありません。

1月の方位

今月の吉方位

大吉→東北
中吉→庚、辛

日	曜	運	内容
1	月	◎	一年の計を見直し至らぬ点を認識
2	火	○	表立たなくても目立つので質素に
3	水	◎	仕事への意欲を失くさぬよう計画
4	木	○	仕事始めから猛進せず様子を見て
5	金	△	緊張感忘れず細心の注意を向けて
6	土	▲	自分のペースで進められるのが吉
7	日	○	簡単に引き受けて約束を破らない
8	月	▲	油断のならない一日なので慎重に
9	火	○	準備ができていれば順調に進む日
10	水	○	公私混同すると追及される公正に
11	木	○	上司の指示通り動くのが吉日の時
12	金	◎	運気盛大なれど強引なやり方は凶
13	土	○	人生は流れに沿って生きるのが楽
14	日	△	声高に利益を主張する人に警戒を
15	月	▲	地味な努力は蓄積されて後に残る
16	火	○	目下や部下の面倒見るのが吉運に
17	水	▲	派手な言動は反発買い疎外感あり
18	木	○	障害あっても乗り越え結果良好に
19	金	○	成果と経費の均衡を考えた仕事を
20	土	○	どんなことも責任は必ずともなう
21	日	◎	強運な出来事があり喜び得るかも
22	月	○	心の準備整えて着手すれば無難に
23	火	△	周囲に付和雷同せず自分の手順で
24	水	▲	冷え性対策には根菜類を食べよう
25	木	○	一つの秘密は次の秘密を招く元に
26	金	▲	悪いことが重なる恐れある丁寧に
27	土	○	一歩退き客観的に見る習慣が大切
28	日	○	過程を重視しながら遂行が吉策に
29	月	○	自信あることでも手抜きをしない
30	火	◎	年配の人の意見聞いて伝統生かす
31	水	○	結論を長引かせると混乱を招く元

二月運勢

二月四日立春の節より
月命丙寅　五黄土星の月
暗剣殺　なし

運気は上昇気流に乗る入口に来ています。今一歩忍耐強く前進しましょう。周囲の状況と比べて焦りを感じることはありません。計画進行に迷ったら新規計画を実行するのではなく当初の計画に戻って既定路線通りに進んでいくのが最善策です。実行するうちに進むべき方向性が明確になっていくはずです。良いところを見せようとする言動は取らないことです。自分との戦いであることを再認識して仕事の質を高めていくのが良いです。あなたの仕事ぶりを注視している人は必ずいます。

思わぬ賞賛を得ることがあります。

2月の方位

今月の吉方位

大吉→南
吉→亥、乾

日	曜	印	運勢
1	木	△	新しいことにも尻込みせず挑戦を
2	金	▲	素直な対応がいつでも効果がある
3	土	○	決めたことは真正面から挑むこと
4	日	▲	災難は常に隣り合わせの認識持つ
5	月	○	喜怒哀楽は素直に出し人生を歩む
6	火	◎	雑念を振り払い仕事に専念が招運
7	水	○	井の中の蛙にならず広角的に見る
8	木	◎	周囲の流れに沿って進行が吉策に
9	金	○	不利な状況でも筋を曲げない心を
10	土	△	やりたくないことは明確に断ろう
11	日	▲	過失は即時謝罪が好意的に受ける
12	月	○	目立たないあなたが嫌でも目立つ
13	火	▲	冒険しないほうが災に遭いにくい
14	水	○	目立たないが金運は比較的良好に
15	木	◎	仕事が生きがいになることもある
16	金	○	気力に反比例して実りは小さい時
17	土	◎	独身者に縁談の話が持ち込まれる
18	日	○	過去の醜聞に囚われず正しく判断
19	月	△	身近な場所に安らぎある心静かに
20	火	▲	初めてのことに安易な計画は危険
21	水	○	期待に沿う心が自らを上昇させる
22	木	▲	相手の不備を露骨に非難しないで
23	金	○	衝動買いなどをして後悔をしない
24	土	◎	人に尽くすことが幸運を呼び込む
25	日	○	一人ではなく大勢の共同作業が吉
26	月	◎	一案に固執せず万遍なく意見聞く
27	火	○	旧悪が露見するかも迅速に対応を
28	水	△	融通利かなくても計画通りに進める
29	木	▲	縁の下の力持ちに徹し奉仕の精神

今月の幸運数＝１、６、９　幸運色＝ライトブルー

三月運勢

三月五日啓蟄の節より
月命丁卯　四緑木星の月
暗剣殺　東南の方位

　気力が充実して、やる気が起きてきます。気を付けなければいけないのは、充実しているとどんどん先に進んでいって当初の計画と違った道に踏み込んでしまうことです。知らないうちに他人の邪魔をしてしまう状況を作ってしまいます。危険を回避するには、自己の目的を明確に意識しながら推進することが大切です。

　思わぬ災難にも気を付けましょう。災難はいつ来るかわかりません。心構えがあれば、災難にぶつかった時に慌てずに対処することができます。

　下半身を冷やさぬように注意しましょう。

３月の方位

今月の吉方位

大吉→北
中吉→南
吉→東北

日	曜	運	内容
1	金	○	決定はオープンにして秘密作らず
2	土	▲	つまずいた時は初期計画に戻ろう
3	日	○	情報をうまく活用し活動を広める
4	月	◎	上昇運期で新規計画実行に移そう
5	火	○	無理押しせず流れに任せて結果良
6	水	○	手を広げ過ぎると焦点がボケる日
7	木	○	安全確実をモットーが利益確保に
8	金	△	方針を一貫させブレさせないこと
9	土	▲	今日は待機するのが最善策になる
10	日	○	相手の弱みに付け込んだりしない
11	月	▲	時には対面での会話が大事になる
12	火	○	好調だが手綱を引き締めていこう
13	水	◎	強気に攻めるのも裏付けが大事に
14	木	○	有利な話も性急さは足元見られる
15	金	○	事態の急変は想定内に入れておく
16	土	○	形式に囚われず自由な発想をして
17	日	△	実行する前に計画の見直しも大事
18	月	▲	どっちにも良いという態度は不可
19	火	○	事態が急変する時冷静に判断する
20	水	▲	暴飲暴食で胃腸をこわさないよう
21	木	○	仕事に私情を挟むと話がこじれる
22	金	◎	強運だが節度ある姿勢求められる
23	土	○	一度決めたことは実行して結論を
24	日	○	休日でも遠出せず身辺の整理整頓
25	月	○	手堅い仕上げが信頼を得て好評に
26	火	△	真実を告げれば良いと言えない時
27	水	▲	難事に遭遇してもめげない精神を
28	木	○	本物だけが最後まで残る誠実さを
29	金	▲	刃物を扱う業態の人は怪我に注意
30	土	○	休日でも仕事が追いかけてくる日
31	日	◎	頭を悩ませる事態を長引かせない

四月運勢

四月四日清明の節より
月命戊辰　三碧木星の月
暗剣殺　東の方位

吉運月を迎えています。温めていた企画や趣味を始めるのに好機です。ただし結果は比較的遅くなって出てきます。短気を起こさず、忍耐強く実践の手をゆるめないことです。手にした時の成果は大きいものがあります。

働き方で問題が提起されるかもしれません。個々の考えは多様です。自己の考えを押し付けるとトラブルになりやすいものです。上に立つ人は方針をきちんと伝えたら、やり方や方法論は各個人に任せましょう。部下の立場の人は、極力上の人に沿うよう妥協点を探しましょう。

4月の方位

今月の吉方位

大吉→西南
中吉→北
吉→南、東北

日	運勢
1 月	○ 周囲との和合を大事にすれば吉日
2 火	○ 天災は忘れた頃に来る常に警戒を
3 水	○ 石橋叩く慎重さを持って進行する
4 木	△ 前進の気を失わず将来への展望を
5 金	▲ 旧習に囚われては進歩ない新風を
6 土	○ 喜びは多くの人と共有して幸せに
7 日	▲ 年長者の小言は薬と思い聞く姿勢
8 月	○ 気持ち張りつめ明日への希望持つ
9 火	◎ 運気良好結論出すまで奮闘の心を
10 水	○ 有言実行し成功体験を積み重ねる
11 木	◎ 常に新手を考え時流に乗っていく
12 金	△ 問題を長引かせず迅速に対処する
13 土	△ アイディアは温存せずすぐ使おう
14 日	▲ 自分の殻に閉じこもらず心開いて
15 月	○ 特別身構えず平常心で立ち向かう
16 火	▲ 不純な動機から成功は生まれない
17 水	○ 高慢な姿勢では周囲から顰蹙買う
18 木	◎ 親の忠告に無駄はない素直に聞く
19 金	○ 広角的視野で見回し意見は明確に
20 土	◎ 目下の助力で苦境を脱することが
21 日	△ 行楽は水辺を避けた場所を選ぼう
22 月	△ 力不足感じたら経験者に教え請う
23 火	▲ 自説にこだわるとぎくしゃくする
24 水	○ 人の声に勇気づけられる要素あり
25 木	▲ 周囲との歩調が合わない控え目に
26 金	○ 自分の売り込み過ぎは敬遠される
27 土	◎ 順調に推移するが軌道を外さない
28 日	○ 自説は明確にして強調し過ぎない
29 月	◎ 好調な一日を過ごせる無理しない
30 火	△ 睡眠時間を十分にとり健康維持を

五月運勢

五月五日立夏の節より
月命己巳　二黒土星の月
暗剣殺　西南の方位

吉凶が入り混じっている難しい月です。気持ちも揺れ動いています。やる気が出たと思うと数日後には気力がなくなり悩んでしまうという目まぐるしさです。

急進的なことを考えず、今までやってきたことを丁寧に継続するという考え方が功を奏します。雑多な事柄が短時間のうちに押し寄せてきます。忙しいので軽重を計り時間のロスがないように順序良く処理をしていきましょう。注意すべき点は、あまり重要でないことに時間を取られないようにすることです。

言わなくても良い一言に用心を。

5月の方位

今月の吉方位

吉→北、南

日	曜	運	内容
1	水	△	本筋から外れて横道に逸れぬよう
2	木	▲	障害にも精進し続ける精神力持つ
3	金	○	判断ミスをしないよう状況把握を
4	土	▲	目上にタメ口きき睨まれないよう
5	日	○	手を打つタイミング的確なら平穏
6	月	◎	掛け声倒れにならないよう実行を
7	火	○	途中で腰砕けにならぬ推進力発揮
8	水	◎	公正な進め方が好評博し成果が大
9	木	○	場当たり的生き方では幸運逃げる
10	金	▲	他人をあてにせず自力信じて前進
11	土	▲	急な脱力感を覚えたら休息をとる
12	日	○	賞賛にも浮かれず平常心を大切に
13	月	▲	強引な手法では行き詰まりを招く
14	火	○	過激な言動からは何も生まれない
15	水	◎	口に出して前進実行の自分を演出
16	木	○	試練の時は経験を得る好機と見る
17	金	◎	冷静な計算が利益を多く生み出す
18	土	○	目に見えない力が背中を押す感じ
19	日	▲	ありふれた日常が幸福の証となる
20	月	▲	歯を傷めぬよう日頃から手入れを
21	火	○	打算的な考え方ではまとまらない
22	水	▲	長老と呼ばれる人の邪魔が入る時
23	木	○	決めた方針を継続するのが最善策
24	金	◎	未知の分野にも勇気出して挑戦を
25	土	○	第一印象を良くするのは必要条件
26	日	◎	経験と才能は使うほどに磨かれる
27	月	○	閃きと勘が冴える時神経の集中を
28	火	△	障害は進歩への一里塚乗り越えて
29	水	▲	その一言が命取りにならぬように
30	木	○	相談事には親切に乗ってあげよう
31	金	▲	過ち認め言い訳しないのが得策に

六月運勢

六月五日芒種の節より
月命庚午　一白水星の月
暗剣殺　北の方位

最後の詰めが甘いと、せっかくの労力が水泡に帰してしまいます。結果を手にするまで油断なく過ごしましょう。仕事は好調さを保っています。決断の時を見失わないように緊張感を忘れずに。不慣れなものでもやってみようという冒険心を忘れないことです。運気は悪くないので、積極的に取り組んで悪くない月です。

人から相談を持ち込まれます。親切に応えてあげましょう。陰徳となって、あなたの運気を上げることに役立ちます。

風邪をこじらせないように注意しましょう。他の重大疾患の引き金になります。

6月の方位

今月の吉方位

吉→西南

日	曜	運勢	
1	土	○	手段にこだわらず多角的な見方を
2	日	◎	率先して取り組む姿勢が幸運呼ぶ
3	月	○	一歩退き第三者的目で考察試みる
4	火	◎	誠実に対応すればうまく進展する
5	水	○	相手を威嚇するような言動は不可
6	木	△	飲み過ぎ食べ過ぎに注意をしよう
7	金	▲	早くても雑な仕上げでは信用失う
8	土	○	積極策もお勧めだが行き過ぎ注意
9	日	▲	人任せにせず自己の力量に頼ろう
10	月	○	人から頼られたら親切に応えよう
11	火	◎	目標達成はそれなりの忍耐力必要
12	水	○	内容吟味を念入りにして良否確認
13	木	◎	焦点を絞り力を集中させて推進を
14	金	○	厄介ごとにも正面から立ち向かう
15	土	△	積極的に出ても他人の領域侵さない
16	日	▲	他者の分野に余計な口を出さない
17	月	○	血気に逸り二兎を追うことしない
18	火	▲	気のゆるんだところにミスが出る
19	水	○	用件は多言を要せず簡略に伝える
20	木	◎	堅実な生き方に好運が舞い込む日
21	金	○	不慣れな場面での急進は失敗多い
22	土	◎	自力に援助力が加わり効果大きい
23	日	○	将来に備え必要分の貯蓄を心掛ける
24	月	△	身内に祝いごとが起きる兆候あり
25	火	▲	子供に教育上良くない話をしない
26	水	○	古い知人に問題を持ちかけられる
27	木	▲	調いかけた案件が突然壊れるかも
28	金	○	おだてられてもその気にならずに
29	土	○	運気が目まぐるしく変化する一日
30	日	▲	今日の遠出は控えて近場ですます

七月運勢

七月六日小暑の節より
月命辛未　九紫火星の月
暗剣殺　南の方位

勢いはありますが、勇み足をしないよう慎重に進めましょう。目立った言動は顰蹙を買います。意識しないうちに過激なものになってしまいがちです。特に、功を焦ると間違いを犯しやすいものです。あなたの美点は丁寧に仕上げるということです。確実な仕事ぶりが信用を維持しているものです。周囲との協調、調和を心掛けていれば安全です。くれぐれも自分本位の言動は慎みましょう。

後半は衰運に向かいます。重要な案件は前半に手掛け、月中までには終了させてしまう計画が理想的です。

７月の方位

今月の吉方位

中吉→東南
吉→西南

日	曜	運	内容
1	月	○	仕事に緩急付けて疲労感残さない
2	火	▲	イチかバチかの賭けはリスクが大
3	水	△	友好な人間関係は良好な利益生む
4	木	○	あれこれ考えずに早い結論を出す
5	金	◎	交渉うまくいくが最後まで緊張を
6	土	○	白黒を明確に付けさせられる時に
7	日	◎	手の内を見せず事前の根回し大事
8	月	○	丁寧な対応が利益を生み出す元に
9	火	▲	常に正道を歩み気持ちを健やかに
10	水	○	今日の縁談は断るのが良策となる
11	木	▲	障害多く困難が伴う結果を急がず
12	金	△	繁華な場所に行く時トラブル注意
13	土	○	周りの意見も尊重して協調精神で
14	日	◎	公私のケジメを付け秘密作らない
15	月	○	有利な状況にあるが謙虚な姿勢を
16	火	◎	新たな取引から有利な条件が出る
17	水	○	的確な判断力が功を奏し円満解決
18	木	▲	感情は必要だが感情的にならない
19	金	○	がっちり几帳面より柔軟性の対応
20	土	▲	悪あがきするとさらに泥沼に陥る
21	日	△	背伸びした手法用いるとミスする
22	月	○	美味しいものでも食べ気分転換を
23	火	◎	手掛けてきた事案が実を結ぶ吉日
24	水	○	物事の本質をつかんだ対処法が良
25	木	◎	厳格過ぎるよりゆるい対処が有効
26	金	○	問題点が明るみに出たら改善策を
27	土	▲	見栄を張る生き方せず身の丈人生
28	日	○	物事が整う条件の時結論を急いで
29	月	▲	自己主張を抑え調和精神が大切に
30	火	△	改善点は即改め新たな心境で出発
31	水	○	人格は交際する人によって決まる

八月運勢

八月七日立秋の節より
月命壬申　八白土星の月
暗剣殺　東北の方位

　衰運気と暗剣殺という大凶殺が重なった、油断のならない月です。万事に慎重に取り組みましょう。結論は早めに出すようにして、長引く案件は無理をせず来月に延ばすことも視野に入れた対応が良策です。大事な決定の際は遺漏や間違いがないかを念入りに点検しましょう。

　目下の人や部下に高圧的な態度で接するのは凶です。小事も疎かにしない細心の注意力が求められます。

　飲食過多や足腰の打撲や呼吸器系の疾患に注意して過ごしましょう。不規則な生活は心臓に負担を掛けます。

8月の方位

今月の吉方位

大吉→亥、乾
吉→東南

日	曜	運勢
1	木	◎好調に楽観せず上昇志向を保とう
2	金	○情熱を長続きさせる努力忘れずに
3	土	◎誤解を受けやすい時言葉は明確に
4	日	○焦らず時間かけて確実に仕上げる
5	月	▲口は禍の元言葉遣いに注意を払う
6	火	○改善すべきことはすぐやるのが良
7	水	▲衰運気でも気持ちゆるめず精進を
8	木	△目的達成に不正手段の使用は不可
9	金	○内側と共に外見を飾ることもあり
10	土	◎ありのままの自分を存分に出そう
11	日	○他人ごとに口を出さないのが良策
12	月	◎目立たない人にも光当てるのが吉
13	火	○密室的口約束は将来に禍根を残す
14	水	▲内部のことにも気を配り調和図る
15	木	○人生別離は付きものの怨恨残さずに
16	金	▲言葉は軽くても相手に響く言葉を
17	土	△実力を過信せず地道に歩んでいく
18	日	○責務に忠実に取り組んでいくが吉
19	月	◎目前の遊興に心奪われ精進忘れず
20	火	○回り道でも安全確実な方策を採用
21	水	◎少しの栄誉に慢心せず進展をする
22	木	○努力と結果が反比例でも悲観せず
23	金	▲心労は肉体の弱い部分に反応する
24	土	○新しいことに安易に飛びつかない
25	日	▲一日を漫然と過ごさず計画的活動
26	月	△古い持病の再発に用心を重ねよう
27	火	○仕事でも英断を必要とする時ある
28	水	◎目前の事に意識を集中して邁進を
29	木	○相続人のことはきちんと段取りを
30	金	◎斬新的な発想は思い切って実行を
31	土	○他人の言動は一切批判しないこと

九月運勢

九月七日白露の節より
月命癸酉　七赤金星の月
暗剣殺　西の方位

気持ちが高揚して意欲的になります。閃きも冴えますが、過度に頼り過ぎるのは凶です。熟考せずに安易に実行に移してしまう欠点が出てしまいます。そして今月の好調は長続きしないので、短期決戦のつもりで力を集中させて仕上げるのがポイントです。決断の時期を早めることも大事な要素となります。

物質的には恵まれる月です。逆に精神的にはもの足りなさを覚えるかもしれません。うまく気分転換を図り、仕事を充実させることが一番の特効薬となります。

歯を傷めないように注意してください。

9月の方位

今月の吉方位

中吉→亥、乾
吉→東南

日	運	内容
1日	▲	重大な物忘れをしがち警戒をして
2月	○	自慢しない謙遜の姿勢が信用得る
3火	▲	結論を延ばして損失を被らぬよう
4水	△	運気旺盛でも無計画に猛進しない
5木	○	プライベートより仕事の比重多い
6金	◎	肩の力を抜き楽な気持ちが効果的
7土	○	状況に応じた対応が求められる時
8日	◎	成し遂げたという達成感が重要に
9月	△	継続は力なりを胸に刻み奮闘努力
10火	▲	失敗は隠すのではなく素早く対処
11水	○	諦めからは何も生まれては来ない
12木	▲	障害は自己を高める試練と考える
13金	△	穏やかな平常心で進展するのが吉
14土	○	勢い込んで軌道を逸脱しないこと
15日	◎	運気好調でも義理の交流は益なし
16月	○	他人の噂話は誤解を作る危険性が
17火	◎	多くの意見吸い上げるのが吉兆に
18水	△	新しい出会いでも保証関係は不可
19木	▲	後ろ向きにならず常に前向き保つ
20金	○	外部に関心行くが内部充実忘れず
21土	▲	不要なものは向上への障害となる
22日	△	他人に尽くしてこそ運気は上昇に
23月	○	我田引水の考えは周囲から反発が
24火	◎	仕事に没頭すればその先が見える
25水	○	不満あっても表に出さないのが吉
26木	◎	常套手段を外した奇策も効果あり
27金	△	外出時には火の用心を徹底しよう
28土	▲	不倫の恋も恋などは後悔の元
29日	○	室内の整理整頓が気の流れ良好に
30月	▲	大口叩いて恥をかかぬよう自制を

十月運勢

十月八日寒露の節より
月命甲戌　六白金星の月
暗剣殺　西北の方位

万事に控え目な言動を心掛けましょう。最弱運の月です。自分に足りないところを鍛える気持ちで研鑽を重ねるのが良いです。弱点ばかりを強調すると自分で嫌な気持ちになるので、得意分野も手掛けて自分に飽きが来ない工夫をすると良いです。

物事には基本があります。基本を身につけて進展させていくと、実力が一層上がります。基本に忠実に実践すると損失やミスを未然に防ぎ、災厄に遭った時にも冷静に対処できます。また選択肢に困った時も基本に戻って照らし合わせてみると、解決策が早く見つかります。

10月の方位

今月の吉方位

大吉→東北

日	曜	運勢
1	火	△気配り怠るとつまらぬ失態演じる
2	水	○常識を逸脱した言動は顰蹙を買う
3	木	◎計画に沿った方策を手順通り実行
4	金	○欠点や長所を共に見直し修正する
5	土	◎万事に自信持ち活動すれば良好に
6	日	△他人の評価気にせず自分流を出す
7	月	▲正々堂々企て秘密を作らないこと
8	火	○上辺だけでは真のつながりはない
9	水	▲内部の結束を高め強い組織を作る
10	木	△心にもないことを言うと運下げる
11	金	○目先の利益に囚われず長期展望を
12	土	◎運気盛大なれども常軌を逸しない
13	日	○仕事には私情を持ち込まないこと
14	月	○刃物の扱いが雑だと大きな怪我を
15	火	○一旦立ちどまり進捗状況の確認を
16	水	▲親しい人との哀しい別れあるかも
17	木	○どんな場面でも節度ある態度保つ
18	金	▲現実離れした計画は気力を失くす
19	土	△甘言に釣られ損害を被らぬように
20	日	○目標に向かいコツコツと研鑽する
21	月	◎運気盛大でも気持ちを引き締めて
22	火	○未知を切り開いた先人の知恵に学ぶ
23	水	○盛運でも突然の災難を想定しよう
24	木	○過程に障害あってもひるまず前進
25	金	▲私欲に走ると名誉も逃げていく時
26	土	○内にこもらず外に向かって前進を
27	日	▲見栄張り背伸びせず等身大の自分を
28	月	△一時的満足をせず長い目で精進を
29	火	○物事がまとまる方向指す迅速対処
30	水	◎実家のお年寄りに声の便りを出す
31	木	○喧騒に惑わされずにマイペースで

十一月運勢

十一月七日立冬の節より
月命乙亥　五黄土星の月
暗剣殺　なし

先月の暗鬱な空気を脱して陽光が見える月になりました。本調子ではないまでも希望の持てる時です。責務を誠実に履行することで運勢が開けていきます。きたる好運気への布石として全力を尽くしましょう。新たな目論見があれば小出しにして実践するのも良いです。一度に大きく打って出ることは避けましょう。

思いのほか良好な企画の閃きがあるかもしれません。盛運気に実行できるように具体案を整えておくのも賢明です。忘れてはいけないのは、閃きに頼って原理原則を逸脱してしまうことです。

11月の方位

今月の吉方位

大吉→南
吉→亥、乾

日	曜	運勢
1	金	○ 勘に頼らずに論理的根拠を基準に
2	土	○ 冷静に判断していけば順調に進む
3	日	▲ 失敗はつきものである対処迅速に
4	月	○ 寛容な態度で接すると信頼を得る
5	火	▲ あなたを利用しようとする人いる
6	水	△ 旧習に囚われず新機軸出す勇気を
7	木	○ 言葉の過失を犯さないよう慎重に
8	金	◎ 外見で判断せず内容把握を正確に
9	土	○ 万事内弁慶では発展の要素が弱い
10	日	◎ 忙しい時でも気分転換上手に取る
11	月	○ 上辺の言葉での説得では成就せず
12	火	▲ 壁にぶつかった時人間力問われる
13	水	○ 期待に応える努力が進歩を支える
14	木	▲ 即決をせず検討加え慎重に決断を
15	金	△ 家庭的雰囲気を大事に育てる心を
16	土	○ 一言多いばかりに破談になるかも
17	日	◎ 安息日として明日への活力を養う
18	月	○ 情勢を見ながら過程重視の進行を
19	火	◎ 気の向くまま猛進せず計画に従う
20	水	○ 仕事と休養を使い分けフル活動を
21	木	▲ 壁を強行突破せず丁寧に方策探る
22	金	○ 平常心で臨んで感情的にならない
23	土	▲ 遊びでも漫然と過ごさず一事集中
24	日	△ 変化を望む時は自己の精神力強化
25	月	○ 雰囲気で決定せず明確な意志貫く
26	火	◎ なすべきことに正面からぶつかる
27	水	○ 運気旺盛だが方向性を間違えない
28	木	◎ 好調に進展するが礼儀を弁えよう
29	金	○ 周囲に合わせて独断専行をしない
30	土	▲ 素早い対応が要求される危険日に

十二月運勢

十二月七日大雪の節より
月命丙子　四緑木星の月
暗剣殺　東南の方位

運気は活況を呈します。しかし、この月は新しいことを決行するのは避けてください。暗剣殺という大凶殺が付きまとっています。流れに沿った静かな活動が良策です。急激な活動はしないほうが良いです。障害や災害に遭遇しても平常心で冷静に対応することを心掛けてください。

苦しみも悲しみも一時にやってくるようなことがあります。反面では苦労した分だけ楽しみも大きくなります。信念に従った公明正大な行動が共感を呼び、隠徳が表面化して認められることがあります。規則正しい生活をしましょう。

12月の方位

今月の吉方位

大吉→北
中吉→丙、丁
吉→東北

日	曜	運	運勢
1	日	○	好きなこと自由に行いリラックス
2	月	▲	他者との比較ではなく自分と戦う
3	火	△	実力に信用を積み重ねる気持ちで
4	水	○	人に尽くしたことが自分に戻る元
5	木	◎	周囲に気配りする心の余裕を持つ
6	金	○	結論急がず手順通り進めるのが吉
7	土	◎	強運だが謙虚に行動するのが吉運
8	日	○	活動にメリハリつけ柔軟に対処を
9	月	▲	予定しない金銭の出入りが生じる
10	火	○	難問は気持ち切替え発想転換をして
11	水	▲	対抗意識で背伸びせず等身大の力で
12	木	△	目先より将来への大局観で見通す
13	金	○	安易な見方すると失敗につながる
14	土	◎	情報には敏感に反応し検討加える
15	日	○	万事に丁寧に対応することが大切
16	月	◎	盛運の時は全力を尽くして奮闘を
17	火	○	自説にこだわり過ぎると摩擦発生
18	水	▲	突然の障害で交渉が途切れるかも
19	木	○	結果得るまで食い下がる根性論も
20	金	▲	黒子に徹し表に出ないのが良い時
21	土	△	損得ばかりにこだわらず共存意識
22	日	○	過程を大切にして八方気配りする
23	月	◎	情緒安定している内に結論出そう
24	火	○	目前の事案を完結させてしまおう
25	水	◎	親切心からの手出しはしないよう
26	木	◎	適度の休養とり心身を良好に保つ
27	金	○	物事を曖昧なまま放置しない心を
28	土	◎	次年度を見据えた実行計画立てる
29	日	○	大事を忘れないようメモの習慣を
30	月	△	来年に繰り越さぬよう目配り大切
31	火	▲	公私の別を明確にして新年迎える

三碧木星《さんぺきもくせい》

2024年の運勢の変化と指針

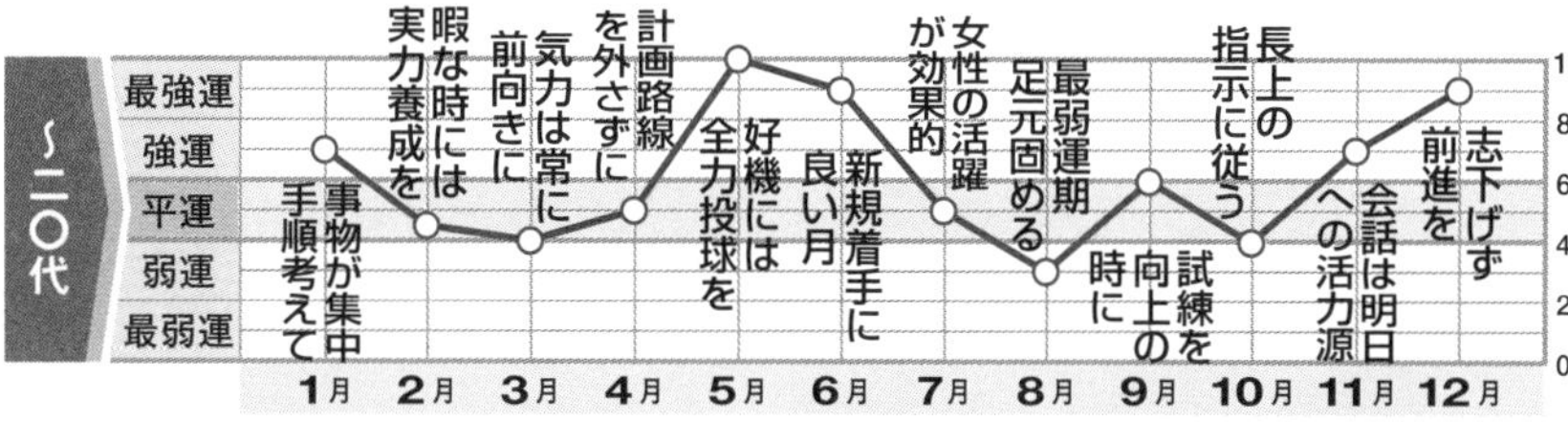

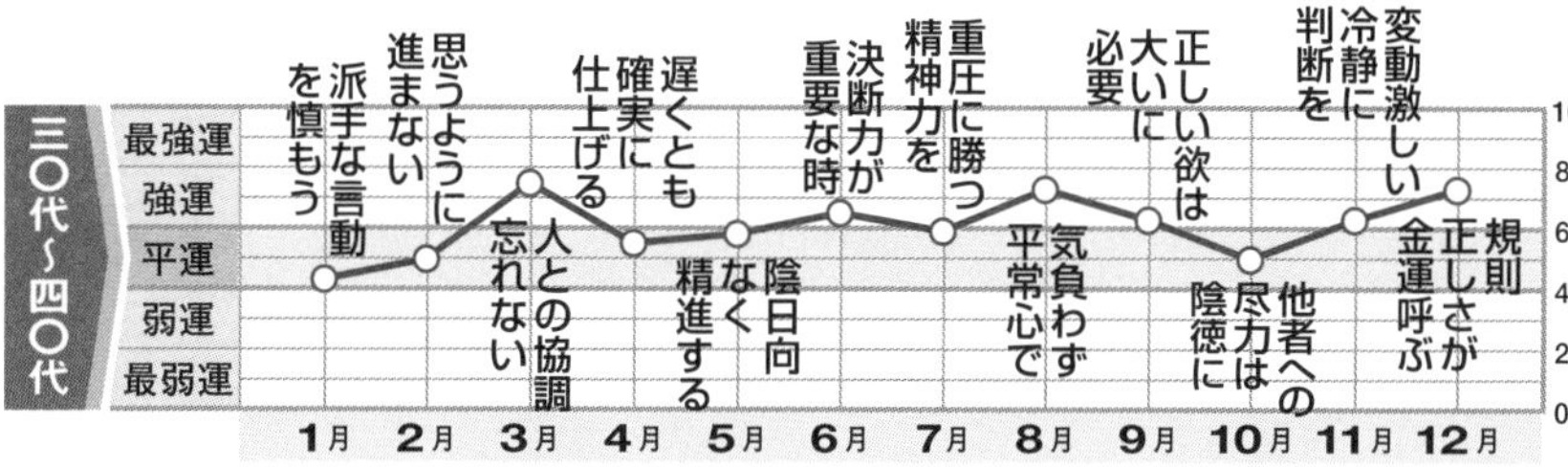

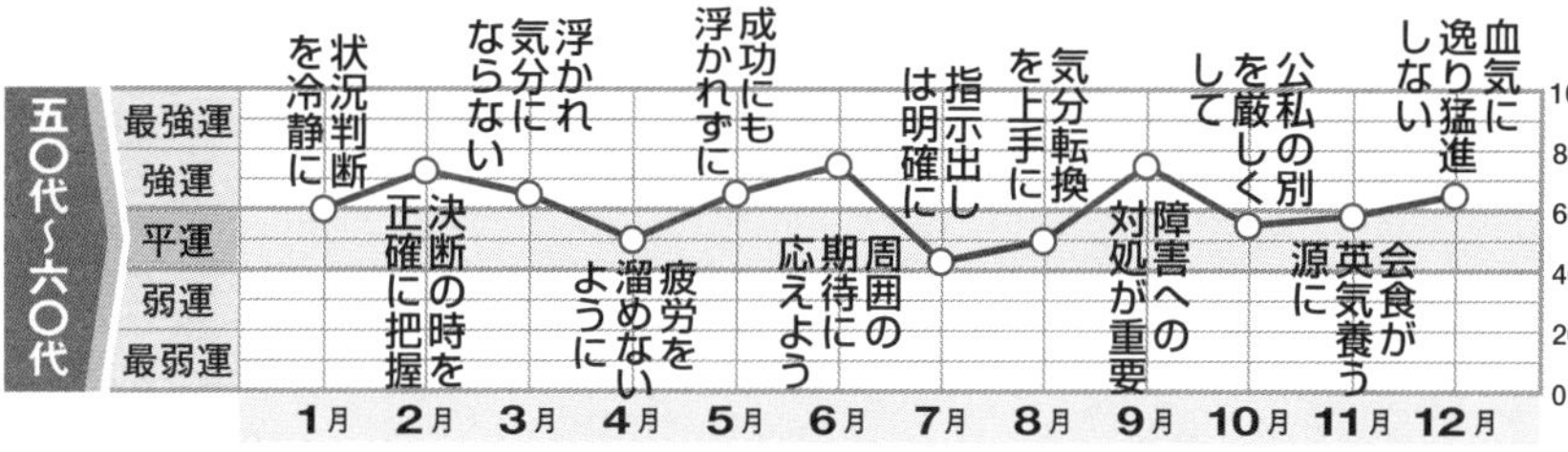

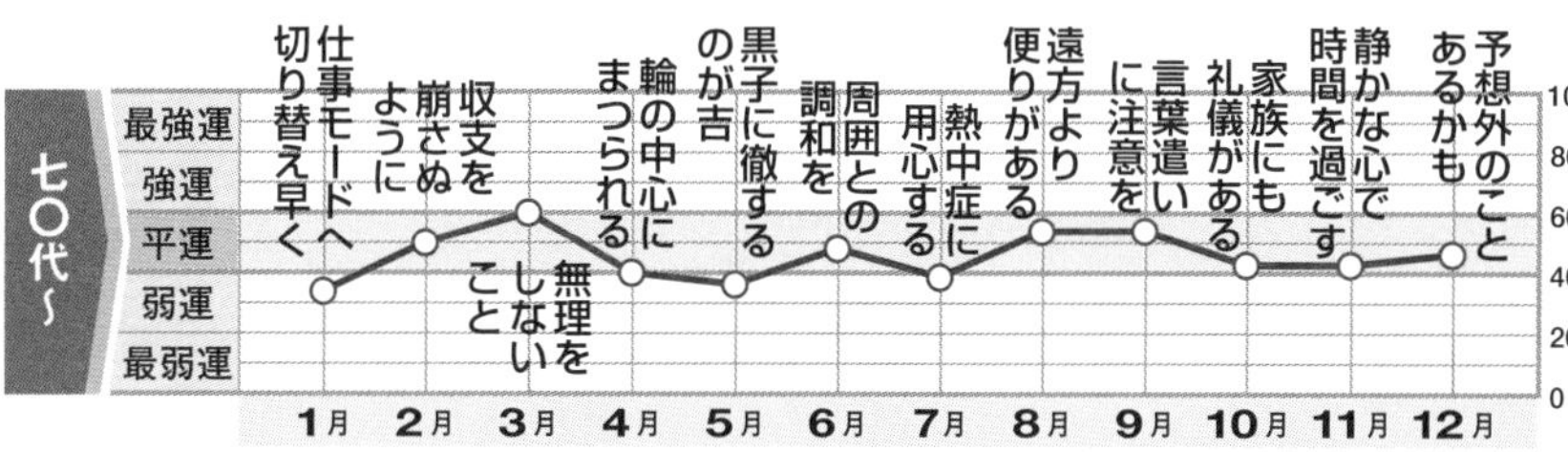

三碧木星生まれの人

当歳（令和 6 年　甲辰）	36歳（昭和63年　戊辰）	72歳（昭和27年　壬辰）
9 歳（平成27年　乙未）	45歳（昭和54年　己未）	81歳（昭和18年　癸未）
18歳（平成18年　丙戌）	54歳（昭和45年　庚戌）	90歳（昭和 9 年　甲戌）
27歳（平成 9 年　丁丑）	63歳（昭和36年　辛丑）	99歳（大正14年　乙丑）

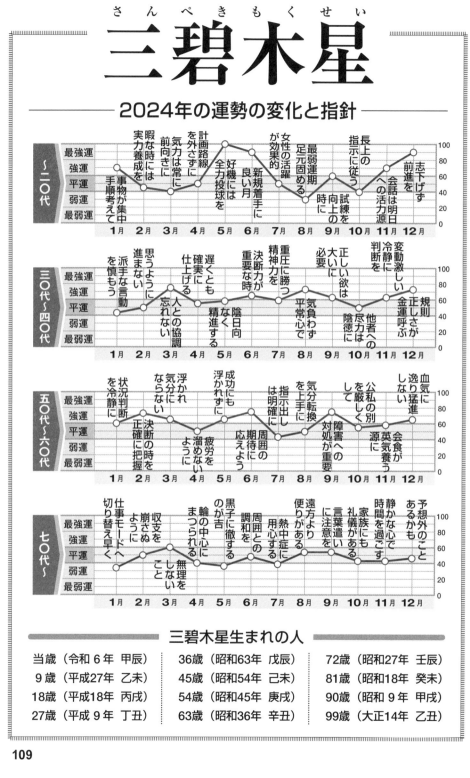

三碧木星 ⦶ 結実期

本年あなたの本命星は中宮《ちゅうきゅう》に回座しています。結実期といって、実った果実が増々美味しくなる時期です。このような年は、気持ちが大きくなって大きな事をやってみたいという気持ちを抱いたりします。何事にも積極的に行動するあなたのことですから、仕事も趣味も気持ちを誘惑するような状況がピタリとマッチする星回りです。人間関係にも表れてきます。少し年上の人や反対に年下の人の言動に注意してください。何の疑いも持たずに頭から信用してしまいがちですが一歩下がって冷静に判断をしましょう。あまり人を疑うことをしないあなたですが、そこに付け込んで利用される危険性が潜んでいます。

被同会している一白水星に暗剣殺という悪い星が付いているのです。油断して甘い態度を見せると、なぜこの人が私を騙すのという事態を招きかねません。健康にも気配りを忘れないようにしましょう。特にお腹周り、内臓器官と下半身の疾患があなたを狙っています。

あなたの身の周りに人や物が集まって一見活気を呈しているように見えますが、中宮同会の時は身にならない雑用が多く、忙しいために活気を帯びていると勘違いをしてしまうのです。環境や状況をしっかり観察把握し、無駄な動きで時間を浪費しないように警戒しましょう。

異性問題にも気を付けましょう。セックスを目的とする関係の暗示と、元彼、元彼女との不倫の関係などがぶり返す兆候があります。あとで高い代償を支払わなければならない羽目に陥ることのないよう、十分に用心をしましょう。

三碧木星方位吉凶図

適職

音楽家、司会者、楽器商、ミュージシャン、タレント、落語家、情報通信産業、マスコミ情報関係、外科医、家庭園芸関係、銃砲店、青果商、エアロビクス・インストラクター等

吉方

本年は相生する九紫火星が回座する西南方位、四緑木星が回座する西北方位のうち、乾の方位と亥の方位が吉方となります。月別の吉方は毎月の運勢欄をご覧ください。

凶方

本年は五黄土星が回座する西方位が五黄殺、一白水星が回座する東方位が暗剣殺の大凶方位となります。三碧木星は中央に回座するので本命殺、本命的殺の大凶方位はありません。本年の十二支である辰の反対側、戌の方位が歳破で大凶方位です。月別の凶方は毎月の運勢欄をご覧ください。

♣ 健康運

本年は雑多な用事が多く、変化の激しい年です。脳が疲れると体力が落ちて免疫力が低下するので注意が必要です。軽い風邪と思っても油断しないで早めに治療しましょう。意外に悪くなり、他の病気を誘発することがあります。また、休息を十分にとり、体力を温存するように心掛けましょう。持病が再発しやすい年でもあります。自分の持病の性質をよく理解して、身体に障るようなことは避けるように注意をしましょう。規則正しい生活を続けると抵抗力が強い体質を保つことができます。甘いものの食べ過ぎや運動不足から来る疾患にも用心をしましょう。胃腸を壊しやすいものです。

精神的負担も健康を害する一因となります。気分転換を上手に。

◆ 金銭運

吉凶が大きく分かれる年です。吉作用の場合は金運が上昇します。一か所から大きく入るのではなく、数か所から少しずつ入ってくる金運です。思いがけずお金が入ってきて収入が増えます。しかし逆の場合は凶作用となって支出が増えます。「引き締めているのに出費がかさむ」「売れると思ったものが在庫になる」「投資に失敗する」などの凶作用が具体的に現れます。また、古くからの知人から金銭的な損害を被ります。スリに遭って相当な額のお金を失くすようなこともあるかもしれません。外出先で失くし物をする可能性があります。緊張感を保って生活していきましょう。

株などへの投資は、今年は控え目にするのが良いです。

♥ 恋愛運

今年の恋愛は一進一退を繰り返します。初めはうまくいっていたのに途中から気まずくなったり、逆に初めはぎこちなかった二人が急に仲良く打ち解けたりします。また、理由もないのに相手が離れていってしまうようなことも起きます。相手にはそれなりの理由があってのことなのです。一向に理由がわからないかもしれませんが、人生にはいろいろなことが起きます。恋愛でも状況に一喜一憂せず、動じない自分の信念を持ちましょう。それはわがままを通そうとするのとは違います。相手を尊重しつつ自分の意志表示をきちんとすることです。恋愛ではともするとと妙な遠慮を強いられることがありますが、誤解を生まないように真意を伝えましょう。

三碧木星生まれの運勢指針

❖当　歳
この星生まれの人は周囲の環境や親の接する態度で大きく変化するようです。気分に左右されるところがあります。たっぷり愛情を注いで育てると大きく伸びる可能性を秘めています。

❖九　歳
環境にも慣れ、多少の変化にも順応できるようになると心の内部で変化が起きます。大人の世界を冷静に観察する気持ちも芽生えます。体調の変化に気を配りましょう。

❖十八歳
個性がはっきりし、好き嫌いを言動に表すようになります。大人になったというのは法律上の区分で、物事の本質をまだわからないまま上辺だけの現象で反抗することがあるでしょう。

❖二十七歳
人生の空洞に入ったような空虚感を感じる歳かもしれません。充足感を感じないまま仕事をしていくのに疑問を持つこともあるでしょう。自分の仕事は社会に役立っている自覚を持ちましょう。

❖三十六歳
公私共に忙しいので、何から片づけて良いのか、わからなくなります。軽重を自分なりに見定めて、早めの仕上がりが必要とされることから順番に処理するというルールを決めると楽です。

❖四十五歳
仕事上の転機に立たされた状況を体感するかもしれません。自分の心構えを定め、状況により志が揺らぐことのないようにすることが大事です。人生の大きな転換期になるかもしれません。

❖五十四歳
重要な時期にいるあなたです。家庭も仕事も両立させることを忘れずに。仕事オンリーでは退職後の人生を構築することが難しくなります。情勢は激しく移り変わっていきます。

❖六十三歳
規則上の定年までわずかになったことを嫌でも実感させられます。その後の人生もまだ続きます。今のうちにその後の人生の布石を打っておくのが良いでしょう。

❖七十二歳
周囲の雑音に惑わされることなく自己の人生を歩いていきましょう。周囲との調和は最低限必要ですが、過度に合わせるというのはストレスが溜まるものです。見栄を張らずに進んで。

❖八十一歳
紆余曲折の人生も平坦な人生も終盤になれば全員同じです。限られた時間のキャリアは変えられません。過去という括りに入れ、これからの時間を楽しむことを考えて生きていきましょう。

❖九　十　歳
大概のことは後進に任せる度量を備え、頑固な自説へのこだわりは捨てましょう。時間の流れは止められないものです。周囲への感謝と共に和合を心掛けていきましょう。

❖九十九歳
ここまで来ると、あと一年頑張ってとの声も聞こえてくるでしょう。無理せず日々を楽しんで過ごすことを考えれば良いでしょう。

一月運勢

一月六日小寒の節より
月命乙丑　六白金星の月
暗剣殺　西北の方位

ゆるやかではあるが上昇機運のある月です。昨年度作っておいた計画を見直し、確実にできそうなものに修正しましょう。小さな成功体験を積み重ねていくうちに大きな目標が実現可能に近づきます。目先の小利にこだわらず、実践重視の活動を続けましょう。一時的な成功に気を抜くことなく、さらなる高みへの階段を一歩ずつ上がる心の準備をしましょう。

難関にぶつかることもありますが、最後までやり遂げる意志があれば突破できます。とにかく手持ち案件を真正面に捉えて一直線に突き進むのが吉運です。

１月の方位

今月の吉方位

大吉→南
中吉→東

日	曜	運勢	指針
1	月	△	本年の年間計画は手堅い方針が吉
2	火	◎	新年でも緊張感忘れると失敗する
3	水	○	計画の実行は初心忘れずを念頭に
4	木	○	公私混同すると手痛いキズを負う
5	金	○	調子の良い時こそ些事にも注意を
6	土	△	自力解決をモットーに対処をする
7	日	▲	積極策とらずに後からついて行く
8	月	○	無駄な労力使わず効率良く処理を
9	火	△	困難にも負けない精神力を養おう
10	水	○	飲食の度を越して体調を壊さない
11	木	○	結果出すまで手をゆるめないこと
12	金	○	仕事中は一切の雑事を忘れて集中
13	土	○	盛運時には思わぬ落とし穴に注意
14	日	○	自分の生きたいように生きるが吉
15	月	△	新規事項がすべて良い訳ではない
16	火	▲	相互理解はねばり強く話し合って
17	水	○	好みより立場考えた選択を進める
18	木	△	他人の忠告や援助素直に受けよう
19	金	○	先が見えていても緊張感最後まで
20	土	◎	没頭できる趣味を見つけ気分転換
21	日	○	目上の忠告はよく聞くほうが良い
22	月	○	困難あっても希望の灯を消さずに
23	火	○	焦ると不利になる流れに合わせて
24	水	△	口外した話は消えない実行継続を
25	木	▲	自分を見失わず着実な歩みをする
26	金	○	一時的に心を空にして現実逃避を
27	土	△	伝統を古臭いと思わず活用しよう
28	日	○	偏見はトラブルの元絶対持たない
29	月	○	風評は間違いかもと確認作業して
30	火	○	気ぜわしい空気に動じず自分流を
31	水	○	過大評価せずにできるところから

二月運勢

二月四日立春の節より
月命丙寅　五黄土星の月
暗剣殺　なし

障害が多く発生するかもしれないということを肝に銘じて研鑽をしましょう。障害は自らのミスで起こしてしまうものと、よそから降りかかってくるものとがあります。よそからの障害は避けようがありません。予測して心の準備をしているのと、油断している時に突然襲いかかってきた時では、対処に差が出ます。予測していれば対応が早くなり、損失も小さく抑えることができます。

　一生懸命努力しているあなたを騙そうとする人がいます。甘い儲け話を持ちかける人に警戒しましょう。

２月の方位

今月の吉方位

大吉→北
中吉→東南
吉→南

日	曜	運	内容
1	木	○	回り道をしても安全第一策をとる
2	金	△	自主性なく周囲に同調しないこと
3	土	▲	年配の女性に親切にすると吉運に
4	日	○	他人の相談に乗っても深入りせず
5	月	△	集中力欠けそうな時は気分転換を
6	火	○	嬉しい事あったら皆で分かち合う
7	水	◎	専門分野に的を絞り深く追究して
8	木	○	飛躍した考え捨て現実を直視する
9	金	○	時間かけず迅速な処理を心掛ける
10	土	○	情勢に応じた適切言動求められる
11	日	△	希望見えても気を引き締め続ける
12	月	▲	健康は一度害すると回復が難しい
13	火	○	派手な内容の話には危険性がある
14	水	△	取り掛かっている案件が転換必要
15	木	○	気分を楽にして遂行するのが良策
16	金	◎	予定通りに推進すれば結果は良好
17	土	○	忙しい時ほど冷静に手順を考えて
18	日	○	地道に精進しても災厄には警戒を
19	月	○	言葉による誤解招かぬように注意
20	火	△	好材料は揃っている適切な処置を
21	水	▲	衰運でもきっちり進展すれば吉に
22	木	○	正当な努力は人から評価をされる
23	金	△	諦めぬ忍耐力が好結果につながる
24	土	○	会食から有効な話が出てくるかも
25	日	◎	目上の何気ない一言が幸運を招く
26	月	○	勢いがあるけれど猛進しないこと
27	火	○	決断の時を遅らせないことが重要
28	水	○	親しい人にもタメ口は慎み接する
29	木	△	家庭内の雑事も喜んで対処をする

三月運勢

三月五日啓蟄の節より
月命丁卯　四緑木星の月
暗剣殺　東南の方位

引き続き警戒心を強く持つことを求められる月です。ただし運気は良好なので、計画や活動を止めることはありません。慎重に推進することを心掛けましょう。結果を出すまでは点検を確実にしましょう。論理的思考を重視して私情を挟まないことも大事です。相手を誹謗中傷するようなことは絶対にしてはいけません。運気を下げるだけです。経験則を生かし、奇策など用いず正攻法が良策です。イライラすることがあると健康に良くありません。イライラは自分に何かが不足しているサインです。不足を探して改善すれば解消します。

３月の方位

今月の吉方位

大吉→西南
吉→北

日	曜	運	
1	金	▲	力まず自然体で流れに任せて進む
2	土	○	印鑑や契約書の扱いは慎重を期す
3	日	△	能率悪くても手順通りが一番確実
4	月	○	誤解を招くような言動は取らない
5	火	◎	不足部分は知恵を出して補充する
6	水	○	欲求不満は溜め込むことなく話す
7	木	○	言葉で丸め込まず事象の確認大事
8	金	○	小さな成功体験が大きく実結ぶ元
9	土	△	成果表に出難いが実績に蓄積する
10	日	▲	諦めない不屈の精神が将来を開く
11	月	○	壁は大きく見えても必ずや越せる
12	火	△	損失起きた時の舵の取り方に注意
13	水	○	上司の小言は良薬口に苦しの如く
14	木	◎	昔の未解決の事柄が蒸し返される
15	金	○	精神を集中させ決断時を誤らない
16	土	○	普段から突発事項を念頭に置こう
17	日	○	運気は安定している地道に進展を
18	月	△	甘く見て雑に進めると破綻をする
19	火	▲	衰運の時は嵐の過ぎるのを待とう
20	水	○	着手する前に裏付け調査を入念に
21	木	△	中途半端は時間と労力の無駄遣い
22	金	○	実力相応な計画なら成果が上がる
23	土	◎	旺運だが盲進しては危険性が高い
24	日	○	机上の理論で悩まず実行してみる
25	月	○	新規を始める時は不測事態を想定
26	火	○	公私の切り替え素早くするのが吉
27	水	△	人に見えない部分も手抜きしない
28	木	▲	次の一手は過去の失敗から学べる
29	金	○	手掛けた仕事は必ず成し遂げよう
30	土	△	眼前の些事に時間取られ過ぎない
31	日	○	達成は八割に留め欲の深追いは凶

四月運勢

四月四日清明の節より
月命戊辰　三碧木星の月
暗剣殺　東の方位

今月は物事を善意に捉えて調和を心掛けるようにしましょう。調和を心掛けると周囲から良いものや良い人たちが集まってきます。人の幸せは他人からもたらされるものです。幸せを求めて自らもがいても幸せはやってきません。

依頼事や大役が回ってきます。喜んで引き受けましょう。陰徳となって記憶され、善意の意識に組み込まれます。注意しなければいけないのは、言葉の行き違いによる誤解です。自分を抑える気持ちで相手の意向を汲み上げた対応が最善策です。

胃腸と呼吸器系の病気に注意を。

4月の方位

今月の吉方位

中吉→亥、乾
吉→西南

日	曜	運	
1	月	◎	盛運時に謙虚さを失わぬよう自制
2	火	○	時間かければ上出来とは限らない
3	水	○	才知を表面に出さず穏健心掛ける
4	木	△	自分一人ではないことの自覚持つ
5	金	△	一歩先を読んで前進する術を知る
6	土	▲	忍耐力試される難問立ちはだかる
7	日	○	人の音声は心を勇気づける力宿る
8	月	△	解決するまで妥協しない心を持つ
9	火	○	状況読みながら強気で押して見る
10	水	◎	損得を度外視したところに解決策
11	木	○	我田引水の手法では相手にされず
12	金	○	方針間違えると破談の上に損失が
13	土	△	自分流を貫くと窮屈な思いをする
14	日	△	迷いを吹っ切りやりたいこと実践
15	月	▲	時間管理確実にして一日を過ごす
16	火	○	虎の威を借るような権威主義不可
17	水	△	雑念頭にあると力が発揮できない
18	木	○	自己開発も研鑽の一つ上を目指す
19	金	◎	思考回路を単純にし目標に邁進を
20	土	○	説得は多言を要せず誠実に訴える
21	日	○	平穏と感じても今日は災厄に注意
22	月	△	不言実行に徹し自分の力を信じる
23	火	△	人の期待に沿う努力は上昇支える
24	水	▲	自分の古い殻を脱却する向上心を
25	木	○	気力奮い立たせ前進する精神力を
26	金	△	現職が天職と定め真正面から進む
27	土	○	上から目線の見方せず同列に見て
28	日	◎	全体を広角的に見て進めば無難に
29	月	○	中心的立場に置かれたら気配りを
30	火	○	思惑通りに進みそうでも緊張感を

今月の幸運数＝3、5、8　幸運色＝ブルー

五月運勢

五月五日立夏の節より
月命己巳　二黒土星の月
暗剣殺　西南の方位

仕事に関してはは絶好調と言ってよいでしょう。自信を持って事案を推進するのが最善策です。雑念を払って仕事に邁進するべきです。成果は目に見えて大きく出てきます。金運も恋愛運にも恵まれる幸運月です。周囲の理解も得られるので、謙虚な姿勢で協力を求めるのも有効な策です。絶好調の時こそ自制心を働かせて、周囲への気配りを忘れないようにしましょう。

疲労を溜めると過労になります。調子が良いと、息抜きすることをつい忘れます。呼吸器や心臓に負担が掛かります。体調を崩すと大事に至ることがあります。

5月の方位

今月の吉方位

なし

日	曜	運勢
1	水	△成り行きを観察して手段を選ぼう
2	木	△声高に自己主張せず妥協点を探る
3	金	▲不手際な手を打つと損失が大きい
4	土	○レジャータイムは吉祥受けている
5	日	△望みは捨てないで最後まで希望を
6	月	○人に尽くすのが自分のためになる
7	火	◎軽率に取り組まず深読みが必須に
8	水	○実家への用事がある時は優先的に
9	木	○大言壮語せず地味に活動の遂行を
10	金	○望みは高く持ち低次元の妥協せず
11	土	△障害の多い日用心深く進展をする
12	日	▲明日への活力源として有効活用を
13	月	○発言はかたよらず公明正大にする
14	火	△望みは高く持ち志を落とさず進行
15	水	○正面から向き合い駆け引きしない
16	木	◎新規の企画あれば即実行に移そう
17	金	○故郷の用事は優先順位一位にする
18	土	○大きな壁に当たってもひるまない
19	日	○一目置かれる立場に言動は明確に
20	月	△目標としたものを簡単に諦めない
21	火	▲一時的に気力途切れる焦らず前進
22	水	○節目ごとに確認しメリハリつける
23	木	△自信過剰にならず丁寧に仕上げる
24	金	○どっちつかずの態度改め意志示す
25	土	◎器用貧乏に陥らず得意分野を絞る
26	日	○拙速では信頼されない確実性期す
27	月	○隠しごとは発覚時の損失が大きい
28	火	○先手を打ち相手に後れを取らない
29	水	△打つ手が裏目に出ることあり用心
30	木	▲不満持たず明るい気持ちで過ごす
31	金	○他人に時間を取られても焦らずに

六月運勢

六月五日芒種の節より
月命庚午　一白水星の月
暗剣殺　北の方位

盛運月ですが注意する点があります。運気が強過ぎて勇み足をしてしまうことです。それを防ぐ方法は、一つ一つの過程を丁寧に検証しながら推進させることです。金銭的には恵まれる月です。必要な分が入ってくるという好運月なのですが、油断をしていると使い過ぎてしまいます。自制心を働かせ、バランスのとれた日常を過ごしましょう。

初めは順調に進んでいたことが突然の障害でゼロになってしまう危険性のある時です。柔軟な対応策を常に用意しておくことが大切です。

6月の方位

今月の吉方位

中吉→東北
吉→東南

日	曜	運	
1	土	△	成功へとムキにならず気楽がいい
2	日	○	相手の立場尊重し情感を忘れない
3	月	◎	余計な一言に足を引っぱられない
4	火	○	心に迷い生じたら初期計画に戻る
5	水	○	新たな企画出ても今日は実行不可
6	木	○	内部組織を固めないと発展しない
7	金	△	目先の利益より将来性を重視する
8	土	▲	納得できないまま進むのは危険が
9	日	○	何でもできそうに感じるのは錯覚
10	月	△	方法へのこだわり捨て自由に発想
11	火	○	気負わず快活に振る舞うのが吉運
12	水	◎	主導権取り切り開いていく精神を
13	木	○	無理を承知で背伸びなどをしない
14	金	○	外出の際は火の用心を確実にする
15	土	○	疲労を蓄積させると足腰を傷める
16	日	△	奇策など用いず自然体で攻め込む
17	月	▲	難しい舵取りを任される慎重大事
18	火	○	他者の気持ちを変えるのは難しい
19	水	△	状況により柔軟な対応が望ましい
20	木	○	おしゃべりに夢中にならないよう
21	金	◎	下積みのような努力が認められる
22	土	○	内々で固まらず外部との接触重視
23	日	○	念には念を入れて手違いをなくす
24	月	○	不意の事態にも沈着冷静に対処を
25	火	△	言葉だけではなく実践を重んじる
26	水	▲	部下の活躍で面目を施す日になる
27	木	○	惰性を排して自分流を打ち出して
28	金	△	激しい変動運で無理な計画はダメ
29	土	△	結論は先延ばしを考えても良い時
30	日	○	高圧的言動せずソフト路線を貫く

七月運勢

七月六日小暑の節より
月命辛未　九紫火星の月
暗剣殺　南の方位

古い習慣を打ち破り、新しい方向性を打ち出したい気持ちになる月です。実行する時は綿密に計画を練りましょう。第三者に意見を聞くのも有効です。今月は衰運気に向かう入口に立っているような運気の最中にいます。軽い気持ちで路線変更して新機軸の実行や転職をすると失敗を招きます。確固たる信念を持って不退転の気持ちで取り掛かりましょう。幸い上司や目上の人の理解協力は得られやすいです。相談を持ちかけて意見を聞くのも良いでしょう。

後継者や子供に関する問題が起きる兆候があります。事前準備の対策を。

７月の方位

今月の吉方位

大吉→亥、乾

日	曜	運勢	
1	月	▲	できそうもない話を引き受けない
2	火	△	物事の軽重を図り重要事を優先に
3	水	○	肥満にならぬよう日頃から注意を
4	木	○	名誉棄損を受けても冷静に対応を
5	金	○	一つの嘘が二つ目の嘘を誘発する
6	土	◎	しゃしゃり出なくても実力出せる
7	日	○	才知をひけらかさず控え目な言動
8	月	△	やりがいは自分で作り上げるもの
9	火	○	調子に乗り軽はずみな行動しない
10	水	▲	気の赴くままの行動は人生を乱す
11	木	△	自分の能力に自信を持ち前進する
12	金	○	時には美味しいものを食べ変化を
13	土	○	年配の人は転ばぬよう注意しよう
14	日	○	頭でっかちにならず実践の重視を
15	月	◎	他者の助力は素直に受けるのも吉
16	火	○	寛容の精神を大切にする生き方を
17	水	△	安泰に慣れると進歩発展望めない
18	木	○	見方を変え別方向からの切り口を
19	金	▲	独断偏見避けるには他の意見聞く
20	土	△	勘を働かせても裏付けを取ること
21	日	○	説明がくどくなると効果半減する
22	月	○	柔軟な対応が求められる大事な時
23	火	○	自己中心的考えに陥らない用心を
24	水	◎	平常心で臨み恵み多い一日となる
25	木	○	腰砕けにならないよう自分を鼓舞
26	金	△	安請け合いして信用を落とさない
27	土	○	惰性で遂行するとつまらぬミス出る
28	日	▲	他者に頼りきりでなく自己努力を
29	月	△	意見が合わない時は年配者に従う
30	火	○	協力は秘密なく話し合うのが鉄則
31	水	○	人目を気にして自分を見失わない

今月の幸運数＝２、４、９　幸運色＝ワインレッド

八月運勢

八月七日立秋の節より
月命壬申　八白土星の月
暗剣殺　東北の方位

明るい雰囲気なので好運月と間違えます。遊興の星の真っただ中に入った状態です。仕事より遊びのほうへ関心が向き、仕事への意欲が薄れがちになります。気持ちの切り替えが重要になってきます。時には気力が萎えてやる気が起きない状態になるかも知れません。そんな時には自分には何が足りないのだろうかと考えを巡らせると良いでしょう。不足している部分に気が付けば、補充するように気分を変えるとうまくいきます。

今月病気をすると手術が必要になることがあります。異常時は早めの診療を。

8月の方位

今月の吉方位

吉→亥、乾

日	曜	運	内容
1	木	○	輪の中心に推されても謙虚さ保つ
2	金	◎	年下男性の協力により業績アップ
3	土	○	礼節を弁えた言動が好感持たれる
4	日	△	会話は相手の話を聞くことも大事
5	月	○	努力に実績が伴わなくても焦らず
6	火	▲	過激に進まず穏健な進め方が良い
7	水	△	周囲と同調しながらゆっくり進む
8	木	○	ビジネスと割り切ることが重要に
9	金	○	情を排し実績重視に徹する覚悟を
10	土	○	相手の立場も考えた言動が好感を
11	日	◎	面子を取り繕わず改善して進展を
12	月	○	一生懸命さが実を結び成果現れる
13	火	△	方法論を間違えると成就しない時
14	水	○	掛け声倒れにならぬよう計画綿密
15	木	▲	本分に精神を集中させて努力する
16	金	△	一人合点せず現状把握を怠りなく
17	土	○	背伸びしたやり方では健康害する
18	日	○	信用は失うと戻すのに苦労をする
19	月	○	進展が滞る時は初期計画見直そう
20	火	◎	目標を明確にするのが最善の策に
21	水	○	名声を追いかけず実績を重視する
22	木	△	表面上平穏に見えても災厄を警戒
23	金	○	意見の相違は十分な話し合いする
24	土	▲	志を下げることなく広い視野持つ
25	日	△	古い知人からの依頼事は受けない
26	月	○	決断は自分の信念に従いブレずに
27	火	○	物事を雑にこなさず心を込めよう
28	水	○	意志あるところに道は開けるもの
29	木	◎	足りない部分は知恵を出し合って
30	金	○	曖昧な結論では後日に弊害を残す
31	土	△	古い問題が蒸し返される可能性が

九月運勢

九月七日白露の節より
月命癸酉　七赤金星の月
暗剣殺　西の方位

あらゆる面で遅滞して、前に進むことができません。仕事では結論を急がず確実な結果を出す意識で進展させるのが良策です。障害も起きやすい月ですが、忍耐強く継続していくのが良いです。うまく処理できたら、もう少し良くというはやる気持ちを抑え、中庸のところで納めましょう。欲の深追いは、せっかくの成果を無駄にしてしまいます。長い目で見た将来への布石としての今月の果たす役割は、大きいものがあります。

人間関係でトラブルが発生します。自己主張の強い人にも穏便に接しましょう。

9月の方位

今月の吉方位

大吉→東北
中吉→西南

日	曜	運	内容
1	日	○	明日への英気を養う時間を大事に
2	月	▲	水面下で静かに行動する方法とる
3	火	△	実力の過信は危険真剣に取り組む
4	水	○	じっくり腰を据え仕事に邁進する
5	木	○	目前の課題を的確に処理すること
6	金	○	知識をフル稼働させ脇見をしない
7	土	◎	邪な思いを抱かず正道を歩む心を
8	日	△	障害に遭っても前向き姿勢崩さず
9	月	△	多弁にならず黙々と計画実行する
10	火	○	自己研鑽は地中で春を待つように
11	水	▲	実績を尊重し机上の理論を排する
12	木	△	過剰な期待は重荷になる平常心で
13	金	○	強運でも過激に進まないのが吉運
14	土	○	考え過ぎて実行する時期失わない
15	日	○	置かれている立場を考えた言動を
16	月	◎	欲望は進歩の源だが過ぎると凶器
17	火	△	華やかさだけを追わず内容を重視
18	水	△	親しい間柄でも節度ある対応する
19	木	○	互恵の精神あれば平穏に終結する
20	金	▲	自尊心大事にするが虚栄心捨てる
21	土	△	馴れ合いで進めるとつまらぬミス
22	日	○	情勢を読み常套手段用いれば楽に
23	月	○	気負わず平常心を持ち続ける心を
24	火	○	身内に喜ばしいことが起きる予感
25	水	◎	些細なことに気を配り丁寧に進む
26	木	○	感情に任せた言動は破滅に連なる
27	金	△	陰徳は隠れてするから価値がある
28	土	○	今日は皆の後をついて行くように
29	日	▲	名誉地位は追いかけてもつかめず
30	月	△	小細工せず誠意尽くすのが最善策

十月運勢

十月八日寒露の節より
月命甲戌　六白金星の月
暗剣殺　西北の方位

物事がスムーズに流れるように動きます。真面目に取り組めば成果はそれなりに期待できます。見栄を張らずにありのままの自分を出し、初心を貫く決意で仕事に向き合いましょう。注目され、中心人物につり上げられることがあります。他人の期待に応えようと努力するのも人が発展していく要素の一つです。力の出し惜しみをすることなく期待に応えましょう。新しい世界が見えてくるはずです。

親しい人との別れがあるかもしれません。逆に生涯を共にする相手に巡り合う好機の月でもあります。

10月の方位

今月の吉方位

大吉→南

日	曜	運勢
1	火	○盛運でも外出先での忘れ物に注意
2	水	○先輩の忠告は素直に聞き取入れる
3	木	○調子に乗り度を越さない節度保つ
4	金	◎新規の切り口考え新風を吹き込む
5	土	○取り組んだら最後までやり抜く心
6	日	△段取り八分の言葉あり事前準備を
7	月	○先輩女性の良い点を吸収し活用を
8	火	▲過去の失敗を生かす工夫をしよう
9	水	△一言多いことで破綻招かぬように
10	木	○期待する成果なければ方法変える
11	金	○古い問題が蒸し返される兆候あり
12	土	○難問は逃げずに真正面からあたる
13	日	○親しい人との交歓は明日の活力源
14	月	○運動不足にならぬよう身体動かす
15	火	△新規の企画より手持ち案件に集中
16	水	○新たな取引から有益な話の発生が
17	木	▲付和雷同的な妥協は不協和音出す
18	金	△手掛けたことは最後まで責任持つ
19	土	○物事が整うと見ても気を抜かずに
20	日	○過程を重視しないとミス犯しがち
21	月	○得意分野でも慣れで対応をしない
22	火	○気を張り詰めたままでは失敗する
23	水	○根回しを甘く見ず筋を通しておく
24	木	△不測や不備の改善は早いほうが良
25	金	○流言飛語をそのまま受けず確認を
26	土	▲遅くても安全確実を目指すのが吉
27	日	△言葉の使い方で誤解招かぬように
28	月	○決断の時を誤ると損失につながる
29	火	○間違いと感じたら迅速に撤退する
30	水	○見栄や体裁ではなく実質利益優先
31	木	○見せかけの好況を見誤らないこと

十一月運勢

十一月七日立冬の節より
月命乙亥　五黄土星の月
暗剣殺　なし

無計画な行動は避けるようにしましょう。また計画に少しでも不安材料があったら即撤退して、他の案に切り替えるのが得策です。順調に進んでいるかのように見える事柄でも油断なく用心して前進しましょう。人の好意は素直に受けて恩義にはいつか報いる気持ちを大切にしましょう。受けた恩義は石に刻み、恨みは水に流せと言われます。恨みをいつまでも背負っていると人生が発展しません。むしろ衰運に向かいます。また、信用を失くさないように約束はきちんと守ることが大事です。

血圧の高い人は警戒してください。

11月の方位

今月の吉方位

大吉→北
中吉→辰、巽
吉→南

日	曜	運	内容
1	金	○	堅実な行動取れば結果は良好得る
2	土	△	辛口の意見くれる人を尊重する心
3	日	○	感情抑えた言動を取り孤立しない
4	月	▲	迷い生じたら前進を止め考え直す
5	火	△	出処進退は明確にし曖昧さ避ける
6	水	○	性急に結論出さず他者の意見聞く
7	木	○	目的成就には適切な努力が必要に
8	金	○	自己中心にならぬよう協調が大事
9	土	◎	決定したら脇見をせず目的に邁進
10	日	○	二兎追う者は一兎も得ず焦点絞る
11	月	△	的確な布石を打ち前進するのが吉
12	火	○	集中力切らさず前進するのが良策
13	水	▲	奉仕は他者ではなく自分のために
14	木	△	妙案浮かばない時は気分転換する
15	金	○	人情論排し仕事に的確な指示する
16	土	○	迷い多いと障害付け入るスキ作る
17	日	○	八方に気配りし足をすくわれない
18	月	◎	公平を守り一方に偏らない方策を
19	火	○	一事を成し遂げ成功体験を重ねる
20	水	△	集まってくる情報は真贋確かめる
21	木	○	目立つので派手な言動は取らない
22	金	▲	常識を弁えぬ行動は自滅の道へと
23	土	△	アイディアも用い方間違えると凶
24	日	○	自己の保全は自分でしっかりする
25	月	○	相手の要求を理解する平衡感覚を
26	火	○	自尊心高く頑なな姿勢では疎外感
27	水	◎	雑念を忘れて仕事に専念したい日
28	木	○	緊張感を時々ゆるめることも必要
29	金	△	山中に木々を植えるように着実に
30	土	○	奇策を用いても目的は明確にする

今月の幸運数＝5、8、0　幸運色＝クリスタルホワイト

十二月運勢

十二月七日大雪の節より
月命丙子　四緑木星の月
暗剣殺　東南の方位

家庭内の平穏を保つ努力を忘れないようにしましょう。仕事と家庭の両立を心掛けて日常を過ごすように配慮してください。そうすれば、至らないところがあっても周囲は気づくものです。今月は冒険をせず安全第一を目指しましょう。間口を狭め守備範囲を小さくしていくのがコツです。努力に応じた成果は必ず受け取れます。

時間配分を上手にしないと、時間は足早に逃げていってしまいます。突発事項にも冷静に対応し、路線通りに進めていくと良いです。万事穏やかな気持ちで一年を締め括りましょう。

12月の方位

今月の吉方位

大吉→西南
吉→北

日	曜	運勢	
1	日	▲	過去の問題点を洗い出し反省点に
2	月	△	全体を見通し小事も疎かにしない
3	火	○	八方に気を配り緊張感を持続する
4	水	○	経験生かし損失を最小限に抑える
5	木	○	努力が空回りせぬよう判断正確に
6	金	◎	強引な攻め方せずとも強運が味方
7	土	○	相手のペースには巻き込まれずに
8	日	△	勘に頼らず理論数字の裏付けして
9	月	○	深めた知識を最大限に活用しよう
10	火	▲	古くても伝統的価値あるもの残す
11	水	△	目標見据え最後までやり抜く心を
12	木	○	拡張路線の時ではない現状維持を
13	金	○	盛運だが思わぬ災難に十分警戒を
14	土	○	初めの一歩が重要明確な結論出す
15	日	◎	難題も糸口をつかめば容易に解決
16	月	○	上から目線での命令では失敗する
17	火	△	無駄なことに時間を取られぬよう
18	水	○	信念通すのは良いが我を張らずに
19	木	▲	曖昧な表現は誤解の元明確にする
20	金	△	実力を知り身の丈大の活動をする
21	土	○	果たすべき業務は年内に仕上げる
22	日	○	不慮の事故は仕方がない迅速処理
23	月	○	周囲の雑音を排し自分のペースで
24	火	◎	他事に労力費やさず責務に忠実に
25	水	○	時には気を抜き楽な気持ちで進行
26	木	○	仕事に忙殺され管理能力試される
27	金	◎	地に足を着け着実な活動をしよう
28	土	○	一年を振り返り問題点を反省する
29	日	○	災難にも動じない精神力が重要に
30	月	○	労働問題起きたら来期の改善点に
31	火	△	表に出ない結果にも努力の跡残る

四緑木星《しろくもくせい》

2024年の運勢の変化と指針

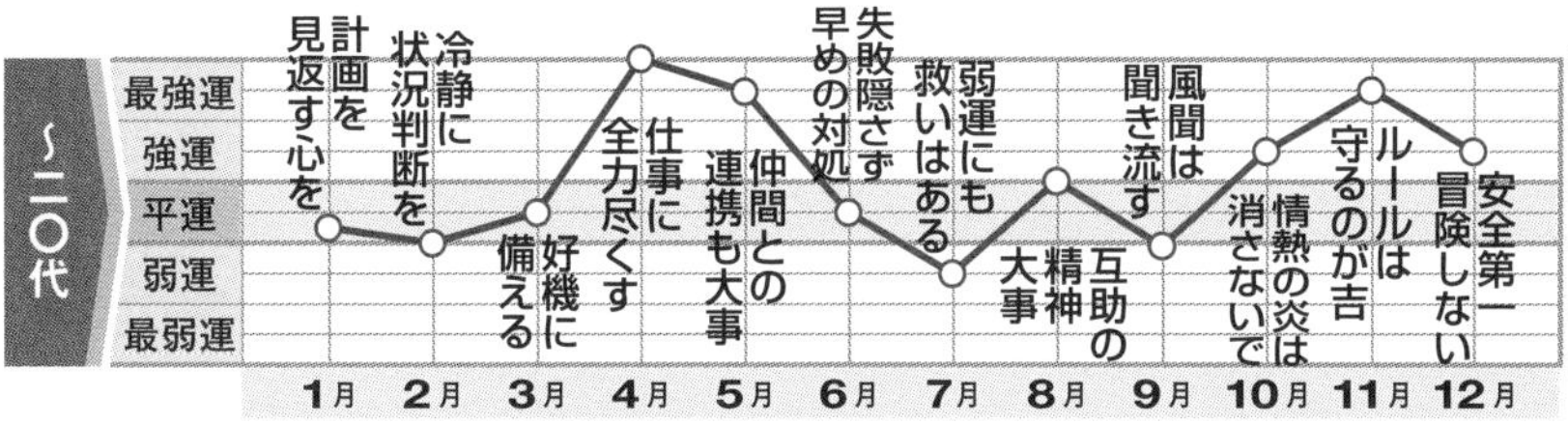

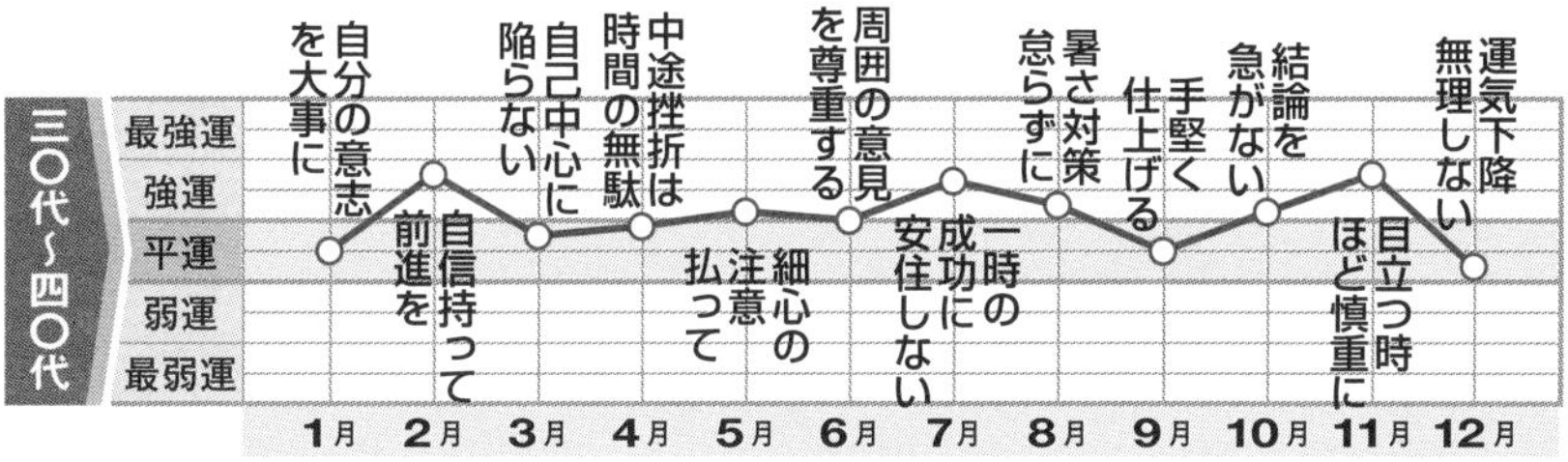

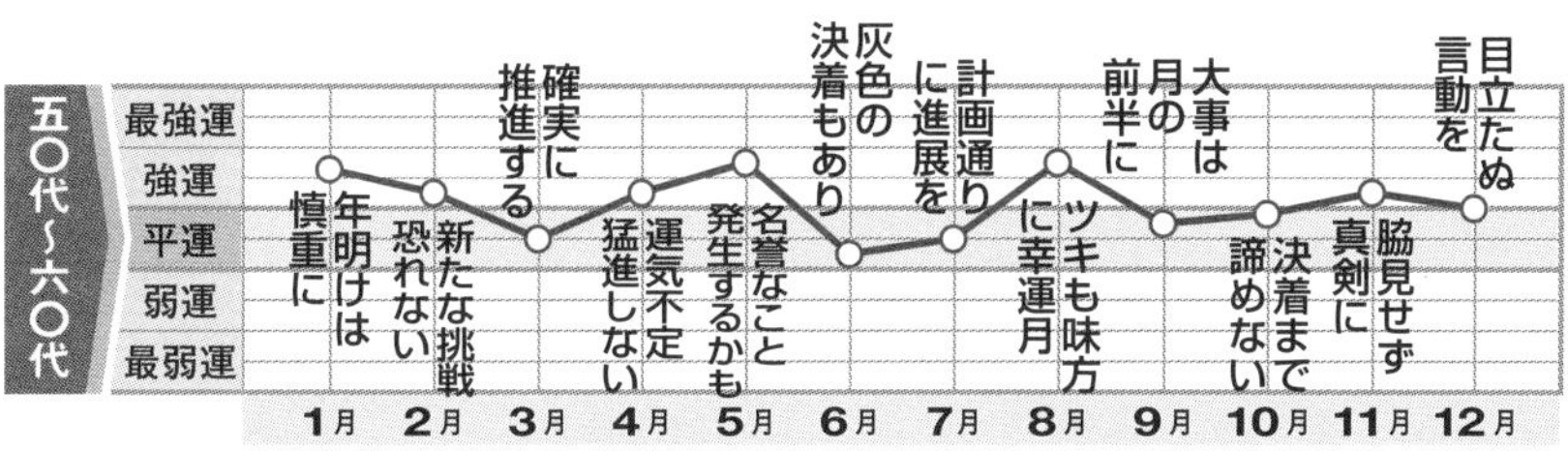

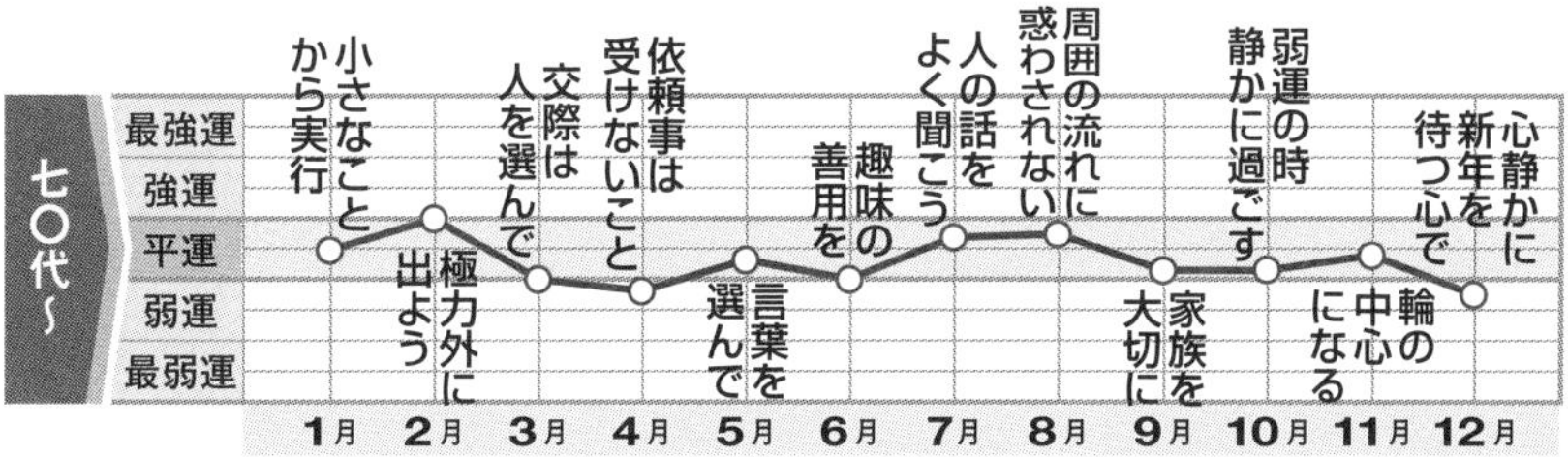

四緑木星生まれの人

1歳（令和 5 年　癸卯）	37歳（昭和62年　丁卯）	73歳（昭和26年　辛卯）
10歳（平成26年　甲午）	46歳（昭和53年　戊午）	82歳（昭和17年　壬午）
19歳（平成17年　乙酉）	55歳（昭和44年　己酉）	91歳（昭和 8 年　癸酉）
28歳（平成 8 年　丙子）	64歳（昭和35年　庚子）	100歳（大正13年　甲子）

四緑木星 ◯

熟成期

本年のあなたは乾宮《けんきゅう》に回座しています。熟成期といって、果実なら熟成され物事なら成熟する絶好期になります。ビジネスに関わる人なら仕事で忙しくなります。学生ならば勉強に精を出す時です。仕事でも勉強でも、責務にはいつも一生懸命に取り組むものです。でも、この年は激しく仕事が増え、勉強もやることがたくさん出てくる星回りなのです。タフな一年になるということです。ただ、風の精を有するあなたは大変さを大変とは思わずやりすごしていくことでしょう。重大な任務を負わされることもあります。黙々とこなしていくあなたの姿は必ず上司に認められて十分に評価されるでしょう。反面では、頼まれると断り切れずにあれもこれもと引き受けて中途半端にならないように、自分のキャパシティーを考えた分量を受けましょう。それでなくても忙しい星回りです。

本年は遊ぶ時間が取りにくくなります。仕事優先の年と割り切りましょう。そのほうがうまくいきます。家族にもその旨を前もって伝えておくと、より仕事に専念できるでしょう。結果として昇進や栄誉を受けることになります。その時も謙虚な姿勢を保ちましょう。そして自分一人で昇進や栄誉を手にした訳ではなく周りの人たちの応援協力があったからこそ成し得たということの感謝の気持ちを忘れないようにしましょう。あなたの忍耐や努力の賜ではありますが、家族や周囲の力添えは何にもまして大きくありがたいものとの思いを胸に刻んでおくと、さらに大きな援助や手助けが得られるものです。疲労を溜めず休息をとり、健康に留意をしましょう。

四緑木星方位吉凶図

適職

木材販売業、運送業、通信業務、観光旅行業、輸出入業者、マスコミ・マスメディア業、民芸加工業、サービス業、飲食業、アパレル産業、フリーター、スタイリスト等

吉方

本年は相生する九紫火星が回座する西南方位が吉方となります。月別の吉方は毎月の運勢欄をご覧ください。

凶方

本年は五黄土星が回座する西方位が五黄殺、反対の一白水星が回座する東方位が暗剣殺の大凶殺方位になります。四緑木星が回座する西北方位が本命殺、二黒土星が回座する東南方位が本命的殺の大凶方位となります。本年の十二支である辰の反対側戌の方位が歳破で大凶方位です。月別の凶方は毎月の運勢欄をご覧ください。

健康運

健康運は良好です。仕事が忙しい年なので、適度の休養や気分転換を上手に取り入れてください。体がだるく重くなってきたら、過労の始まりです。それに風邪が加わると、こじらせて大きな疾患となってしまいます。十分に気を配ってください。

具体的には頭痛、首の凝りや痛み、発熱などが感じられたら黄色信号が点ったと思ってください。無理せず早めの休養や受診をしましょう。身体が疲れてくると、怪我や骨折などの外傷を負いやすくなります。

常日頃から体力増強に心掛け、健康維持に努めましょう。この星生まれの人は体力に比較的恵まれていますので、油断をしがちです。健康に良いことを取り入れ、常に元気な状態を保つように努めましょう。

金銭運

本年は仕事を通じての金運が良好です。さらに前年度好調だった人は今年度も好調を維持できます。事業好調による収益の増加や職場での栄転による収入増加などがあります。高齢の人は後継者への財産の相続の話などが出る年です。金銭のトラブルは一見平和な家庭にも起きる可能性があります。事前の準備が重要です。相続の話が出たときは、整理をするのに良い時期と察して対策を考えてみましょう。

本年は、目上の人や誰かの助けも得られる幸運な金運です。重要な出来事に携わり、金品の授与などを受けられるかもしれません。反対に、人のために奮闘することが金運をアップさせる原動力ともなります。

恋愛運

本年は、恋愛の相手が職場にいるかもしれない幸運に巡り合うチャンスがあります。普段気づかなかった異性が急にあなたの目の前に恋の対象となって出現するかもしれません。それと感じるところがあったら、運命の人だと思ってアタックしてみましょう。生涯の伴侶になることでしょう。集会所やパーティーの席にも好機はあります。少し豪華な場所であることが多いです。本年は、普段は縁のない少し豪華できらびやかな場所で恋が生まれます。機会があったら進んで参加してみましょう。しかし、早く進めようとして強引なやり方をするのではうまくいきません。恋愛に発展させるには適度の時間が必要です。

四緑木星生まれの運勢指針

❖一　歳
日ごとに活発になり、生のたくましさを感じることでしょう。反面では離乳食の心配など初体験に戸惑うお母さんもいることでしょう。経験者や同じ状況にある人に聞いてみましょう。

❖十　歳
子供は遊びながら成長するとよく言われます。スマホやゲームに時間を取られ過ぎると、友達とのコミュニケーション不足で将来の対人関係に支障をきたします。警戒を。

❖十九歳
競争の時期を乗越え、ホッと一息ついている人も多いことでしょう。成人であることを自覚して自立の道を模索している人もいることでしょう。自分の人生を前向きに考えて進みましょう。

❖二十八歳
運気は好調の時です。仕事面でも重要な任務を与えられることがあります。尻込みせず果敢に挑戦しましょう。仕事は自分一人ではありません。必ず周囲に人がいることを意識して前進を。

❖三十七歳
自力ではどうしても乗り切れない状況というものがあります。そんな時は遠慮なく上司や経験者に相談をしましょう。努力している人には必ず応援してくれる人が側にいるものです。

❖四十六歳
慣れてくると何事も惰性で進めてしまいがちです。失敗はそんな心のスキを突いてやってくるものです。常に緊張感を持って推進していくことを心掛けましょう。

❖五十五歳
頭脳明晰なあなたは多くのことを頭で考えて解決してきたことでしょう。考え過ぎて決断が鈍った時に障害がやってきます。適度なところで即実行に移したほうが成功率は高くなります。

❖六十四歳
仕事を続行している人は目先の定年退職がちらつくかもしれません。一区切りけじめをつける一方で、この先の人生をどのように生きていくかを考えておくことは大切です。

❖七十三歳
心のスキを突いたように甘い儲け話が持ち込まれるかもしれません。うまい話ほど危険なものはありません。乗らないように警戒し、判断に困ったら信頼できる人に相談をしましょう。

❖八十二歳
何か一つでも新たなことに挑戦してみましょう。小さなことでも挑戦し成功すると、精神肉体共に衰えを遅らせることができるでしょう。社会性も養われます。

❖九十一歳
人生ゆっくりと歩んできたかもしれないあなたです。ここから先もゆっくり人生を楽しみながら歩いていきましょう。楽しみはいたるところで見つけることができるはずです。

❖百　歳
この年齢まで生きるのは大変なことです。大正・昭和・平成・令和と四世代にわたります。それぞれの時代を経験したのは素晴らしいことです。次世代に話を聞かせてあげましょう。

一月運勢

一月六日小寒の節より
月命乙丑　六白金星の月
暗剣殺　西北の方位

手堅いやり方が功を奏す月です。昨年まで研鑽を続けてきた業績が形として現れる好運な月です。状況を認識しつつ地固めを堅固にすることも考えましょう。上辺で判断せず本質を見極める眼識も必要です。それには緊張感を持って責務を推進することです。謙虚さは必要ですが、あまりにへりくだった態度はかえってマイナスです。良く見せようとするより内容の充実ぶりで勝負する信念がものをいいます。

仕事と割り切ったら私情を挟まず感情を抑制してビジネスに徹するのが吉策です。

今月は糖質制限健康法の実践を。

１月の方位

今月の吉方位

大吉→南
中吉→申、坤
吉→東北

日	曜	運	指針
1	月	△	元旦は心静かに新年を祝うのが吉
2	火	△	接待役に徹し目立たない姿勢保つ
3	水	◎	気分を変えて仕事への準備時間を
4	木	○	周囲の雑音に惑わされず信念持つ
5	金	◎	頭で考えるより行動を重視しよう
6	土	○	一日を無駄に過ごさず計画性重視
7	日	△	気分を一新させる動きを自ら作る
8	月	▲	良いと思ったことは即実行に移す
9	火	△	目先の利益に迷い大魚逃がさない
10	水	△	主体性を持ち率先して実行しよう
11	木	○	知識の蘊蓄を傾けたくなるが我慢
12	金	○	手慣れたことも初心忘れずの心で
13	土	○	周到な準備をして腰砕けを防ごう
14	日	◎	一人合点せず周囲との調和大事に
15	月	○	思案に時間取られ過ぎは好機逸す
16	火	△	目下の面倒は億劫がらずに見よう
17	水	▲	努力は必ず蓄積する信じて精進を
18	木	△	人生に苦労は付き物と認識しよう
19	金	△	他人に尽くすと自分に福徳が戻る
20	土	○	感情に任せた猛進はリスク大きい
21	日	○	明日への英気を養う余裕必要な時
22	月	○	相手に軽く見られぬよう事前準備
23	火	◎	好機逃さず果敢に挑戦をしてみる
24	水	○	優しい気持ちの対応に信頼集まる
25	木	△	相手に合わせた言葉遣い心掛ける
26	金	▲	筋を通すのは大事だが丁寧にする
27	土	△	意欲に燃え運気向上も緊張感保つ
28	日	△	他人任せにせず必ず自ら確認する
29	月	○	進歩的な人が吉運運んでくる好運
30	火	○	本分から逸脱せぬよう慎重に進展
31	水	○	忙しさを言い訳に使わない習慣を

二月運勢

二月四日立春の節より
月命丙寅　五黄土星の月
暗剣殺　なし

今月は、一人よりも多くの人の力を結集させたほうが大きく成果を挙げることができます。実行に際しては、持ち分を誠実に丁寧に仕上げていくのが上策です。対人関係では相手に一歩譲る精神が大事です。人の協力が大事な月なのです。特に年配の女性のアドバイスや協力が大きな力になります。

先見の明を働かせて、風評被害を未然に防ぐことができます。独身者には恋愛が生まれる絶好の月です。気になった人には積極的に声を掛けてみましょう。行動しなければ何も起きません。

2月の方位

今月の吉方位

大吉→北
吉→南

日	曜	運勢	
1	木	◎	絶好調の中でも緊張感を忘れない
2	金	○	節度弁えた姿勢が幸運呼び寄せる
3	土	△	一方に偏った見方せず公平に配慮
4	日	▲	下半身を冷やさぬように用心して
5	月	△	勘や閃きも大事だが理論的に判断
6	火	△	意地張らず素直な気持ちで接する
7	水	○	おだてに乗らず自己判断を信じる
8	木	◎	要件は単刀直入に切り出すのが吉
9	金	○	争いは労多くして益少なしとなる
10	土	◎	流れに逆らわず自然体で過ごそう
11	日	○	早合点をして目的をはき違えない
12	月	△	進んで明るい態度を取るのが良策
13	火	▲	下心持ち近づいてくる人物を警戒
14	水	△	少しの栄誉に有頂天にならず精進
15	木	△	灰色の決着も時には必要な時ある
16	金	○	年下女性の活力が業績アップ貢献
17	土	◎	正論を貫いて不正に手を染めない
18	日	○	中途で投げ出しては努力時間無駄
19	月	◎	好機到来の時自信を持って前進を
20	火	○	多言に過ぎるとボロが出る慎んで
21	水	△	丁寧なやり方が好評を得て好運に
22	木	▲	自我を出し過ぎると摩擦を招く元
23	金	△	手掛けたことはやり通す忍耐力を
24	土	△	持続可能な方策を探り業績向上を
25	日	○	遊興も過ぎると本業に支障が出る
26	月	◎	上司の言う通り進めるのが最善策
27	火	○	身内に甘くなると善悪も甘くなる
28	水	◎	絶好調でも他人の領域に入らない
29	木	○	気負わず平静な気持ちで取り組む

三月運勢

三月五日啓蟄の節より
月命丁卯　四緑木星の月
暗剣殺　東南の方位

万事慎重に事を運びましょう。早とちりして失敗などを招かないように用心してください。身辺が賑やかになり、何が良くて何が悪いのかの判断に迷いを生じます。一つずつ丁寧に分析していくと、良否が見えてきます。新規の事柄は始めないほうが無難です。発展性が少ない時です。継続的に手掛けてきた事案を推進していくのが最善策です。用件は小細工などせずに単刀直入に切り出すほうが良いです。

外出の用事が多くなります。コンサートや観劇の誘いが多くなり、付き合う機会も増えるでしょう。

3月の方位

今月の吉方位

大吉→西南
吉→北

日	曜	運	内容
1	金	△	雑事と本筋を明確に分け遂行する
2	土	▲	現状に不満でも態度には表さない
3	日	△	いつも注目されていることを意識
4	月	△	問題長引かせると損失増える原因
5	火	○	信頼できる人の忠告を受けると良
6	水	◎	常識に合った努力が実を結ぶ好日
7	木	○	目的が曖昧では成果期待できない
8	金	○	努力を空転させないため過程重視
9	土	○	万事に余裕持ち進展させるのが吉
10	日	△	相互理解が良好な関係持続させる
11	月	▲	ミスを追及し過ぎると対立が激化
12	火	△	一方的要求ではまとまる余地ない
13	水	△	言葉が強過ぎると誤解を生むかも
14	木	○	立場が人を作る軽過ぎる言動慎む
15	金	◎	力ずくで押さず引くのも戦略の内
16	土	○	馴れ合い決着付けると後日に問題
17	日	○	新たな挑戦は災難も見越して実行
18	月	○	難問も糸口つかめば案外簡単解決
19	火	△	隠しごとは次の隠しごとに連なる
20	水	▲	発熱あれば軽い内に早めの診療を
21	木	△	失敗恐れず行動する勇気を持とう
22	金	△	人の肉声には心勇気づける力あり
23	土	○	素早い対応策は万事に通じる妙薬
24	日	◎	有言実行を掲げ迷わず推進させる
25	月	○	多くを語らずとも伝わることあり
26	火	○	決断の時はためらわない精神力を
27	水	○	実直な責務遂行が幸運もたらす元
28	木	△	分別忘れた言動は将来への夢失う
29	金	▲	自分を売り込もうとしないのが良
30	土	△	障害に遭ってもめげずに前進する
31	日	△	口から出た言葉は一人歩きをする

四月運勢

四月四日清明の節より
月命戊辰　三碧木星の月
暗剣殺　東の方位

仕事の実力を十分に発揮することができる月です。新規の計画実行にも最適の月です。自信を持って実践に移してみましょう。期待した以上の成果が見込まれる月です。普段あまりお付き合いのないところからの連絡も入りそうです。面倒がらずにこちらから出向いて行くと、予想以上に有利な話があります。好調な月なのですが、タイミングが難しい月です。自分自身の決断力が鈍らぬように日頃から訓練しておきましょう。対人関係においては優しさを忘れずに接してください。

風邪に警戒をしましょう。

4月の方位

今月の吉方位

吉→西南

1 月	○	前進には苦労あるが最終結果良好
2 火	◎	何が起きるかわからない引締めて
3 水	○	安請け合いは怪我の元慎重に検討
4 木	◎	不慣れなことも丁寧にこなして吉
5 金	△	八方に気を配って隙見せないよう
6 土	△	小さな成功でも注目度は大きい時
7 日	▲	我を押し通さず謙虚な姿勢で対処
8 月	△	気力が衰えるような事態がある時
9 火	△	持てる力を全部出し切る精神力を
10 水	○	良いと思ったら実践する勇気持つ
11 木	◎	無理をしないで流れに沿って進む
12 金	○	井の中の蛙にならぬよう広く見る
13 土	◎	穏やかな中にも自己信念貫くこと
14 日	△	人生は予期せぬ災厄起きる認識を
15 月	△	華やかな中に哀愁を感じる一日に
16 火	▲	不首尾に終わっても希望失わない
17 水	△	今日の病気は手術が必要なことに
18 木	△	仕事にも人間としての情は必要に
19 金	○	投資や保証の話は入念に検討して
20 土	◎	気負い失くし平常心で臨むのが吉
21 日	○	相手により態度変えると信用失う
22 月	◎	成り行きを見つめ安全に遂行する
23 火	△	現状維持に徹し新規のこと避ける
24 水	△	他者と比べず自己との戦いが大事
25 木	▲	見通し悪いが継続は力を信じよう
26 金	△	好調の裏の落とし穴に十分警戒を
27 土	△	現在地を正確に把握すれば良好に
28 日	○	奇策用いず定石通りの推進が吉運
29 月	◎	間延びした決断にならぬよう注意
30 火	○	即決をせず検討加えた上で決める

今月の幸運数＝5、6、7　幸運色＝ゴールド

五月運勢

五月五日立夏の節より
月命己巳　二黒土星の月
暗剣殺　西南の方位

前月の好調さを持続しています。さらに今月は大きな野望を抱くようになります。計画は実行しても良いですが、第三者の意見を聞いてみましょう。自分が見落としているところがないかをチェックしてもらうと良いです。

病気や災厄などに見舞われた場合でも冷静に対処しましょう。苦境に立たされると人間はパニックに陥り、柔軟な思考ができなくなります。こうした時こそ経験者の意見が威力を発揮するものです。迅速に相談して対応すれば、難局も傷口を広げることなく処置することができるはずです。

5月の方位

今月の吉方位

大吉→東南
中吉→乾

1	水	◎	確固たる覚悟で素早く着手をする
2	木	△	現状判断の誤りが失敗につながる
3	金	△	輪の中心になっても公正な態度を
4	土	▲	石橋を叩いて渡る用心深さが必要
5	日	△	自己中心の考え方が真の友失くす
6	月	△	手さぐりの状態で進むのは危険が
7	火	○	気持ちを楽にして取り組むのが良
8	水	◎	幸運日につき全力尽くして奮闘を
9	木	○	馴れ合いで作業すると大失敗へと
10	金	◎	自信は継続的努力で得られるもの
11	土	○	確信あるも最後まで気を抜かない
12	日	△	実力を蓄えるのは日々の精進のみ
13	月	▲	目先の小利に囚われず大局観から
14	火	△	仲間意識でまとまるのも節度持ち
15	水	△	何とかなるの甘い気持ちは捨てる
16	木	○	伝達は短い言葉で明確に伝えよう
17	金	◎	心開き広い心が成功へとつながる
18	土	○	緊張感を保ち万事に目を光らせる
19	日	◎	途中経過確認しながら進めば吉運
20	月	○	相手を観察すれば成就案も見える
21	火	△	性急に決着付けようとせず着実に
22	水	▲	当初計画見直し初心に帰ってみる
23	木	△	上から目線での言動は顰蹙を買う
24	金	△	頑固一徹も論理的根拠が最重要に
25	土	○	状況読みうまく流れに乗るように
26	日	◎	狙いを定めて一直線に進むのが良
27	月	○	しゃべるより聞き役に徹して吉日
28	火	◎	多弁より簡略なアドバイスが有効
29	水	○	孤立せず和合を念頭に置き過ごす
30	木	▲	旧習を排し新風を吹き込む意欲を
31	金	▲	欲を出し深追いをすると益少なし

六月運勢

六月五日芒種の節より
月命庚午　一白水星の月
暗剣殺　北の方位

進展が少し停滞します。焦らず時流に沿って着実に歩を進めていきましょう。目標を下げると志を低くしてしまうことがあります。志を下げることなく高みを目指すのが理想です。遅くても前に進めるのだという信念があれば道は開けます。目に見える成果がないといって軽はずみな行動や強引な手法をとると失敗します。さらに挽回するのに無駄な時間と労力を費やすことになります。あくまでも計画路線上を確実に歩いていくのが吉策となります。

殻に閉じこもらず人間関係を良好に保ち、広い視野で考えましょう。

6月の方位

今月の吉方位

吉→東南

日	曜	吉凶	運勢
1	土	△	上手の手から水が漏れる油断せず
2	日	△	背伸びせず自分に合った活動する
3	月	○	駆け引きせず誠実に対応すると吉
4	火	◎	やる気十分もやり過ぎず慎重期す
5	水	○	従来の旧弊を見直し新たな方針を
6	木	◎	元気に活動する姿が周囲を潤す源
7	金	○	ありのままの自分を出すのが得策
8	土	△	日頃無関心な歯を労わり手入れを
9	日	▲	気迷いのままでは発展はできない
10	月	△	やる気ある態度が誤解されぬよう
11	火	△	優柔不断と言われても安全確実に
12	水	○	言葉一つでやる気が増すことある
13	木	◎	他者の好意素直に受け進展を図る
14	金	○	一歩踏み出す果敢な精神が成功を
15	土	◎	成功は小さな成果の蓄積と知る日
16	日	○	慎重な行動で周囲との協調崩さぬ
17	月	△	意欲が空回りする安全運転をして
18	火	▲	自分の立場を弁えた言動を取ろう
19	水	△	強気で押すも裏付けが重要な要素
20	木	△	八方美人的では真の味方できない
21	金	○	説得は多く語るとうまくいかない
22	土	◎	形ではなく誠意ある姿勢が共感を
23	日	○	気持ちの整理のための一日とする
24	月	◎	好調を持続する忍耐力が必要な時
25	火	○	節約をしても最低限の義理忘れず
26	水	△	自分の仕事に誇りを持ち精進する
27	木	▲	利他の精神も入れないと成功なし
28	金	△	長幼の礼あり先輩を尊敬する心を
29	土	△	些細なことで波風立てない精神力を
30	日	▲	繁華街でのトラブルに注意しよう

七月運勢

七月六日小暑の節より
月命辛未　九紫火星の月
暗剣殺　南の方位

物事を慎重に進めていても、突然の災難は避け切れません。災難はいつ起こるかわからないと常に肝に銘じて物事を推進していけば、遭遇しても冷静に対応できるものです。大きな取引や買い物を計画している人は注意が肝心です。契約書は入念に読み返すくらいの確認は必要です。

障害に遭っても気力を失わない精神力を持ちましょう。一発勝負的な活動は長続きしないものです。また、余計な一言を発しないように注意をしましょう。せっかく良いところまで漕ぎ着けた話が破談になってしまいます。

7月の方位

今月の吉方位

大吉→亥、乾
中吉→寅、艮

日	曜	運	内容
1	月	△	安易な約束をして信用落とさない
2	火	○	発想の転換をして視野を広げよう
3	水	◎	結論考えてから行動の順序を検討
4	木	○	過去の栄光追いかけず責務を遂行
5	金	◎	意地を張らず素直な気持ちで進展
6	土	○	倫理道徳に反する事は運気下げる
7	日	△	性急に結論出さず正か悪かを考察
8	月	△	障害への対処法で真価が問われる
9	火	▲	軌道から逸れないように進路確認
10	水	△	力強い上司いるが努力を怠らない
11	木	○	納得いかない妥協は将来に禍根を
12	金	◎	自分自身と謙虚に向き合い前進を
13	土	○	注目度ナンバーワン前向きでいる
14	日	◎	年下の男性が不足分を補い好調に
15	月	○	表に出るより裏方で助力に徹する
16	火	△	他人の噂話は聞き流し本気にせず
17	水	△	仕事に緩急付けメリハリを明確に
18	木	▲	禍を転じて福となす機転を利かす
19	金	△	日々の精進の積み重ねで乗り切る
20	土	○	余暇を楽しむ気持ちの余裕が大事
21	日	◎	障害は上昇のための一里塚と見る
22	月	○	成功者への賞賛は惜しみなくする
23	火	◎	陰徳が認められ賞賛が集まる吉日
24	水	○	地味だが努力の結果が認められる
25	木	△	余計な一言が破綻を呼ばないよう
26	金	△	努力しても結果が出ないことある
27	土	▲	障害乗り越えて粘り強く初志貫徹
28	日	△	自分の考えを他者に押し付けない
29	月	○	喜びは周囲と分け合い幸福感倍増
30	火	◎	心身に充足感あるが無理をしない
31	水	○	軽々しく飛びついて中途挫折注意

八月運勢

八月七日立秋の節より
月命壬申　八白土星の月
暗剣殺　東北の方位

低迷期に入った月です。新たなことを手掛けるより現在手持ちの事柄を継続進展させるのが良策です。他人のことで神経を使う場面が多く出てきます。雑音に惑わされずに自分の成し遂げたい事柄に集中して力を注ぐのが賢明です。この時期に蓄えた知識や経験値が次のステップへ進む原動力になるはずです。

仕事に関しては、影の力となって他者をサポートするのが招福につながります。安請け合いをして約束を果たせないという不祥事にならぬよう用心してください。研究と洞察力が重要な役割を担います。

8月の方位

今月の吉方位

吉→亥、乾

日	曜	運	内容
1	木	◎	好機と見たら素早い行動を起こす
2	金	○	人物は上辺で判断せず中味を評価
3	土	△	会議で議論かわす時間割き実践を
4	日	△	広い視野で見て公平な判断をする
5	月	▲	大切なことをうっかりミスしない
6	火	△	仕事とプライベートは条件が違う
7	水	○	意見割れたら年長者に従うのが吉
8	木	◎	先入観で判断せず資料を参照する
9	金	○	即答せず時間をかけて検討加える
10	土	◎	奉仕をする気持ちが伝播して招福
11	日	○	正々堂々と真正面からぶつかろう
12	月	▲	邪な思いあるととんだ災難に遭う
13	火	△	駆け引きより本筋を忘れないこと
14	水	▲	お先真っ暗状態嵐過ぎるのを待つ
15	木	△	他人の心の中に踏み込まない心を
16	金	○	諸事活気を帯びるが内容の理解を
17	土	◎	好運気に倦怠感を感じても丁寧に
18	日	○	発展願っても邪道を用いないこと
19	月	◎	約束の期日守ってこそ価値上がる
20	火	○	無駄な出費抑え有効な物に絞ろう
21	水	▲	途中経過を省かず丁寧に仕上げる
22	木	△	有利なこと声高に主張する人警戒
23	金	▲	努力と忍耐要求される試練の時に
24	土	△	先入観で突っ走ると失敗を招く元
25	日	○	見通しは明るいので計画的に行動
26	月	◎	楽な気持ちで遂行できる幸運な日
27	火	○	体裁に囚われず実質利益を優先に
28	水	◎	押すべき所は強気で押してみよう
29	木	○	中道を保ち周囲との協調精神持続
30	金	△	不満は胸の内に収め無難に過ごす
31	土	△	誹謗中傷は受け流し相手にしない

九月運勢

九月七日白露の節より
月命癸酉　七赤金星の月
暗剣殺　西の方位

今月は喜怒哀楽の感情が激しくなります。感情を抑制して穏やかな気持ちで過ごす習慣を養いましょう。希望がかないそうな星回りにあります。また、自己の能力を最大限に発揮することができる時です。良好なアイディアが閃くことがあります。実行に移せるように創意工夫してみましょう。仕事を楽しんで遂行するという気楽な考え方が功を奏します。楽しみながら仕事をするという発想法です。私欲が強過ぎると失敗してしまいます。社会に役立っているという実感こそが大きく飛躍していく原動力となるものです。

9月の方位

今月の吉方位

中吉→北

1	日	▲	弱運気なので現状維持の気持ちで
2	月	△	盲信せず的確に判断して進捗図る
3	火	○	雑念捨て仕事に専念するのが良策
4	水	◎	仕事は楽しみながらすると効率良
5	木	○	計画は消化できる範囲の内容にて
6	金	◎	将来を見据えた働きをしていこう
7	土	△	中途挫折せぬよう明確に目標持つ
8	日	△	一息ついて冷静な判断力を養おう
9	月	△	不慮の災難に備え心構えしておく
10	火	▲	掛け声倒れにならぬよう着実実践
11	水	△	自信は美徳決断は勇気がいる時も
12	木	○	問題点は明確に説明できる必要が
13	金	◎	大きな目標も地道な一歩から始まる
14	土	○	会話は相手の話も聞くことで成立
15	日	◎	臨機応変な対応が有利な状況作る
16	月	△	自信過剰にならず謙譲な姿勢保つ
17	火	△	発想の転換をして新機軸生み出す
18	水	△	企画は災難も想定し柔軟性持たす
19	木	▲	一言多くして進行を破綻させない
20	金	△	曖昧な結論を出さず様子を見よう
21	土	○	暴走しないよう自制心を働かそう
22	日	◎	仕事忘れ英気を養う一日が重要に
23	月	○	用事が集まってくる手際良く処理
24	火	◎	後継者問題は時間をかけて準備を
25	水	△	燃え尽き症候群にならぬよう注意
26	木	△	陰にこもらず明るい気持ちで前へ
27	金	△	仕事も家庭も大事両立を目指そう
28	土	▲	争いは運気を下げる絶対に避ける
29	日	△	持病のある人は再発させないよう
30	月	○	無理せず休養を取り入れると有効

十月運勢

十月八日寒露の節より
月命甲戌　六白金星の月
暗剣殺　西北の方位

先月の努力目標が身近なものに感じられるでしょう。雑な進め方をせず、細かいところまで注意する方法で推進しましょう。蟻の一穴という言葉があります。小さなことを見逃しているとそこから大きな失敗が生まれてしまうことをいいます。進めるにあたっては、秘密裏に決定するという方法は絶対にとらないようにしましょう。秘密や隠し事は必ず露見します。露見したあとには修復という無駄な時間と金銭的な損失が絡んできます。公明正大に進めることが一番コストが安く成功しやすいというのが原理原則です。

10月の方位

今月の吉方位

大吉→南
中吉→西南
吉→東北

日	曜	運勢	内容
1	火	◎	計画を確認しながら責務の継続を
2	水	○	油断せず一日を大切に生きていく
3	木	◎	準備怠らず着手すれば結果は良好
4	金	△	安易なアイディア実行はリスク大
5	土	△	思い違いを責任転嫁せず誠実対処
6	日	△	緊張感途切れるとつまらぬミスを
7	月	▲	企画倒れは大きい無駄伴う慎重に
8	火	△	根性論で割り切らず理性的に対応
9	水	○	自己を活性化させ惰性を排除する
10	木	◎	要所要所を確認しながら進展が吉
11	金	○	万事に制約受け窮屈さ感じる一日
12	土	○	羽を伸ばし過ぎずに英気を養おう
13	日	○	年下の者の問題軽く扱わないこと
14	月	△	自分の趣味を生かし気分転換図る
15	火	△	目先の得失に一喜一憂せず平静に
16	水	▲	長い目で見た判断を習慣にしよう
17	木	△	従来の取引を上手に生かす方策を
18	金	○	得意分野に的を絞り精進を重ねる
19	土	◎	軌道路線上をまっすぐ行けば安泰
20	日	○	こだわりを捨て柔軟な姿勢で前進
21	月	○	失言しないように注意深く発言を
22	火	○	少しの障害は上昇への良薬となる
23	水	△	過去を忘れ心機一転して取り組む
24	木	△	計画は不屈の精神で不言実行する
25	金	▲	小細工するより時の流れに任せる
26	土	△	言葉を飾らずありのままの態度で
27	日	○	明るい材料は揃っているが慎重に
28	月	◎	的確な判断で成果は大きく上がる
29	火	○	緊急時対処の仕方で人物がわかる
30	水	○	見通し誤ると困難が立ちふさがる
31	木	○	初心忘れず着実に計画を実行する

十一月運勢

十一月七日立冬の節より
月命乙亥　五黄土星の月
暗剣殺　なし

運気は上々なのに実力を発揮できないジレンマに悩みそうです。今月は家庭と仕事を両立させるのだという気持ちで進展するのが最善策です。不満はそのまま溜め込んでしまうのではなく、きちんと話し合いをしましょう。穏やかに話をすれば相手も必ず理解を示してくれるものです。仕事もプライベートも一気に片づけようとせず、時間をかけて解決していくという方針を立てましょう。自分の持ち分の責任をきちんと果たすのだという気持ちがあれば、同時進行でもうまくいきます。

腹部の疾患に気を付けてください。

11月の方位

今月の吉方位

大吉→北
吉→南

日	曜	運	内容
1	金	△	先走りせず必ず確認してから進む
2	土	△	目的に沿っていない時迅速に修正
3	日	▲	衰運の時こそ笑顔を忘れないこと
4	月	△	人の言に惑わされず自己の判断で
5	火	○	迷った時こそ初期の計画の実践を
6	水	◎	気持逸るが途中過程を飛ばさない
7	木	○	思いが先走りして行動が伴わない
8	金	◎	目標外さず計画通り推進が最善策
9	土	○	立場を認識し軽い言動を取らない
10	日	△	基本となる実力養成は持続させる
11	月	△	目標逸脱し手を広げないよう用心
12	火	▲	途方もない計画は時間の無駄遣い
13	水	△	組織は集団で初めて機能する社会
14	木	○	大事にも臆することなく前進する
15	金	◎	タイミングを外すことなく結論を
16	土	○	上手の手から水がこぼれる慎重に
17	日	◎	人事を尽くし天命を待つ気持ちで
18	月	○	抑えた話し方が好感を得られる日
19	火	△	見栄を捨て実質的内容を重視する
20	水	△	欲求不満を募らせず発散法考えて
21	木	▲	今日の投資話は乗らないのが無難
22	金	△	内容不明確なことは徹底的追及を
23	土	○	良否分かれることある良識に従う
24	日	◎	水を得た魚のように活躍できる時
25	月	○	意見の相違あっても尊重する心を
26	火	◎	抑制した言動で率先垂範をしよう
27	水	○	誤解招かぬよう説明は丁寧にする
28	木	△	自分の信念を大事にして突き進む
29	金	△	事態は甘くない気合で乗りきれず
30	土	▲	経験者の助言生かし実践重視する

十二月運勢

十二月七日大雪の節より
月命丙子　四緑木星の月
暗剣殺　東南の方位

活動量に比べて出てくる成果が少ないと感じるかもしれません。十二月という月で雑多な事柄が一時に出てきたためです。取りこぼしのないように一つ一つ確認をしながら処理していきましょう。地道な活動が大事な時です。仕事の範囲が広がるような状況ができますが、広げるより狭めていきましょう。良い案が浮かんだらメモに残し、来期の好運期に実行できるようにしましょう。目先の小利に心を奪われそうになっても、長い目で見た最善策をとりましょう。その場しのぎの対処法では将来にうまくつながりません。

12月の方位

今月の吉方位

大吉→西南
吉→北

日	曜	運	内容
1	日	△	感情に流されず理性を持って活動
2	月	○	情報は丁寧に取捨選択をして活用
3	火	◎	完全を求めず中庸のところで手を
4	水	○	周囲からの重圧に負けず自分流を
5	木	◎	好条件でも中味の吟味は忘れない
6	金	○	理想と現実の違いを知り実践する
7	土	△	今日の依頼事は受けないのが無難
8	日	△	障害は大きくても糸口は必ずある
9	月	▲	小さなミスも大きく喧伝される時
10	火	△	信頼関係の強化は相手の尊重から
11	水	○	旧習は悪いことと決めつけず活用
12	木	○	運気旺盛でも新たな挑戦は延ばす
13	金	○	手際よく重要事項から片づけよう
14	土	◎	気持一つで好回転に積極的行動を
15	日	○	休日でも時間にメリハリをつけて
16	月	△	物質的欲望は上にきりがないもの
17	火	△	充足感を味わうことが少ない一日
18	水	▲	黒子に徹し表に出ないほうが良い
19	木	△	楽な方法ではなく正攻法の道選ぶ
20	金	○	多少の支障あっても結果は良好に
21	土	○	家族との連携を密に取り結束する
22	日	○	雑念を排除し目前の職務に集中を
23	月	◎	大事な時期を迎えて失敗をしない
24	火	○	人の世話はお節介にならぬように
25	水	△	公私の別を厳格にし仕事に専念を
26	木	△	正論なら意見をはっきり伝えよう
27	金	○	やり残したことがないか総点検を
28	土	◎	明暗が湧いてくるが来期に回そう
29	日	○	あえて結論を急がぬ道も選択肢に
30	月	○	平常心で年末を迎え来期に備える
31	火	○	平穏無事に終わらせることが吉に

五黄土星《ごおうどせい》

2024年の運勢の変化と指針

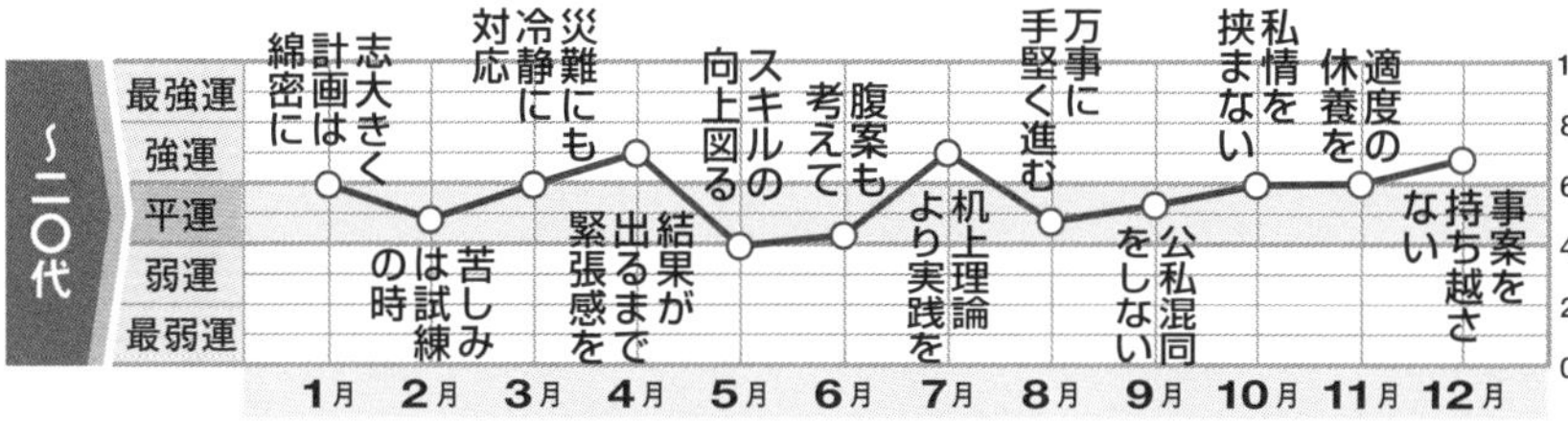

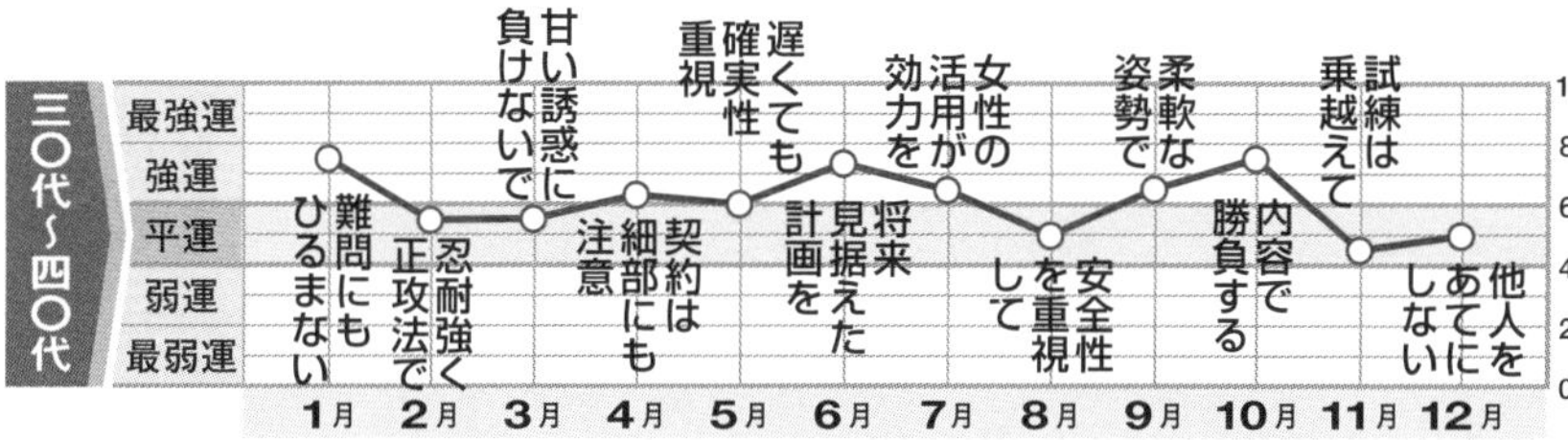

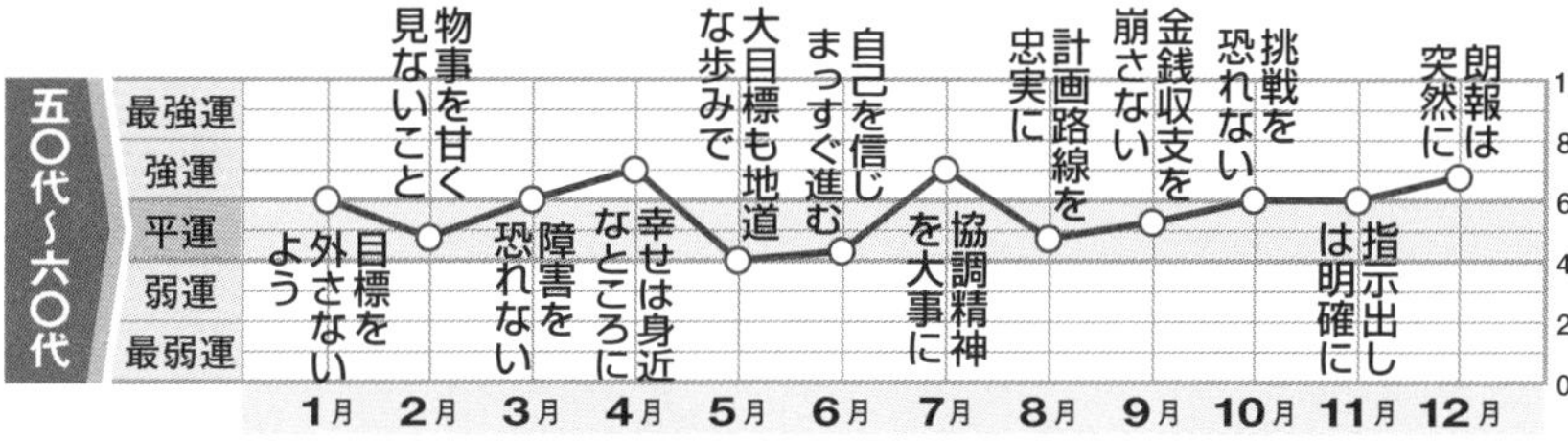

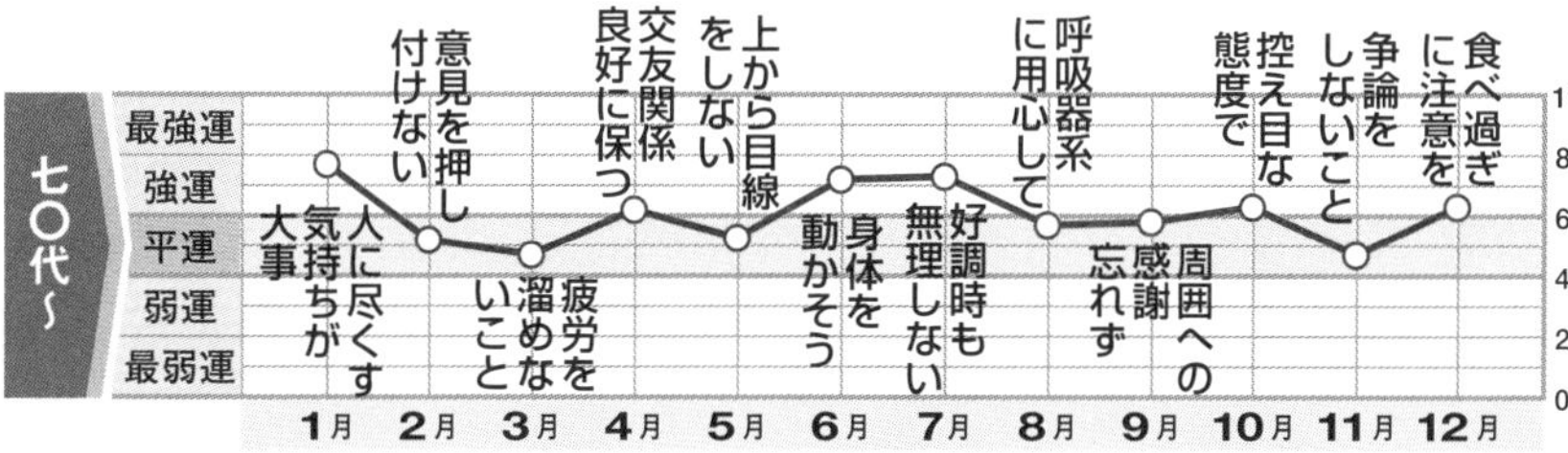

五黄土星生まれの人

2歳（令和 4 年　壬寅）	38歳（昭和61年　丙寅）	74歳（昭和25年　庚寅）
11歳（平成25年　癸巳）	47歳（昭和52年　丁巳）	83歳（昭和16年　辛巳）
20歳（平成16年　甲申）	56歳（昭和43年　戊申）	92歳（昭和 7 年　壬申）
29歳（平成 7 年　乙亥）	65歳（昭和34年　己亥）	101歳（大正12年　癸亥）

五黄土星 ○ 収穫期

本年のあなたの本命星は兌宮《だきゅう》に回座します。前年の仕事優先の反動を受けるかのように遊興・趣味・レジャーに時間を費やすようになります。仕事より遊興優先になるのです。パーティー・会食・観劇などが活発になります。仕事より交際レジャー優先になると出費が重なり、懐具合を心配するところですが、今年は金運が良く、臨時収入が入ってくるラッキーな暗示があります。

仕事や学校帰りに寄り道が多くなります。男性ならちょいと一杯のつもりがハシゴ酒になり、女性なら洋服やアクセサリーなどを見て回っているうちに、いつの間にかあれこれと買い込んでしまうという雰囲気のある星回りなのです。人生たまにはそれも良いかもしれませんが、行き過ぎると後悔することになります。財布の中味と健康が一時に失われているということのないようにしましょう。

アルコールが入ると言葉によるトラブルが発生しやすくなります。七赤金星に同会し中宮《ちゅうきゅう》に被同会している三碧木星は共に音声や言葉に影響のある星です。言わなくても良い一言や他人への中傷や自分の自慢話などは慎むようにしましょう。いくら親しいからといって節度を越えて先輩上司にタメ口をきいたりするのは反則行為です。

また、飲食が過ぎないように注意してください。この年に健康を害すると手術が必要になるケースが多くあります。暴飲暴食を自制した生活を送りましょう。

五黄土星方位吉凶図

適職

政治家、宗教家、教育家、評論家、金融業、公務員、裁判官、土建業、自衛官、刑務官、医師、オークション業、葬儀社、解体業、プログラマー等

吉方

本年は相生する二黒土星が回座する東南方位、七赤金星が回座する南方位、九紫火星が回座する西南方位、八白土星が回座する北方位、六白金星が回座する東北方位が吉方となります。月別の吉方は毎月の運勢欄をご覧ください。

凶方

本年は五黄土星が回座する西方位が五黄殺、反対側の一白水星が回座する東方位が暗剣殺方位の大凶方位になります。五黄土星が回座する西方位が本命殺、反対側の一白水星が回座する東方位が本命的殺方位で五黄殺、暗剣殺と重なる大凶方位になります。本年の十二支である辰の反対側、戌の方位が歳破で大凶方位です。月別の凶方は毎月の運勢欄をご覧ください。

♣ 健康運

本年は呼吸器や口中疾患に気を付けましょう。本年病気をしますと、手術が必要になる場合が多いです。

一般的にこの星生まれの人は体力を過信する人が多いものです。肥満型の人には内臓が弱い人が多いので、注意が必要です。やせ形の人のほうが比較的丈夫です。

本年は娯楽・遊興の星の上に回座しています。遊興娯楽が多いと飲食の機会が増えて内臓に負担が掛かります。そのことを念頭に置いて節制をしていかないと、予期せぬ疾患が襲って手術が必要という不運に見舞われます。豪胆に見えても慎重に行動するこの星生まれの人でも油断は禁物でしょう。歯の手入れも面倒がらずに続けましょう。

◆ 金銭運

本年の金銭運は比較的良好です。蓄財型の金運ではなく消費型の金運です。必要な分が何となく入ってくるというラッキー運ですが、油断して過ごすと財布がいつの間にか軽くなり過ぎているという結果になります。計画的に遊んで消費する習慣を崩さずに過ごしましょう。借り入れをして遊興を楽しんでしまう行動は禁物です。あとで苦しむことにならないように用心しましょう。

真面目に事業を営んで借り入れをする人には、本年はうまく目途が付きそうです。これをきっかけに浮上できる時期ですので奮闘しましょう。ただし、東方位の取り引きは十分に調査をしてかかりましょう。空手形などをつかまされないように警戒してください。

♥ 恋愛運

恋愛に関して本年は華やかです。恋のチャンスがたくさんあります。この星生まれの人には、慎重に理性的に判断して恋愛をしているつもりでも周囲から見るとはらはらするような状況が見られます。大胆な性格がそうさせるのでしょう。南方位からの女性はチャーミングで可愛らしい人です。あなたと気の合う相手です。西南方位からの男性は女性のあなたに気配りをしてくれます。東方位の女性は男性のあなたを手練手管で籠絡してきそうです。恋は盲目という言葉がありますが、日頃から観察眼を磨いておけば、まどわされることはないものです。

未婚の男女には恋愛や結婚の機会が多くある星回りです。好機を捉えて幸せな人生を送りましょう。

五黄土星生まれの運勢指針

❖二歳
あらゆることに興味を示し、じっとしていることが少なく目が離せない時でしょう。室内とはいえ、赤ちゃんには危険がいっぱいあります。用心をしましょう。

❖十一歳
この年齢になると、次の中学のことが気になるかもしれません。時々不安になる子供さんもいるようです。楽しいところだということを少しずつ教えてあげましょう。

❖二十歳
妙に注目される年です。誘惑も多くなります。異性と出会うこともあるでしょう。いずれの場合も自分を見失うことなく、しっかりと将来を見据えて行動しましょう。

❖二十九歳
先行きに大きな希望が見える年齢です。なりたい自分、やりたいことなど目標を明確にして日々研鑽していきましょう。重い任務を背負わされることもあります。ひるむことなく果断に挑戦を。

❖三十八歳
一息つきたいかもしれません。新人とも違い、老練なベテランという訳でもない。仕事は一応マスターして次の段階へ向かう大事な時期です。責務も一層重くなるはずです。自覚を持って。

❖四十七歳
今年は仕事に実が入らず、遊興に気を奪われます。緊張の糸が切れた状態です。現状を直視して情報を多く取り入れましょう。信用を落とすことは最悪の事態です。

❖五十六歳
発想の転換がうまくいく年です。新たなアイディアがうまく時勢にマッチして注目されます。出過ぎないように中道精神を守れば、成果は順当に認められます。

❖六十五歳
交渉事が重なり、心身共に負担が掛かり、体調を崩しがちになります。計画的に物事を進め、他者の意見も取り入れると順調にいきます。一部の人には定年退職という節目があります。

❖七十四歳
思うようにいかないことを他人のせいにせず、自らは引き立て役に徹すると良い結果が得られます。他人の領域に足を踏み入れないように注意をしましょう。

❖八十三歳
身内に嬉しいことが起きる兆候があります。素直に喜びを分かち合い、楽しみを共有しましょう。じっとしているとあなたは孤独に陥る傾向があります。広く人との交際に努めましょう。

❖九十二歳
経験を後進に伝えるのは高齢者の務めといえます。老人が一人死ぬと一つの図書館がなくなるのと同じくらいの損失といいます。億劫がらずに体験を大いに話しましょう。

❖百一歳
百歳を超えると、その後の人生は記録との戦いのような日々です。元気に過ごす秘訣を頭にまとめて他者に話すのも良いと思われます。

一月運勢

一月六日小寒の節より
月命乙丑　六白金星の月
暗剣殺　西北の方位

掛け声倒れにならぬよう、地に足を着けた着実な実行を心掛けましょう。西北からやってくる甘い儲け話に乗るようなことは避けてください。その儲け話には裏があり危険です。正月の気のゆるんだ気持ちのままでいると、損害を背負い込みます。十分に警戒をすることです。

調子が良いと、お山の大将になった気分になります。自制心が大事な時です。昔の些細な悪事が蒸し返されることがあります。誠実に向き合い、きちんと決着をつけておくのが良いでしょう。身辺は常に清廉潔白にしておくのが望ましいです。

1月の方位

今月の吉方位

大吉→東北
中吉→北、庚、辛

日	曜		
1	月	○	新たな気分の一日を心から寿ぐ日
2	火	△	裏に回って接待役での奉仕が吉運
3	水	△	人のつながり大切にし相手を尊重
4	木	◎	仕事始めは状況を観察しゅっくり
5	金	○	手の内を見せず穏やかに進展する
6	土	◎	体調管理を怠りなくし万全を期す
7	日	○	人との信頼関係を生かした交際を
8	月	△	余裕を持って実践する気持ち大切
9	火	▲	安易に同調する態度は取らないで
10	水	○	思い邪なしの精神を大事に正道を
11	木	△	正攻法で遂行し駆け引きをしない
12	金	○	新たな手法を試みても良い時期に
13	土	○	決着つくまで油断せず緊張感保つ
14	日	○	情勢変化を読取り早めに手を打つ
15	月	◎	積極的な活動が好結果を生み出す
16	火	○	手の打ちどころを的確に先手必勝
17	水	△	口は禍の元とならぬよう自制心を
18	木	▲	積極策とらず守りの姿勢が最善策
19	金	○	一つの秘密は次の秘密呼び衰運に
20	土	△	今日は秘密が明るみに出される時
21	日	○	困難に立ち向かう意志力が重要に
22	月	○	常に明るく前向きな姿勢を保とう
23	火	○	仕事は一つずつ順番に対処しよう
24	水	◎	勢いのある時なので仕事に全力を
25	木	○	無理せず流れに沿って結論を出す
26	金	△	目上の忠告は無視せずによく聞く
27	土	▲	計画は何気ないようでも重要指針
28	日	○	年度の計画見直し早めの確認修正
29	月	△	人生は他人ではなく自分との戦い
30	火	○	手を広げず焦点絞り力を集中して
31	水	○	どんな時も平常心で臨むのが大切

二月運勢

二月四日立春の節より
月命丙寅　五黄土星の月
暗剣殺　なし

自分の許容量を超えたと思われる職責を与えられそうです。あなたならできると思っての依頼だと思われます。神はその人に背負いきれないほどの事柄を与えはしない、という言葉を聞きます。その裏を返して、あなたならできると思って神が与えた試練と受け止めて果敢に挑戦してみることです。あなたにとっての未知の領域には、先達の経験者がいるはずです。その人に聞いてみましょう。問題の糸口をつかめば、前進は案外たやすいかもしれません。

新しいことに目が向きます。導入するなら、よく検討を加えてからにしましょう。

2月の方位

今月の吉方位

大吉→南
中吉→東北、未、坤
吉→亥、乾

日	曜	運勢
1	木	○無駄に時間を取られないよう用心
2	金	◎気持ち楽にして実力出せば成果大
3	土	○身近な目標を追うのが達成感ある
4	日	△弱運だが普段の自分を出し平穏に
5	月	▲不調に終わっても我慢も努力の内
6	火	○良いと思ったら即実行すると幸運
7	水	△七転び八起きの精神で失敗恐れず
8	木	○異分野との交流から良好なヒントが
9	金	◎仕事は百点目指して進むのが吉策
10	土	○無理をして人脈広げる必要はない
11	日	◎一日を効率良く過ごす工夫が幸福
12	月	○人との交流は勇気もらえる活力源
13	火	△自分の守備範囲を知り出過ぎない
14	水	▲利益追求の一本調子に陥らぬよう
15	木	○新しい発想が生まれ活発に動ける
16	金	△頑なな態度は著しく進歩阻害する
17	土	○格好つけず結論は迅速に決定する
18	日	◎真正直は大事だが時に駆け引きも
19	月	○勢い空回りせぬよう目的意識強く
20	火	◎平常心で誠実に向き合えば幸運日
21	水	○果敢に挑戦し現実的に処理をする
22	木	△苛立ちは心身の不調から休養して
23	金	▲閉塞感に陥らず広角的に見てみる
24	土	○変則的生活改め単調でも規則的に
25	日	△半歩先を読む訓練が向上心を作る
26	月	○きつい言葉は相手を苛立たせる元
27	火	◎気持ちをブレさせず方針貫く覚悟
28	水	○他人のすることに口出しをしない
29	木	◎調和を念頭に入れ推進すれば幸運

今月の幸運数＝３、５、８　幸運色＝ホワイト

三月運勢

三月五日啓蟄の節より
月命丁卯　四緑木星の月
暗剣殺　東南の方位

経験や知識を生かし、思うように進展することができます。今月は仕事優先にして奮闘しましょう。物事がまとまる方向に動いていています。温めていた新規計画を実行に移す好機です。意外なところから援助の手が差し伸べられます。反対に他者から頼りにされることがあります。親切に応えてあげると、その時は気づかなかったとしても、後日問題が発生した時には味方となって働いてくれます。

締め括りを明確にすることが重要です。情に駆られた甘い決着は、後日に禍根を残します。ビジネスと割り切ることです。

3月の方位

今月の吉方位

大吉→北
中吉→南
吉→東北

1	金	○	心身共に活発な一日集中して奮闘を
2	土	△	油断せず丁寧な生活すれば平安に
3	日	▲	公私共に秘密は作らない様正道を
4	月	○	一人で背負わず頼れる所は頼ろう
5	火	△	楽しい事を主体に選べば長続きに
6	水	○	公正な判断をして一方に偏らない
7	木	◎	強運だが猛進しない様自制の心を
8	金	○	全員に平等はないけれど協調必要
9	土	○	失言は信用を失い大きな損失被る
10	日	○	平静で余裕のある生活態度が吉運
11	月	△	あらぬ誤解を受けぬ様正道を歩む
12	火	▲	目立たない陰徳を積むのが好運に
13	水	○	障害は真正面から向うのが最善策
14	木	△	苦難に耐えてこそ進歩発展がある
15	金	○	仕事に専念すると必要な物見える
16	土	◎	順序をきちんと追って遂行が上策
17	日	○	相手に対する思いやりを忘れない
18	月	○	障害も想定内に入れた計画立てる
19	火	○	準備を整えて着手すれば安泰運に
20	水	△	浮わついた気分で過ごすのは禁物
21	木	▲	目下の人にも言葉掛ける気持ちを
22	金	○	思うように進まないが結果は良好
23	土	△	金にこだわり過ぎると苦しくなる
24	日	○	目上には礼儀を尽くし信頼を得る
25	月	◎	行動計画は身の丈に合った寸法で
26	火	○	あれもこれもと手を出さず絞って
27	水	○	多少の困難は乗り越える覚悟大事
28	木	○	事態を軽視せず丁寧に点検をする
29	金	△	物を粗末に扱うと好運気は逃げる
30	土	▲	無理に目立とうとしないのが良い
31	日	○	内輪のもめごとには素早く対応を

四月運勢

四月四日清明の節より
月命戊辰　三碧木星の月
暗剣殺　東の方位

勢いの盛んな月を迎えています。充実した気力で前進できます。成果は大きいものがあります。入ってくるものも大きいのですが、出ていくものも大きいので、バランス感覚を失わないように現実の把握を怠らないことです。常に収支バランスを頭に入れた活動をしましょう。

人との共同作業では調和の精神を忘れないようにしましょう。ワンマンになる傾向があります。抑制力を働かせて、うまく協調して遂行していきましょう。自分の得意分野ではないこともあります。人に任せることが必要な時もあります。

4月の方位

今月の吉方位

大吉→西南
中吉→東南、北
吉→南、東北

日	曜	運	
1	月	△	内々の企画が外に漏れぬよう注意
2	火	○	小さなことでも一つの達成感重要
3	水	◎	行動力が成否を決める攻める気で
4	木	○	忙しくても思慮を欠く言動しない
5	金	◎	調和のある関係が好結果生む要因
6	土	△	急いでも結果は同じ確実性を重視
7	日	△	外見華やかでも内実は乏しい一日
8	月	▲	上辺を取り繕わず本質で勝負する
9	火	○	先方を立てるなら話はうまく進む
10	水	△	信用は一朝一夕にできぬ長い目で
11	木	○	自説主張するなら内容を重視する
12	金	◎	いざという時の決断力が物を言う
13	土	○	心境の変化来すが新規事は慎重に
14	日	◎	消極的でも段階踏んで的確に進行
15	月	△	常に緊張感を忘れないで進展する
16	火	△	時間の区切りを計算して対処する
17	水	▲	他人を援助することは自分のため
18	木	○	公私を厳密に区分して仕事に邁進
19	金	△	新機軸を打ち出しても実行は後日
20	土	○	黙々と本分を消化していくのが吉
21	日	◎	一人よがりにならぬよう神経使う
22	月	○	世の中にうまい話はないと自覚を
23	火	◎	遅くても安全確実を目指して遂行
24	水	△	悩み出た時は抱え込まず即相談を
25	木	△	交遊関係広がるが相手をよく吟味
26	金	▲	緊急事態起きても沈着冷静に対処
27	土	○	視野は広く持ち目標は焦点絞って
28	日	△	勝負事したくなるが運気は弱運に
29	月	○	運動不足は免疫力低下で健康阻害
30	火	◎	好調運だが慎重に進めるのが良い

今月の幸運数＝１、４、９　幸運色＝ブラウン

五月運勢

五月五日立夏の節より
月命己巳　二黒土星の月
暗剣殺　西南の方位

今月のあなたは変化・改革の星の上に回座しています。旧習を捨てて新しい方法を試みようという機運に包まれます。実行して失敗するのは、実行しないで後悔するよりは良いです。成果を挙げるには、実行するよりほかありません。上司の助力やアドバイスを活用しましょう。

人との約束は慎重に対応しましょう。できない約束を受けてはいけません。自分の値打ちがゼロになってしまう危険があると再認識しましょう。人生は他者との競争でもありますが、自分との戦いでもあります。全力を尽くしましょう。

5月の方位

今月の吉方位

吉→北、南

日	曜	運	内容
1	水	○	地道に努力して掛け声倒れを回避
2	木	◎	結論急がず最善策考えるゆとりを
3	金	△	堅実な動きが自信生まれる原動力
4	土	△	斬新な発想転換図り旧弊の一掃を
5	日	▲	季節の変わり目の体調不良に用心
6	月	○	福運があるので前向きに努力する
7	火	△	不平を態度に表さず我が道を行く
8	水	○	迷いがあった時は結論を出さない
9	木	◎	有言実行し率先して責務に向かう
10	金	○	近視眼にならず考え方を広角的に
11	土	◎	新たな縁から有益な話が飛び出す
12	日	○	目に見えない力が背中を押す感覚
13	月	▲	邪魔が入り思い通りに進まない日
14	火	▲	言わなくても良い一言を自重する
15	水	○	空元気でも良い明るい気持ちにて
16	木	△	弱運気なりに慎重に進行させよう
17	金	○	不慣れでも継続させることが重要
18	土	◎	過去の経験から学ぶ意欲を大切に
19	日	○	感情に任せた言動には危険が伴う
20	月	◎	窮状を部下の働きで脱する好運日
21	火	○	親しい人との別れを経験するかも
22	水	▲	肩の力抜いての対応が効果を発揮
23	木	▲	衰運の時は最悪の場面想定し進む
24	金	○	積極的に事案に取り組み前向きに
25	土	△	盛運と錯覚しがちだが猛進しない
26	日	○	朗報がもたらされる兆しがある日
27	月	◎	好機を見逃さない観察眼を養おう
28	火	○	時間かければ好結果得られるかも
29	水	◎	自己の長所を生かし最大限の実績
30	木	○	注目されても平常心で対応をする
31	金	▲	精神的に落ち込み悪い方向へ向く

六月運勢

六月五日芒種の節より
月命庚午　一白水星の月
暗剣殺　北の方位

華やかなイメージがあります。仕事よりも遊興方面での華やかさが目立ちます。アクセサリーやファッション関係の人には良い月で、活況を呈します。一般の人には支出が増えますので収支を考えた生活態度が必要です。人生の息抜きとして適度に楽しみましょう。

人との交流が活発になります。独身者には恋の季節となります。既婚者には不倫の恋が生まれる可能性があります。十分に警戒して過ごしましょう。

今月怪我や病気をすると、結構重症になるケースが多くなります。

6月の方位

今月の吉方位

大吉→東南
中吉→亥、乾
吉→西南

日	曜	運	
1	土	▲	指示する時は状況の説明を丁寧に
2	日	○	偏りのない判断下し公正心掛ける
3	月	△	力及ばない時は助力頼む勇気持つ
4	火	○	素直な気持ちでの対応が好結果に
5	水	◎	現実を見つめ着実な努力を重ねる
6	木	○	他人との比較をしても向上しない
7	金	◎	事前準備万全で臨めば成果大きい
8	土	○	間違いや停滞でも前向きで成果大
9	日	△	緊急事態は常に不意にやってくる
10	月	▲	弱運気でも方針通り平常心で活動
11	火	○	言行一致を旨とし軽口は誤解生む
12	水	△	風評を気にして自分を見失わない
13	木	○	皆が進めるからではなく自主性を
14	金	◎	仕事は心から喜んでするとと幸運に
15	土	○	我田引水の決め方は反発を買う元
16	日	◎	気移りを避け目的に向かい全力で
17	月	○	物事を曖昧なままで先送りしない
18	火	△	スキ見せると足をすくわれる注意
19	水	▲	領域を広げ過ぎず現在地の維持を
20	木	○	好調時こそ細かいことを軽視せず
21	金	△	計画通り進めれば無難に経過する
22	土	○	大言壮語し信用を落とさないこと
23	日	◎	功を焦らず万全を期した手を打つ
24	月	○	陰日向なく誠実に責務遂行が吉運
25	火	◎	大胆な企画も実行して良い幸運日
26	水	○	家族の和を優先し秘密を作らない
27	木	△	相手の非を追及し過ぎないのが良
28	金	▲	自分の持ち分の遂行に全力尽くす
29	土	▲	運気不安定な日心静かに過ごそう
30	日	△	結果出なくても努力は蓄積される

今月の幸運数＝５、７、０　幸運色＝ホワイト

七月運勢

七月六日小暑の節より
月命辛未　九紫火星の月
暗剣殺　南の方位

自分の専門分野に焦点を絞り、深く掘り下げることを目指しましょう。口数を減らして不言実行に徹するのが吉策です。自分のスキルを向上させるのに最も適している月です。今までの経過をたどってみるのも良いことです。過去の生かせる経験を取り入れ、新たに方法を構築するのも良策です。経験と知識の両方を取り入れるのです。そして良い方向と決めたら信念を貫くのです。孤立して他者を見下す不遜な態度を取るのは良くありません。独断専行は仲間を失う元になります。

腰痛に注意をしましょう。

7月の方位

今月の吉方位

中吉→東南
吉→西南

日	曜	運勢	
1	月	○	忍耐強く推進させれば好結果得る
2	火	◎	実力は十分に発揮される全力出す
3	水	○	有頂天慎み謙虚に研鑽するのが吉
4	木	◎	中途半端に妥協せずに初心を貫く
5	金	○	覆水盆にかえらず前向きに歩もう
6	土	△	どんな状況にも臨機応変に対応を
7	日	△	小事を捨て大道を行く気持ち大切
8	月	▲	盲信すると大失敗をする確認大事
9	火	△	人に尽くす気持ちが重要になる時
10	水	○	愛情の表現は相手の気持ちに沿って
11	木	◎	取り組んだ仕事は最後まで責任を
12	金	○	お山の大将では人はついて来ない
13	土	◎	大局的に判断し些事にこだわらぬ
14	日	○	裏工作を働くと反感買うので注意
15	月	△	悪習に染まった生活習慣は打破を
16	火	△	蟻の一穴のたとえあり油断しない
17	水	▲	出だし間違えると悪循環繰り返す
18	木	△	その場しのぎの対処は禍根を残す
19	金	○	感謝の気持ちを忘れずに精進する
20	土	◎	今日の努力は将来の礎となる一歩
21	日	○	自信あることも軽々しく扱わない
22	月	◎	運気良好攻めるべきところ逃さず
23	火	○	明るい気分で年配の人の話を聞く
24	水	△	金銭の貸借は交友関係危うくする
25	木	△	新しい発想となる知識を吸収する
26	金	▲	調子に乗ると大きな失敗をする元
27	土	△	目上や先輩からの助力得られる日
28	日	○	予定外の出費しないよう計算して
29	月	◎	観察眼養い情勢変化に対応しよう
30	火	○	努力だけで解決しないことがある
31	水	◎	周囲に相談し了解得たら一直線に

八月運勢

八月七日立秋の節より
月命壬申　八白土星の月
暗剣殺　東北の方位

運気全快とはいきませんが、かなり良好な星回りに入っています。発芽期にあたる時です。発芽期の勢いはありますが、それほどの頑健さはありません。ゆっくり丁寧に進んでいきましょう。今まで不調だった人にも再起の好機となります。持てる力を十分に発揮し、目標を完遂させましょう。

白黒をきちんと求められます。決断する時は自信を持って下してください。曖昧な結論は許されない雰囲気の時です。また、自分の実力の限界を見極め、大丈夫と判断したら最善を尽くしましょう。単純ミスを犯さぬよう慎重な活動を。

8月の方位

今月の吉方位

大吉→亥、乾
吉→東南

1	木	○	人に任せたことには口出ししない
2	金	△	一歩退き経験者に任せるのが良策
3	土	△	与えられた条件考慮し全力尽くす
4	日	▲	体冷やすと健康損ねる保温に留意
5	月	△	功を焦って道を急ぐと墓穴を掘る
6	火	○	肩の力抜き楽な気持ちで取り組む
7	水	◎	指示は簡潔明瞭にし饒舌を慎もう
8	木	○	成果を欲張らず中庸を良しとする
9	金	◎	困難に負けず斬新企画で新境地を
10	土	○	新たな出会いから有利な話が出る
11	日	▲	家庭内の些事にも気配りをしよう
12	月	○	甘い夢追わず現実を直視して前進
13	火	▲	疲労を溜めず適度の休養を取ろう
14	水	△	勢いあるけれど注意深く前進する
15	木	○	明確な目標掲げまっしぐらに推進
16	金	◎	人縁広がり業績も大いに向上する
17	土	○	遅くても完璧に仕上げるのが上策
18	日	◎	休日の過ごし方で仕事の意欲増す
19	月	○	公事により自分時間が少なくなる
20	火	▲	難局に年配女性の助力が効果的に
21	水	○	言多くして内容薄しの弊害避ける
22	木	▲	自然体で対処し流れを無視しない
23	金	△	働き過ぎでは健康害す配分考慮を
24	土	○	率先して実践に従事し模範を示す
25	日	◎	趣味や娯楽生かし私生活の充実を
26	月	○	多くの意見を取り入れ幅広く活動
27	火	◎	継続は力なりを肝に銘じ忍耐強く
28	水	○	曖昧なまま進まず焦点を絞り前進
29	木	▲	世論に振り回されず正しい分析を
30	金	○	内密事項が漏れないように警戒を
31	土	▲	愚痴を言わず目前の責務の遂行を

今月の幸運数＝1、4、6　幸運色＝アクアブルー

九月運勢

九月七日白露の節より
月命癸酉　七赤金星の月
暗剣殺　西の方位

本来であればこの月は、飛躍できる幸運月です。しかし、今年は少し危険な月になっています。月破という災厄を受ける震宮《しんきゅう》に回座しているのです。文字通り物事が破れるという暗示があります。十分な警戒が必要です。重要案件は慎重に遂行し、結論を延ばせる時間の余裕があれば延ばしましょう。特に契約書や印鑑の扱いには慎重な配慮が必要です。思い付きや計画にない事案は手掛けないほうが無難です。

　秘密裏に物事を進めるのは避けてください。大問題に発展します。一方に偏らず公正な立場を貫くようにしましょう。

9月の方位

今月の吉方位

中吉→南、亥、乾
吉→東南

1日	△	実力以上のことは引き受けないで
2月	○	枠に囚われずビジネスに徹しよう
3火	◎	華美な生活態度戒め堅実に生きる
4水	○	得意分野に的を絞り力集中させる
5木	◎	良いアイディアは熱い内に実行を
6金	○	初めての経験を楽しむ気持ち大事
7土	△	秘密裏で進めると後日の紛糾の種
8日	○	最後の詰めを欠いては成就しない
9月	▲	自分に関係ないことに首挟まない
10火	△	長い物には巻かれるのが良策の日
11水	○	裏技に頼り過ぎて本筋を外さない
12木	◎	盛運気新企画あれば実行に移そう
13金	○	根負けをして途中で投げ出さない
14土	◎	難問に遭うが上々の結果得られる
15日	△	不意の災難にも冷静に対応をする
16月	△	独創性が周囲の共感を得られる時
17火	○	感性豊かな老婆が窮地を救う女神
18水	▲	困難には立ち向かう不屈の精神を
19木	△	遠方でも好機と見たら乗ってみる
20金	○	血気盛んになり暴走しない自制心
21土	◎	堅実に努力するなら実り多い一日
22日	○	信頼の第一歩は約束守る態度から
23月	◎	障害は乗り越えてこそ輝きを増す
24火	△	事前打ち合わせして問題に備える
25水	△	相手の短所を責め立てない配慮を
26木	○	結論は自然に落ち着くまで待とう
27金	▲	優柔不断と慎重は別物との認識を
28土	△	わからぬ点は有識者に素直に聞く
29日	○	体裁にこだわり過ぎると自分失う
30月	◎	張り切り過ぎてはうまくいかない

十月運勢

十月八日寒露の節より
月命甲戌　六白金星の月
暗剣殺　西北の方位

今月は外部からの邪魔が入り、物事が破れることに注意を払いましょう。用心して推進すれば、大きな事故などは避けられます。一度破談になった事柄でも、根気よく修復の努力をすれば成立することもあります。諦めずに忍耐強く交渉してみましょう。丁寧に成し遂げようとするあなたの姿勢に共感する人もいます。誠実に成し遂げる努力を続けましょう。自分の領分を逸脱しないように注意してください。

実践を重視し、率先して動きましょう。仕事上の不足は知恵を出して補う気持ちを忘れなければ、道は大きく開けます。

10月の方位

今月の吉方位

大吉→東北
中吉→北

日	曜	運	内容
1	火	○	お金の出入り激しいバランス見て
2	水	◎	現状に甘んじることなく上昇志向
3	木	△	努力せずに得られる物は何もない
4	金	△	結果良ければ良しの思考は捨てる
5	土	○	北からの高級品に不良品あるかも
6	日	▲	衰運時は表に立たず黒子に回ろう
7	月	△	不必要と思われたら早急に改善を
8	火	○	仕事は大局観持ち実力養成をする
9	水	◎	大胆な手も確たる論理的裏付けを
10	木	○	内容は十分吟味してから取り組む
11	金	○	相手の懐に飛び込む感性を磨こう
12	土	○	軽挙妄動しては目標見失うことに
13	日	△	隠れた陰徳が現れ賞賛を得るかも
14	月	○	身辺状況整理し無駄を省いていく
15	火	▲	他人任せのやり方はいつか破綻に
16	水	△	情報は鵜呑みにせず咀嚼して使う
17	木	○	依頼事の内容確認してから受ける
18	金	◎	調子は上々で思い通りに進展する
19	土	○	変革は確信持てなかったら失敗に
20	日	○	健康に気配りをしてお酒は程々に
21	月	○	一人合点せず周囲の意見も聞いて
22	火	△	過去を振り返り自己反省を試みる
23	水	○	愛想よく近寄ってくる人物に用心
24	木	▲	勤勉に働くのも良いが休養入れて
25	金	△	経験豊かな仲間と組み効率上げる
26	土	○	どんなことでも基本を疎かにせず
27	日	◎	地に足を着けた堅実な活動をする
28	月	○	引退した実力者から貴重な忠告が
29	火	○	上辺の華やかさで判断しないこと
30	水	○	安全確実な方法をとり冒険しない
31	木	△	はっきりした意思表示するのが吉

十一月運勢

十一月七日立冬の節より
月命乙亥　五黄土星の月
暗剣殺　なし

人や物、そして情報が不思議と集まってくる月です。有効なものとそうでないものを素早く見極めて取捨選択をして活用しましょう。情報が集まると、積極的な気持ちになります。机上の理論を重ねるより実践をしてみることです。実践しながらさらに良否を見極めていくのが有効です。机上で論議をしているうちに好機を逸してしまうことがあります。

輪の中の中心人物にまつりあげられることがあります。自分を飛躍させるチャンスと考えて奮闘してみましょう。案外うまくいくかもしれません。

11月の方位

今月の吉方位

大吉→南
中吉→西南、東北
吉→亥、乾

日	曜	運勢
1	金	○ 意志を強固に持つも行動は柔軟に
2	土	▲ 途中で投げ出さない忍耐力が大事
3	日	△ 要点を手短に話すと伝わりやすい
4	月	○ 交遊関係には気を取られ過ぎない
5	火	◎ 情勢を読み強気の折衝が効果的に
6	水	○ 道義を外れた言動は信頼関係壊す
7	木	◎ 他者に甘えず実力で成し遂げよう
8	金	○ 掛声倒れにならぬよう確実な方策
9	土	△ 休日には身辺の整理整頓をしよう
10	日	○ 取り決めを順守して正々堂々行う
11	月	▲ 無事これ名馬の言葉あり疾病注意
12	火	△ 予定外のことは控え計画に沿って
13	水	○ 見栄を張らず実益の優先を考える
14	木	◎ 脇見せず焦点絞り力を集中させる
15	金	○ 井の中の蛙にならぬよう広く見る
16	土	◎ 懸案事項を迅速に片づけるのが吉
17	日	○ 旨いものを食べて気晴らしも良し
18	月	△ 過去の事例から参考例見つけ学ぶ
19	火	○ 現実と計画のずれは早めに修正を
20	水	▲ 上辺だけ取り繕わず誠実に対応を
21	木	△ 最後まで諦めない心が吉運を招く
22	金	○ 過去の古傷が表面化し苦境に立つ
23	土	◎ 身内からの助言が有効に働き吉日
24	日	○ 目上との会話では敬意を表すこと
25	月	◎ 一度決めたこと最後までやり抜く
26	火	○ 初心に帰って謙虚な気持ちで臨む
27	水	△ 日頃から運動不足にならぬように
28	木	○ 壁にぶつかった際の対処法が重要
29	金	▲ 多様性秘めたことは視点を変えて
30	土	△ 仕事上の問題には私情を挟まない

十二月運勢

十二月七日大雪の節より
月命丙子　四緑木星の月
暗剣殺　東南の方位

周囲の空気を読み、協調していくことを心掛けましょう。計画目標をほぼ達成して満足感を味わうことができます。礼節を弁えて努力を続けていけば、上司や目上の協力理解を得られます。女神が後押しをしてくれているような幸運を感じるでしょう。多少の障害はありますが、乗り越えられます。決断する時に迷いを生じないように日頃から決断の時を意識していましょう。

年末を控えている月です。八方に気を配り、年内に処理するべきことの漏れがないように見直しましょう。風邪などを引かないように用心を。

12月の方位

今月の吉方位

大吉→北
中吉→丙、丁
吉→東北

日	曜	運勢
1	日	○良否の判断は明確な意見を付けて
2	月	◎明るい前向きな姿勢が幸運を倍増
3	火	○苦労した事実を今後に生かす工夫
4	水	◎忙しい中でも相談事は受けて吉運
5	木	○親しい人との歓談は勇気をもらう
6	金	△順調そうでも思わぬ障害に用心を
7	土	○その場の雰囲気にも節度保つ心を
8	日	▲停滞気味の問題に明るい兆しあり
9	月	△実力発揮できず思惑が外れる時に
10	火	○結果を曖昧にせず明確に答え出す
11	水	○運気好調だが不用意の発言に注意
12	木	○好機は必ずやってくる緊張感保つ
13	金	◎目の前の試練に勇敢に立ち向かう
14	土	○少しの成功に安住せず目標上げる
15	日	△精神面での心配事が起きる兆候が
16	月	○物質的に恵まれる一日となりそう
17	火	▲今日の仕事は今日中に片づけよう
18	水	△頭が冴えやる気大だが成果少なし
19	木	○今回の目標値見直し次回に生かす
20	金	○途中経過を確認しながら推進する
21	土	○何事も節度ある態度取り紳士的に
22	日	◎やるだけのことをし運を天に任す
23	月	○強引な自己主張は摩擦引き起こす
24	火	△手順通り順を追って進めていこう
25	水	○信念は曲げずに他者の意見も聞く
26	木	○紆余曲折あっても結果は良好得る
27	金	△立場弁えて自分の領域を超えない
28	土	○人によって態度を変えたりしない
29	日	◎活発な行動控え穏便に進むのが吉
30	月	○結論を急がず来期に回しても良い
31	火	○来期を見据え今年の仕事の総括を

六白金星《ろっぱくきんせい》

2024年の運勢の変化と指針

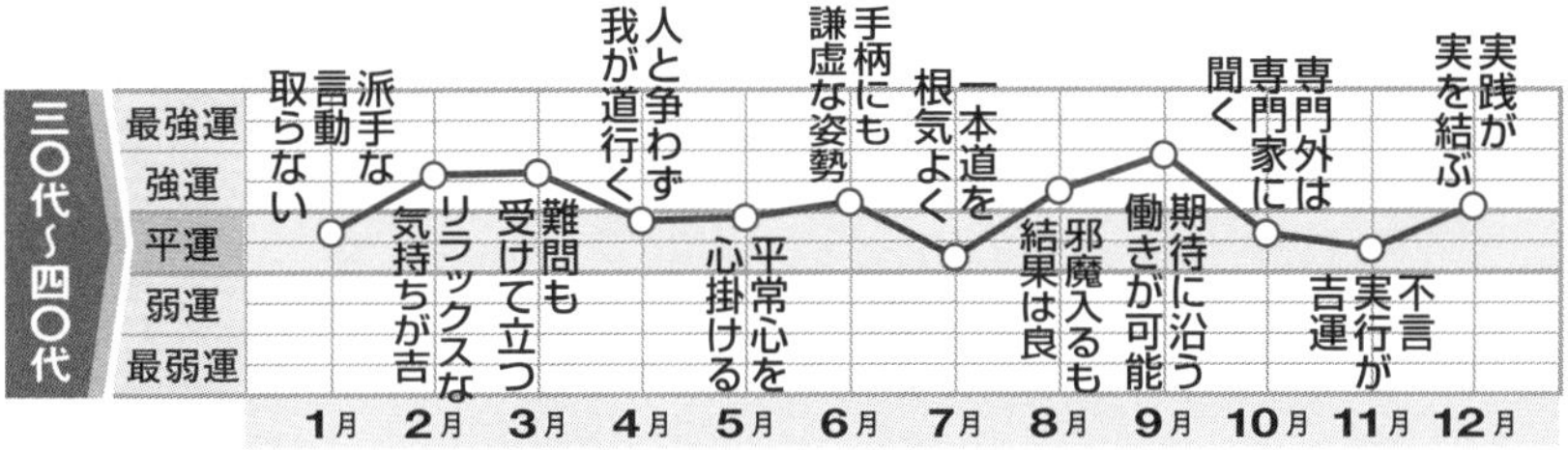

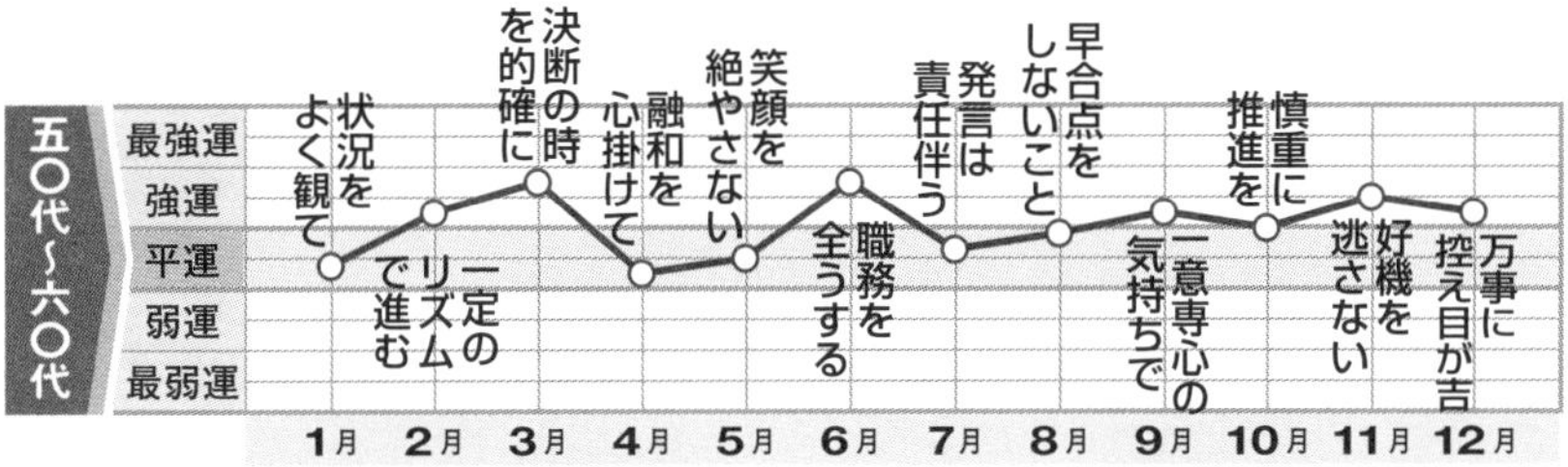

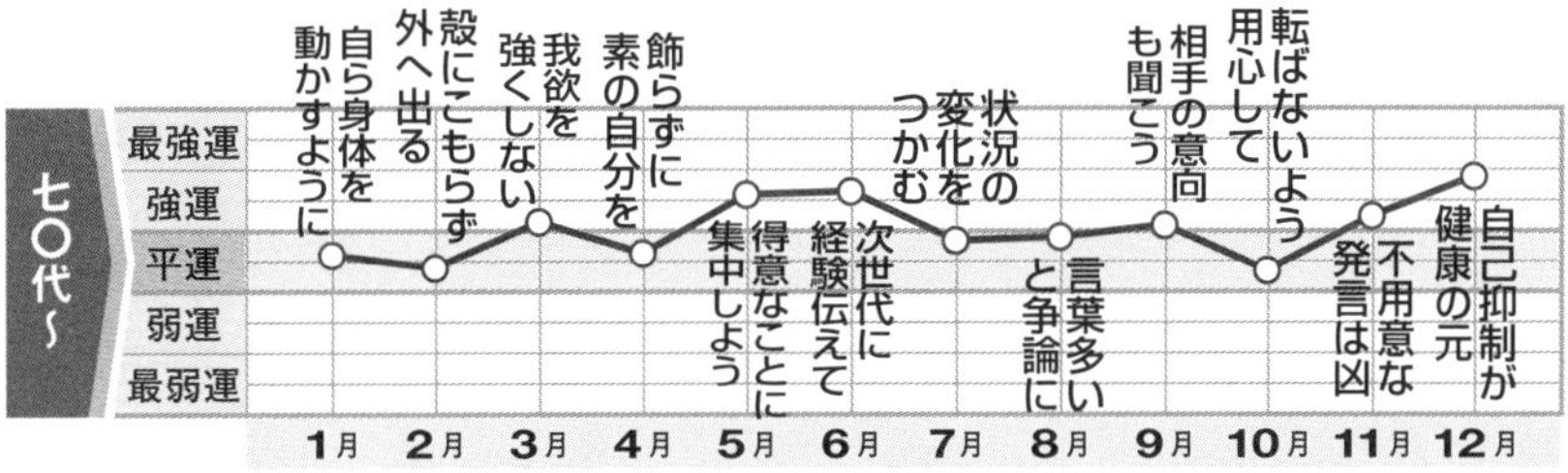

六白金星生まれの人

3歳（令和 3 年　辛丑）	39歳（昭和60年　乙丑）	75歳（昭和24年　己丑）
12歳（平成24年　壬辰）	48歳（昭和51年　丙辰）	84歳（昭和15年　庚辰）
21歳（平成15年　癸未）	57歳（昭和42年　丁未）	93歳（昭和 6 年　辛未）
30歳（平成 6 年　甲戌）	66歳（昭和33年　戊戌）	102歳（大正11年　壬戌）

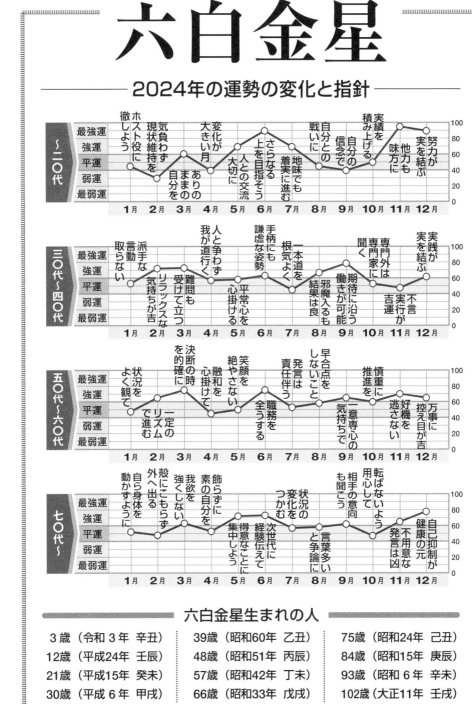

六白金星

時空期

本年あなたの本命星は東北の艮宮《こんきゅう》に回座します。同時に乾宮《けんきゅう》に回座した四緑木星に被同会されています。このことから本年のあなたは目まぐるしく運命が変化していくことがわかります。主の星を背負ったあなたは責任感が強く独立独行の人です。少し自分本位なところがありますが、身内や部下を守ろうとする正義感があります。親戚からの相談や跡継ぎに関する話などが持ち込まれます。誠実に対応しましょう。また自分の後継者に関する問題なども発生するかもしれない年です。いずれにしても本年は人生上のターニングポイントになるときです。この艮宮に回座する今年は新旧交代の年なのです。大きく変わるのは良いのですが、将来の飛躍につながる年にしたいものです。将来の布石を打つつもりで手堅い方針を貫くのが良いのです。大胆な手は控えましょう。仕事を博打的なものにしないというのも大切なことです。着実に積み上げていく方策が理想的です。

反対に昨年まであまり結果が良くなかった人は、新旧交代期を利用して起死回生の一打を放つことを計画してみましょう。しっかりと計画を練り込んで実行に移せば、変化運を逆手に取ることも可能です。その時は面倒を見てきた親戚や友人知人そして部下の力が大いに役立ってきます。日頃から友好関係を良好に保っておきましょう。上から目線の態度は取らないことです。被同会されている四緑木星の意から遠くにいる親戚や友人知人が開運の鍵を握っています。

健康には気を配ってください。足腰の打撲に注意を。

六白金星方位吉凶図

適　職

政治家、法律家、航空機関係業、自動車関係業、証券取引業、貴金属店、レストラン業、鑑定業、警備員、スポーツ用品業、ミシン業、ジャーナリスト、飛行機客室乗務員等

吉　方

本年は相生する二黒土星が回座する東南方位、七赤金星が回座する南方位、八白土星が回座する北方位が吉方となります。月別の吉方は毎月の運勢欄をご覧ください。

凶　方

本年は五黄土星が回座する西方位が五黄殺、反対側の一白水星が回座する東方位が暗剣殺の大凶方位となります。六白金星が回座する東北方位が本命殺、九紫火星が回座する西南方位が本命的殺の大凶方位になります。本年の十二支である辰の反対側、戌の方位が歳破で大凶方位です。月別の凶方は毎月の運勢欄をご覧ください。

♣ 健康運

本年は運動不足からの疾患に注意をしましょう。本年のあなたは動かない状況に置かれます。また自分でも動きたくないという気分になります。運動不足になると体の筋肉が衰え、基礎代謝も落ちます。そして、肥満傾向の体質になります。そして、血圧が上がりやすくなります。関節にも負担がかかり、手足腰の関節に疾患が起きやすくなり、ひどくなると関節が痛くなります。また腰痛を引き起こします。そうなると治療に時間と労力がかかり、日々の生活に支障が出ます。身体を動かす習慣を付けましょう。本年は精神的に気苦労が重なります。精神面の変化が大きい年です。あまり変化が大きい行動はとらないほうが無難です。精神的負担は肉体的活力を奪うもとになります。

◆ 金銭運

大きく入ってきたかと思うと次の月には資金繰りに苦労することがあります。不意の出費にも注意をしましょう。事前の予算案があれば、慌てないですみます。

保証人になった人の事業がうまくいかずに借金を背負いこんでしまうようなことが起き、家庭にまで悪影響を及ぼします。また欲得に絡んだことに遭遇しますが、自分の利益に強くこだわると、かえって損失になってしまいます。中庸のところで手を打つようにしましょう。

本年は貯蓄する気持ちが強くなります。それは良いことなのですが、あまりにこだわり、出すべき時に出さないのでは信用を失くし、本末転倒になってしまいますので、バランスを考えましょう。

♥ 恋愛運

恋愛にも波があります。本年は、長い期間付き合っていた二人にも心境の変化が起こります。他者に関心が移ったり、一時的に熱が冷めたりすることがあります。この危機を乗り切るには、お互いの行動に注意を払って、会話をマメにすることです。相手に関心があることを言動で示すのが良策です。家庭を持っている人には浮気や離婚の危機が訪れることがあります。少し離れたい気持ちが大きくなり、別れ話へと発展してしまうこともあります。時間をかけて築いてきた家庭を壊すのは簡単です。再構築こそ大変ですが、そこに二人だけの価値が生まれます。お互いを理解するには対話が大切です。何気ない話こそが夫婦の会話でしょう。

六白金星生まれの運勢指針

❖三　歳
知能の発達が大きい時に加えて動き回るスピードが速くなり、目が離せません。ただ、あまり過保護にしてダメを連発するのも良くないです。動作をよく見極めて導いてあげましょう。

❖十二歳
大人になったような錯覚に陥りがちですが、夢の世界と現実の世界がまだわかっていない時です。突飛もないことと片づけず、夢を大きく伸ばしてあげるような指導を心掛けましょう。

❖二十一歳
新たな出発のことを考えなければいけない時期でしょう。自分のやりたいことと適性などは、なかなかわからないものです。「楽しい」を基準にすると良い選択ができます。

❖三　十　歳
現状の改革を考えるより、当面は現状維持を考えてみるのも良いです。新たな出発は難しい時です。柔軟な思考が求められ、実行力も試されます。行動的なあなたには我慢も努力のうち。

❖三十九歳
気分の乗らない一年間かもしれません。気力が薄れています。年齢的には大事な時を迎えています。軽はずみな行動は避けましょう。気力充実するまで待機も悪くありません。

❖四十八歳
自分には雑事と思われることも実は大事な要素であることがあります。疎かにせずどんな職務でも誠実にこなしていきましょう。どんなことでも後日、必ず役に立つものです。

❖五十七歳
働き者のあなたも体力面で少し衰えを感じ始める時でしょう。この年齢では働き方が若い時とは違ってくるのが普通です。マネジメントに力を入れて、全体を俯瞰する目で差配しましょう。

❖六十六歳
現役続行中の人も年齢的には別の働きを求められることでしょう。培ってきた経験知識を生かせるように動きましょう。たとえ環境が変わっても、人間がやることの基本は一緒です。

❖七十五歳
この年齢時に身体を動かさなくなると、一気に動けなくなるとよく言われます。自分でできることは動いて自分でやることです。運動を日々の暮らしの中に取り入れることがポイントです。

❖八十四歳
じっとしていることが苦手なあなたが家に引っ込むと、急速に老け込んで健康を損ねる危険性があります。家庭内の事柄にも注意関心を払い、老後を楽しく過ごしましょう。

❖九十三歳
周囲のことに気を配り、生かされていることに感謝をしましょう。まだまだ後進との交流に心掛け、自分を若返らせましょう。そうすることにより、新たな世界が広がっていきます。

❖一〇二歳
自己の信念に従って生きてきたあなたです。人生を愉快に過ごす工夫をすれば、元気を継続することができます。何もしなくなると、先への希望が見えなくなります。

一月運勢

一月六日小寒の節より
月命乙丑　六白金星の月
暗剣殺　西北の方位

人が集まり賑やかな月になります。周囲の喧騒に惑わされることなく、年初の計画に沿って地道に精進しましょう。十分に活躍できる環境にあります。自分の得意分野に焦点を絞り、精力を集中させれば、目標を達成することができます。基本をしっかり守ったやり方が最善策です。成果を急ぐあまりの強引な手法は、摩擦を起こしがちです。人間関係に角が立ち、悪化させる危険性があります。

今月は自意識が強く出る傾向にあります。自分のことはあまり語らず、他者の話を聞く姿勢を保つとうまくいきます。

1月の方位

今月の吉方位

大吉→北、庚、辛
吉→南

日	曜	運	内容
1	月	▲	静かに新年を寿ぎ本年の活躍祈る
2	火	○	力まず平常心を保ち流れに任せる
3	水	△	主役にならず黒子に回るのが良い
4	木	△	仕事始めは気負い込まず様子見る
5	金	◎	年頭の計画を実行に移す時丁寧に
6	土	○	口うるさい人の意見が有効性持つ
7	日	◎	力強いバックボーンがあって前進
8	月	○	説得は上から目線で言ってもダメ
9	火	△	自説にこだわって怒りを溜めない
10	水	▲	衰運だが仲間の協力あり落ち着く
11	木	○	調整役としての役割が回ってくる
12	金	△	表面上の取り繕いでは相手されず
13	土	○	地に足を着けた活動が実を結ぶ時
14	日	○	決めたことを最後までやり抜く心
15	月	○	自己の考えに固まらず視野を広く
16	火	◎	強運だが暴走しないように自制を
17	水	○	万事冷静に推し進め無理をしない
18	木	△	ありのままの自分をさらけ出そう
19	金	▲	弱運気の時突然の災難への警戒を
20	土	○	人のために尽くすと福徳がもどる
21	日	△	目立とうとせずともすでに注目が
22	月	○	自分の世界を確立し他言に動じず
23	火	○	新たな企画は十分注意して進める
24	水	○	楽しく仕事ができるよう気配りを
25	木	◎	長老の知恵を借りると難問解決に
26	金	○	決断の時を見誤らない緊張感持つ
27	土	△	一言多くて失敗とならぬよう用心
28	日	▲	何事もうまくいかない隠忍自重を
29	月	○	目先の小利にこだわらず将来性を
30	火	△	脇見せず目前の責務の遂行を優先
31	水	○	難題も糸口をつかめば簡単に前進

二月運勢

二月四日立春の節より
月命丙寅　五黄土星の月
暗剣殺　なし

仕事に専念する姿勢を整えるのが良策です。仕事がうまく進展する星回りに入っています。私事に関してはよく理解をしてもらうように事前に根回しをしておくと良いです。自分の意見態度は明確にしましょう。八方美人的な動きは、周囲から見放されます。出張先で出る話には、好結果が出る予兆があります。アンテナを張って情報を的確に捉えましょう。

　結婚・恋愛・吉報など嬉しい事態がありそうです。仕事優先の中でも遊び心を躍らせながら、人生を広い視野で楽しんでみましょう。

2月の方位

今月の吉方位

大吉→東北、未、坤
吉→北

日	曜	運勢
1	木	○仕事を楽しい気持ちでするのが吉
2	金	○殻に閉じこもらずに人と接しよう
3	土	◎協調と温和な態度で接すれば吉運
4	日	○的を射た言動がみんなの共感呼ぶ
5	月	△身内や仲間を大事にすれば招運を
6	火	▲大山鳴動して鼠一匹の結果になる
7	水	○自分を無理に売り込んだりしない
8	木	△手慣れた事柄も初心に帰り丁寧に
9	金	○器用に立ち回るより誠実心掛ける
10	土	◎好調な日だが独善的にならぬよう
11	日	○自分が良ければという考え捨てる
12	月	◎根回し忘れなければ順調に進展を
13	火	○話を必要以上に大きくするのは凶
14	水	△天の恵みを受けて穏健に遂行する
15	木	▲災難にめげず長期的視野で考える
16	金	○苦手なことに立ち向かう精神力を
17	土	△正しい努力は裏切らない力となる
18	日	○先を急がず過程を楽しむ気持ちで
19	月	◎強気に押して相手の出方の観察を
20	火	○水を得た魚のように力を発揮する
21	水	◎自分に合った自分流が最適である
22	木	○他者の意見も聞き公正な心が大切
23	金	△新しい趣味を取り入れ気分一新を
24	土	▲性急な活動は禁物ゆっくりと進む
25	日	○先手の対策とり損失を未然に防ぐ
26	月	△遅くても確実に結果出すのが大事
27	火	○正攻法のやり方で成果は得られる
28	水	◎目上の忠告聞き業績向上をたどる
29	木	○強い味方得て実力を発揮できる日

三月運勢

三月五日啓蟄の節より
月命丁卯　四緑木星の月
暗剣殺　東南の方位

運気は盛運ですが、万事に慎重さが求められる月です。勢いはありますので、欲の深追いをせず中庸のところで手を打つのが最善策です。欲張り過ぎると元も子も失くして、得るところがなくなってしまいます。丁寧な作業を心掛けてください。取引先や金融機関とは綿密に連絡を取り合い調整すると良いでしょう。他人の意見も聞くように努めてください。やり過ぎによる失敗というリスクを未然に防ぐことができます。

出費が多くなる傾向にあります。無駄な出費を抑えて予算に従って。

３月の方位

今月の吉方位

大吉→南
中吉→東北
吉→西南

日	曜日	運勢
1	金	◎身の丈に合った計画なら実り多い
2	土	○口先だけでの話では信用度が薄い
3	日	△堅実な生き方が幸運を招く源泉に
4	月	▲人に尽くすのは結局は自分のため
5	火	○将来を考えて最低限の貯蓄をする
6	水	△重要案件を最優先として手順検討
7	木	○早期決着狙うと落とし穴あるかも
8	金	◎強運だが他人の成功快く思わぬ人も
9	土	○情報を生かし幅広い活動をしよう
10	日	○人に担がれても慢心せず謙虚さを
11	月	○目下や部下の話は丁寧に聞くこと
12	火	△若者の力を効果的に活用し成果を
13	水	▲堅実な行動を心掛け功を焦らない
14	木	○親戚とは時間をかけて話し合って
15	金	△身内にお祝いごと発生する兆しが
16	土	○目上との関係密接に保つのが良い
17	日	◎苦しかった時を振り返り奮闘する
18	月	○時間をかければ良いとは限らない
19	火	○きちんとした裏づけにより進展を
20	水	○相手の都合を無視しては決めない
21	木	△力の及ばぬところは経験者に相談
22	金	▲他人への親切は度が過ぎてもダメ
23	土	○気のゆるみで失敗しないよう警戒
24	日	△積極的に出るより控え目が良い時
25	月	○精勤後の余暇が思わぬ吉運を生む
26	火	◎新規の計画実行しても良い吉日に
27	水	○メリハリつけ行動を活性化させる
28	木	○過程を楽しむ気持ちが幸運を招く
29	金	○最後までやり抜く敢闘精神が大事
30	土	△好不調の波がある冷静に判断して
31	日	▲微熱でも感じたら早急に受診する

四月運勢

四月四日清明の節より
月命戊辰　三碧木星の月
暗剣殺　東の方位

　何か新たなことをしたくなる衝動に駆られます。精神状態が揺れ動く傾向です。転職、引っ越し、事務所の移転、取引先の変更など、置かれている状況は個々人で違います。いずれにしても思い付きで実行せず、きちんとした計画に則って実行するようにしましょう。地に足が着かない状態で軽率に動くと、思い通りにいかず失敗につながります。

　親戚や家族の問題が浮上してきます。迅速に対応し、誠実に向き合いましょう。曖昧にしておくと、生涯の足かせになってしまいます。

4月の方位

今月の吉方位

大吉→東南、北
中吉→南

日	曜	運	
1	月	○	簡単に片づくことでも全力尽くす
2	火	△	不精や不潔は運気を衰退させる元
3	水	○	手の打ちどころ見極め素早く決断
4	木	◎	急進は怪我の元十分な検討忘れず
5	金	○	大口叩いて信用失くさぬよう注意
6	土	◎	新鮮な気持ちで取り組むのが重要
7	日	△	目先の損得で決めず将来見つめて
8	月	△	目新しいことは事前の知識入れて
9	火	▲	災難はある時突然に来る油断なく
10	水	○	疑問は早急に解決し長引かせない
11	木	△	目上の信頼あれば難問も軽く突破
12	金	○	旧習でも今使える物は即実行する
13	土	◎	忙しくても対人関係は良好に保つ
14	日	○	忠告は素直に受け実行すると吉運
15	月	◎	約束守り責務遂行すれば好結果に
16	火	△	不平が多いと成るものも成らない
17	水	△	面倒な事柄も忍耐強く実行し解決
18	木	▲	どんな問題にも終わりは必ず来る
19	金	○	気持ちをリラックスさせて遂行吉
20	土	△	常に新たな気持ちで取り組む姿勢
21	日	○	急がず自分流でゆったり進んで吉
22	月	◎	才をひけらかさずに地道に進もう
23	火	○	視点変えて見れば解決糸口つかむ
24	水	◎	後輩に経験を上手に伝え招運得る
25	木	△	保証人の引き受けや争いは避ける
26	金	△	周囲に人が集まる選択眼を養おう
27	土	▲	頑固に自説にこだわり過ぎぬこと
28	日	○	遊興に夢中になり健康を害さない
29	月	△	真意を読み取り正しい判断を下す
30	火	○	吉凶相半ばする万事慎重に進める

五月運勢

五月五日立夏の節より
月命己巳　二黒土星の月
暗剣殺　西南の方位

中央の星からの助けを借りながらも頭を悩ませる事柄が出現しそうです。経験者や見識者に相談するのはもちろんのことですが、年下の女性の一言が解決の糸口となります。日頃の人間関係を良好に保っておくことが大事です。

目先の利益に目が行きがちですが、長い目で見た将来性を考えながら動きましょう。そのためにも若い人や目下の人への気配りを大事にしましょう。伸びていく人の力添えは将来への投資でもあります。

歯を傷めないように用心しましょう。怪我は小さくても大事にならぬよう警戒を。

5月の方位

今月の吉方位

吉→東南

日	曜	運	内容
1	水	◎	好調の波に乗ったら一気に進展を
2	木	○	羽目を外すと親しい人を失うかも
3	金	◎	相手を敬う気持ちを忘れないこと
4	土	△	事前準備入念にして遺漏なきよう
5	日	▲	支障が多くスムーズに進捗しない
6	月	▲	困った時は迷わず他者に相談する
7	火	○	上の引き立てあるが目立たぬよう
8	水	△	喜怒哀楽大げさに表面に出さない
9	木	○	状況判断冷静にして堅実に歩んで
10	金	◎	力の入れ時外さず一気に突き進む
11	土	○	ムラ気抑えて辛抱強く目標目指す
12	日	◎	目下の面倒見るのは我が身の陰徳
13	月	○	初め良くても結果が尻切れは不可
14	火	▲	好調そうでも横やり入りつまずく
15	水	▲	多弁は失言につながる用心しよう
16	木	○	自分で決めたら実行して有効化を
17	金	△	あれこれ迷わず本分に力の集中を
18	土	○	目先の損得より長期的視野で見る
19	日	◎	計画を練り直し再出発に適した日
20	月	○	仕事も家庭も気配りできる人が吉
21	火	◎	結果をつかむまで気をゆるめない
22	水	○	自分の実力を誇示せず周囲と同化
23	木	▲	親友が困った時は手助けしてやる
24	金	▲	他力に頼ると自力が育成されない
25	土	○	責任ある職務を任されることあり
26	日	△	一つ上の立場の考えが必要になる
27	月	○	甘い話に釣られ詐欺的行為警戒を
28	火	◎	有言実行を心掛け手抜きをしない
29	水	○	無理な駆け引きは破綻招く結果に
30	木	◎	手の内は見せず相手の出方を見る
31	金	○	最後の詰めを正確に打つのが大事

六月運勢

六月五日芒種の節より
月命庚午　一白水星の月
暗剣殺　北の方位

今月のキーワードは「保身に徹する」です。どういうことかと言いますと、星回りが三重の負の運気を背負っているのです。

本年一番の衰運の時で、暗剣殺、月破という二大凶神を背負った月なのです。納期に遅れる、経済的に困窮する、異性の問題や親戚とのトラブルが起きるなど、種々の災厄が隠れていて、少しのきっかけで表面化してきます。正道を堅実に歩んでいけば危険は避けられ、起きたとしても最小限の損害ですみます。自分を守るのは誰でもない、自分自身なのです。

足腰の骨折や負傷に警戒してください。

6月の方位

今月の吉方位

大吉→亥、乾
中吉→西南

1土	▲	最後の点検は自ら確認する習慣を
2日	▲	言わなくても良い一言に注意して
3月	○	功利のみで集まる人に警戒をする
4火	△	初め良くても最後まで緊張を持続
5水	○	新しい出会い大切にし人財増やす
6木	◎	正道歩む指導者に従い社会貢献を
7金	○	素直な姿勢で進めば順調に終わる
8土	◎	強運の時こそ謙虚な姿勢を忘れず
9日	○	一つのことを深く掘り下げて追及
10月	△	芸は身を助ける好きを大事にして
11火	▲	自信あっても独断専行は危険ある
12水	○	自己中心にならず周囲の意見聞く
13木	△	感情を表に出さず穏やかに話そう
14金	○	時間との勝負に出遅れないように
15土	◎	長期的展望に立ち苦労を厭わない
16日	○	休日でも積極的に行動を起こそう
17月	◎	自ら進んで取った行動は力がある
18火	○	方向性は計画通りに進めるのが吉
19水	△	人情を忘れた話し合いは不評得る
20木	▲	怪我をしないように注意深く行動
21金	○	大きな計画の前で些事に迷わない
22土	△	安全に活動し損失を出さないよう
23日	○	公私とも金銭管理に細かい注意を
24月	◎	手堅い手法取り地味な努力が吉運
25火	○	根回しを十分にし意見調整をする
26水	◎	道理に従い対処すればうまくいく
27木	○	あらゆる角度からの検討が必要に
28金	△	惰性に流されず常に進歩する心で
29土	△	運気の流れが乱れる慎重な選択を
30日	○	他人の言動に左右されない信念を

七月運勢

七月六日小暑の節より
月命辛未　九紫火星の月
暗剣殺　南の方位

先月とはうって変わって周囲から脚光を浴びます。注目されていますので、日頃の言動に気配りをしてください。予期せぬ出来事が起きたとしても、組み立てた対応に間違いがなければ平穏に収まります。契約や約束事は当初の契約書や覚書を読み返して、トラブルが起きないように細心の注意を払いましょう。少しでも疑問のある項目は、納得がいくまで確かめましょう。

今月の隠し事や秘密は月内に発覚します。取り決めなどはオープンにして、全員でわかるようにするのが良策です。希望は曲げずに初心を大切にしてください。

7月の方位

今月の吉方位

大吉→東南
吉→亥、乾

日	曜	運	内容
1	月	◎	手順通り推進すれば成果は順当に
2	火	○	周囲を盛り立てると自分も上昇を
3	水	◎	手堅い手法が持ちつ持たれつ好評
4	木	○	気持ち引き締め雑音に惑わされず
5	金	△	順を追い一つずつ完全に仕上げる
6	土	△	能率の上がる方策を考え時間短縮
7	日	▲	今日の失敗は損失大きい警戒して
8	月	△	不本意な結果も腐らず平静を保つ
9	火	○	仕事に誇りを持ち職務を全うする
10	水	◎	積極的に挑戦し障害にひるまない
11	木	○	注目の的になる時謙虚に振舞おう
12	金	◎	目立たない努力が実を結び結果大
13	土	○	状況把握正しくし判断ミスしない
14	日	△	実行はあらゆる角度から検討して
15	月	△	利他の精神で臨めば収まる率高い
16	火	▲	衰運の上災難起きやすい現状維持
17	水	△	新鮮な気持ちで次の段階へ進もう
18	木	○	内心に確固たる信念持ち活動する
19	金	◎	蓄えてきた経験知恵を一気に出す
20	土	○	名誉と地位が一気に巡り来る好機
21	日	◎	脇見せず目標に焦点絞り邁進する
22	月	○	地味で目立たぬ努力は蓄積される
23	火	△	忙しい中でも家庭大事にする心を
24	水	△	親しき中にも礼儀あり節度を保つ
25	木	▲	常識を無視すると自らが崩壊する
26	金	△	思い付きの行動は避け規律正しく
27	土	○	衝動買いをして後悔しないように
28	日	◎	難しい障害も糸口つかめば簡単に
29	月	○	気分一新してことに当たる勇気を
30	火	◎	新たな取引から有利な話出るかも
31	水	○	反対多いときは一歩下がる気持ち

八月運勢

八月七日立秋の節より
月命壬申　八白土星の月
暗剣殺　東北の方位

専門分野に的を絞って活動するのが良い月です。簡単に諦めない気持ちで取り組みましょう。部下や目下の人があなたを頼ってきます。相談には丁寧に応えてあげましょう。それが陰徳になります。利益を大きく喧伝する人の話には注意しましょう。疵物や約束と違う商品だったりします。相手の人間性をよく観察し、安易な儲け話には乗らないようにしましょう。

冷たい物のとり過ぎに用心してください。夏といっても人間の身体は冷えには弱いものです。冷たい物の過剰摂取に気をつけましょう。冷房の温度にも気配りを。

8月の方位

今月の吉方位

中吉→東南

日	運	
1木	△	上司と方針合わなくても争わない
2金	○	安請け合いで窮地に陥らないこと
3土	▲	強引に説得せず時間を置いてみる
4日	△	努力報われないこともある冷静に
5月	○	確信持って継続的努力を続けよう
6火	◎	協調路線取るなら平穏に終了する
7水	○	計画変更は混乱きたさぬよう説明
8木	◎	見え張らず実質的成果で勝負する
9金	○	喜びを共に分かち合える連帯感を
10土	▲	見え透いたお世辞は不快感与える
11日	○	言葉の暴力にならぬよう選択慎重
12月	▲	優柔不断と言われても結論急がず
13火	△	失敗しても気力を失わない精神力
14水	○	金運良好になる無駄な出費を防ぐ
15木	◎	肩の力抜いて向き合うほうが吉運
16金	○	危険冒さず常套手段を用いて対応
17土	◎	斬新なアイディアが好評を博す日
18日	○	隠れた善行が自分を助ける良薬に
19月	▲	苦しい時でも弱音吐かず打開策を
20火	○	冒険せず安全策とり平穏に終える
21水	▲	近隣への迷惑行為は運気を落とす
22木	△	持ち上げられても今日は受けない
23金	○	才能をひけらかさず謙譲の精神で
24土	◎	気力失せそうな時も粘り強く継続
25日	○	言動が及ぼす影響考え慎重にする
26月	◎	物事が末広がりに上昇全力尽くす
27火	○	軽挙妄動は間違いの元確認をして
28水	▲	成果は精魂の入れ方次第で異なる
29木	○	主張すべき時は明確な意見述べる
30金	▲	進むべき時ではない退く時は潔く
31土	△	過激な行動は慎み仕事に集中する

九月運勢

九月七日白露の節より
月命癸酉　七赤金星の月
暗剣殺　西の方位

本領を発揮できる強運月です。重要な企画があれば実行に移す時です。期待値に近い成果を挙げることができます。信念を貫いて、目標にまっすぐ向かいましょう。状況には臨機応変に対応することができます。飛躍するチャンスの月なのです。

仕事に私情を挟まず節度を保ちましょう。また、手慣れた仕事でも気持ちを引き締め、新たな気持ちで全力を尽くしてください。新たな展開を見せ、収穫も大きくなります。機転の利かせ方がポイントです。

時勢を無視した取り組みは時間の無駄です。時流を読むことは大事なことです。

9月の方位

今月の吉方位

大吉→南
吉→東北

日		
1日	○	勢い込まず休日は英気養う余裕で
2月	◎	机上の理論より実践が実利的方法
3火	○	平常心保ち穏やかな気持ちで活動
4水	◎	低姿勢の対応が成果を大きくする
5木	○	行き過ぎぬよう必要な助力をする
6金	△	目立たなくても真面目に努力する
7土	○	人に尽くせば人財となり運気上昇
8日	▲	不調の時こそ回り道し情勢を見る
9月	△	誰にでも公平な態度で接する心を
10火	○	雑事忘れ仕事に専念するのが得策
11水	◎	人の期待に沿うのは自分の向上に
12木	○	儀礼的な対応は相手に見破られる
13金	◎	最後まで諦めない執念が成功導く
14土	△	自己都合の押し付けは信頼失くす
15日	△	秘密裏の取り決めは裏切り行為に
16月	○	失敗恐れず挑戦する精神が重要に
17火	▲	取り組んだら死んでも離さぬ覚悟
18水	△	初心忘れずに目標に忍耐強く進む
19木	○	計画を大胆に推し進める行動力を
20金	◎	理路整然と組み立てた計画を実行
21土	○	軽重を読み取り優先順位を決める
22日	◎	公事は私情挟まず淡々と進めよう
23月	△	契約に絡む人は署名捺印を慎重に
24火	△	飛躍の欲望起きるが準備を周到に
25水	○	実績上げるには理論武装して臨む
26木	▲	万一に備え次善策考えて実行する
27金	△	他人の力うまく引き出し結束力を
28土	○	上から目線の強引な方法は不可に
29日	◎	繁華な場所に行き英気取り入れる
30月	○	馴れ合いでの作業は思わぬ失敗が

十月運勢

十月八日寒露の節より
月命甲戌　六白金星の月
暗剣殺　西北の方位

安請け合いは避けてください。自信の持てない事柄については受けないほうが無難です。果たせない時に払う代償は小さくないものがあります。

隠れていたことが表面に現れる月です。秘密の恋や隠し金など身に覚えのある人は反省しましょう。一時的に得をした気分になりますが、発覚した時には心理的に多大なダメージを受けます。

大言壮語をせず、地道な活動をしましょう。もともと実力のあるあなたです。平常心で活動をすれば、成果を挙げることができます。見栄は張らないことです。

10月の方位

今月の吉方位

大吉→北
吉→南

日	運勢
1 火	◎ 心身ともに苦労あるが結果は良好
2 水	△ できる可能性に集中し全力尽くす
3 木	△ 人任せは責任曖昧になる危険性が
4 金	○ 努力は蓄積される諦めない心大事
5 土	▲ 争いはせず一歩譲る気持ちが良策
6 日	△ 成り行きに任せるのがうまくいく
7 月	○ 運気向上の気配あり着実に進展を
8 火	◎ 創意工夫し積極的に活動をしよう
9 水	○ 着手する前に計画の再点検をする
10 木	○ 好調に進捗するが突発事故を警戒
11 金	○ 勘違いをして誤解されないように
12 土	△ 手掛けたら最後まで忍耐強く継続
13 日	○ 万事控え目に人のつながりは大切
14 月	▲ 仕事に私情を持ち込まず割り切る
15 火	△ 他人の発言を鵜呑みにせず確認を
16 水	○ 人との交流が成否を大きく分ける
17 木	◎ 盛運だが強引なやり方しないこと
18 金	○ 準備万全にして強気で押してみる
19 土	○ 交際通じての吉運を大事にしよう
20 日	○ 悩みは抱え込まず早めに解決する
21 月	△ 先見の明を生かして先手を打とう
22 火	○ 明るい笑顔忘れず対応するのが吉
23 水	▲ 経験生かし持てる実力で全力出す
24 木	△ 方針正しければ自信持って前進を
25 金	○ 確信が持てないのに手を出さない
26 土	◎ 浮わつく気持ちを引き締め丁寧に
27 日	○ 現状案件を尻切れトンボにしない
28 月	○ 一時的な快楽におぼれず自制心を
29 火	○ 批判的に見ずに正しい判断をする
30 水	△ 心の平穏を保つのが大切な一日に
31 木	○ 高慢な態度は人を遠ざける謙虚に

十一月運勢

十一月七日立冬の節より
月命乙亥　五黄土星の月
暗剣殺　なし

あなたには大きな期待が寄せられています。先月からの努力と今月の頑張りが報われて、名誉を得るかもしれません。謙虚な姿勢も好感を集めます。引き続き周囲と協調しながら進展をしていきましょう。反対に、好調さに慣れて高慢な態度を取ると運気は下がり、人が遠ざかっていきます。順調な時ほど謙虚な姿勢を貫きましょう。逆に他人の意見を取り入れると、業績の幅が大きくなります。

生まれ故郷に用事ができるかもしれません。何はともあれ駆けつけてみましょう。できるだけ助力して尽くしてください。

11 月の方位

今月の吉方位

大吉→東北、西南
吉→北

1 金	▲	明日につながる困難は受け入れて
2 土	△	善意の押し付けは迷惑になるかも
3 日	○	中年女性の援助が効果を発揮する
4 月	◎	周囲の意見聞き善処のヒント探る
5 火	○	的を専門に絞り力を集中させよう
6 水	○	気分転換図りながら効率良く行動
7 木	○	傷んだ食物による食中毒に注意を
8 金	△	個性が十分に発揮されず成果薄い
9 土	○	無計画に動かず計画に沿い活動を
10 日	▲	八方塞がり的状況なので待機する
11 月	△	人頼りにせず自ら率先して動こう
12 火	○	才能認めてもらえる好機を生かす
13 水	◎	効率よく動き時間の無駄を防ごう
14 木	○	持ち分離れず継続的に努力をする
15 金	◎	安易に妥協せず主張は明確にする
16 土	○	部下や使用人の話は丁寧に対応を
17 日	△	苦労は自分を発展させる原動力に
18 月	○	第三者的目で流れ全体を見直して
19 火	▲	普通の心配事以上に深刻さがある
20 水	△	姑息な妥協せず正道を堂々と歩く
21 木	○	すべてを背負い込まず頼ることも
22 金	◎	心乱すことなく責務を遂行しよう
23 土	○	協力関係を重視し独断専行しない
24 日	◎	意志あるところ道は開ける忍耐を
25 月	○	目標に向かって脇見せず邁進する
26 火	△	困難は立ち向かって克服するもの
27 水	○	真心を大切にして誠実に対処する
28 木	▲	専門家の意見は尊重し素直に従う
29 金	△	小事にこだわるより大局観で見る
30 土	○	足りないところは知恵を出し補う

十二月運勢

十二月七日大雪の節より
月命丙子　四緑木星の月
暗剣殺　東南の方位

一年間を振り返って問題点を洗い出し、来年の計画に生かしましょう。今月は現状維持に徹するのが良いです。冒険的な活動は控えるのが賢明です。今月の失敗は痛手が尾を引きます。用件は迅速に処理して来年に備えることです。雑事と思えることでも丁寧に処理しておきましょう。高望みをせず平凡が幸せと感じる心が吉運を招きます。礼節を重んじましょう。

急進するよりゆっくり進めるのが良いです。失敗は絶対にしないという固い決意が物をいいます。忙しない空気に流されず自己信念を持って静かに過ごしましょう。

12月の方位

今月の吉方位

大吉→丙、丁
中吉→東北
吉→西南

日	曜	運	内容
1	日	◎	上辺を気にせず内容の充実を重視
2	月	○	一意専心に行動し結論は早く出す
3	火	◎	捕らぬ狸の皮算用せず責務に専念
4	水	○	気力を失くさず精神力を強く持つ
5	木	△	肩の力抜き気持ちを楽にして歩む
6	金	○	派手な手法とらず地道に進めよう
7	土	▲	迷い過ぎは成ることも成らず弊害に
8	日	△	労力費やしても実入りの少ない時
9	月	○	秘密作らず公明正大な正道を歩く
10	火	○	率先垂範して周囲に手本を示そう
11	水	○	身辺を雑然とさせると運気落とす
12	木	◎	勢い込まず冷静な気持ちで推進を
13	金	○	時には自分を上手に売り込むも吉
14	土	△	誤解を招く言動は取らないように
15	日	○	障害は自分を上昇させる糧になる
16	月	▲	人の失敗を騒ぎ立てない心遣いを
17	火	△	人任せにすると収拾つかないかも
18	水	○	健康を失ってから後悔しても遅い
19	木	○	常に新風を取り入れる気構え持つ
20	金	○	無駄を省いて効率を優先させる時
21	土	◎	盛運気で趣味も大いに楽しめる時
22	日	○	明るい元気が周囲を勇気づける元
23	月	△	年内に処理すべき事案の再確認を
24	火	○	希望は持ち続けてこそ現実となる
25	水	▲	不相応な見栄を張ると苦しむだけ
26	木	▲	運気不定の時万事慎重に進めよう
27	金	○	有利な話も慎重に進め確実性優先
28	土	△	食生活が乱れないように用心する
29	日	○	争いごとは絶対避ける努力をして
30	月	◎	年末の雑事をすべて整理しておく
31	火	○	新たな年を迎える心の準備をする

七赤金星《しちせききんせい》

2024年の運勢の変化と指針

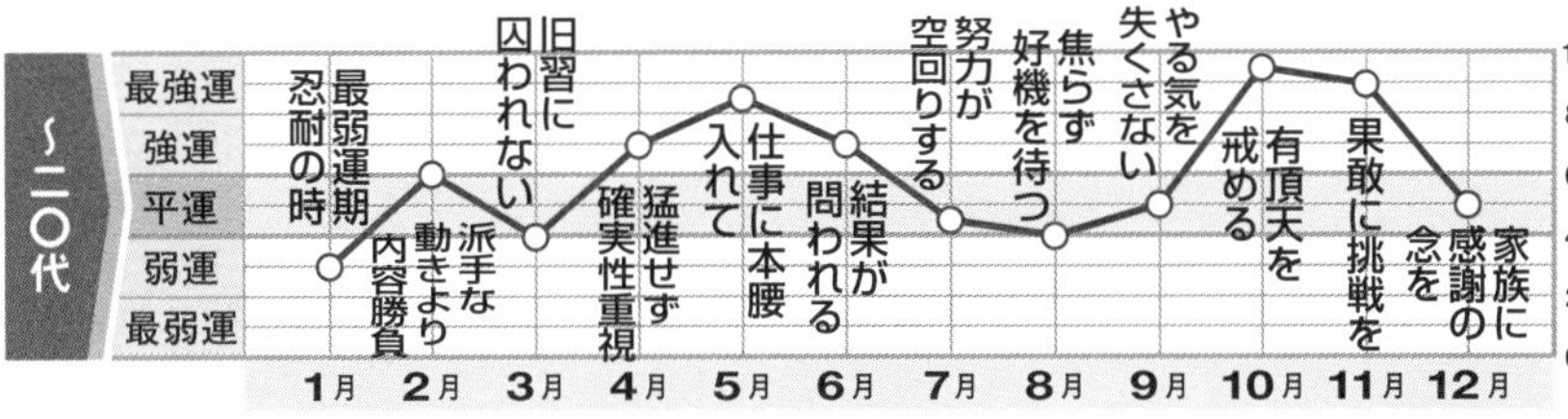

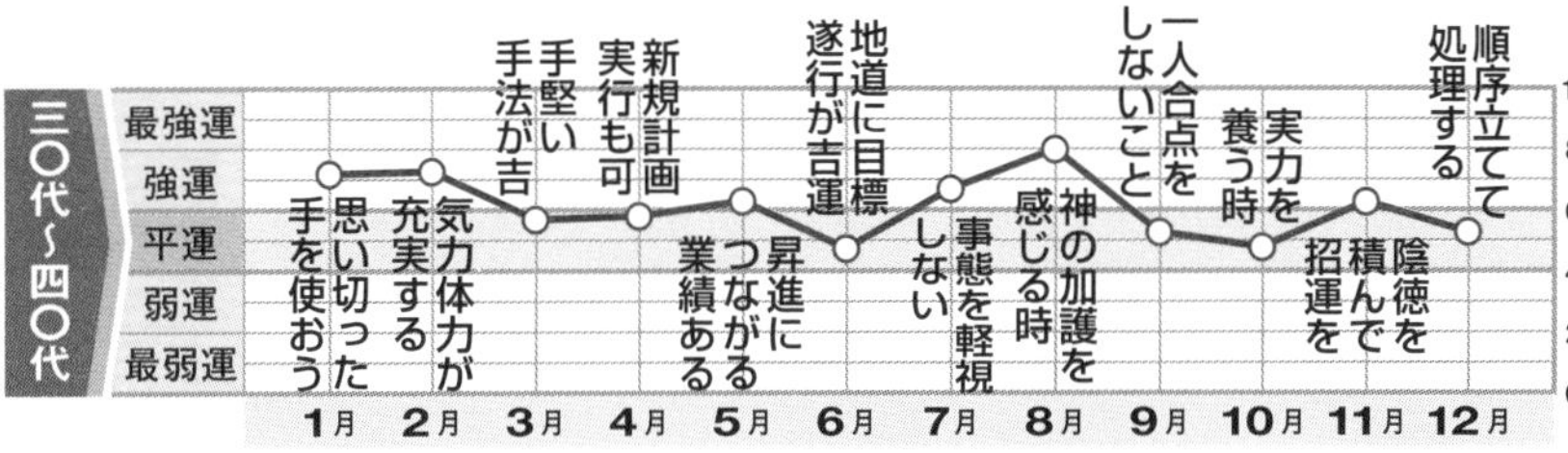

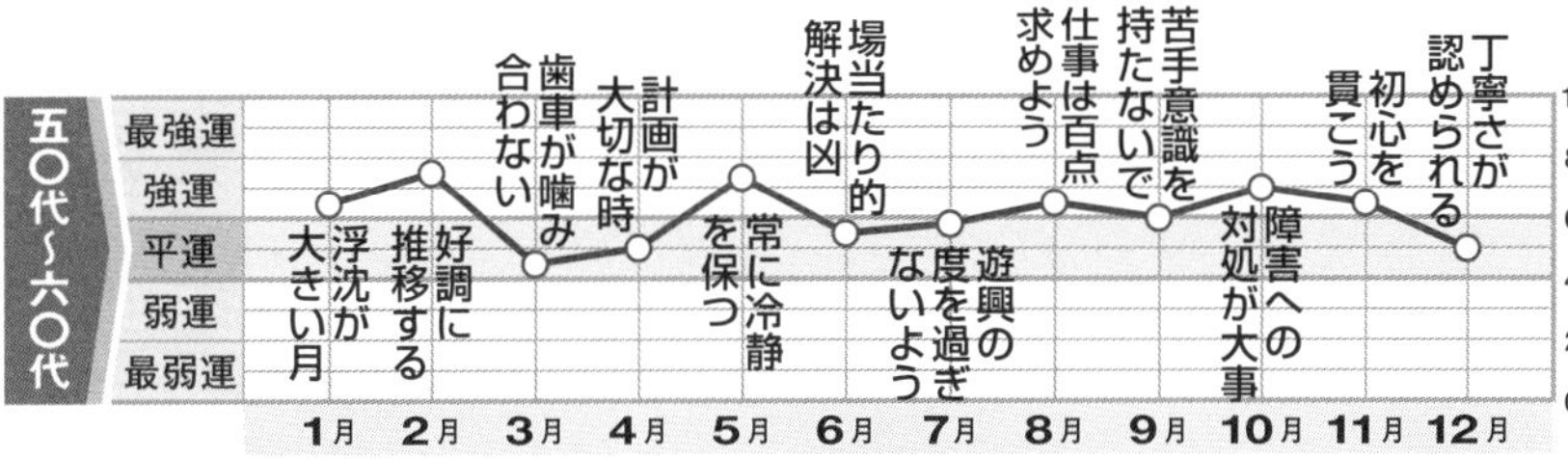

七赤金星生まれの人

4歳（令和 2 年　庚子）	40歳（昭和59年　甲子）	76歳（昭和23年　戊子）
13歳（平成23年　辛卯）	49歳（昭和50年　乙卯）	85歳（昭和14年　己卯）
22歳（平成14年　壬午）	58歳（昭和41年　丙午）	94歳（昭和 5 年　庚午）
31歳（平成 5 年　癸酉）	67歳（昭和32年　丁酉）	103歳（大正10年　辛酉）

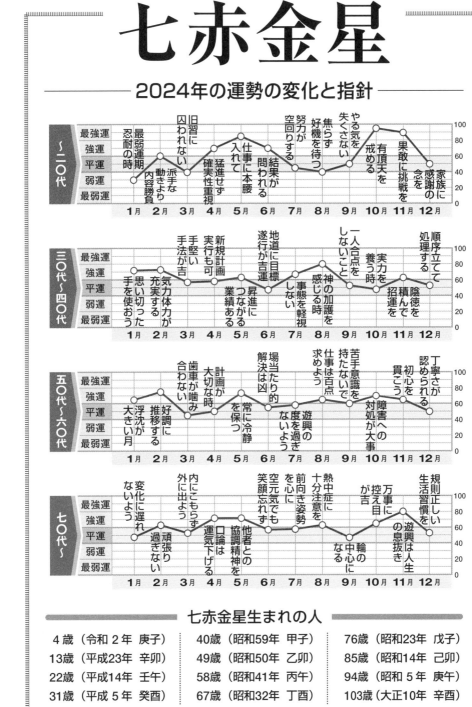

七赤金星 ◯ 炎熱期

本年あなたの本命星は南方位の離宮に回座しています。そして兌宮《だきゅう》に入った五黄土星に被同会されています。この年回りは、今までしてきたことが良い悪いにかかわらず表面に現れてしまいます。ですから今年のあなたの運勢は、今までしてきた行ないにかかっているといっても良いのです。過去に良いことをしてきた人には果報が来るでしょう。

勤め人であれば栄誉や昇進があります。自営業の人にはあなたがやりたかった仕事が回ってくる年です。念願かなって大成功というようなこともあります。芸術や芸能で人気が欲しい人にとっては、華やかに注目を浴びて栄誉の受賞や名声を得られる好運な年になります。いずれにしても心身共に活発な動きに転じる時です。出会いを大切に、できる限り多くの人と活発な交流を広げましょう。必ずあなたの力となってくれることでしょう。逆に親しい人との別れを味わうことがある年でもあります。

周囲から誤解を受けないように常に正しい言動を心掛けましょう。一定のことをやり続けると慣れてしまい、つい手をゆるめてしまいがちです。そんな時には被同会している五黄土星の厳しい判決を受けることになります。特に今までに所得の隠匿やあくどい儲け方をしてきた人には手厳しい結果が下されます。悪への誘惑、争い事への関与などは、過去のものといっても白日の下にさらされ正されることになります。今後の生き方として気持ちを固く持ち、多少不利なことでも正道を歩むよう心掛けると吉運に恵まれます。

七赤金星方位吉凶図

適職

弁護士、教師、外科医、歯科医、武術家、司会者、金属加工業、食料品店、製造業、出版業、服飾業、飲食店、飛行機客室乗務員、セールス業、ホステス、タレント等

吉方

本年は相生する二黒土星が回座する東南方位、六白金星が回座する東北方位が吉方となります。月別の吉方は毎月の運勢欄をご覧ください。

凶方

本年は五黄土星が回座する西方位が五黄殺、反対側の一白水星が回座する東方位が暗剣殺の大凶方位となります。七赤金星が回座する南方位が本命殺、八白土星が回座する北方位が本命的殺の大凶方位です。本年の十二支である辰の反対側戌の方位が歳破で大凶方位です。月別の凶方は毎月の運勢欄をご覧ください。

♣ 健康運

心身共に活発になる年です。反面では頭痛・発熱・心臓への負担が大きい年でもあります。精神的に辛くなると心臓や頭脳に負担がかかります。高熱に悩まされることが多くなるかもしれません。発熱を感じたら、しっかり休養をとりましょう。快活にしゃべるので精神的に強い人と見られますが、実際のあなたはそれほど頑健な精神の持ち主ではありません。気分転換を上手に図って、悩みを発散させましょう。本年は過激な運動は避け、軽い運動を心掛けましょう。年配の人は自分の調子を見極め、自分に合った生活をしましょう。医者と連絡を密にして、体の具合を知っておいてもらうのも大切なことでしょう。争い事は避けましょう。精神的な負担が大きいです。

◆ 金銭運

不定期ですが、入るときは大金が入ることもあります。華やかさがある年なので金運があると思いがちですが、錯覚です。むしろアクセサリーのような金目のものに縁が出ます。それとなく儲け話が持ち込まれますが、たいしたことはありません。動く金額は大きいものがありますが、実入りは期待ほど多くはありません。ときには大金が回ってくる可能性がありますが、あまり夢のようなものを深追いしないほうが無難です。

あなたは、がつがつと金銭を追いかけなくてもお金に困ることは少ない星回りの人です。地道に働いても金銭が付いて回る人です。欲の深追いは得策ではありません。

海苔や貝類が金運を招く食べ物となっています。

♥ 恋愛運

本年のあなたの恋愛は派手な動きを見せるでしょう。隠そうと思っても隠せないほどです。隠し事の苦手なあなたです。今年の恋愛は周囲に見え見えの派手さが伴います。東北方面からの人は旧家の出の人が名門の人です。西南から現れた人は見栄っ張りでも格好良い人です。あなた好みの人ですが、人物をよく見極め、後悔しないようにしましょう。見た目に釣られて恋に落ちてから後悔しても間に合いません。ただしあなたの恋は、親しかった人と別れてもまた同じようなタイプの人を好きになってしまう傾向があります。

男性は離婚歴のある人や未亡人との恋に縁ができることがあります。生きがいを感じられる相手かもしれません。

七赤金星生まれの運勢指針

❖四　歳　友達に対する好き嫌いがはっきりと出てくる時期です。社交的でおしゃべりが得意な子供さんです。話を聞いてあげることを面倒に思わず、長所を生かして伸ばす方針で指導すると良いです。

❖十三歳　雰囲気の異なった世界にも慣れ、これからは自分の進路を定めなければいけない人生の第一岐路が待ち構えています。やはり自分が一番好きだという基準を元に選択するのが良いです。

❖二十二歳　年齢に関係なく、社会人になるのは気分を一変させられる出来事です。選んだ道にひとまず一生懸命に没頭してみましょう。違った景色が見えるはずです。そこで新たな結論を出すのも良いです。

❖三十一歳　ゆっくりでも着実に歩んできた過程を大切にして、次なるステップへ上がる準備の心構えが重要です。「常に一段階上への志向」は、どんな人生にも大事な役割を果たします。

❖四　十　歳　自分の志とは違う人生を歩んでいるかもしれないあなたでも、これまで培ってきた努力の結晶が現在のあなたの姿です。精進してきたことを無駄にしないで、さらなる向上を目指しましょう。

❖四十九歳　注目度が高い年です。普段の言動に細心の注意を払いましょう。一瞬気の抜けるような状況に陥ることがあります。志を下げることなく前進の気力を失くさないことが大切です。

❖五十八歳　実力はあるのに残念ながら認められるチャンスがないというのが現状です。年齢的に焦る気持ちがあっても、平常心で日々の研鑽を続けましょう。チャンスは必ず巡ってくるものです。

❖六十七歳　あまり派手な動きはしないほうが無難です。目立ち過ぎると、あなたの足を引っ張って邪魔する人が出てきます。人間は何歳になっても他人の言動は気になるものです。

❖七十六歳　心身共に好調な年です。人との交際を大切にしましょう。和合の心持ちを失わなければうまく発展していくでしょう。わがままな気持ちを抑えて、周囲に感謝の念を表すようにしましょう。

❖八十五歳　鼻っぱしは強く見えますが、案外気弱なところのあるあなたです。その優しさを十分に発揮して付き合いをしていきましょう。体力を過信しての無理は禁物です。首から上の疾患に注意をしましょう。

❖九十四歳　身辺に喜び事が起きる兆しがあります。周囲の人があなたのことを思って開いてくれる慶事です。人徳があることの証です。大勢の人と喜びを分かち合いましょう。

❖一〇三歳　率直な自分の考えを表しましょう。歯に衣を着せたような物の言い方は受け入れられないものです。本音のところで人々が共感してくれるのです。

一月運勢

一月六日小寒の節より
月命乙丑　六白金星の月
暗剣殺　西北の方位

独断専行を避け、共同作業を心掛けるのが得策です。失敗を未然に防いで損失を最小限にすることに有効です。のんびり屋のあなたが今月は仕事に追いまくられそうです。そこで、つまらぬミスを犯します。泣きっ面に蜂のたとえのように、さらに災難が追いかけて来ます。物事には災難や障害が付きものであると覚悟を決めれば、遭遇した時に平常心で対処することができます。運気は旺盛なので、努力を怠らなければ、それなりの成果を挙げることができます。

今月は自動車事故に用心してください。

1月の方位

今月の吉方位

大吉→北、庚、辛
吉→南

日	曜	運勢	指針
1	月	△	前年の事例踏まえ新たなる視点で
2	火	▲	あまり表立たず陰に回るのがよい
3	水	○	旧知の知人に出会うかもしれない
4	木	△	気負わず様子を見ながら進展する
5	金	△	調子よく進行中でも油断をしない
6	土	○	最終結論出るまで緊張感を保とう
7	日	○	物事は広い観点から洞察の習慣を
8	月	◎	駆引きや策略などせず成り行きで
9	火	○	緩急付け新鮮な気持ちを保持して
10	水	△	多弁過ぎても物事はまとまらない
11	木	▲	運気弱いが丁寧な進捗が吉策なり
12	金	○	万事公明正大にして秘密を作らず
13	土	△	注目され持ち上げられても冷静に
14	日	○	流れに沿いありのままの自分出す
15	月	○	人生行路に試練は付き物と達観を
16	火	○	目上には礼を尽くし忠告受けよう
17	水	◎	新たな気持ちで計画に取り組んで
18	木	○	手順考え労力に無駄が出ないよう
19	金	△	他からの圧力受けても妥協しない
20	土	▲	決着には時間がかかる心構え必要
21	日	○	決定したことには不本意でも従う
22	月	△	旧習に囚われず脱皮試みる勇気を
23	火	○	内なる自分に向き合い研鑽を積む
24	水	○	好調時にも突然の災害を想定して
25	木	○	仕事の相手には真摯に向き合おう
26	金	◎	新企画あれば実践に移してみよう
27	土	○	意思の疎通欠く独善は破綻を招く
28	日	△	口にしたことは実行して価値出る
29	月	▲	一事案への集中は長い目で判断を
30	火	○	途中で方針変更はしないほうが吉
31	水	△	一生懸命努力の割に実入り少ない

二月運勢

二月四日立春の節より
月命丙寅　五黄土星の月
暗剣殺　なし

水を得た魚のように気ままに活動できる月です。野望を抱きたくなる月でもあります。大きな目標も初めは小さな一歩から始まります。自分の持ち分の範囲を狭め、ポイントを絞って集中するのが吉策です。実力以上のことを成し遂げようと意気込みますが、足元を見つめ、できるところから着実に進展させましょう。うま過ぎる話には裏があります。警戒しましょう。

金銭収支の視点を外さずに予算内で収めるように予定を組んでください。今月は予算オーバーになりやすい月です。控え目な予算組みが理想的です。

2月の方位

今月の吉方位

大吉→東北、未、坤
中吉→亥、乾
吉→北

日	曜	運	内容
1	木	○	内容を軽視せず分析を正確にする
2	金	○	勢いあるが気の抜けない日となる
3	土	○	相談事は聞き流さず聞いてあげる
4	日	◎	力は誇示することなく発揮しよう
5	月	○	小細工せず真っ向からぶつかって
6	火	△	古傷に触られても平静装うと吉運
7	水	▲	遅くても確実性を優先し仕上げる
8	木	○	張り切りたくなるが慎重に推進を
9	金	△	目標達成に向け淡々と前進を維持
10	土	○	言動が他者から軽く見られぬよう
11	日	○	新規の計画は見合わせるのが良い
12	月	○	噂話や陰口は絶対にしないと誓う
13	火	◎	状況判断正確にすれば安泰に推移
14	水	○	隠された新事実が明るみに出る兆候
15	木	△	常識的な事を当たり前に実践する
16	金	▲	気負わず目的達成のみを考えよう
17	土	○	誠実に対応すれば理解は得られる
18	日	△	手落ちが起きやすい注意深く推進
19	月	○	盲目的に従うのではなく主体性を
20	火	○	状況の変化に遅れないよう緊張を
21	水	○	他者の意見が参考となり目標達成
22	木	◎	組織の新陳代謝を良くし停滞防ぐ
23	金	○	周囲への配慮を忘れなければ好日
24	土	△	不言実行に徹しマイペースで進む
25	日	▲	殻に閉じこもらずに交流を図ろう
26	月	○	目先の些事にこだわらず未来志向
27	火	△	上辺飾らず本音で付き合うのが吉
28	水	○	未知なることは事前準備怠らない
29	木	○	事態を甘く見ず気配りして進行を

三月運勢

三月五日啓蟄の節より
月命丁卯　四緑木星の月
暗剣殺　東南の方位

現状を打開しようとする意欲が湧いてきます。目前の責務に集中することが一番大切です。そこから、この先どうすれば良いかが自然と見えてくるものです。仕事の重圧もありますが、一歩上を目指そうとする精神があれば道は開けます。我欲を捨て人のためになるという思いを忘れないことです。身辺は常に清潔に保ちましょう。

考え方の幅を広げ、意見交換を活発にすることで、先行きの選択肢が広がります。くれぐれも自己中心的な考えを他者に押し付けないことです。他人の問題に口を挟まないことも心に留めておきましょう。

3月の方位

今月の吉方位

大吉→南

日	曜	運勢	内容
1	金	○	変化を求め目立つことしたくなる
2	土	◎	万事にそつなく対応が最良の方策
3	日	○	人の上げ足を取るようなことせず
4	月	△	年配の女性の助勢が力となり成就
5	火	▲	攻めるべき焦点を見据えて進行を
6	水	○	地道な活動が実り成果が大きい時
7	木	△	節度忘れた言動は周囲から顰蹙を
8	金	○	雑念を払い仕事に集中するのが吉
9	土	○	少しでも危険を感じること避けて
10	日	○	あるがままの流れに沿い自然体で
11	月	○	自己満足は発展の行き止まりなり
12	火	○	何事も継続することに価値がある
13	水	△	利他の精神が自らを助ける糧の元
14	木	▲	実力を過信せず謙虚に努力をする
15	金	○	思わぬ突発事項にも平常の対処を
16	土	△	発想の転換をうまくして上昇する
17	日	○	自分の持ち分をしっかり守り抜く
18	月	○	勝負どころ見極め勇気を持ち決断
19	火	○	目標は常に小さな一歩から始まる
20	水	◎	利益追求は数字の把握が最重要に
21	木	○	現在地を確認し地道な精進をする
22	金	△	一つの秘密はさらなる秘密を生む
23	土	▲	浮わついた気分は生活態度を乱す
24	日	○	計画通りの道を歩むのが最善策に
25	月	△	派手に動いても実入り少ない一日
26	火	○	選択肢に困ったら上長に相談が良
27	水	○	過去を振り返り軌道修正しながら
28	木	○	手掛けた案件は全力で成し遂げる
29	金	○	多少の障害は気力で乗り切る覚悟
30	土	○	真心からの誠意が慶事招き寄せる
31	日	△	ミスした時の対処法が重要課題に

四月運勢

四月四日清明の節より
月命戊辰　三碧木星の月
暗剣殺　東の方位

とても華やかな気分の星回りに回座しています。公私を混同しがちになりますので注意をしましょう。仕事に私情が入るとどうしても不純な気持ちが働きます。厳格に区別する厳しい気持ちが絶対に必要です。遊興の気分に誘惑されず、立てた計画に沿って推進していくのが最善策です。気分転換は必要です。仕事の合間に上手に活用しましょう。

社交上手は仕事への良い潤滑油にもなります。柔軟な考えで情勢を読んで流れに乗ると、大きな成功を収めることができます。不満があっても口に出さないことです。

4月の方位

今月の吉方位

大吉→東南
中吉→東北

1	月	▲	見せかけではなく本音で勝負する
2	火	○	準備不足の失敗は避け地道に努力
3	水	△	周囲に対する気配り忘れないよう
4	木	○	机上の理論より実践重視の行動を
5	金	○	集団をまとめ上げるには個性尊重を
6	土	○	異見も排除ではなく聞く耳を持つ
7	日	◎	行動すれば次の道筋が見えてくる
8	月	△	どんなことにも果敢に挑戦意欲を
9	火	△	自信過剰ではつまずく力量を知る
10	水	▲	苦しみの後に喜びがあると信じて
11	木	○	協調を無視して孤立すると苦しい
12	金	△	仕事を甘く見ると痛いしっぺ返し
13	土	○	気持ちが勇む時ほど平静さが大事
14	日	○	賢者は障害を恐れずに立ち向かう
15	月	○	堅実な歩みが実績を確実にする元
16	火	◎	難事も突破しなければ成功はない
17	水	○	未解決の問題あれば早急に処理を
18	木	△	積極的に出るより受け身が吉策に
19	金	▲	退くのも勇気の内方針を変えよう
20	土	○	感情抑え冷静に主張するのが良い
21	日	△	主導権を無理に取ろうとはしない
22	月	○	やり過ぎは大きな損失中道を保つ
23	火	○	時流に流されぬよう自己判断する
24	水	○	行動で示すと説得力がぐっと増す
25	木	◎	自信は美徳信念を貫き目標に邁進
26	金	△	慢心しては落とし穴に謙虚さ大事
27	土	△	些細な失敗が不名誉な事態を招く
28	日	▲	気持ちへこんだら仲間に相談する
29	月	○	独身者には嬉しい恋愛の好機あり
30	火	△	確信を持ち実行すれば道は開ける

五月運勢

五月五日立夏の節より
月命己巳　二黒土星の月
暗剣殺　西南の方位

手を広げず一事に絞って没頭するのが良いです。運気は衰運気です。縁の下の力持ちになって、下から支えるような役割を演じるのが吉運となります。自分の実力を養いながら他者の手助けができるというのは、またとない好機です。不言実行で責務を果たしましょう。必ず成し遂げるという強い信念が目標達成に役立ちます。

衰運気の時は他者の成功を祝福できる寛容な精神が育まれます。不動産に関する話が持ち上がります。東から来る業者や物件は避けるほうがよいです。悪徳業者だったり欠陥物件だったりします。

5月の方位

今月の吉方位

吉→東南

日	曜	運	
1	水	○	当面の課題に的を絞って専念する
2	木	○	だらだら問題を長引かせないこと
3	金	○	計画はリーダーの方針に従い進行
4	土	◎	共同作業を意識して活動が最善策
5	日	○	言動が目立ち注目される緊張感を
6	月	△	勘に頼らず知識経験のフル活用を
7	火	▲	作為的なことは相手が不信感抱く
8	水	○	積極的な仕事ぶりが信頼持たれる
9	木	△	利己的に相手を威圧する態度慎む
10	金	○	成り行き任せで仕事は成就しない
11	土	○	尻切れトンボにならない持続力を
12	日	○	外見良くても中身なければ空虚に
13	月	◎	楽な気持ちでの活躍が好結果生む
14	火	○	偏る考えの修正に他者の意見聞く
15	水	△	一歩下がり謙譲の精神で接しよう
16	木	▲	確信が持てないことは実行しない
17	金	○	目的に邁進すれば豊かな気持ちに
18	土	△	多欲抑え相手との妥協点を探ろう
19	日	○	私的生活を自由に過ごし豊かさを
20	月	○	不用意な一言で相手傷つけぬこと
21	火	○	臆病と思われても慎重に結論出す
22	水	◎	新しい交際から有益な案件が出る
23	木	○	契約や印鑑に関する事柄は慎重に
24	金	△	頑なな自己主張は摩擦を生む要因
25	土	▲	うっかりミスをしないように注意
26	日	○	約束破ると信頼は一気に崩壊する
27	月	△	一歩先を見る先見性を大事に養う
28	火	○	決断は迷わず下してみるのが良い
29	水	○	健康を崩しやすい時用心をしよう
30	木	○	自分の内面を見直して新たな出発
31	金	◎	本分に専念すれば実入り多い一日

六月運勢

六月五日芒種の節より
月命庚午　一白水星の月
暗剣殺　北の方位

言動に注意を払ってください。注目されています。簡単には諦めない気持ちが重要な要素になります。一つのことでは飽き足らず、あれもこれもと手を出したくなります。時流の流れに沿った動きを心掛けて進めば成功します。ゆっくりでも確実に仕上げることを目指しましょう。アイディアが豊富に湧いてきます。実践で確認してみましょう。机上の空論で終わらせてはもったいないです。時間をかけた案が必ず成功するという保証はありません。実践で良否を探るほうが時間的ロスを防げるということはよくあります。

６月の方位

今月の吉方位

大吉→亥、乾

日	運勢
1 土	○ 突然の変化にも冷静に対処をする
2 日	△ 不動産の話が出たら後日に回そう
3 月	▲ 自分を飾らず素のままの姿を出す
4 火	○ 断り切れない世話事を依頼される
5 水	△ 安易な時間の使い方せず計画的に
6 木	○ 言葉多いと思わぬ誤解生むことに
7 金	○ 老婦の一言が窮地脱するヒントに
8 土	○ 目上にお世辞言わず目下の面倒を
9 日	◎ 小さな成功も大きく喧伝される時
10 月	○ 目立たない努力が報われ成果大に
11 火	△ 自己管理徹底し規則正しい生活を
12 水	▲ 実力養成に最適な一日を送れる日
13 木	○ 決定した事柄は困難でも完遂する
14 金	△ 惰性で進めると単純ミスをしがち
15 土	○ 小さなことも成し遂げて達成感を
16 日	○ 失敗の対処法で器の大小がわかる
17 月	○ 自分の意志で動かしがたいことも
18 火	◎ 成果挙げれば大きな名誉賞賛得る
19 水	○ 硬軟使い分け協調しながら遂行を
20 木	△ 華やかな中にも一抹の哀愁感じる
21 金	▲ 目標は完遂できる範囲で立てよう
22 土	○ 信念貫き目的に向かうのが最善策
23 日	△ しっかり持論を持たねば流される
24 月	○ 積極的に攻める気運が幸運を呼ぶ
25 火	○ 一つの考えに固執せず広い視野で
26 水	○ 下手な駆け引き相手に見抜かれる
27 木	◎ 確実性を優先し冒険しないのが吉
28 金	○ 万事忍耐力が重要持続力を大切に
29 土	○ 一瞬の気のゆるみが重大事故へと
30 日	◎ 八方に気を配り全力尽くすのが吉

七月運勢

七月六日小暑の節より
月命辛未　九紫火星の月
暗剣殺　南の方位

目立とうとする気持ちを抑え、控え目に進展するのが良策です。発展の気運が高まる月です。闇雲に進まず計画性を持って論理的に対処しましょう。段階を追って確実に仕上げていくのが吉策です。周囲の協力が必要な過程が出てきます。その時は根回しを忘れずに丁寧にしておきましょう。一言声を掛けておかなかったばかりに協力が得られないということがないように注意しましょう。心の隙間から油断が生まれないように緊張感を保ちましょう。

目下や部下に迷惑を掛けられることがあります。大目に見てあげましょう。

７月の方位

今月の吉方位

大吉→東南
中吉→西南
吉→亥、乾

日	曜	運	
1	月	○	難しいと思う企画も勇気出し実践
2	火	○	肝心なところで切り返されぬよう
3	水	○	万事活発に動く情勢判断を的確に
4	木	△	諦めなければ成果手に入れられる
5	金	○	誘惑に気を取られず職務全うする
6	土	▲	少しでも不安ある計画実行避ける
7	日	△	今日すべきことを明日に延ばさず
8	月	○	自分の責に帰さぬ損失起きるかも
9	火	◎	確実に仕上げる気構えあれば成就
10	水	○	実力以上の案件は受けないのが良
11	木	○	生活の中に潤いある言動を用いる
12	金	○	緊張感持続すれば平穏に終わる時
13	土	△	事態打開する時口先だけではダメ
14	日	○	風評など信じず自己判断を貫いて
15	月	▲	先を急がず確実に仕上げるのが吉
16	火	△	活気にあふれているようでも衰運
17	水	○	内容と共に体裁整えるのも必要に
18	木	◎	必要以上に物欲を強くは持たない
19	金	○	仕事をしながら自己啓発も試みる
20	土	○	小さなミスが大きな損失招く要因
21	日	○	いろいろな状況想定し計画を練る
22	月	△	好機つかみ速攻で結論出すのが良
23	火	○	結論延ばすと横槍が入り破綻する
24	水	▲	何事も七八分で抑えるのが無難に
25	木	△	仕事と腹を括って取り組むのが良
26	金	○	他にも適職があるとの考え捨てる
27	土	◎	独創性を打ち出し自分流の色出す
28	日	○	目立とうとする姿勢は顰蹙を買う
29	月	○	色情問題は生涯を棒に振る痛手に
30	火	○	職場の労働問題に巻き込まれない
31	水	△	目新しいことに無暗に飛びつかず

今月の幸運数＝5、8、0　幸運色＝ブラック

八月運勢

八月七日立秋の節より
月命壬申　八白土星の月
暗剣殺　東北の方位

思い通りの活動ができる盛運月です。多少の障害に遭っても目標を達成できるはずです。実力を過信せず、身の丈に合った計画や目標を設定しましょう。少し気楽にリラックスした気持ちで研鑽するほうがうまくいきます。どんな時でも人間関係を良好に保っておくことは重要です。一人でできることは限られています。足りないところは他者の知恵や助力をうまく活用させてもらいましょう。一生懸命やっている人を他者は応援したくなるものです。

故郷への用事には、何はともあれ出向いて行きましょう。

8月の方位

今月の吉方位

なし

1	木	○	人間関係には積極的に関心を示す
2	金	▲	衰運気に強気も良いが筋道立てて
3	土	△	虚栄心からの言動は軽く見られる
4	日	○	状況把握正確にし早とちりしない
5	月	◎	決めた方針堅固に守り推進が重要
6	火	○	人の期待に沿う努力は向上心養う
7	水	○	評判倒れにならぬよう研鑽続ける
8	木	○	何事にも困難は付き物と覚悟する
9	金	△	時間かけ細部にも注意を払い進行
10	土	○	外出多くても内部を疎かにしない
11	日	▲	高望みせず現状に留まり満を持す
12	月	△	作業中の方針変更は混乱を招く元
13	火	○	何事にも真剣に取り組む精神大事
14	水	◎	プライベートで祝いごと発生する
15	木	○	欲の深追いせず相手のこと考える
16	金	○	綿密に準備しゆっくりと進行する
17	土	○	自信あることでも全力出し切る心
18	日	△	先頭に立って進むと邪魔が入る時
19	月	○	言葉巧みに近づく人物に警戒する
20	火	▲	冷静に思慮重ね好機になる日待つ
21	水	△	古い知人に迷惑をかけられる兆候
22	木	○	不明な点を放置せず徹底解明する
23	金	◎	世話役に徹し控え目にすれば幸運
24	土	○	好条件の内容も十分に検討加える
25	日	○	親しい人と別れの予感がある日に
26	月	○	専門以外のことは経験者に聞こう
27	火	△	自分の過ち他人に責任転嫁しない
28	水	○	言行一致を忘れず秘密を持たない
29	木	▲	正当性あれば考えを正確に伝える
30	金	△	冷静な判断力が要求される状況が
31	土	○	伝統的な習慣を受け継いでいこう

九月運勢

九月七日白露の節より
月命癸酉　七赤金星の月
暗剣殺　西の方位

しゃべり過ぎないように口にチャックをするのを忘れないようにしましょう。余計な一言が命取りになる要素が多い月です。人から依頼事をされることが多く出ます。取捨選択をして、できるだけ応えられるようにしてあげましょう。このことは後々のあなたへの助力となって帰ってきます。安請け合いして責任を果たせないことがないように注意してください。果たすことによって信頼関係が増します。

熟達した男性のアドバイスは非常に有効です。素直に聞き入れて活動に取り入れていくと良いでしょう。

9月の方位

今月の吉方位

大吉→南、亥、乾
中吉→東南
　吉→東北

日	曜	印	運勢
1	日	◎	水辺での美味しい食事で英気養う
2	月	○	大きな目標設定も健やかな気分で
3	火	○	状況に沿う対応心掛けるのが重要
4	水	○	問題点を探り出し確実に前進する
5	木	△	自分の本分守り無駄口を利かない
6	金	○	決定には安全性を最優先にしよう
7	土	▲	何事にも真剣に取り組む姿勢出す
8	日	△	地道に過ごし受け身に回るのが吉
9	月	○	情報や人物の分析を正確にしよう
10	火	◎	人を指導する立場の認識を明確に
11	水	○	遊興にふけり健康害さぬよう注意
12	木	○	挫折にへこたれず希望持ち前進を
13	金	○	愛する人と別れあるかもしれない
14	土	△	正当な利益は堂々と得る努力する
15	日	○	常に新鮮な気持ちで前向きに歩む
16	月	▲	他人の言葉で右往左往しない心を
17	火	△	優柔不断で好機逃さぬ緊張感持つ
18	水	○	知識を生かし一歩踏み込んでみる
19	木	◎	盛運気の時新規企画の実行に良い
20	金	○	私的慶事を皆で分かち幸せ味わう
21	土	○	挫折を乗り越えて人は強くなれる
22	日	○	軽率に動いて大事な物失くさない
23	月	△	人の面倒は陰徳となり蓄積される
24	火	○	嫌なことも中道精神で乗り越える
25	水	▲	人の誹謗中傷は運を著しく落とす
26	木	△	日々の努力は目に見えずとも大事
27	金	○	羽を伸ばして常軌を逸しないよう
28	土	◎	自信過剰にならず冷静に処理する
29	日	○	短絡的に考えず長期展望に立って
30	月	○	結論は時間かけずに迅速に出そう

十月運勢

十月八日寒露の節より
月命甲戌　六白金星の月
暗剣殺　西北の方位

旺盛な運気なので、前進の勢いに拍車がかかる月です。今月は平常心を保ち動いてください。好事魔多しという言葉があります。人生はいつ災難が降りかかってくるかわかりません。そのためにも、計画には第二の手を用意しておくことも必要です。今月はまさにそんな月です。障害を想定に入れておくのも良いでしょう。仕事は忙しくなります。それなりの成果も上がってきます。結論は早く出すほうが良いです。流れを見て決断の時を外さないように緊張感を持続させておきましょう。車を利用している人は、安全運転を心掛けてください。

10月の方位

今月の吉方位

大吉→北
吉→南

日	曜	運	内容
1	火	○	取引は公明正大にし裏を作らない
2	水	△	見かけの元気鵜呑みにせず堅実に
3	木	○	計画通り丁寧に実行すれば無難に
4	金	▲	不注意から災難に遭うこともある
5	土	△	割り切りも必要だが時に情も必要
6	日	○	運気旺盛な時も軽率な行動しない
7	月	◎	実力を発揮できる幸運日を有効に
8	火	○	活動のし過ぎは疾患へ休息もとる
9	水	○	些細な変化見逃さず先手を打とう
10	木	○	勘違いにも慌てず冷静に修正する
11	金	△	アイディア勝負に出ても良い時に
12	土	○	竜頭蛇尾にならぬよう結末明確に
13	日	▲	気負った言動では足をすくわれる
14	月	△	慌てた無計画な実行は危険を伴う
15	火	○	過去の経験知識参考に余裕を持つ
16	水	◎	自信持ち全力投球するのが最善策
17	木	○	自己顕示欲は控え目に出すのが吉
18	金	○	他者をあてにせず自己の力信じて
19	土	○	進み具合は遅くても平穏な一日に
20	日	△	周りに人が集まってくる楽しい時
21	月	○	厚い壁も忍耐強く押し続け開こう
22	火	▲	小事でも放置をすると後々厄介に
23	水	△	目前の事案に集中しよそ見しない
24	木	○	素直な意見を簡潔に伝える努力を
25	金	◎	約束守ると信用度が一段とアップ
26	土	○	争論を起こしやすいので自重する
27	日	○	発言したことは戻せない言葉選ぶ
28	月	○	平凡の中で相手思いやる優しさを
29	火	△	忍耐強く積み重ねることを考えて
30	水	○	辛くても乗り越えて一歩前進する
31	木	▲	結論を長引かせてはこじれるだけ

十一月運勢

十一月七日立冬の節より
月命乙亥　五黄土星の月
暗剣殺　なし

活気に満ちた月ですが、独断専行にならぬよう自制してください。我を抑えて協調精神を前面に出して励みましょう。理屈より誠実な対応が大切な時です。仕事と私事の時間を明確に分けましょう。これが疎かになると、周囲から反発を買います。

風評などは聞き流して取り合わないほうが無難です。風評などは根拠が薄いことが多いものです。自分も決して他人の噂話などをしないように心掛けましょう。運気を下げるだけです。

気持ちの「ダレる」時があります。休養と気分転換を上手に取り入れましょう。

11月の方位

今月の吉方位

大吉→東北、西南
中吉→亥、乾
吉→北

1	金	△甘言に釣られてだまされないこと
2	土	○新たな気持ちを沸き立たせ前進を
3	日	◎思い切った手を打ち勝負してみる
4	月	○過度の緊張は実力を発揮できない
5	火	○目的達成には賛同者を多く集める
6	水	○型破りな方法より法則性の重視を
7	木	△変化にも継続できる企画の優先を
8	金	○現状打破は大胆な手を用いてみる
9	土	▲つまらぬミス犯さぬよう緊張して
10	日	△受身のほうが万事スムーズに進展
11	月	○新しい交流から転換図るヒントを
12	火	◎遠方からの用件福運もたらすかも
13	水	○内なるエネルギーをうまく出して
14	木	○上司の叱責をステップアップの元に
15	金	○人の肉声が生きる勇気与える源に
16	土	△目的の達成には強い自己信念持つ
17	日	○外からの情報を逃さずうまく利用
18	月	▲取引は慎重にし注意力を隅々まで
19	火	△日々の平凡な日常の中に幸せあり
20	水	○声高に利益のみ主張する人を警戒
21	木	◎実行する時は確信を自信に変えて
22	金	○複雑に見えても糸口つかめば単純
23	土	○失敗を恐れずに果敢に挑戦しよう
24	日	○ありのままに自分を出すのが楽に
25	月	△現在地を把握し自分流の生き方を
26	火	○見栄を張らず己の力で切り開こう
27	水	▲人への愛を損得で測ったりしない
28	木	△故郷への声の連絡は安心を与える
29	金	○言葉は口の刃物用い方に注意する
30	土	◎次に進むには物事のけじめ明確に

十二月運勢

十二月七日大雪の節より
月命丙子　四緑木星の月
暗剣殺　東南の方位

変化の激しい月です。情勢判断を誤らないように、四方にアンテナを張って情報をキャッチしましょう。周囲の雑音に惑わされることなく自分の計画通りに進めていきましょう。年内のやり残しがないか点検することも大事です。上司や目上からの指示や要求が入ってくることがあります。慌てずに対応しましょう。年末でも焦ることなく丁寧に仕上げるようにしましょう。

体調を崩しやすい時です。疲労を覚えたら早めに休息をとりましょう。風邪を引きやすい時です。睡眠と食事をきちんととり、規則正しい生活を。

12月の方位

今月の吉方位

大吉→丙、丁

日	曜	運	内容
1	日	○	独善にならぬように公正な態度で
2	月	○	不用意に第三者の評価などしない
3	火	○	人気に浮かれず目立たぬ研鑽積む
4	水	△	腰掛的では何をやっても実らない
5	木	○	目立つ時こそ一生懸命の姿が大事
6	金	▲	実行する前に見直しする慎重さを
7	土	△	洞察力生かし後れを取らないこと
8	日	○	困難に立ち向かう時忍耐と勇気を
9	月	○	実績で勝負し他者の批判は無視を
10	火	○	回り道せず本質見抜いて即決する
11	水	○	障害に遭った時の心構えが重要に
12	木	○	本腰を入れて取り組めば実りある
13	金	△	無駄な出費を防ぎ貯蓄を増やそう
14	土	○	思い込みで判断すると偏り生じる
15	日	▲	情報は使い方で益にも害にもなる
16	月	△	好き嫌いで善悪を判断しないこと
17	火	○	持病を再発させないように警戒を
18	水	◎	有言実行に徹し自分を追い込んで
19	木	○	人の世話は自分の幸福につながる
20	金	○	失敗してもまた立ち上がる精神で
21	土	○	片方に肩入れせず公平さを貫こう
22	日	△	衝動買いで心のバランス崩さない
23	月	○	目下の失敗に助言与え手貸さない
24	火	▲	名誉が傷つくミスも時間が解決を
25	水	△	大きな目的のために小欲を捨てる
26	木	△	他人の心配より自分の足元固める
27	金	▲	怒りの頭では良い知恵出てこない
28	土	○	雑念を入れず来季の構想を練ろう
29	日	△	お金や気持ち振り返り来年の糧に
30	月	○	問題には素早い対応で損失少なく
31	火	○	常に平常心でいられる心の準備を

八白土星《はっぱくどせい》

2024年の運勢の変化と指針

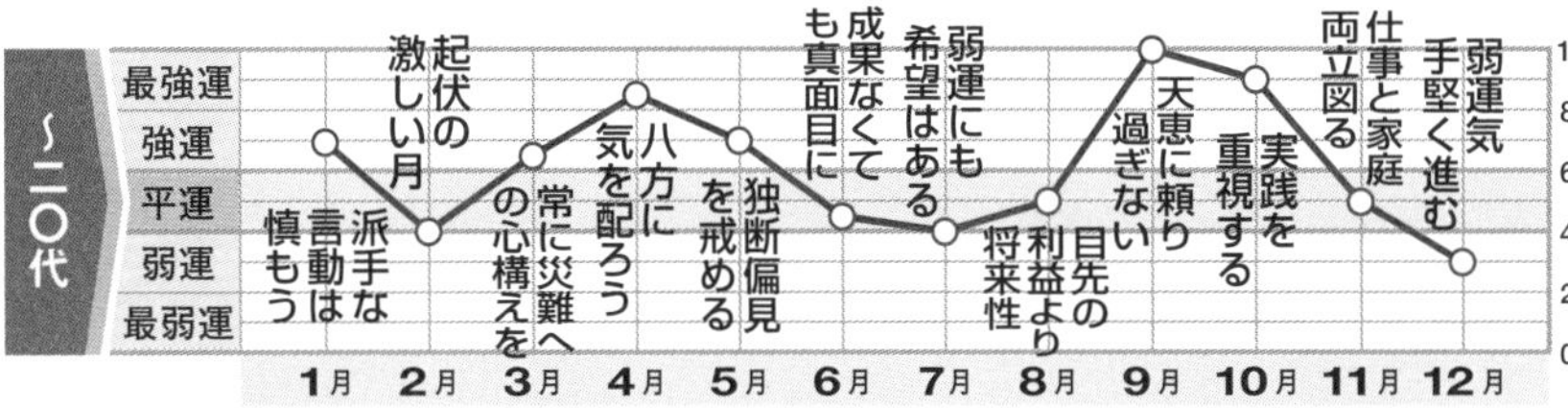

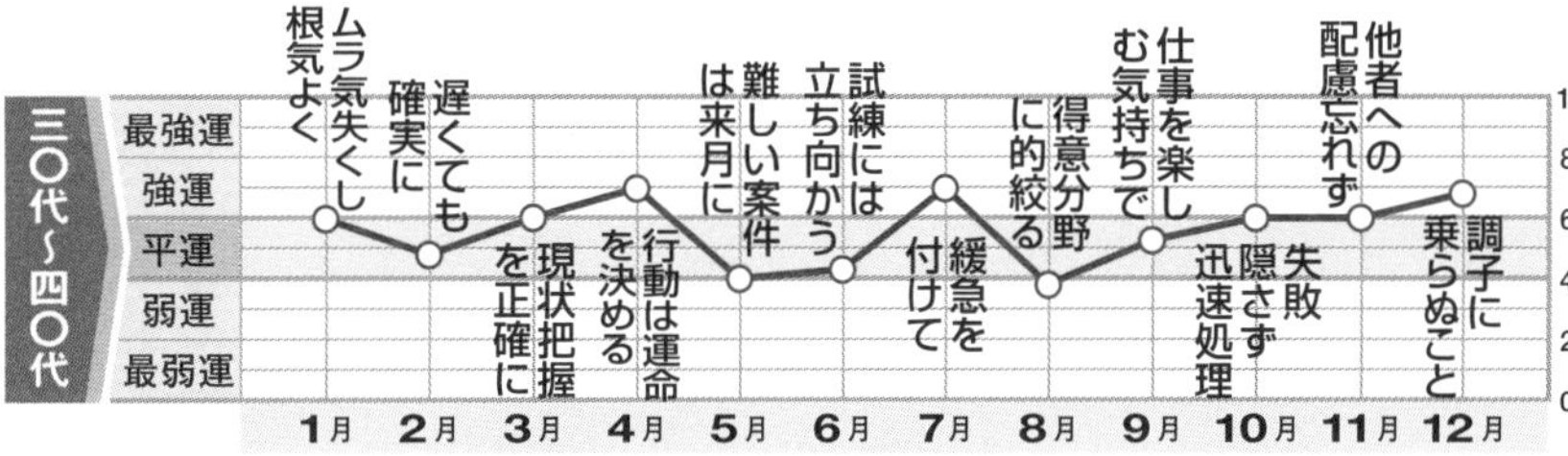

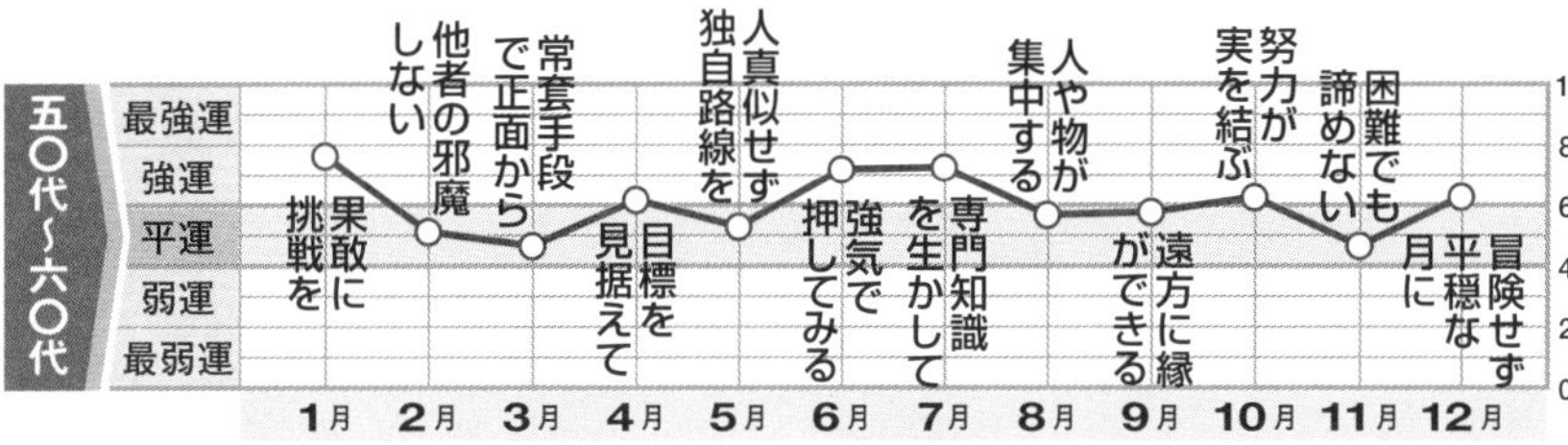

八白土星生まれの人

5歳（令和元年・平成31年　己亥）	41歳（昭和58年　癸亥）	77歳（昭和22年　丁亥）
14歳（平成22年　庚寅）	50歳（昭和49年　甲寅）	86歳（昭和13年　戊寅）
23歳（平成13年　辛巳）	59歳（昭和40年　乙巳）	95歳（昭和 4 年　己巳）
32歳（平成 4 年　壬申）	68歳（昭和31年　丙申）	104歳（大正 9 年　庚申）

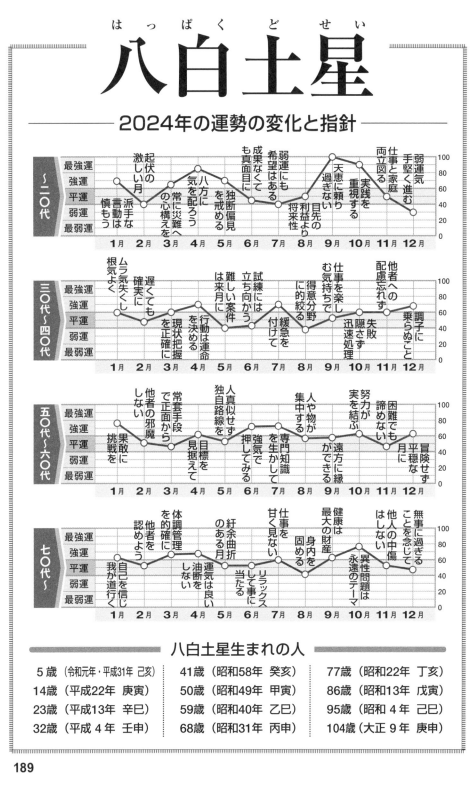

八白土星

● 氷雪期

　今年のあなたの本命星は北方位の坎宮《かんきゅう》に回座しています。本年は厄年にあたります。厄年だからいろいろなことをしてはいけないということはありません。受け取る気が弱いから注意して慎重に活動しなさいという警告なのです。独立、開業、転職など気を大きく用いる大事などは着手しないほうが良いし、実行するなら計画を綿密に練ることから始めましょう。移転に際しては必ず吉方位を選ぶようにしてください。大きなことを成そうとするならば、厄払いをしておくのも一方法でしょう。厄払いをしたから絶対何をやっても良いということではなく、厄払いをしたのだから自分の志に反することはせず王道をきちんと守ろうとする精神が大切なのです。

　仕事は今まで手掛けてきたことを継続的に推し進めるのが最善策です。新たな出会いや取引は大事にしましょう。この時の人間関係はうまく進むと大きな得となります。表立った派手さはないものの良好な話が転がり込んでくることがあります。ただし、人の悩み相談事を本年は受けないようにしましょう。あなた自身がその問題に巻き込まれて難渋する羽目に陥ります。欲の深追いをすると泥沼化する兆候があります。人間関係でこじれると、一層ひどい関係にはまってしまいますので一歩譲る気持ちを持つようにするのが吉策です。この時の損失が小さければ、挽回は早めにすることができます。

　身体の冷えに注意しましょう。身体の冷えは関節の疾患や免疫力の低下を招き、病気にかかりやすくなります。入浴時に身体をよく温める習慣を作ると良いです。

八白土星方位吉凶図

適職

弁護士、教育家、警察官、自衛官、金融業、不動産管理業務、土木建築業、倉庫業、製材商、ホテル業、デパート業、リゾート開発、警備員、ペンションオーナー等

吉方

本年は相生する二黒土星が回座する東南方位、九紫火星が回座する西南方位、六白金星が回座する東北方位が吉方となります。月別の吉方は毎月の運勢欄をご覧ください。

凶方

本年は五黄土星が回座する西方位が五黄殺、反対側の一白水星が回座する東方位が暗剣殺の大凶方位になります。八白土星が回座する北方位が本命殺、七赤金星が回座する南方位が本命的殺の大凶方位となります。本年の十二支である辰の反対側、戌の方位が歳破で大凶方位です。月別の凶方は毎月の運勢欄をご覧ください。

♣ 健康運

本年は飲食物のとり方に気配りし、身体を冷やさないように用心しましょう。いわゆる厄年の星回りです。体を温める食品を多くとり、栄養のバランスを考えた食事を心掛けてください。

厄年といっても過敏になることはありませんが、大気より受け取る気が少ないので、体力的に疲労しやすいものです。身体を温めると免疫力が上がると言われます。逆に冷やすと免疫力は低下し、疾病を招きやすいと言われます。持病のある人は一層の注意をしましょう。

腎臓病、生殖器の病気になりやすい時期です。また陰部や肛門なども清潔を保つようにしましょう。

身体を疲労させるような過激な運動はむしろ有害です。

♦ 金銭運

金運は職業によってかなりバラつきがあります。飲食店・水商売や外交員などは仕事が順調に進んで繁盛して金運上昇です。反対にアクセサリーや株を扱う人・官吏の人たちは、あまり良くありません。業績は上がらず苦戦を強いられるかもしれません。貯蓄していたお金を使い切ってしまう人も出てきます。

見方を変えると、健康な人は金運が良くなりますが、不健康な人は金運が良くありません。身体が悪いと何かと出費が多くなり、借金が増えてしまうことになります。金運と健康は切っても切れない関係にあります。金銭管理と健康管理は両輪の関係ですので、共に気を配りましょう。元気よく働いて金運を上げましょう。

♥ 恋愛運

今年の恋愛運は良くありません。出会うチャンスが少ないのです。持っている気が弱いので、相手に訴えるものが弱くなるのかもしれません。特に東と西から来る人物は警戒しましょう。あなたを騙そうとしている空気が感じられます。恋愛感情に理性を失くしてはいけないでしょう。恋愛の失敗は一生涯の傷となって残ってしまうことがあります。反対に、目立たないけれどごく真面目な相手が現れることもあります。口数は少ないけれど誠意がこもった人です。数少ない恋愛チャンスを逃すことなくアタックしましょう。日頃の眼力を生かし、幸せな恋をつかむ好機にしましょう。東北から現れる人は責任感の強い人です。心当たりの人がいたらアタックチャンスです。

八白土星生まれの運勢指針

❖五歳
旺盛な行動力は目を見張るものがあります。好奇心があるので体験できる場をたくさん与えて、新しい生活習慣を身につけさせてあげましょう。目上の人の引き立てによって、大きく伸びていきます。

❖十四歳
体力作りを重視してください。この年頃に鍛えておくと習慣になり、大人になってからの持久力推進が養われます。この時期に体力を鍛えていくと学力も向上することがわかっています。

❖二十三歳
社会人になると、いろいろな問題で悩みが多くなるでしょう。年齢的にも悩み多き年です。若さゆえの悩みは、諸先輩に聞いてもらうと良いです。話を素直に聞いて、一人で悩まないように。

❖三十二歳
才知もあり器用なのですが、対人関係の気苦労が多い時です。根気よく対話を重ねていくことが大切です。自重して、万事に締め括りをきちんとしましょう。中途で投げ出すのは良くないです。

❖四十一歳
癸亥生まれのあなたは、のんびりしているように見られますが、才気煥発で頭が良いです。自分ができるので、つい自己中心的な動きをしますが、周囲との和を考えて進むと業績アップに。

❖五十歳
負けず嫌いなあなたは、できそうもないこともつい見栄を張って手掛けてしまいます。途中で難しくなると投げやりにしてしまいがちです。いら立ちを抑えて冷静に対処するようにしましょう。

❖五十九歳
目標を絞って集中して力を注ぎましょう。経験から来る力も結集させて若い人をリードしていきましょう。また、任せるところは任せ、体験を教えるようにすることも良策です。

❖六十八歳
チャンスに恵まれなかったあなたですが、注目を浴びる立場に立たされます。晩年運の強いあなたが日頃から真面目に取り組んできた事柄が脚光を浴びる時が来ます。

❖七十七歳
明朗快活なあなたは信用や好感を得られながら大成を望まず今日まで生きてきたことでしょう。そのまま情勢を見極めて流れに沿って進んでいくのが最善策です。

❖八十六歳
プライドの高いあなたは対人関係に悩んできたことでしょう。会社外の一般社会では肩書重視ではないので、付き合い方が少し違ってきます。融通を利かせて動くのが良いです。

❖九十五歳
一芸にすぐれたあなたです。自分の人生は自分でつかんできたことでしょう。今年は口数を少なくして、聞き役に回ると幸運が流れ込んできます。物事を短絡的に判断することは危険です。

❖一〇四歳
神経質だった若かりし時は遠く昔に置き去りにし、体験をみんなの前で話して聞かせてあげましょう。協調することが何よりの幸せにつながります。

一月運勢

一月六日小寒の節より
月命乙丑　六白金星の月
暗剣殺　西北の方位

年単位で見ると、今年は決して盛運の年ではないです。しかし、その中でも吉運や盛運の月はあるものです。今月は数少ない好調月です。仕事は、少し努力すれば達成可能な計画を立て、達成した時の喜びを大切にしましょう。大きな目標も小さな達成感の集まりなのです。目上の人や上司の経験知識を取り入れてスピード感を出すのも有効な手段です。

注意するべきは、今まではこの方法で好結果を出してきたという安定感と惰性です。旧態依然としていては進歩が止まります。新風を取り込みましょう。

１月の方位

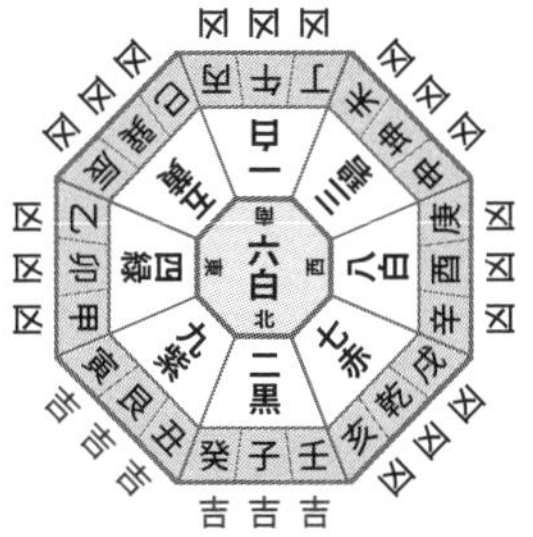

今月の吉方位

大吉→東北
中吉→北

日	曜	運	
1	月	○	気負わず普段通りの自分を出して
2	火	▲	事態を甘く見ると損失大きくなる
3	水	▲	接待がうまくいくよう黒子に徹す
4	木	○	成果少なくても次につなげる働き
5	金	△	一か八かの勝負にせず地道に精進
6	土	○	経験の上に経験積むのが人生行路
7	日	○	盛運だが突発事態に慌てない心を
8	月	○	全国の成人の若者を温かく見守る
9	火	◎	強運気でも暴走しないよう自制を
10	水	○	常套手段で手堅く進めれば無難に
11	木	▲	過激な言動抑え柔和な心で対応を
12	金	▲	自己のスキルを上げる課題を課す
13	土	○	安請け合いで信用を失くさぬよう
14	日	△	衰運だが手順通り推進すれば吉日
15	月	○	進捗遅れても焦らず最後まで粘る
16	火	○	仕事が後を追いかけてくる忙しさ
17	水	○	上から目線で指示せぬよう気遣う
18	木	◎	計画は実行して初めて価値を生む
19	金	○	存在感薄くなる感じでも平常心で
20	土	▲	言葉の暴力にならぬよう発言注意
21	日	▲	少しの油断が大事を引き起こす元
22	月	○	新しい取引を大事にすると良い時
23	火	△	利己的提案では周囲の反発を招く
24	水	○	ミス防ぐ心の準備をしっかりする
25	木	○	独自の得意分野を生かした行動を
26	金	○	責任ある立場になったら自覚持つ
27	土	◎	調子が良くても独断専行は避ける
28	日	○	うやむやの内に終わらせてはダメ
29	月	▲	慣れた作業も違和感あれば中止を
30	火	▲	自己の内部知識を高めるのに好日
31	水	○	秘密裏に進めることは成就が困難

二月運勢

二月四日立春の節より
月命丙寅　五黄土星の月
暗剣殺　なし

好調だった先月とは異なり、今月は少し遅滞します。遅れを挽回しようと方向転換を図るのではなく、忍耐強く計画通りに進展させるのが良いです。立てた計画に自信を持つことが大事なのです。乗り越える気力が新展開を生む原動力になります。

雑多な用件が飛び込んできます。気力を奮い立たせて、一つずつ片づけていきましょう。道は必ず開かれます。

身辺を身ぎれいにして、周囲の誤解を招かないように注意しましょう。小さな問題でも誠実な対応を心掛けましょう。

グルメに縁ができますが、ほどほどに。

2月の方位

今月の吉方位

大吉→南
吉→亥、乾

日	曜	運	内容
1	木	△	勤勉に勤めれば正当な成果がある
2	金	○	不利な状況でも志を曲げないこと
3	土	○	初めてのことに安易な計画は危険
4	日	○	不足あれば知恵を出して補うこと
5	月	◎	幸運に気をゆるめ詰めを甘くせず
6	火	○	ありのままの対応が効果を生む日
7	水	▲	身近なところに落とし穴あり用心
8	木	▲	努力が形に現れない時腐らず精進
9	金	○	歓談は良いが他人の悪口言わない
10	土	△	一人だと遺漏あるも共同なら万全
11	日	○	楽観的に考え進んでいくのが吉運
12	月	◎	責任持たされたら全力で全うする
13	火	○	私欲に走らず公益優先の活動して
14	水	◎	長老と若者の意見を調整しながら
15	木	○	不本意なことには神経を使わない
16	金	▲	気力が空回りする感じでも忍耐を
17	土	▲	過失とわかれば素直に謝罪をする
18	日	○	自分の思った通りに進めるのが吉
19	月	△	行動起こす前に初期計画を見直す
20	火	○	本質見抜き対応すればスムーズに
21	水	◎	大きな企画任されたら全力尽くす
22	木	○	相手の不備を露骨には非難しない
23	金	◎	懸命に精進した結果が蓄積される
24	土	○	障害は乗り換えてこそ実力上がる
25	日	▲	墓穴を掘らぬように慎重に進める
26	月	▲	一案に固執せず各種の意見を聞く
27	火	○	見栄を張らず流れに身を任せよう
28	水	△	陰に回り周囲の援助が運気上昇に
29	木	○	若い人の意見取り入れ斬新に行く

三月運勢

三月五日啓蟄の節より
月命丁卯　四緑木星の月
暗剣殺　東南の方位

無謀な挑戦をしなければ安泰な月になります。結論が多少遅くなりますが、物事は整う方向にあります。性急な行動を慎み、その時の流れに沿った進展の仕方をすると、成果は順当に上がってきます。契約書関係は念入りに目を通しましょう。

問題が生じた場合は一人で抱え込まず、信頼できる上司や有識者に知恵を借りましょう。早期に解決すると、損失が小さくて済みます。労力も軽減されます。

見栄を張らずにありのままの自分をさらけ出して懸命に努力する姿に、周囲が共感を示してくれます。

3月の方位

今月の吉方位

吉→東北

日	曜	運勢	内容
1	金	◎	雑念払い仕事に専念が最良の方策
2	土	○	挑戦の時逃さず果敢に挑む精神で
3	日	◎	地道に多くの情報を取り入れよう
4	月	○	掛け声倒れにならぬよう準備万端
5	火	▲	秘密を隠していると露見して大事
6	水	▲	形式に囚われず誠実な心で接する
7	木	○	無理押しせず順序通りに推進する
8	金	△	待機して状況を把握する時も大事
9	土	○	方針をブレさせずに一貫性を持つ
10	日	◎	力まず平静な気持ちで進展が吉運
11	月	○	悠長にしていると足をすくわれる
12	火	◎	手を広げ過ぎないで焦点を絞って
13	水	○	八方美人は誰からも信頼得られず
14	木	▲	不言実行を心掛け多くを語らない
15	金	▲	期待に応えようと背伸びをしない
16	土	○	相続の話は計画的に決定しておく
17	日	△	七転び八起の不屈の精神が大切に
18	月	○	節度ある姿勢が周囲の協力を得る
19	火	◎	難問あっても乗り越えて成果出る
20	水	○	一つのことに時間をかけ過ぎない
21	木	◎	新規の計画あれば慎重に実行する
22	金	○	相手に合わせることなく自分流で
23	土	▲	万事明瞭に推進するのが吉運招く
24	日	▲	援助必要な時は素直に頼むのが吉
25	月	○	自分の責務を忠実に消化していく
26	火	△	暴飲暴食は健康を害するので注意
27	水	○	経験者のアドバイスが有効に働く
28	木	◎	強運だが無理をせず適度の休養を
29	金	○	相手の弱みに付け込んだりしない
30	土	◎	起伏が激しい時結論は早く出そう
31	日	○	身近にいる人が手助けしてくれる

四月運勢

四月四日清明の節より
月命戊辰　三碧木星の月
暗剣殺　東の方位

衰運気ですが、謙虚な姿勢で過ごす気持ちで乗り切りましょう。好き嫌いの激しいあなたですが、気の合う人とは上手にコミュニケーションが取れる人です。感情を抑えて幅広く人間関係を良好に保つことが仕事上では有利に働きます。自己流に固まらず、情報を捉えて活用しましょう。スマホの情報に頼り過ぎると危険です。自分なりに情報分析ができるようにしましょう。時勢の流れも観察し、正しく活用できるようにすると良いです。

ストレスの溜まりやすい時です。適度に気分転換を図りましょう。

4月の方位

今月の吉方位

大吉→西南
中吉→東南
吉→東北

日	曜	運勢
1	月	▲前進より現状に留まる勇気を持つ
2	火	▲個性尊重しても孤立しない注意を
3	水	○将来に備え最低限の貯蓄はしよう
4	木	△自己中心的な主張では周囲は離反
5	金	○計画性がないまま盲進しては危険
6	土	◎長い目で見た活動の展開目指そう
7	日	○空元気でも出して自らを鼓舞する
8	月	◎堅実な働きが結実し実り多い一日
9	火	△不純な動機から良い結果は出ない
10	水	▲万事良いアイディアも使い方次第
11	木	▲有言実行に徹し自己研鑽を確実に
12	金	○人に喜ばれることが自分を豊かに
13	土	△企画は綿密に実現可能な計画練る
14	日	○気を張り詰め常に前進の気力持つ
15	月	◎流れに沿った進め方すれば順調に
16	火	○どんな場面も平常心忘れずに行動
17	水	◎過激な言動抑えて柔和な態度が吉
18	木	△手慣れた作業こそ惰性で行わない
19	金	▲力不足を感じたら実力養う好機に
20	土	▲自我にこだわり過ぎると支障出る
21	日	○改善すべき点に気づいたら即実行
22	月	△職務に誠実に向き合うと道開ける
23	火	○睡眠時間は多くとり健康体を維持
24	水	◎石橋を叩く慎重さがあれば安泰に
25	木	○旧習に囚われていては発展はない
26	金	◎目下の助力が功を奏し結果は上々
27	土	△闇取引などせず公明に働きかける
28	日	▲引き立てあるけれど謙虚な姿勢で
29	月	▲歯車が噛み合わない運気不定の日
30	火	○他人の言葉で大いに救われる好日

今月の幸運数＝2、3、7　幸運色＝パープル

五月運勢

五月五日立夏の節より
月命己巳　二黒土星の月
暗剣殺　西南の方位

良くも悪くも注目の的になります。日頃から言動は慎重にしましょう。注目されるのは期待が大きいということでもあります。反面では、失敗した時には大きく喧伝されてしまいます。細部にもこだわった取り組みが大事です。結論を早めに出すのがポイントです。

今まで隠されていた秘密が突如として表面化することがあります。当初とは違う形で現れます。真正面から向き合うのが良いです。完全に決着をつけておくのが望ましいです。曖昧なままにしておくと、後日に再び蒸し返されることがあります。

5月の方位

今月の吉方位

吉→北、南

日	曜	運	内容
1	水	△	仕事とプライベートを厳格に分離
2	木	○	過去を見直すのも大事な作業の内
3	金	◎	一方に偏らない公正な人格が大切
4	土	○	本筋から外れないように用心して
5	日	◎	全体を見回すバランス感覚も大事
6	月	○	光が当たるけれど謙譲の精神保つ
7	火	▲	約束を果たすことで信用維持する
8	水	▲	言わなくてよい一言が誤解を招く
9	木	○	仕事に専念すれば成果期待できる
10	金	△	決断力を発揮し迅速に決着させる
11	土	○	優柔不断で好機を逃さぬよう用心
12	日	◎	過去の業績も現れ思いがけぬ成果
13	月	○	縁の下の力持ちで他者を支えよう
14	火	◎	商取引で好成績を収められる好日
15	水	○	気力あふれても高慢な態度は慎む
16	木	▲	油断せず重大なミスや損失に用心
17	金	▲	腰砕けにならぬよう気合入れ直す
18	土	○	外出する機会増える手抜かりなく
19	日	△	苦労しても成就するまで諦めない
20	月	○	仕事は人・物・金の集合体忘れず
21	火	◎	未知なる分野で勇気出して挑戦を
22	水	○	年配者にタメ口きき顰蹙買わない
23	木	◎	方針は実行することに意義がある
24	金	○	第一印象は大事丁寧な対応をする
25	土	▲	一瞬の手抜きが大事に至る警戒を
26	日	▲	仕事忘れ余暇を楽しむ余裕の心を
27	月	○	持てる力を出し切る覚悟で全力を
28	火	△	進路誤ると痛手が大きい日慎重に
29	水	○	仕事に緩急付けて効率よく処理を
30	木	◎	目標は完結させることが一番重要
31	金	○	目前の責務をやり遂げるまで精進

六月運勢

六月五日芒種の節より
月命庚午　一白水星の月
暗剣殺　北の方位

力を発揮できる月です。目標を具体的にして穏やかな気持ちで進んでいきましょう。独断で決めて進めないほうが良いです。目下の意見を尊重する気持ちも大事です。

正しいことが必ずしも成功するとは限らないのが人生です。見かけで判断するのではなく、内容を洞察するのが重要です。時には、自力ではどうすることもできない事態があります。他者の援助を素直に受けることも必要でしょう。

水の害に注意をしてください。今月は水辺への遊びは避けるほうが良いです。お酒の飲み過ぎに注意です。

６月の方位

今月の吉方位

大吉→東南
中吉→亥、乾
吉→西南

日	曜	運勢	
1	土	◎	目標達成は常に忍耐と努力が必要
2	日	○	こだわり過ぎは時に進歩の邪魔に
3	月	▲	面倒なこと避けずに対処する精神
4	火	▲	内容把握を十分にし正攻法で行く
5	水	○	早とちりして盲進しないよう用心
6	木	△	積極的に出ても人間関係の考慮を
7	金	○	拙速は商売では通用しない正確に
8	土	◎	友好な対人関係が利益を生み出す
9	日	○	秘密裏に物事運ぶと後日に問題が
10	月	◎	思い切った斬新な手打ち打開策に
11	火	○	自分を卑下することなく前進する
12	水	▲	食事のバランス考え好き嫌いせず
13	木	▲	上司の叱責は上昇への糧と考える
14	金	○	積極的に出ても行き過ぎないよう
15	土	△	弱気にならず常に前向きに考える
16	日	○	人を威嚇するような工作はしない
17	月	◎	広角的に柔軟な対応するのが吉策
18	火	○	相手の立場尊重した接遇が好感を
19	水	◎	運気は好調思い切り大胆な方策も
20	木	○	専門分野に的絞り力を集中させる
21	金	▲	どんなハプニング起きても冷静に
22	土	▲	相互扶助の精神を忘れないように
23	日	○	白黒明確にせず灰色決着も有効に
24	月	△	誠意を見せて当たれば事態は好転
25	火	○	不慣れな立場では焦らないように
26	水	◎	確実性を優先させていけば吉の日
27	木	○	深追いせず中庸のところで手打つ
28	金	◎	善意の対応も誤解されない注意を
29	土	◎	目上や有識者の意見を取り入れて
30	日	○	虎の威を借りて他者に向くのは凶

今月の幸運数＝5、8、0　幸運色＝ブラック

七月運勢

七月六日小暑の節より
月命辛未　九紫火星の月
暗剣殺　南の方位

気持ちが落ちつき、安定した活動ができます。成果も確実に上がってきます。奢ることなく研鑽を続けていきましょう。生まれ故郷や母親のことで明るい話が出ます。公私のバランスの取れた月でもあります。

自信があることでも手順通りに進め、急発進を避けましょう。仕事も重責を任されます。苦しい時には母親のように優しい女性が加勢をしてくれます。常套手段を用い、奇策などは用いないほうが吉策です。

井の中の蛙にならぬよう広い視野で考えましょう。将来を見据えた長期的展望の上に立ち、活動の場を広げていきましょう。

7月の方位

今月の吉方位

吉→西南

日	曜	運	内容
1	月	◎	向上心忘れず進展すれば大吉日に
2	火	○	善意に徹し適切な表現に気を配る
3	水	△	自分の現在地をきちんと把握する
4	木	○	身の丈に合う活動が実績に連なる
5	金	▲	常に正道を歩み清々しい気持ちに
6	土	▲	一見しただけで良否決めつけない
7	日	○	英気養う楽しい時間は早く過ぎる
8	月	◎	良いと思った事案は即実行が良策
9	火	○	事前準備綿密にし時間を有効利用
10	水	◎	損得勘定は中庸のところで手打つ
11	木	○	適切な判断力がものを言い利益に
12	金	△	過去の不利な話が出ても慌てない
13	土	○	功を焦らず確実な仕上げを目指す
14	日	▲	複雑な人間関係に振り回されない
15	月	▲	平常と違う事態軽く見過ごさない
16	火	○	あれこれ考えず早い決着心掛ける
17	水	◎	あまりに厳格過ぎると敬遠される
18	木	○	見栄張らず自分に合った生き方を
19	金	◎	大局観持ち進展するのが重要課題
20	土	○	きっちり几帳面よりゆとりの心で
21	日	△	気力衰える時は行動起こすのが良
22	月	○	自己主張抑え周囲との協調を優先
23	火	▲	反省し改善点を即改める気持ちを
24	水	▲	背伸びしたやり方は自滅の危険性
25	木	○	人は交際する人により判断される
26	金	◎	自分のやり方で遂行するのが得策
27	土	○	注目されるので日頃の言動に注意
28	日	◎	多くの意見を取り入れ柔軟に対処
29	月	○	継続的に手掛けた事案が実を結ぶ
30	火	△	場当たり的対応は必ず破綻きたす
31	水	○	条件を有利に活用し推し進めよう

八月運勢

八月七日立秋の節より
月命壬申　八白土星の月
暗剣殺　東北の方位

多少の無理があっても難しい仕事を受けて挑戦してみましょう。物事はやってみなくてはわからないことが多いです。自己信念が重要になってきます。不退転の気持ちを心に奮闘してみましょう。新たな世界が見えてくるはずです。くれぐれも周囲の状況に付和雷同する行動は避けてください。必ず周囲から雑音が入ってくるものです。目標を見据えて、ブレないように前進しましょう。

言葉による失敗に注意です。仕事に没頭すると、つい言葉遣いが荒くなります。十分気を付けて丁寧な言葉を用いましょう。

８月の方位

今月の吉方位

大吉→亥、乾
吉→東南

日	曜	印	運勢
1	木	▲	正当に活動しても誤解受けやすい
2	金	▲	外部ばかりではなく内部も固める
3	土	○	言葉は凶器にもなる丁寧な扱いを
4	日	◎	一人よりも集団で進めるのが良策
5	月	○	成功は周囲の力の結集だと考える
6	火	◎	内面同様に外見も身ぎれいにする
7	水	○	説得は相手に響く言葉用いて行う
8	木	△	他人事に口を挟むと苦労を背負う
9	金	○	荒い言葉は相手を傷つける要因に
10	土	▲	衰運気でも後ろ向かず前を向いて
11	日	▲	古い知人に迷惑をかけられるかも
12	月	○	勝負をしたくなるが控えるのが良
13	火	◎	身内に喜びごとが起きる兆候ある
14	水	○	親戚間の問題はこじれやすい注意
15	木	◎	名誉なことが起きても有頂天慎む
16	金	○	新しい交際が始まる大切に育てる
17	土	△	初め良くても中途挫折しないよう
18	日	○	改善すべきことは迅速に処理する
19	月	▲	過去の反省点踏まえて再検討する
20	火	▲	自信過剰にならず謙虚に前進する
21	水	○	好調に楽観せずより以上の上昇を
22	木	◎	盛運気だが気が抜ける瞬間がある
23	金	○	一気に成し遂げるよりゆるやかに
24	土	◎	人の期待に沿う努力が実力向上に
25	日	○	おごりを捨て謙虚に研鑽すると吉
26	月	△	迷いを払い初志を貫徹する精神を
27	火	○	回り道しても確実に仕上げる心で
28	水	▲	良いと思ったことは即実行しよう
29	木	▲	目標が曖昧では努力が水泡に帰す
30	金	○	邪心があっては良い結果得られず
31	土	◎	得意分野で楽しさを優先させよう

今月の幸運数＝３、５、８　幸運色＝ブルー

九月運勢

九月七日白露の節より
月命癸酉　七赤金星の月
暗剣殺　西の方位

言行不一致にならぬよう軽々しい言動を控えましょう。運気は盛運です。雑念を払って仕事に専念するのが吉策です。信念を曲げずに計画を推進していきましょう。

取引は順調に進み締結に至るでしょう。遠方との取引をしている場合は大事にしてください。有利な話が出る可能性がありまず。決断を下す時は自信を持ち、きっぱりと告げましょう。多少押しをきつくしても大丈夫です。曖昧な態度や結論の出し方では相手に見くびられてしまいます。

上から目線の物の言い方では相手も言うことを聞いてくれないでしょう。

9月の方位

今月の吉方位

中吉→南

1	日	○	自慢しない謙譲の美徳が信頼招く
2	月	◎	絶好調の時全力尽くし業務推進を
3	火	○	自分の信念に従って進めていこう
4	水	△	結論出すまで気をゆるめない覚悟
5	木	○	良かれと思ってしたことが裏目に
6	金	▲	諦めからは何も生まれてはこない
7	土	▲	状況に応じた柔軟な対応が重要に
8	日	○	強引な方法とらず丁寧に説明する
9	月	◎	強気に押して力を十分に発揮する
10	火	○	遊興にも節度保ち羽目を外さない
11	水	◎	温めていたことを思い切って実行
12	木	○	つまらぬ見栄を張らず素のままで
13	金	△	障害は自己を高める試練と心得て
14	土	○	古い問題蒸し返される真摯に対応
15	日	▲	根性論で割り切るのは危険を孕む
16	月	▲	時流に任せる気持ちで気楽に行く
17	火	○	知性を生かした活動がポイントに
18	水	◎	先頭に立ち周囲を引っ張っていく
19	木	○	他人のうわさ話は誤解を生む要因
20	金	◎	不足を言わず知恵を絞り打開策を
21	土	○	確信を持ち推進していくのが良い
22	日	△	紆余曲折あっても目標見失わない
23	月	○	不要な物は前進の邪魔切り捨てる
24	火	▲	一度言ったことは戻らない責任を
25	水	▲	優柔不断では何ごとも成就しない
26	木	○	日常の健康管理に気配り忘れずに
27	金	◎	外部圧力に屈せず自己信念を貫く
28	土	○	沈黙は金なりの諺あり黙々と努力
29	日	◎	一つのことを粘り強く推し進める
30	月	○	時には常套手段外れた奇策も有効

十月運勢

十月八日寒露の節より
月命甲戌　六白金星の月
暗剣殺　西北の方位

未知の分野を手掛ける時は、その道の専門家に聞いてから手を着けるのが良いでしょう。小手先の対応をせず本腰を入れる覚悟で始めましょう。忙しい中にも楽しみを見つけて息抜きをするほうが、集中して活動することができます。独自の考えがあれば実行しても良いです。結果は良くなる方向へ行くでしょう。気負い過ぎて路線を大きく外さないように用心しましょう。少しくらいずれても、目標が明確になっていれば気にすることはありません。

私利私欲に走らず公明正大の気持ちを忘れずに進みましょう。

10月の方位

今月の吉方位

大吉→東北
中吉→北

日	曜	運勢	
1	火	△	気配り怠るとつまらないミス犯す
2	水	○	目標に向かいコツコツと努力する
3	木	▲	他人の評価気にせず独自路線歩む
4	金	▲	惰性を打破し常に新たな気持ちで
5	土	○	自信持ち物事に当たれば道開ける
6	日	◎	修正必要なら早い内に手を打とう
7	月	○	欠点や長所を確認し見直し対策を
8	火	◎	目先の利益大事だが長期的展望を
9	水	○	計画に沿った活動すれば安泰な日
10	木	△	注目の的になるけれど平常心保つ
11	金	○	倫理道徳を逸脱しない言動を取る
12	土	▲	家庭内でも明るい笑顔を忘れない
13	日	▲	大言壮語し信用を失わない用心を
14	月	○	軽口をたたくと人間性を疑われる
15	火	◎	やり過ぎては成るものも成らない
16	水	○	心にもない言動は運気下げるだけ
17	木	◎	心底感動して行うと相手にも響く
18	金	○	困難にめげず立ち向かう気持ちで
19	土	△	浮かれ気分で対処せず真摯な心で
20	日	○	虚勢を張らずに真心からの言動を
21	月	▲	後ろ向きの考え捨てプラス思考で
22	火	▲	私欲に走らず公益的視野で考える
23	水	○	時流を無視せず取り込む気構えを
24	木	◎	好調さに気をゆるめず緊張感持続
25	金	○	お山の大将にならぬよう自制心を
26	土	◎	喜びは皆で分かち合う精神が大切
27	日	○	周囲の喧騒に乗らず我が道を行く
28	月	△	無理のない計画で過労に注意して
29	火	○	内部の結束を優先し連携を強める
30	水	▲	実家の年配者に声の便りをしよう
31	木	▲	節度ある態度取り協調精神を保つ

十一月運勢

十一月七日立冬の節より
月命乙亥　五黄土星の月
暗剣殺　なし

普段の月に比べて外出する機会が多くなります。本業が疎かにならないようにスケジュール管理を的確にしましょう。今月は上司や長老と言われる人からの命令や要求が多く、重圧を感じることがあります。しかしながら忠告は素直に聞き入れるのが賢明です。そのほうがあなたの実力を十分に発揮できる環境になります。全力を出して要求に応えられれば認められ、上を目指すことができます。

金運が良好です。仕事を通じての金運となります。マンネリに陥らぬよう絶えず新たな挑戦を試みましょう。

11月の方位

今月の吉方位

大吉→南
吉→亥、乾

日	曜	運	内容
1	金	○	根を詰め過ぎず適度に息抜きして
2	土	◎	勘と勢いに任せず計画性を大事に
3	日	○	外見だけで判断せず内容吟味して
4	月	◎	怠惰な誘惑に負けず真剣に精進を
5	火	○	自分の長所を生かした活動をする
6	水	△	目立とうとするだけの態度は不可
7	木	○	好機をとらえて前進すれば成果大
8	金	▲	その場を取り繕う嘘は信頼を失う
9	土	▲	自己の殻に閉じこもらず人を見て
10	日	○	気の向くままの猛進は進路を誤る
11	月	◎	柔軟な思考は窮地の時に効果出る
12	火	○	難事には体当たりでぶつかる心を
13	水	◎	上司の命令通りに動くのが最善策
14	木	○	人の相談には親切に乗ってあげる
15	金	△	障害あっても立ち向かう勇気持つ
16	土	○	即断即決は少し危険考える時間を
17	日	▲	新しい交流を大事に育てると良い
18	月	▲	地味に働くことを誇りにして前進
19	火	○	陰で利用しようとする人間に警戒
20	水	◎	運気旺盛だが選択肢を間違わない
21	木	○	今日の長老の意見は尊重して良策
22	金	◎	定石を遵守した方策が図に当たる
23	土	○	寛容な態度で人と接するのが良い
24	日	△	今まで通りという概念突き破ろう
25	月	○	二兎追うものは一兎も得られない
26	火	▲	隠蔽工作せず白日の下正々堂々と
27	水	▲	締結寸前に障害に遭う状況も想定
28	木	○	あまりに教え過ぎても人は伸びず
29	金	◎	的を絞った活動のほうが成果良い
30	土	○	好調に推移するが天狗にならない

十二月運勢

十二月七日大雪の節より
月命丙子　四緑木星の月
暗剣殺　東南の方位

年末を控え、慎重な行動を取りましょう。月破という凶神が回っているのです。八割方進捗したものが突然の災難や障害のために破れてしまうような凶神なのです。思い付きの行動は災厄に遭いやすいので、十分に検討してから着手するようにしましょう。また、今月金策を考えている人は控え目な予算組みを考えないと、期待通りにいかないことが起きます。急いで手当てをしようとするのは危険です。甘言に釣られて詐欺的行為にかからないように警戒してください。ゆっくりでも自分の流儀を貫いて推進していくのが良策です。

12月の方位

今月の吉方位

吉→東北

日	曜	運	運勢
1	日	◎	人との争い事は絶対に避ける心を
2	月	○	結末を曖昧にせず明確な結論出す
3	火	△	難問解決は気楽な気持ちが大切に
4	水	○	注目される場所に立っても謙虚に
5	木	▲	他者との対抗意識で背伸びしない
6	金	▲	目前の事案を完結させて次へ進む
7	土	○	目立たない努力が実を結び開花を
8	日	◎	生活にメリハリをつけ活性化図る
9	月	○	実力の上に信用を得る気持ち大事
10	火	◎	強運だが柔和な対応が功を奏する
11	水	○	予定しない金銭が出る兆候がある
12	木	△	腰砕けにならぬよう最後まで忍耐
13	金	○	回り道するけれど結果は良好得る
14	土	▲	無理に前進しようとせず実力養成を
15	日	▲	真実を伝えれば良いとは限らない
16	月	○	山に木を植える如く少しずつ前進
17	火	◎	冒険せず手堅くまとめるのが上策
18	水	○	流れに任せ無理な舵取りをしない
19	木	◎	全力出して年内の見通しを立てる
20	金	○	慌しい日となる自分を見失わない
21	土	△	情緒不安定になるも目標見据えて
22	日	○	選択に困った時は初期の計画参照
23	月	▲	他者への奉仕に見返りを求めない
24	火	▲	決断する前に経験者の意見を聞く
25	水	○	年内の仕事をてきぱきと片づける
26	木	○	一時的に停滞感味わうが平常心で
27	金	▲	相手の無理な要求も受け流す気で
28	土	▲	公私の別を明確にし年末に備える
29	日	○	重要なことを忘れていないか点検
30	月	△	先を見越して要所を抑えておこう
31	火	○	仕事はエンドレスといえる慎重に

九紫火星《きゅうしかせい》

2024年の運勢の変化と指針

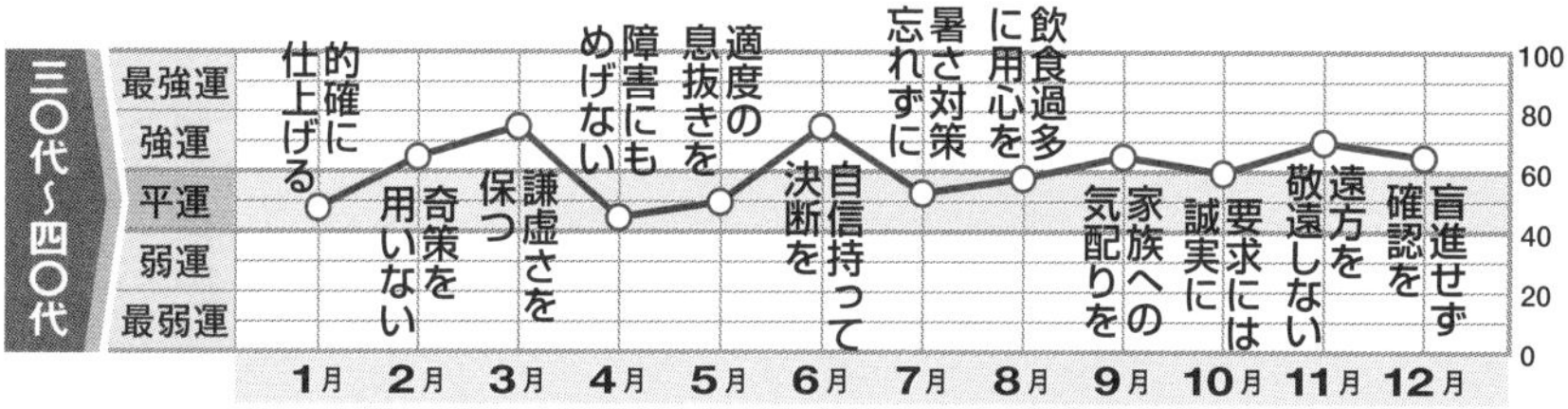

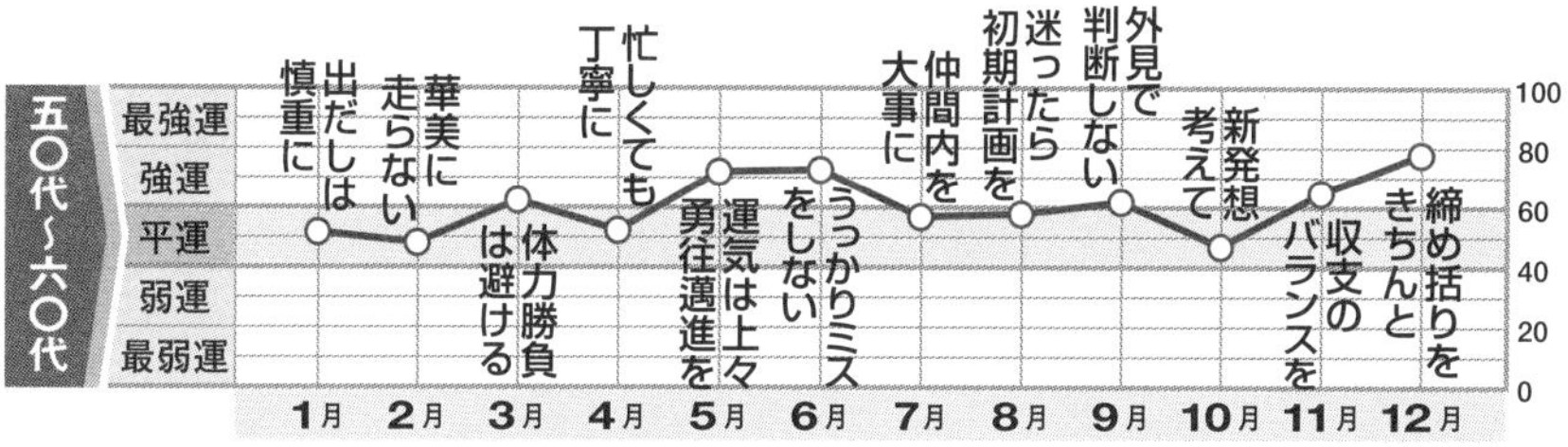

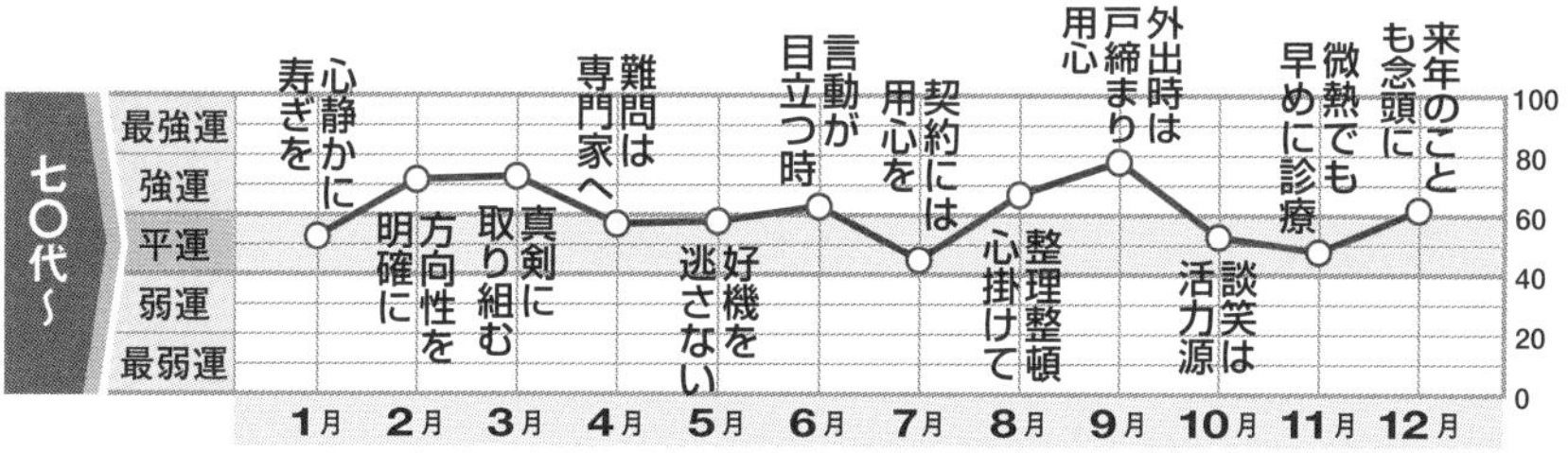

九紫火星生まれの人

6歳（平成30年　戊戌）	42歳（昭和57年　壬戌）	78歳（昭和21年　丙戌）
15歳（平成21年　己丑）	51歳（昭和48年　癸丑）	87歳（昭和12年　丁丑）
24歳（平成12年　庚辰）	60歳（昭和39年　甲辰）	96歳（昭和 3 年　戊辰）
33歳（平成 3 年　辛未）	69歳（昭和30年　乙未）	105歳（大正 8 年　己未）

九紫火星

発芽期

本年あなたの本命星である九紫火星は坤宮《こんきゅう》に回座します。この坤宮には勤勉、労働という象意《しょうい》があります。ですから真面目に働こうという意欲がこの年には強くなります。コツコツと過程を大事にするのをモットーに進めていくのが良策なのです。九紫火星のあなたは熱しやすく冷めやすい性質があります。本年は忍耐を意識して一歩ずつ確実に成し遂げていくと好結果を得られるでしょう。途中経過を疎かにして一足飛びに結論へと向かおうとするのは失敗のもとです。

人間関係も地味ながら良好な状態を維持することが比較的楽な時です。相手を立てる気持ちが大切です。相手を立てることで自分自身も認められ、動きやすい環境を維持することができます。家庭を大事にする気持ちも強くなりますので、この期を大事に過ごして家庭円満を築きましょう。また、恋人同士は夫婦のように睦まじく付き合えます。離宮に被同会している七赤金星が恋愛関係の甘い状況を醸し出しています。

人からの恩恵を受けることがあります。受けた恩はいつかどんな形にしても返そうと考えると、自らの人生が好転していきます。持ちつ持たれつの関係が世の中を明るくし住みやすい環境にしていきます。お互いが良好な面を伸ばし、持ち味を生かしていくと良いでしょう。

三歳の習い事六歳の芸事という言葉があります。子供の能力を親が理解し後押しをしてあげると良いです。

九紫火星方位吉凶図

適職

政治家、税理士、会計士、裁判官、警察官、学者、文筆業、証券業、美術工芸商、鑑定士、美容師、タレント、モデル、レポーター、シナリオライター、アーチスト等

吉方

本年は相生する二黒土星が回座する東南方位、八白土星が回座する北方位、四緑木星が回座する西北方位のうち、乾の方位と亥の方位が吉方となります。月別の吉方は毎月の運勢欄をご覧ください。

凶方

本年は五黄土星が回座する西方位が五黄殺、反対側の一白水星が回座する東方位が暗剣殺の大凶方位となります。九紫火星が回座する西南方位が本命殺、六白金星が回座する東北方位が本命的殺の大凶方位になります。本年の十二支である辰の反対側、戌の方位が歳破で大凶方位です。月別の凶方は毎月の運勢欄をご覧ください。

♣ 健康運

本年の健康運のキーワードは「消化器系統に警戒を」です。暴飲暴食などはもっての外です。食べ物の内容にも注意を払ってください。梅雨時や夏場の食中毒に気を付けましょう。日にちが少し経ったものや消費期限が過ぎた食物などは注意が必要です。

面倒なのは、心労なのか無気力症なのか素人では判別が難しいときです。異常に食欲が増す、逆に食欲不振に陥ったときは、専門医に相談をしてみましょう。ごくまれに無気力症の疾患を患うことがあります。不眠症が引き金になることもあります。

なぜか今年は右手を傷めやすいです。ＰＣやスマホが原因と軽く見ずに用心をしましょう。

◆ 金銭運

手堅く働いてお金を貯めようという意欲が湧いてきます。忍耐や継続が苦手なあなたです。期限や目的を絞って進めていくのが有効です。目的がはっきりしているときのあなたは素晴らしい能力を発揮し、それに向かって邁進できる人です。貯蓄も生涯ずっとと思うと息切れしそうですが、目的や期限が区切れるとやりやすいものです。本年は大金にはならないけれどコツコツと稼いで貯める時期に相応しい年です。リサイクルショップや大衆食堂を営んでいる人は、本年は好調に推移するでしょう。利益も確実に上がってきます。

株を扱うのであれば、大衆を相手にする業種が狙い目です。暴騰するということではなく堅調に推移していく性質のものです。

♥ 恋愛運

今年出会う人は、地味でも誠実な人かもしれません。あなたが男性なら、年上の女性に巡り合う可能性が大きいです。姉さん女房タイプの女性です。あなたが女性なら、無口だけれど家庭を大事に考える男性に巡り合うでしょう。全体的に本年の恋は地味で、結婚するならジミ婚になります。周囲はどうあれ二人が良ければ良いという感じの恋愛や結婚となります。ただ、独りよがりに陥らぬよう相手の立場も尊重することを忘れないようにしましょう。はっきりした異性の好みを持つあなたです。相手を観察する時は広角的に判断する習慣を付けておきましょう。幸せなゴールを目指すなら短絡的に考えず、長所と短所を愛情をもって理解することが必要でしょう。

九紫火星生まれの運勢指針

❖六歳
独断偏見で物事を判断しないように指導しましょう。子供だからといってわがままを放置すると、長じて苦労することになります。目立つことよりコツコツと勤勉に取り組む方向に誘導しましょう。

❖十五歳
自分の殻に閉じこもらずに周囲の人と交流するようにしましょう。そうして視野を広げていくことが、勉強に劣らず大切なことです。社交性を磨いておくと、社会人になった時に大きく発展します。

❖二十四歳
自尊心を良い方向へ向け、社会に役立つ活動をしましょう。人を導いていくことも巧みにできる人です。自重した行動で周囲と調和が取れれば、大きく成功することができます。

❖三十三歳
自分のことより人のためにすることが結果として自分のためになる、恵まれた星生まれの人です。自分の目標を失わずに広い視野を持って前進していきましょう。

❖四十二歳
苦境を脱して明るい陽射しが注ぐ場所へ出た感じを味わえます。飛躍へのチャンスの年と捉えて精進していくのが良いです。今年は何事も手堅く推し進めていくのが吉策です。

❖五十一歳
口数少なくして誠実に責務を実行するあなたです。今まで通り着実に物事を進めていけば、無難に過ぎます。本年は新企画などの実行は控えて現状を維持する気持ちで推進するのが吉策です。

❖六十歳
落ち着いた人柄が買われて順調に歩んできたあなたです。本年が思惑通りに進まないとしても、焦らず今まで通りの方針で万事に沈着冷静な対応をしていきましょう。

❖六十九歳
力んであれもしたいこれもしたいと欲張らず、焦点を一つに絞って集中しましょう。体調を崩しやすい時を迎えています。胃腸系統の疾患に気を付けましょう。消化の良い食事を心掛けてください。

❖七十八歳
興味あることとの研究を進めると、意外に気力が充実してくるものです。消極的になると健康にも悪影響を及ぼします。前向きに事に当たるほうが、かえって健康体でいられるでしょう。

❖八十七歳
この年生まれのあなたは協調性に乏しく孤立してしまう傾向にあります。進んで人の輪に入っていきましょう。積極的に入っていけば、周囲も快く受け入れてくれます。

❖九十六歳
実直に働いてきたあなたの最晩年は、比較的安泰の生活が約束されています。周囲もあなたの周りに集まってくるでしょう。後進の話にも耳を傾けて聞いてあげると、社会貢献にもなるものです。

❖一〇五歳
思慮分別があるあなたです。慎重な性質も幸いして、大きな失敗もなくここまで来たことでしょう。さらに元気な姿を見せることが、周囲に幸せを分けることになります。

一月運勢

一月六日小寒の節より
月命乙丑　六白金星の月
暗剣殺　西北の方位

華やかな気分の月です。気持ちを引き締めていきましょう。改革をしたくなる気持ちが大きく、計画もそんな気持ちを反映したものになりそうです。実力を過大評価せず、実質本位の計画を立てましょう。大きい夢も必要です。あまり現実とかけ離れたものでは無意味になってしまいます。中途挫折を繰り返すことが何よりも危険です。小さくても成功体験を味わえることが重要です。その上で小さな成功が集まって初めて大きな成功をつかむことができます。

根性だけで乗り越えられるほど人生は甘いことばかりではありません。

1月の方位

今月の吉方位

大吉→東
吉→北、庚、辛

日	曜	運	指針
1	月	◎	気分を一新し一年の計を見直そう
2	火	○	人に会う時は身だしなみも整えて
3	水	△	仕事始めに備えて準備万端にする
4	木	▲	状況を観察し闇雲に走り出さない
5	金	○	計画したことを着実に遂行しよう
6	土	△	自分流貫くにもそれなりの覚悟を
7	日	△	無計画な行動せず規則正しくする
8	月	◎	自分を律する精神力が大人の自覚
9	火	○	仕事は百%の出来を要求するもの
10	水	◎	力の出し惜しみせず全力を尽くす
11	木	○	独断専行せず周囲の意見も尊重を
12	金	△	駆け引きせず単刀直入に話をする
13	土	▲	人のために尽くす気持ち忘れない
14	日	○	隠しごとしないで万事公明正大に
15	月	△	派手になりがちな言動を抑えよう
16	火	△	緊張感ゆるめると足をすくわれる
17	水	◎	絶好調でも結果出るまで気配りを
18	木	○	仕事に専念し一分の隙も作らない
19	金	◎	決意したら自信持って確実に実行
20	土	○	自分の気持ちに素直に従い進もう
21	日	△	要求もあまり多くを語らないこと
22	月	▲	スキル高める努力を怠らないこと
23	火	○	仲間と分かち合う心遣いが好感を
24	水	△	本業以外の依頼は受けないのが良
25	木	△	衝動買いなどをして後悔をしない
26	金	◎	身内に喜ばしいことが起きるかも
27	土	○	共同作業にするほうが効率が良い
28	日	◎	リーダーシップを発揮し前進する
29	月	○	流れを無視せず自然体が最善策に
30	火	△	上から目線で命令するのはやめる
31	水	▲	家庭を大事にする気持ちを持とう

二月運勢

二月四日立春の節より
月命丙寅　五黄土星の月
暗剣殺　なし

アイディアや企画力を生かし、斬新な発想で発展できる時です。中途挫折に陥らないように目標を明確にすることはもちろん、気分転換をうまく入れて活動しましょう。それには仲間とうまく組んで仕事をするのが効果的です。自己中心的になると仲間が離れてしまいます。派手に動きたくなりますが、堅実に推し進めるのが賢明です。

見栄を張らずありのままの自分を出していきましょう。駆け引きをすると、相手も自分も疲れてうまくいきません。

流行にもアンテナを張り、いち早く取り入れるように努力しましょう。

2月の方位

今月の吉方位

大吉→東南
吉→東北、未、坤

日	曜	運勢	
1	木	○	小事を積み重ねて大事を成す元に
2	金	△	表面の華やかさには惑わされない
3	土	△	人事を尽くして天命を待つ精神で
4	日	◎	好運気だが一呼吸置いてから着手
5	月	○	小さくまとまらず大きな気持ちで
6	火	◎	良いと思ったことは即実行が吉運
7	水	○	自己の領域守り安易な迎合しない
8	木	△	年配女性の力添えが有効に働く時
9	金	▲	秘密は秘密を呼び悪循環繰り返す
10	土	○	注目度ナンバーワン節度ある言動を
11	日	△	目下の面倒は陰徳となり蓄積する
12	月	△	遊興に過ぎると健康害する危険が
13	火	◎	公私共に順調で目上の援助もある
14	水	○	不足の不満言わず世の常と弁える
15	木	◎	才能を自慢せずに責務を全うする
16	金	○	相手のペースには巻き込まれずに
17	土	△	不言実行に徹するのが最善の方法
18	日	▲	画一的手法は行き詰まる新手法を
19	月	○	人事は私情挟まずビジネスに徹す
20	火	△	専門分野に的絞り深く掘り下げる
21	水	△	無礼講は実は序列を確認している
22	木	◎	実力を出し平常心で臨めば成果大
23	金	○	旧習に囚われず良いことは実践を
24	土	◎	目先の小利に目を奪われないよう
25	日	○	考えがまとまらなければ待機する
26	月	△	家庭を顧みる余裕持つのが理想的
27	火	▲	後日露見する密約などしないこと
28	水	○	交渉は機先制して優位に立つよう
29	木	△	自らの実力養い中味の充実を図る

三月運勢

三月五日啓蟄の節より
月命丁卯　四緑木星の月
暗剣殺　東南の方位

運気が急速に衰えます。衰えると人間は自分の殻に閉じこもり、自説にこだわるようになります。さらに自己の中に埋没するようになってしまいます。一方に偏り、独断で物事を進めてしまいます。こんな時こそ人と交わり、意見交換をしましょう。気持ちが広がり、謙虚に物を考えられます。

公私を上手に両立させることを考えましょう。仕事以外でも楽しみを見つけ、見識を広げるのも良いです。小事にこだわらず、将来を見据えて自分の実力を養うことも忘れないでいましょう。

手足や腰を傷めないように注意を。

3月の方位

今月の吉方位

なし

日	曜	運	内容
1	金	△	方法違えると損失につながる危険
2	土	◎	長幼の礼を守ると上から信頼得る
3	日	○	傲慢にならず礼儀正しく振る舞う
4	月	◎	金銭の損得も大事だが人間関係も
5	火	○	堅実な働きが生活の安定図る基盤
6	水	△	体調の変化による疾患に注意払う
7	木	▲	一歩退き現在地確認し将来考える
8	金	○	ゆっくりでも確実性を重視しよう
9	土	△	甘い見通しで取り掛かると失敗に
10	日	△	日常の規則正しい習慣を維持する
11	月	◎	実力相応な働きすれば実りが多い
12	火	○	決断する時は自信持ち果断に決行
13	水	◎	結論を急いで成就を逃さないよう
14	木	○	仕事運も金運も良い穏やかに進む
15	金	△	波乱起きた時にも冷静沈着に対処
16	土	▲	小さなミスも大きく噂される一日
17	日	○	裏方に回り他者の世話が吉運招く
18	月	△	気分転換は水のある場が英気養う
19	火	△	問題に対して感情的判断をしない
20	水	◎	背伸びして虚勢張らずありのまま
21	木	○	時流無視せず流行に敏感に反応を
22	金	◎	本分に私心挟まぬ純粋な気持ちで
23	土	○	気楽に考えて好機を逸しないこと
24	日	△	対象を明確に見つめ一直線に進む
25	月	▲	我意が強過ぎると摩擦を生じる元
26	火	○	根性論で押し切らず理論武装して
27	水	△	人の噂話は自らの運気を下げる元
28	木	△	災厄も想定したプランを考えよう
29	金	◎	一つの成功に気をゆるめず努力を
30	土	○	弱気になることあるが前向き姿勢
31	日	◎	華やかな表面の裏を洞察する眼を

四月運勢

四月四日清明の節より
月命戊辰　三碧木星の月
暗剣殺　東の方位

仕事に真剣に取り組む姿勢を崩さずに粘り強くいきましょう。新規の企画は斬新な発想が好評を得られます。得意分野なら一層輝きを増した実績を出せる時です。

情報を手に入れたら素早く自己分析をして、有効なものを取り入れるようにしましょう。進む方向性が決まったら脇目をせずに邁進しましょう。冒頭に記した通り、簡単には諦めず忍耐強く推し進めることが大事です。油断すると諸事曖昧になり、まとまらなくなります。

保証人は、依頼されても引き受けないほうが良いです。

4月の方位

今月の吉方位

大吉→亥、乾
吉→北、東南

日	曜	運	内容
1	月	○	洞察力を磨き現実に即した対処を
2	火	△	孤立しやすい時仲間を大切にする
3	水	▲	与えられた本分を誠実に果たそう
4	木	○	上辺ではなく本質捉え立ち向かう
5	金	△	部下や目下の相談には力を注いで
6	土	△	気力旺盛な時でも災難には警戒を
7	日	◎	結果を重視して周囲の雑音は無視
8	月	○	強引な手法は反発を招き信頼失う
9	火	◎	意思の疎通密にし進展すれば幸運
10	水	○	多少の意見の違いは柔軟に対処を
11	木	△	路線外さず初期計画通り遂行する
12	金	▲	実力以上の欲控え身の丈の行動を
13	土	○	判断ミス防ぐには第三者の意見を
14	日	△	一人合点せず全体のバランス見て
15	月	△	途中経過を大事にして進むのが良
16	火	◎	着手する前に入念に準備をしよう
17	水	○	内情把握は物事の基本となるもの
18	木	◎	落ち着いた気分で進展するのが吉
19	金	○	人事異動あっても冷静な気持ちで
20	土	△	結果より中途で投げ出さない心を
21	日	▲	不本意な決定も大勢に従うのが良
22	月	○	今日罹患すると手術になる可能性
23	火	△	平凡が最上の幸せと認識をしよう
24	水	△	おだてられて詐欺的行為に乗らぬ
25	木	◎	遠方より朗報が入るかもしれない
26	金	○	重責を任されたら全力を出す心で
27	土	◎	運気良好も運動不足に十分注意を
28	日	○	気の持ちようで結果に大きな差が
29	月	△	理に適っていて採用されぬことも
30	火	▲	衰運期は焦らずに待機の忍耐心で

五月運勢

五月五日立夏の節より
月命己巳　二黒土星の月
暗剣殺　西南の方位

活況を呈してきますが、油断せず緊張感を保ち物事を進めていきましょう。目先の利益に一喜一憂するのではなく仕事を完遂させる気持ちを強くすると、成果も着実に上がります。複数のことを同時に手掛けたくなる時ですが、一つを完成させることを主眼にしましょう。複数を手掛けると混乱を招き、些細なことから失敗を招く危険性があります。

取引は注意深くし、集中力を切らさないでください。気をゆるめると偽物をつかまされたり契約違反を見逃したりします。裏取引などは絶対にしてはいけないです。

5月の方位

今月の吉方位

大吉→乾

日	曜	運	内容
1	水	○	嫌なことにも真正面から向き合う
2	木	△	子供に関する問題は真剣に話する
3	金	△	小細工せず真っ当な手段で対応を
4	土	◎	対人関係重視のやり方が最善策に
5	日	○	改めるべきことは早急に着手する
6	月	◎	陰のやり取りせず正道を選択する
7	火	○	性急な解決望まず納得の時間取る
8	水	△	八方に気を配り些細な点にも注意
9	木	▲	困難にも将来に希望持ち当たろう
10	金	○	仕事に追われず追いかける気持ち
11	土	△	自分の価値観大切にし進展続ける
12	日	△	時間単位の区切りで緩急付けよう
13	月	◎	ノウハウ覚えても活用は個人の力
14	火	○	表面に出ず陰からの援助に徹する
15	水	◎	奇抜なアイディア利益につながる
16	木	○	万事に先手打ち受け身にならない
17	金	△	積極的な活動は自分も相手も良い
18	土	▲	公私混同をして評価を落とさない
19	日	○	物心両面で気遣いが必要になる時
20	月	△	主張だけではなく対話を目指そう
21	火	△	自己啓発の種は身近なところにも
22	水	◎	口に出し周囲に知らせ全力尽くす
23	木	○	難問も焦らず糸口探せば突破可能
24	金	◎	決めたことは行動しつつ活路開く
25	土	○	背伸びした状態は自滅素の自分で
26	日	△	遅くても安全確実な方法が得策に
27	月	▲	一方的にしゃべらず相手の話聞く
28	火	○	自分の意見は明確に相手に伝える
29	水	△	他人の争いに首を挟まぬのが良い
30	木	△	順調な時でも気をゆるめず緊張を
31	金	◎	若々しい気力が湧いてくる奮闘を

六月運勢

六月五日芒種の節より
月命庚午　一白水星の月
暗剣殺　北の方位

相手の立場を尊重しながら進めれば順調に行きます。決して急がないことです。ゆったりした気持ちで、一つ一つの過程を確認しながらの進行が理想的です。論理が正しくても情理を欠いた方策は相手が敬遠してしまいます。目的のためなら手段を選ばない方策は、一時的には成功しても長続きはしません。いわゆる我田引水的な方法は相手を無視したもので、うまくいくことはないのです。

怖いのは、馴れ合いで進めることです。厳しいチェックもないまま進行するので歯止めが効かずに危険を冒しやすいです。

6月の方位

今月の吉方位

大吉→東北

日	曜	運	内容
1	土	○	立場弁えた行動取れば順調に進展
2	日	◎	計画は常に臨機応変に対処が重要
3	月	○	進取の気が強い時でも慎重に前進
4	火	△	焦ると深みに陥り悪循環に冷静に
5	水	▲	運気低迷現状に留まり上昇期待つ
6	木	○	邪心邪教に心奪われない警戒心を
7	金	△	相手の言い分も聞いて公平に判断
8	土	△	結果に一喜一憂せず信念に従って
9	日	◎	人と争わない心が平穏な生活得る
10	月	○	奸智を働かせずありのままで対応
11	火	◎	華やかな結果得ても浮かれず歩む
12	水	○	目的良くても判断の誤りは致命傷
13	木	△	甘い言葉にだまされず本質見抜く
14	金	▲	忙しくても実り少ない時心静かに
15	土	○	指導的立場も正道歩むのが吉運に
16	日	△	状況に応じた適切な気配りが好評
17	月	△	立場を自覚し行動の自制をしよう
18	火	◎	目的達成のために執念を燃やして
19	水	○	目前の事案を地道にこなしていく
20	木	◎	あれこれ引き受け自滅しないこと
21	金	○	必要以外のことに手染めぬのが吉
22	土	△	貴金属やアクセサリーに縁が出る
23	日	▲	ギャンブルにツキなし手を出さない
24	月	○	見栄張る人に付き合い無理しない
25	火	△	意見調整して同じ方向を向くよう
26	水	△	既定路線を踏襲するのが最良策に
27	木	◎	論理より情愛が効果を発揮する時
28	金	○	好条件も十分に吟味し内容分析を
29	土	○	表面良くても隠れた部分に注意を
30	日	◎	人の欠点を突かず誉めるのが良い

七月運勢

七月六日小暑の節より
月命辛未　九紫火星の月
暗剣殺　南の方位

重責を担うことがあります。敬遠するのではなく喜んで受けてみましょう。何事も、やってみなければわからないものです。人生には順番というものがあります。そのような役割を担う順番が来たのだと考えて、全力を尽くしましょう。培ってきた経験をフル活用し、わからないところは経験者に聞きましょう。周囲からの雑音も入りますが、自己信念を曲げず前向きに遂行するのが良いです。信頼は義務の着実な遂行によるところが大きいものです。

過激な言動は控えて柔和な気持ちを保ちましょう。怒りは運気を下げます。

7月の方位

今月の吉方位

大吉→寅、艮
吉→東南

日	曜	運	内容
1	月	△	無駄口を慎んで仕事を積み上げる
2	火	△	情勢に沿い素直な気持ちで進もう
3	水	○	大胆な実行も緻密な基礎が重要に
4	木	▲	気負わず計画を淡々と推し進める
5	金	△	気のゆるみでつまらぬミスしない
6	土	○	事態を甘く見ると大きな痛手負う
7	日	◎	計画は自信を持ち実行に移して吉
8	月	○	経験則生かした地道な努力が招運
9	火	◎	働き過ぎて健康阻害をしないよう
10	水	△	胃腸を壊しやすい時節制を忘れず
11	木	△	現状打破を焦らずタイミング見る
12	金	○	奇策外すと打撃大きい常套手段で
13	土	▲	独断専行せず周囲と意見調整して
14	日	△	地に足着けた努力が自力増す糧に
15	月	○	失敗しても気力失わない精神力を
16	火	◎	意に染まない妥協は後悔招く要因
17	水	○	その場の気分で常軌を逸脱しない
18	木	◎	目標を明確に見据え進行すれば吉
19	金	△	地道に活動しても災難を忘れない
20	土	△	孤立は精神害する要因友を大事に
21	日	○	善意は最後まで貫くのが肝心なり
22	月	▲	衰運だが腐らず責務遂行を大切に
23	火	△	神仏や高級品に縁が出やすい日に
24	水	○	弁舌スムーズにいくが言葉選んで
25	木	◎	時間かけず素早い決断が好結果に
26	金	○	注目されても労多く実りが少ない
27	土	◎	手掛けたら成し遂げるまで奮闘を
28	日	△	明確な目標は人生行路の羅針盤に
29	月	△	着手してから後悔しないよう注意
30	火	○	第一歩は手近なところから確実に
31	水	▲	唐突な改革は周囲が納得できない

八月運勢

八月七日立秋の節より
月命壬申　八白土星の月
暗剣殺　東北の方位

好調月が続きます。今月は遠方からの依頼も入ってきます。効率を考えて手順を事前に考えておきましょう。将来への基礎を築くのにも良い時です。確実に仕上げることと経験値を蓄積する意識も大切にしましょう。決断の時を間違えないようにしましょう。物事の始まりは大切です。初めが順調だと、多くの場合は最後までうまくいくものでしょう。

問題解決は時間をかけず迅速に取り組み、解決をスピーディーにしましょう。長引かせると解決を難しくします。自信を持って問題と向き合うのが吉です。

8月の方位

今月の吉方位

大吉→南、北

1木	△	気分一新して新たな気持ちで出発
2金	○	部外のことには触れぬのが安全に
3土	◎	人任せにせず積極的に取り組もう
4日	○	対立的にならず輪を重んじる心で
5月	◎	弱者労わる心遣いが人生を豊かに
6火	△	母から受けた愛多くの人に返そう
7水	△	過激な変化求めず穏便に進捗する
8木	○	言動控え目に内容で勝負をしよう
9金	▲	力で押し切ろうとせず論理で対処
10土	△	固定観念捨て新たな考えの導入を
11日	○	方針に従い推し進めるのが吉策に
12月	◎	物質的に恵まれるが多欲を控える
13火	○	雑用多くも人間関係疎かにしない
14水	◎	仕事は順調に行くが人との別れが
15木	△	秘密がバレて一悶着起こる気配が
16金	△	誤解されやすい言葉には注意して
17土	○	強勢だが運気不安定前進は慎重に
18日	▲	結果にこだわり過ぎると委縮の元
19月	△	欲張った目標は挫折を起こす要因
20火	○	無駄な時間過ごさず目的に集中を
21水	◎	平穏に甘んじて油断をしないこと
22木	○	貯蓄精神の度が過ぎるのは弊害も
23金	◎	状況の変化見逃さず適切な対応を
24土	△	思い付きで取り組まず計画性持つ
25日	△	目標は単純明快にするのが上策に
26月	○	表現方法により伝わる意味異なる
27火	▲	立場を弁え責務全うするのが良い
28水	△	表向きより内容充実を優先にする
29木	○	洞察力生かし事実を正確につかむ
30金	◎	物事を批判的に見ず和を心掛ける
31土	○	時間かければ良くなるは幻想かも

九月運勢

九月七日白露の節より
月命癸酉　七赤金星の月
暗剣殺　西の方位

今月は金銭の扱いに十分気を付けてください。思わぬ出費や損失に悩まされることがあります。注意していても災難はいつ襲ってくるかわからないものです。しかし、災難は人生には必ず付いて回るものだと自覚していれば、いざ遭遇した時の対処に大きく差が出ます。損失を極力小さくするには、事前の心構えが役立つものです。

時運が味方してくれない時なので、八割方まとまりかけていた契約が破談になるという不運が起きることもあります。希望を捨てなければチャンスは巡ってきます。

歯の健康に気配りを忘れないように。

9月の方位

今月の吉方位

大吉→西南、北
吉→南、亥、乾

日	運勢
1 日	◎ 正当事由あっても謙虚に進めよう
2 月	△ 我を張らずに和合の精神を大切に
3 火	△ ひるまず困難に立ち向かう勇気を
4 水	○ 先手必勝心掛け後れ取らぬように
5 木	▲ ことを荒立てても事態は改善せず
6 金	△ 現実を直視し不毛の努力はしない
7 土	○ 心に余裕持ち障害にも逃げないで
8 日	◎ 気力充実し万事好調に進展をする
9 月	○ 計画性を持ち初志貫徹の心忘れず
10 火	◎ 一時的停滞あるも結果は良好得る
11 水	△ 派手な前宣伝して恥をかかぬよう
12 木	△ 他人の保証引き受けないのが良い
13 金	○ 他者を立て脇役に回るのが招運に
14 土	▲ 覆水盆に返らず発言に責任を持つ
15 日	△ ゆとりの一日を過ごすのも良い時
16 月	○ 腰を低くしての対処が好感を得る
17 火	◎ 順風の機運に乗れる時手堅く行動
18 水	○ 勘を働かせ相応の手を打てば吉運
19 木	◎ 過去の事例生かし利益優先策とる
20 金	△ 目立ちたいだけの言動は取らない
21 土	△ 新たな出会いから有益な事案出る
22 日	○ 手堅い手法は派手さなくても有効
23 月	▲ 声高に利益のみ追求する人を警戒
24 火	△ いつもよりゆっくり進んでいこう
25 水	○ 先人の知恵を生かし確実に進展を
26 木	◎ 目上の忠告聞いて順当に結果出す
27 金	○ 余分な一言が波を立て争論起こす
28 土	◎ 成功に浮かれず気を引き締め前進
29 日	△ 勝負事に手を染めて良いことなし
30 月	△ 最後まで緊張感ゆるめずに終わる

十月運勢

十月八日寒露の節より
月命甲戌　六白金星の月
暗剣殺　西北の方位

多忙な月になります。期待されるのに思うように進展しないもどかしさを感じるでしょう。期待に応えようと背伸びをしないことです。等身大の自分を出して全力を尽くして、結果にはこだわらないことです。一生懸命頑張った事実は周囲が認めるものです。頑張ったという実績は自分がよく知っていれば良いのです。その頑張りは必ず花を咲かせる時が来ます。窮地に立たされた時は先輩や目上の人のアドバイスをよく聞いて是正していけば良いです。

頑張って疲労を溜めないことも大事です。適度の休養を入れましょう。

10月の方位

今月の吉方位

吉→北

日	曜	運勢	
1	火	○	人の援助をして間接利益が大きい
2	水	▲	衰運気でも情報収集活用考えよう
3	木	△	相手の出方見て対処法を考慮する
4	金	○	望み達成するには下地作り入念に
5	土	◎	自信過剰にならず常に学ぶ姿勢を
6	日	○	仲間との交流から思わぬ朗報得る
7	月	◎	手慣れたことも油断せず緊張感を
8	火	△	心臓に負担かかる過激な動き禁止
9	水	△	目上に反目して益することはない
10	木	○	時間を浪費せず効率の良い作業を
11	金	▲	丁寧に根回しをして遺漏なきよう
12	土	△	難しい問題は一人で抱えず相談を
13	日	○	役割弁えれば平穏に過ごせる一日
14	月	◎	高望みせず目前の案件をやり切る
15	火	○	重責を担う場面あり全力投球して
16	水	◎	軽い言動は相手に信用をされない
17	木	△	障害は予想外に大きい本腰入れて
18	金	△	早とちりせず全体の状況把握して
19	土	○	活動する時不足の補い方が重要に
20	日	▲	性急な対応は不信感を抱かせる元
21	月	△	目標定めたら脇目振らず一直線に
22	火	○	説得は感情的にならず冷静が重要
23	水	◎	自分の言動には最後まで責任持つ
24	木	○	状況に応じた対処できるのが大人
25	金	◎	質の良い仕事をする習慣が大切に
26	土	△	新しいことの選択は十分検討して
27	日	△	名誉を追って家庭を疎かにしない
28	月	○	多様な考え方から新発想生まれる
29	火	▲	気分が沈みがち快活に振る舞おう
30	水	△	自説を強要せず相互の話し合いを
31	木	○	協調を心掛ければ無難に推移する

十一月運勢

十一月七日立冬の節より
月命乙亥　五黄土星の月
暗剣殺　なし

能力を発揮できる時ですが、注意力が散漫にならないように注意をしましょう。それと遊興の誘いが多くなりますので、遊びが過ぎないように自制心を持ちましょう。仕事の時間と遊びの時間を明確に区別する習慣を守りましょう。私生活が充実している時は仕事もうまくいくものです。私生活が乱れた時は仕事も乱れてうまくいかないものです。中途半端な妥協をして仕事の完成度を低くしたのでは、信用を失くしてしまいます。

確信の持てないことには手を染めないようにするのが賢明です。

11 月の方位

今月の吉方位

大吉→辰、巽
吉→東北、西南

日	曜	運勢
1	金	◎古参と言われる人の意見を聞いて
2	土	○知識の押し売りは顰蹙を買うだけ
3	日	◎楽しいを基準にしての選択が良策
4	月	△面倒でも事前準備を周到にしよう
5	火	△他者の成功にも素直に称賛をする
6	水	○万事に中庸を保ってやり過ぎない
7	木	▲自身のスキルを充実させる好機に
8	金	△思い通りに進展するが成果少ない
9	土	○八方に気を配り緊張感切らさない
10	日	◎時の流れに沿って進展すれば吉日
11	月	○一人よがりにならずに公明正大に
12	火	◎協力者の力添えもあり良好に進展
13	水	△不満を言わず忠実に責務の遂行を
14	木	△運動不足にならないよう体動かす
15	金	○保証人の依頼は受けぬほうが良い
16	土	▲秘密作ると今日バレなくても危険
17	日	△見通しを明確に立ててから着手を
18	月	○人の意見も入れて地道に精進する
19	火	◎絶好調の日新企画実行にも吉日に
20	水	○大胆な行動で現状打破狙い進展を
21	木	◎大きなプロジェクトに遭遇する時
22	金	△羽目を外すと後々苦労背負い込む
23	土	△事実を見通す冷徹な観察眼を養う
24	日	○万事浮かれ気分で行動せず自制を
25	月	▲物事を数値で換算する習慣も有効
26	火	△仕上がり遅くても丁寧な方法とる
27	水	○選択に迷い生じたら初期計画見る
28	木	◎無用な駆け引きせずともまとまる
29	金	○企画は種々のケース想定しながら
30	土	◎日頃やりたいと思うことをやろう

十二月運勢

十二月七日大雪の節より
月命丙子　四緑木星の月
暗剣殺　東南の方位

泣きっ面に蜂というたとえがあります。困難の上にさらに困難が襲いかかってくるような災難をいいます。今月はまさにそんな月になりそうです。運気が弱っているところに災難が降りかかってくるようなツキのない十二月になります。万事に消極策をとり、現状維持に努めるのが最善策です。月内にやり残したことに気づいて是正しようと奮闘するのは良いですが、来期に繰り越しても大丈夫という案件については無理せず来期に回しましょう。迷いを抱いたままではうまくいきません。思い切って来期に回して無理をしないのが吉です。

12月の方位

今月の吉方位

なし

日	曜	運勢	
1	日	△	自己本位では人から敬遠されがち
2	月	△	机上の理論より実践重視の方針で
3	火	○	急いてはことを仕損じる確実性を
4	水	▲	視点変えると物事が明確に見える
5	木	△	短絡的に処理せず長期的な視野で
6	金	○	善意を誤解されないよう十分注意
7	土	◎	突発災難も想定した進め方をする
8	日	○	本筋外さなければ順当に進展する
9	月	◎	努力の甲斐が出る強運日奮闘して
10	火	△	上司の叱責を励ましと捉え努力を
11	水	△	軽い気持ちで当たると失敗を招く
12	木	○	世の中に絶対はない常に万全期す
13	金	▲	本筋外さず決めた道を黙々と進む
14	土	△	感情に任せた言動慎み共同精神で
15	日	○	平凡な生き方が幸せだと認識する
16	月	◎	既定路線をよそ見せず邁進をする
17	火	○	情報交換から有益な発想生まれる
18	水	◎	生一本過ぎては真心が伝わらない
19	木	△	自分の損得計算ではまとまらない
20	金	△	説得は優しい言葉が心を打つもの
21	土	○	選んだ道を自信持ち進んでいこう
22	日	▲	必要以上に他人の評価を言わない
23	月	△	方法を間違うと損失を大きくする
24	火	○	平穏無事に過ごせる方策を考える
25	水	◎	この時期は冒険せず安全確実優先
26	木	◎	時間を有効に使い利益を増やそう
27	金	○	手堅く収まる方法考え無駄を省く
28	土	△	経済面を今一度振り返り浪費防ぐ
29	日	▲	派手な動きは控え来季への構想を
30	月	○	来年の心の拠り所をどこに置くか
31	火	△	気持ち引き締めて新年の心構えを

実用百科

人相の見方

人相は、骨相・顔相（面相）・体相に分けられ、人の性格、病気（健康状態）、職業、運気などを判断することができます。現在では顔相のことを人相と呼ぶことが多くなっています。

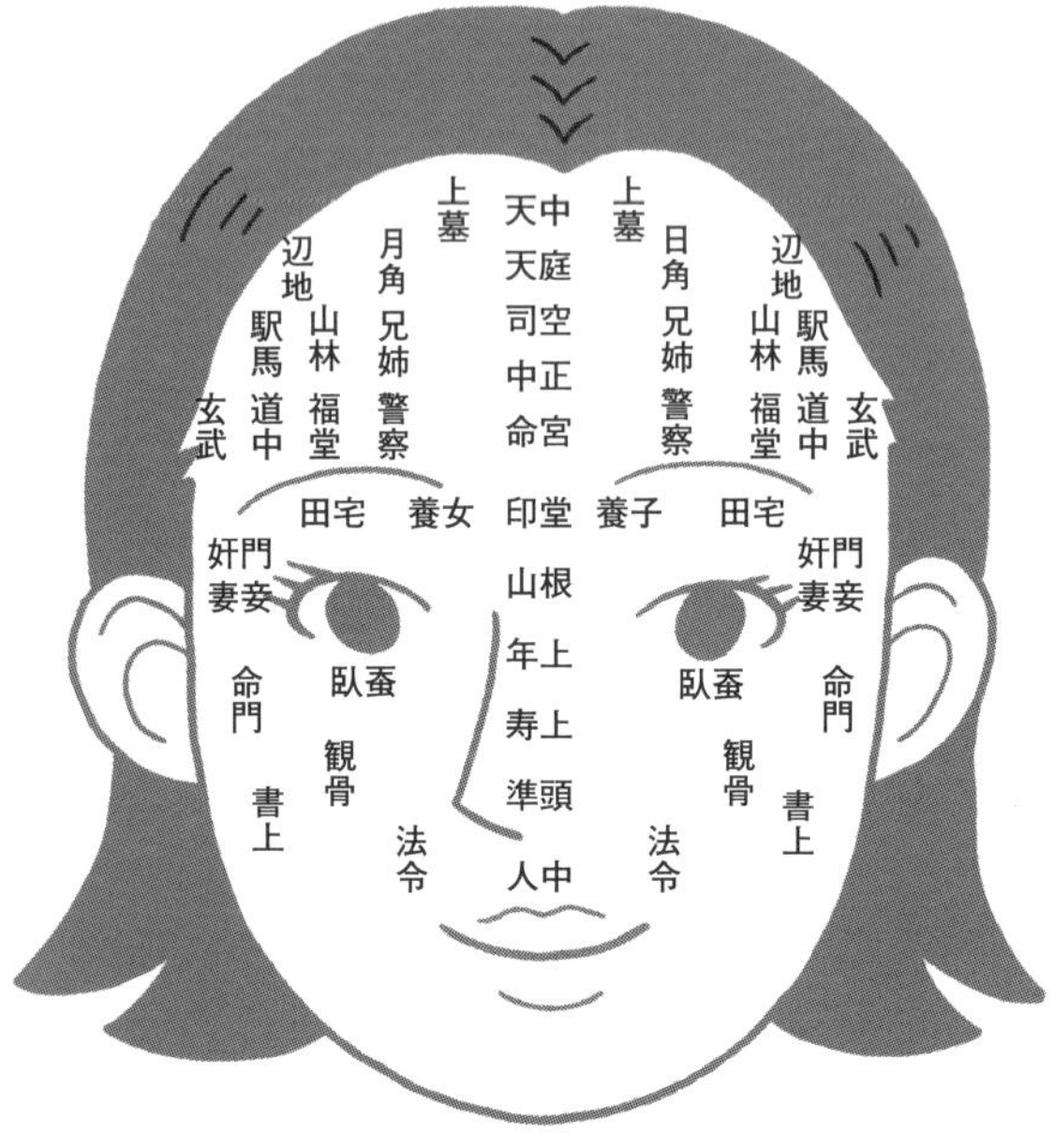

■**天中**《てんちゅう》　神の主座であって、信仰心の表れるところ。物事すべてにおいて正直な心で接すると、美色が出て、一家安泰となる。

■**天庭**《てんてい》、**司空**《しくう》　政府、裁判所、公儀に関することを見るところ。正しい行ないをしていれば万事が都合よく運ぶ。紅潤色か淡い黄色があれば、なお良好。

■**中正**《ちゅうせい》、**命宮**《めいきゅう》、**印堂**《いんどう》　すべて望み事を見る。これらの部位に、つやのある明るい色や新芽のような輝きのある色があれば、望み事が早くかなう。

■**養子**《ようし》、**養女**《ようじょ》　子供のない家庭に他家からの縁談がある場合、この部分がつやのあるよい血色（紅潤色か淡い黄色）だと良縁になる。

■**警察**《けいさつ》　警察に関することを見る。この部位に美色が出ると、協力事などで表彰されることがある。

■**福堂**《ふくどう》　数学の出来不出来を見る部位。美色が出ると手に入れた金銭が身について豊かになる。

■**駅馬**《えきば》、**道中**《どうちゅう》　引っ越し、旅行に関することを見る。普段の色合いの時、あるいはつやのある時は、引っ越し、旅行とも実行して差し障りない。

■**玄武**《げんぶ》　キズなどがなければ、盗難や災厄に遭った時に被害が少ない。また、被害品が手元に戻る。

■**山林**《さんりん》　田畑、土地を見る。切りキズなどをつけないように気を付ける。

兄姉《きょうだい》　男性は左側が兄、右側が姉のことを表し、女性はその逆。美色なるは、仲がよいことを示す。

辺地《へんち》　田舎《いなか》に関する吉凶を見る。美色の場合は、田舎に行くと利を得て幸福となるか、よい便りを得る。

日角《にっかく》　父親との関係を表す。黒くつやのあるホクロがある人は、父子の縁がよい。父親の片腕となり、将来は跡を継ぐ。

月角《げっかく》　母親との関係を表す。見方は日角と同じ。母子の関係がよくなるように親孝行に努めること。

上墓《じょうぼ》　神仏、祖先を表す。左側が亡父、神、守護神、右側が亡母または仏のことを表す。仏の法要が行き届いていれば、祖先からの守りあり、無事に暮らすことができる。年忌法要、墓参を忘れずに。

田宅《でんたく》　この部位広きは、長男の徳あり。次男、三男でも長子としての恩恵があり、独立などに有利。キズがつかないよう注意する。

臥蚕《がさん》　子供のことを見る。母親に子が宿ると、この部分が水ぶくれのようになる。美色をよしとする。

妻妾《さいしょう》、奸門《かんもん》　男性は左側が妻のことを表し、右側が女性関係を表す。女性は右側が夫の心を、左側は自分の心を表す。ともに美色をよしとする。

命門《めいもん》　寿命の長短、疾病の有無を表す。色つやよければ、長寿を保つ。

書上《しょじょう》　文書、手形、小切手、債券、印鑑、証文などに関することを見る。色つやがよい時は無難だが、暗色が出た時は、紛失や不渡りに遭うことがあるので注意する。

観骨《かんこつ》　権威、抵抗、寿命、世間などを見る。この部位のつやがよい人は世間の受けがよい。

山根《さんこん》　鼻の根元のこの部位の色つやがよい人は、夫婦仲むつまじく過ごすことができる。

年上《ねんじょう》　養子、養女の部位と併せ、色つやがよいと、よい養子に恵まれる。

寿上《じゅじょう》　寿命を見るところ。肉付きが豊満なのがよい。

準頭《じゅんとう》　肉が厚く、丸くむっくりとしている人は、徳義ありやさしい人柄で、世間の信用もあり、財産を成す。

人中《じんちゅう》　山海の通路とみなし、鼻を山、口を海にたとえる。人中が長いと寿命も長い。ただし、長すぎると好色となる。

法令《ほうれい》　寿命と仕事運、部下運を見る。長く大きいのは大人の格とされ、事業が栄える。

あまり良くないといわれる相が出ていても、必要以上に心配することはありません。何事にも公明正大な心掛けで臨めば、悪いところは是正できるといわれています。正しく強い心で暮らすようにしましょう。

手相の見方

人間の過去、現在、未来の運命はすべて手相に表れているといわれます。手相学には、手型による性格判断と掌線による運命判断という二つの部門があります。

手相を見る方法としては、いわゆる利き手に重点を置き、左右両手の特徴を見ながら柔軟に判断していきます。

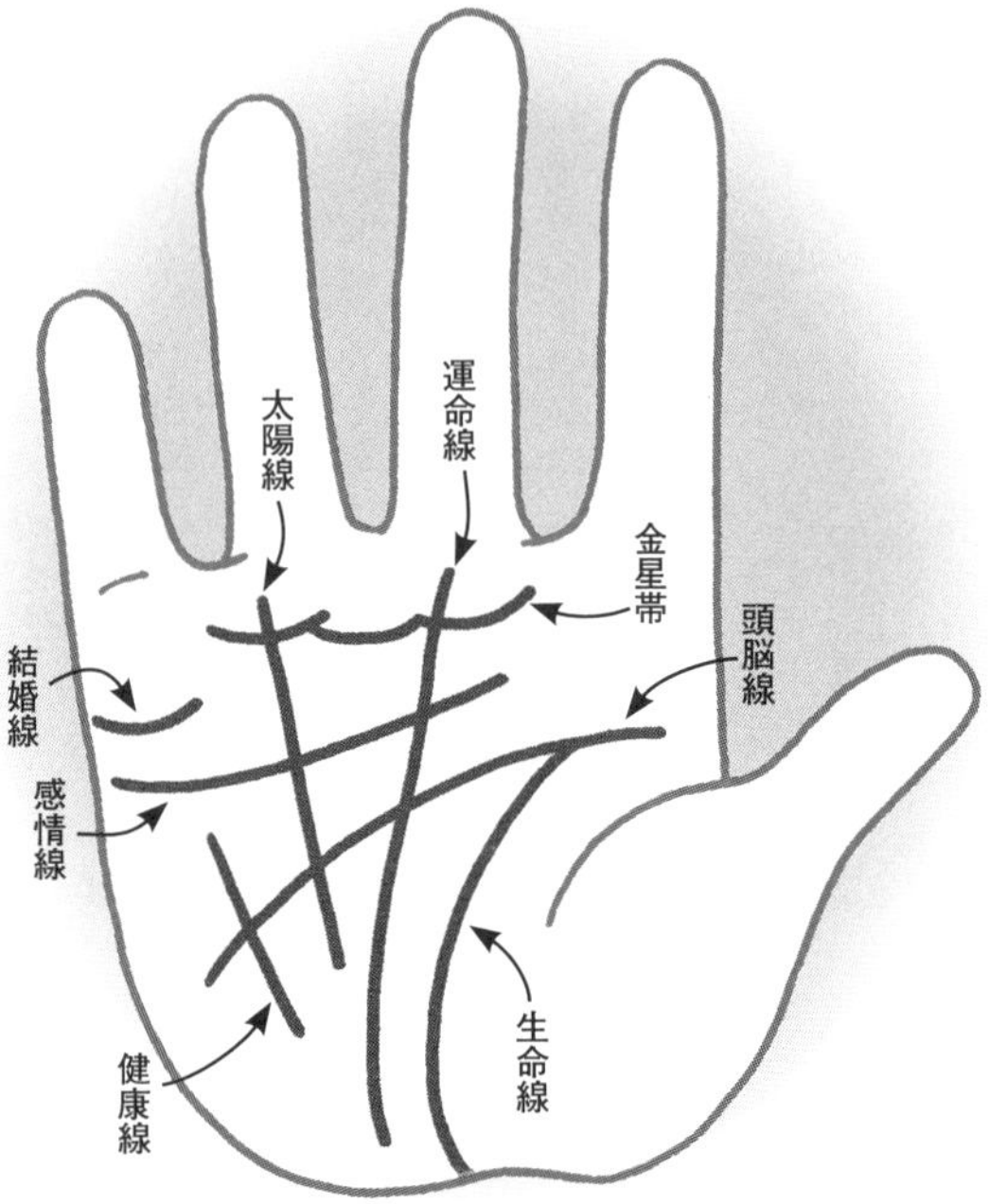

そして各部、各線の肉付き具合、血色の良し悪し、キズなどによって過去、現在、未来を判断します。

手型には七種類の型があり、掌線には生命線、頭脳線、感情線のいわゆる三大線と運命線、太陽線、健康線、結婚線があります。これらの掌線は、先天的あるいは後天的性質や才能、環境や訓練によって変化します。

●手型の中に刻まれている掌線の説明

■生命線

寿命の長短や健康状態を示すもので、三大重要線の一つです。太く、深く、長くはっきりと伸びていて、途中に乱れや切れ目がなく、美しい淡紅色を最上とします。この相の人は健全な生活力をもって無事に長生きする人です。

生命線の短い人は、原則として短命とみますが、他に良好な線がある時は、その限りではありません。

■頭脳線

その人の能力や頭脳の働きを示します。知恵、判断力、直感力、才能、知能の働きを示し、生活力にも大きな影響を与えます。切れ目がなくはっきりした線は、他の線の悪いところをある程度補います。

■感情線

その人の感情や家庭運、結婚運を表す重要な線です。

別名「愛情線」とも呼ばれます。社会で生活していくうえで最も大切な横の絆、愛情を示し、深く明瞭に刻まれて、乱れがないのを良相とします。

長いほど情に厚く嫉妬心や独立心が強く、短い人は淡白で情けに動かされない性格といえます。

■運命線

手首の上から中指のつけ根へ、太くまっすぐに力強く走っているのが吉相です。さらに、主要三大線（生命線・頭脳線・感情線）が良好な状態を示していれば、最上の相です。運命線は、その線だけを独立して見るのではなく、生命線、頭脳線、感情線と併せて見ることが大切です。

吉相の持ち主は、「智情意」に恵まれ、力強い発展力と実行力によって、その運命は、素晴らしい上昇を続けます。

■太陽線

社会的地位や信用、人気、魅力、そしてその人の幸不幸を示し、運命線の欠陥を補う重要な役割を持っています。

また、運命線と表裏一体の関係を持っており、運命線が幹ならば、太陽線は花といえます。大きな幹があってこそ、初めて美しい花が咲きます。太陽線と運命線は切っても切れない深い関係にあり、両方をよく見て総合的に判断します。

■健康線

生命線と併せて健康状態を見る線で、出ていないのがよいとされます。また、健康線が他の線を横切った場合、健康状態に異状があります。

■結婚線

結婚、恋愛、愛情など異性関係の一切のことを示す線です。深く明瞭に紅色の線が出ているのが吉相です。

また、他の線（生命線・頭脳線・感情線・運命線など）とよく併せて見ることが大切です。たとえば生命線で不健康な相が出ていたり、頭脳線にあまりに知能が高い相が出ていたりする場合の結婚は再考が必要です。

■金星帯

中指と薬指のつけ根を囲む方形の筋で、一般的には、切れ切れに出ます。この筋のある人は、異性に対する興味が強く早熟です。

また、神経が細やかで、美的感覚も豊かな芸術家タイプです。しかし、神経過敏で気分に支配されやすい傾向があります。

■障害線

主要な掌線を横切る線を障害線といいます。これは、基本的に運勢の乱れを示しており、マイナスの意を生じます。

生命線上の障害線は、怪我や病気、結婚線上の障害線は、失恋や離婚などを表す場合もあります。

生まれ年（九星）による性格と運勢

人は生まれ年によりその人特有の運命を持ちます。その性質や運勢を表したものが九星です。「吉凶悔吝《かいりん》は動より生じる。」という易の言葉があります。人は動くことにより吉運、凶運が生まれます。九星気学は良い時に良い方向に動いて吉運をつかみ、悪い運を未然に防ぐことができます。

生まれた時に受けたあなたの生気と相性の良い気の流れに乗ると吉運を得ることができます。反対に、相性の悪い気の流れに乗ってしまうと凶運を呼び込んでしまいます。このページは吉運気をつかむヒントになる九星の性格と運勢を記したものです。

ここに記されている九星とは天体の星ではありません。五行《ごぎょう》に配された木、火、土、金、水の気を受けた場所や象意《しょうい》の意味で用いられています。

また各九星の色は時間の経過を表しています。さらに、色の一部はその時間帯の表情や状況を示しています。

あなたの本命星は、表紙の裏ページの年齢早見表や74〜75ページをご参照ください。

各星の基本性質

一白水星
基本・水
天候・雨
色合・ブルー
人物・中年男性
味覚・塩辛い
象意・交わり
職業・商売人
人体・腎臓

二黒土星
基本・大地
天候・穏かな日
色合・黒
人物・お母さん
味覚・甘い
象意・従順
職業・副の人
人体・腹部

三碧木星
基本・雷と音
天候・地震と雷
色合・碧
人物・成熟男性
味覚・酸っぱい
象意・伝達
職業・音の仕事
人体・肝臓

四緑木星
基本・木
天候・四季の風
色合・グリーン
人物・長女
味覚・酸っぱい
象意・人物往来
職業・運送外交
人体・腸　神経

五黄土星
基本・土　湿気
天候・四季土用
色合・黄色
人物・長老
味覚・甘い
象意・古い
職業・古物商
人体・大腸

六白金星
基本・金
天候・晴天
色合・白
人物・父　社長
味覚・辛い
象意・動く
職業・宝石商
人体・頭　血圧

七赤金星
基本・沢
天候・荒れ模様
色合・赤
人物・少女
味覚・辛い甘い
象意・笑う
職業・飲食店
人体・気管口中

八白土星
基本・山
天候・曇天急変
色合・白
人物・相続人
味覚・甘い
象意・変わり目
職業・不動産
人体・関節　腰

九紫火星
基本・火
天候・暑気南風
色合・紫
人物・学者
味覚・苦い
象意・発覚発見
職業・役所
人体・頭脳　目

一白水星

易の坎《かん》の卦《か》で「水」を表します。水は大地を潤して命を育て、高い所から低い所へと流れていく性質です。一白水星の人は従順で状況によって形を変える適応性を持っていますが、氾濫する大河のような激しさも併せ持っています。地下を流れる水脈のように秘密事を隠すのが上手です。交わりや繋ぐといった意味があり、商売人や外交員、仲介者に向いている星でもあります。水分、アルコールの象意もあるので、人体では血液や腎臓を表すこともあります。

二黒土星

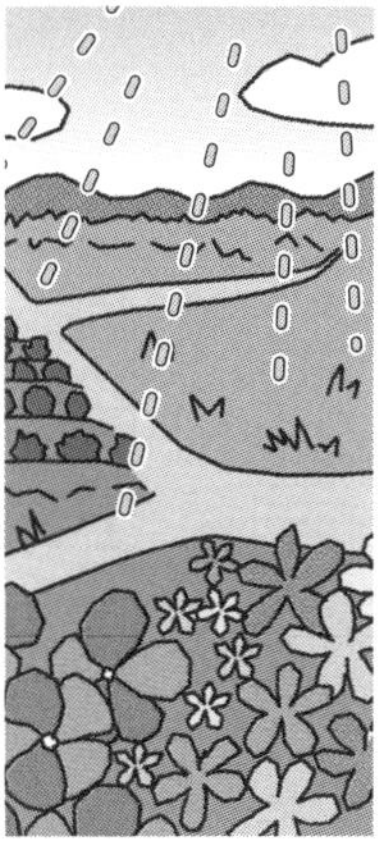

易の坤《こん》の卦《か》で「大地」を表します。母なる大地はすべてを受け入れて育てます。二黒土星の人は優しさと慈しみを持ち勤勉で真面目ですが、優柔不断なところがあります。人物では妻や母を表し、世話を焼くのが好きで、跡継ぎを育成することが上手な人です。トップで動くよりもナンバー2の位置のほうが活躍できる傾向があり、コツコツと努力を積み上げることができる人が多い星です。人体では胃や消化器を指し、ストレスによる胃潰瘍などの象意もあります。

三碧木星

易の震《しん》の卦《か》で「雷」を表します。稲妻は目も眩むような閃光と激しい雷鳴で空気を振動させます。三碧木星の人は若々しく、行動的で活発な性質を持っています。アイディアや発想力に秀で、責任感が強い人が多い星でもあります。雷は正体がないもので、雷鳴は騒がしくも後には何も残らないように、大言壮語する傾向も持っています。人体においては肝臓や舌などに関連があり、肝炎や神経痛などの象意もあります。楽器や音が鳴るものに縁があります。

四緑木星

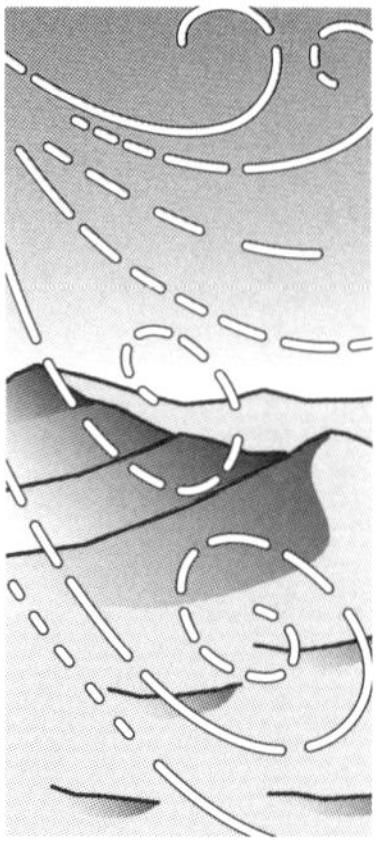

易の巽《そん》の卦《か》で「風」を表します。風は物に従い、小さな隙間でも入り込む性質があります。そのため従順で自由を好み、柔軟な思考を持っています。人の行き交いや出入りといった意味があり、人同士の縁に関わる要素があります。四緑木星の人は世渡り上手で、マイペースな性格で穏やかな人が多いのですが、気まぐれで束縛を嫌い優柔不断な部分があります。人体では気管や呼吸器系、また長い形状の物の象意から腸などを表しています。

五黄土星

易では太極《たいきょく》を指します。他の星とは違い、五黄土星は卦《か》には含まれません。八卦は太極から生じており、根源的な存在にあたります。事象の始まりであり終点でもあるのです。他の八つの星の中央に位置して統べる存在であるため、五黄土星の人は精神的に強靭で頼れる存在といえます。人で表すなら帝王や権力者で、我儘で自信過剰な性質があります。すべてのものは土に還ることから腐敗の意味もあります。人体においては五臓六腑や心臓の意味を持ちます。

六白金星

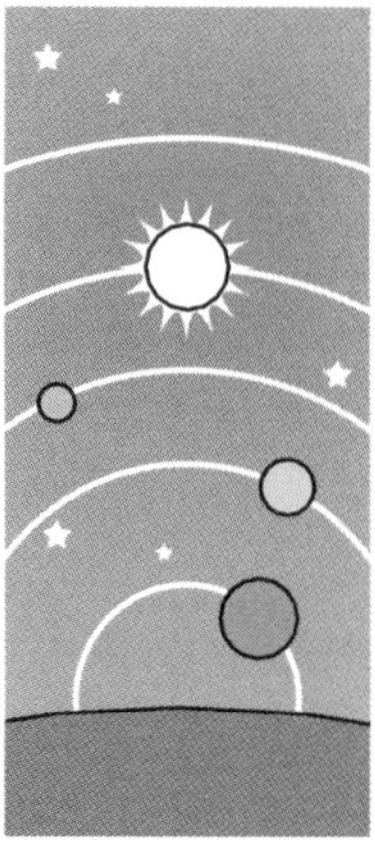

易の乾《けん》の卦《か》で「天」を表します。天は休みなく回り続けて循環するものです。星の運行が停止することはありません。この状態は健全であり完成されたものです。天を意味する六白金星の人は国でいえば君主、一家では家長にあたります。健全に動いてこそ国や家が成り立つ中心人物です。自尊心が高くやや自意識過剰な傾向がありますが、正義感が強く真面目で努力家の人が多い星です。人体では思考の中心である頭や血液を循環させる心臓を表します。

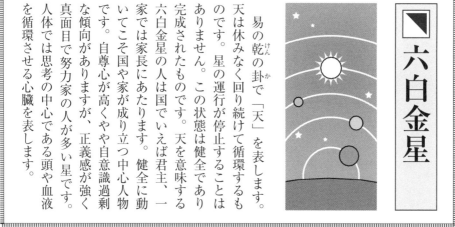

七赤金星

易の兌《だ》の卦《か》で「沢」を表します。

沢は湿地帯や渓谷であり、水をたたえている場所です。人に利益をもたらすことを「恩沢《おんたく》」というように、水辺では休息と恩恵が受けられます。遊楽や遊行の意味があり、七赤金星の人は遊びやお喋り好きな傾向があります。少女や芸妓を表し、社交的で人あたりが良く派手好き、浪費家でもあります。人体では口や舌などを表します。遊びに長けていますが満足することは少なく、何かしら不満を持っていることが多いです。

八白土星

易の艮《ごん》の卦《か》で「山」を表します。

山は不動のものです。また土が積み重なった様や連峰のように連なったことから積む、重なるといった意味を持ちます。艮は夜から朝に移る丑寅の時間を指してもいるため、変化や繋ぎ目といった意味も持っています。八白土星の人は正直で真面目な性格です。堅実で忍耐強く仕事を遂行します。不動の山であることから決断が遅くて臨機応変さに欠ける部分もあります。繋ぐ象意から人体では関節や骨などを指します。

九紫火星

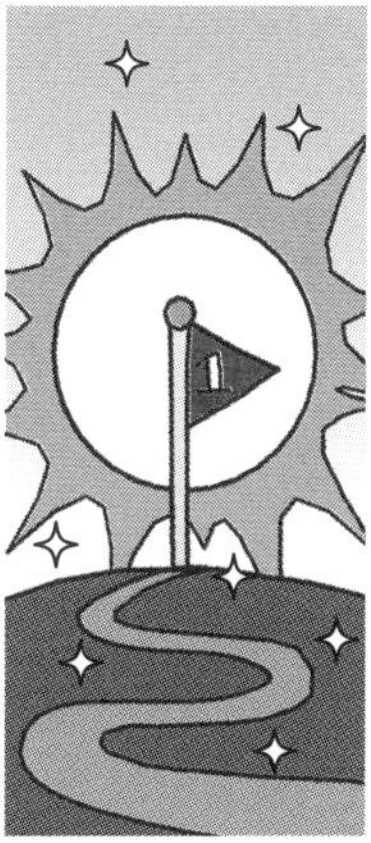

易の離《り》の卦《か》で「火」を表します。

輝く太陽でもあり、眩しく輝く存在です。火の明かりに照らされることは美しさを意味し、光で詳細が明らかになることから知性や頭脳も指します。九紫火星の人は人目を惹く華やかさや明晰な頭脳を持つ人が多いです。名誉にこだわり見栄っ張りで競争心も強いです。目標や競争相手を失うと急激に情熱が消えてしまう燃え尽きタイプが多い傾向もあります。人体においては目や頭部、神経などを表します。

生まれ月による性格と運勢

■一月（丑月）生まれ

この月生まれの人は、厳しい寒さに耐え抜く強い力を持ち、少々のことは苦にしません。粘りがあり、努力も人一倍します。中年期をうまく切り抜けると、晩年に幸運が待っています。

■二月（寅月）生まれ

春立つ節に生を受けたこの月生まれの人は、進取の気質が旺盛で、物質面より精神面で頭角を現す人が多いでしょう。

自身の精神修養で向上を図れば、努力で運気を呼び入れることができますが、反面、波乱が多いので、ムラ気にならないようにすることです。

■三月（卯月）生まれ

気温変化の著しいこの月生まれの人は、才智があり、交際も巧みですが、優柔不断なため、好気を逃すこともあります。気まぐれを慎み、世話事を長続きさせるように心掛けましょう。愛情面に注意して、中、晩年の好期への対策をします。

■四月（辰月）生まれ

若葉が日一日と成長する節となるこの月生まれの人は、力強い躍動に誘われて天地の気を身に受け、くじけぬように意志を強く持ち、チャンスを上手につかむことです。理想は控え目にすれば、希望はかなうでしょう。

■五月（巳月）生まれ

緑の気を恵みいっぱいに受ける節となるこの月生まれの人は、物事の判断を慎重にするように心掛けながら、力強く生きましょう。

内に情熱と底力を秘めていけば、天職を与えられ、事業に成功する確率が高く、晩年まで良運を続けられるでしょう。

■六月（午月）生まれ

子《ね》とともに南北に位置し、地球の軸となる子午線にあたる、大切なこの月生まれの人は、青年期から壮年期になる頃のように、迷い、戸惑いが多いようです。

しかし、それらを捨てて、一つの事に集中し、度胸や勝負運を付けて焦らずに進んでいけば、成功を得ることができるでしょう。

■七月（未月）生まれ

梅雨明けの照りつける太陽のような陽気なこの月生まれの人は、生来の善良な性格で、好機をいち早くつかみましょう。取り越し苦労はせず決断力を身につけ、生き甲斐を大切にして、蓄財、職務に、堅実型で進みましょう。

■八月（申月）生まれ

残暑の谷間に秋の涼風が吹き来るこの月生まれの人は、口八丁手八丁で社交的です。

また、利発で現実型なのですが、器用貧乏なのが玉に瑕《きず》です。飽きやすい性質を慎み、一つの事に集中しましょう。中年期に盛運のチャンスが訪れますので、その好機を逃さぬようにしましょう。自己主張は控えましょう。

■九月（酉月）生まれ

暑気も一段落するこの月生まれの人は、器用で社交性があります。動くことが好きで、気まめ足まめ、万事に如才ありません。

地域社会にも貢献して信用を得ることができるでしょう。また、新しいことへの挑戦もあり、盛運を招くことができるようです。

■十月（戌月）生まれ

秋深まる節となるこの月生まれの人は、臆病なまでに用心深いようです。他人の言葉を信じられず、それだけに、いったん心に決めたことには責任感が強く、正直な性格そのままです。家庭を大事に、喜び多い一生を築きます。

■十一月（亥月）生まれ

木枯らし吹く節となるこの月生まれの人は、沈着冷静で意志強固な性格ですが、口数が少なく猪突猛進型で、時には失敗もあります。

身近なことをおろそかにせず、他人によく尽くし、晩年の盛運に期待をかけましょう。

■十二月（子月）生まれ

師走は、一年の終わりの月ですが、それと同時に新しく始まるための準備の月でもあります。

この月生まれの人は、新しいものに挑戦したり、進歩的な考えで精力的に行動します。その一方で、強情かつ独断的なので、交友面で支障が出て、よき理解者と反目することもあります。

家相

家相八方位吉凶一覧

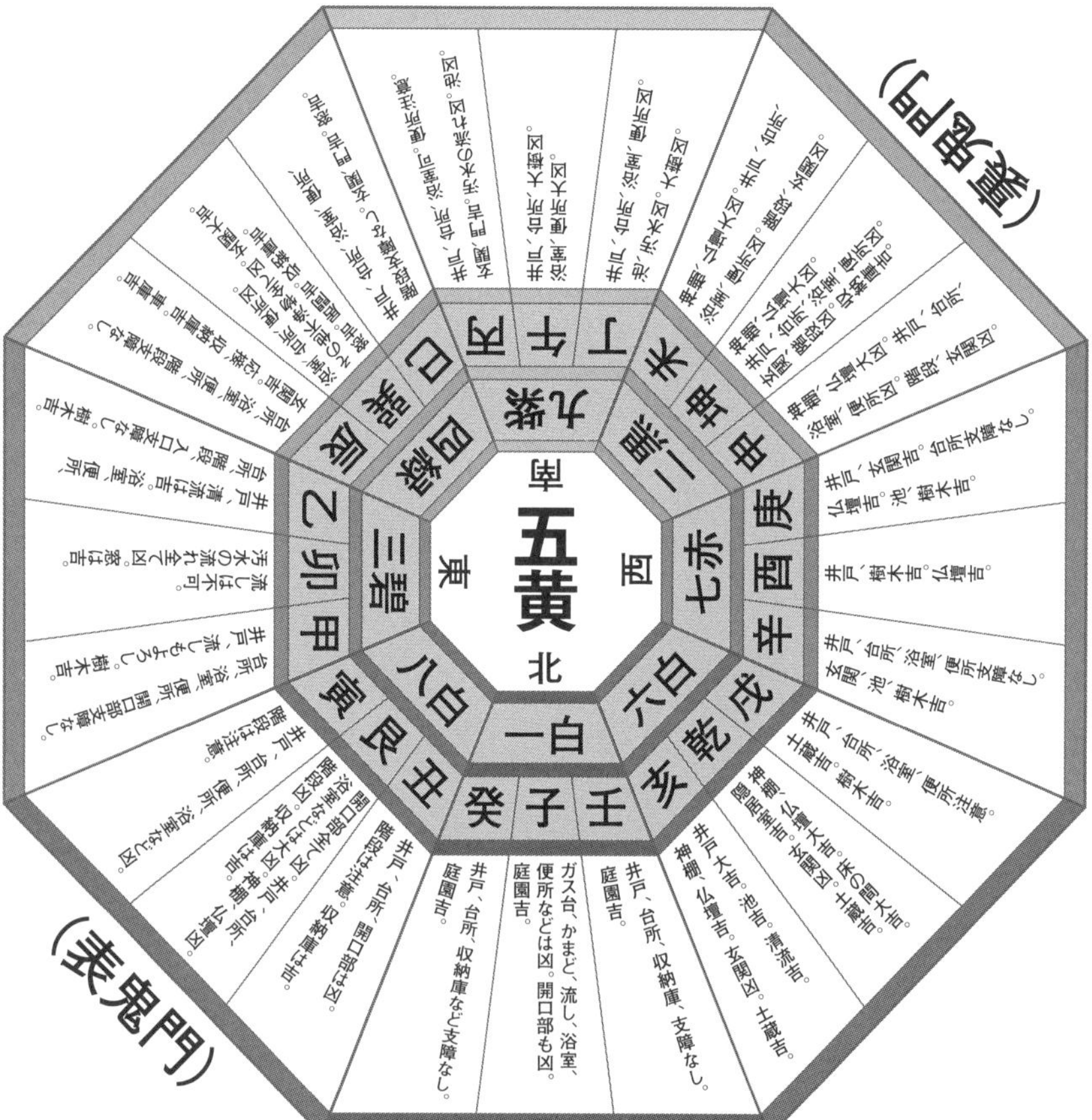

家相盤の用い方

右ページの図が土地、家宅の吉凶を鑑定するのに用いる「家相盤」です。方位をわかりやすく示すために360度を八方位に分け、それぞれを45度とし、それをさらに十干、十二支に分けて15度ずつとし、二十四方位に分割しています。通常、これを二十四山《にじゅうしざん》と称しています。

八方位は易の八卦からきたもので、東・西・南・北の四正《しせい》と、東南・西南・西北・東北の四隅《しぐう》を合わせたものです。

家相盤の用い方は、家の中央となるところに磁石を置き、東西南北を定めます。そして図の線をまっすぐ伸ばした線と線の間にある事物と、盤の中に記されている説明とを対比して、吉凶を鑑定してください。

また、古《いにしえ》より八方位に割りあてた吉凶禍福の法則がありますので、次にこれを記します。八方位の法則と二十四山の吉凶を加味して鑑定すれば、家相・土地の吉凶を判断するうえで参考になります。

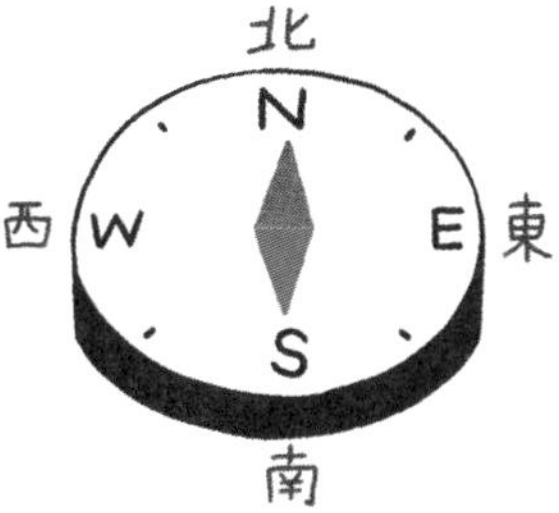

● 八方位の吉凶禍福の法則

東方……万物が発生するところの方位ですから、この方位にあたると、家が富み、子孫も繁栄します。

東南方…陽気が訪れるといわれる方位です。万事活躍の方位で、主として産業盛衰の問題に関係します。

南方……極陽になりますので、万事を育成する方位です。この方位の用い方が正しければ子孫長久です。

西南方…極陽発陰のところで、陰気が盛んに物に逆らい、障りの多い方位です。俗に裏鬼門といって、最も注意を要する方位です。

西方……百物を収穫する徳のある方位ですが、一面には秋風が草木を枯らすという気もあって、これに反した場合は資産も失うといいます。

西北方…天の徳の広大という方位にあたり、万物生成の根本となり、一切の貴福をつかさどる大切な方位です。

北方……一陽来復の気にあたり、最も高貴な方位ですから、その道にかなっていれば、非常な幸福を得ることができます。

東北方…俗に鬼門といわれる方位にあたり、生滅二気の中心にあたるため百害の気も多く、主として病難や相続についての問題に見舞われます。

家相について

家相については、気学によるところの五行（木・火・土・金・水）によって割り振られた方角と、それに対する諸設備との相性によって吉凶を判断し、そこに住む人の吉凶を占います。家はそこに住む人を、風・雨など自然から守るものです。それゆえに、その気候・風土と密接な関係があります。地相では東に青龍として川、西に白虎として道、南に朱雀として平地、北に玄武として丘がある土地を最上といっています。「田地善ければ苗能く茂り、家宅吉相なれば家運栄ゆ」とあります。地相・家相といっても難しいものではありません。自然の法則により我々人間の生活を守り、豊かにしようとするものに他なりません。故に、吉相の土地で吉相の建物に住居すれば、自然の恵みを受け、発展、幸せになるのです。

人間には持って生まれた運命としての先天運と、自分自身の努力や出会った人からの影響で開かれる後天運とがあります。この二つの運気は切り離すことはできません。先天運で恵まれた人でも怠惰であったり、甘えがあったりすれば、せっかくの運気を生かすことはできません。また先天運に弱点のある人でも、それを補うように努力をすれば、仮に逆境にあってもそれを乗り切り、良い運気を掘り起こすことができます。ですから、どんなに良い地相・家相の家に住んでいても、住人が正しくなければ無効です。地・宅と人の気の両方が互いに寄り合って幸せを招くものです。運法は〝地の利は人の和に及ばず〟といっていますが、その人の行いも大切でしょう。

地相・家相が完全に良い家に住んでいれば、自分はいかに悪い行いをしていても、いつも家族がそろって健康で幸福に暮らせると思うのは間違った考え方で、良い土地・良い家に住んで、そして良い行いをしてこそ、真の幸福が得られるのです。さらに、家相上の欠点を指摘されても気にせず、凶相の家に住み続ける人もいます。また、改築や移転によって凶運気を避け、新しい吉運気を開く人もいます。家相を理解し、それを活用することができるかどうかも、また、その人の持つ運気のせいといえるのかも知れません。

家相の吉凶は、その家に住む人との関係によって左右されるということは前述しましたが、それは地相と家相の関係にもいえることです。狭義の家相は、家屋という建物によって吉凶を占いますが、広義の家相はその家の建っている敷地の相、すなわち地相も含んでいます。ですから家相が良いか悪いかは、どのような土地にどのような家が建てられているのか、その家はどのような形か、また部屋の位置、設備その他がどうなっているかといったことから判断します。地相といっても難しく考えることはないのです。現代風に直せば、立地条件といってもよいでしょう。

張り欠けについて

張りとは一部が張り出しているところ、欠けとは一部がへこんでいるところをいいます。基本的にある程度の張りは吉、欠けは凶とみます。張り・欠けの形態は種々の場合があり、その細かい説明は複雑なものになりますので、一応原則としての考え方についてのみ記します。

わかりやすい数字を挙げて説明しますと、張り欠け共に三分の一というのがその基準となります。

建物の一辺の長さの三分の二以内がへこんでいる場合は〝欠け〟とみなし、反対に建物の三分の一以内の長さが出っ張っているものを〝張り〟とみなします。

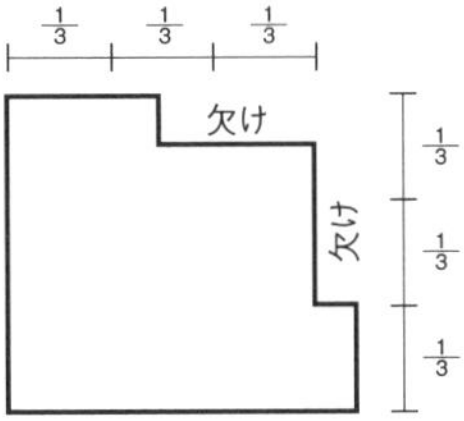

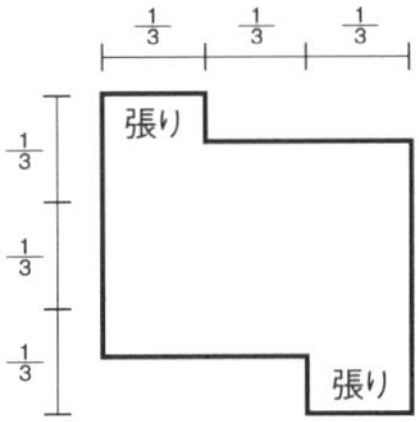

三所三備について

家相では「三所《さんしょ》」と「三備《さんび》」に重点を置いています。三所とは東北方（鬼門）、西南方（裏鬼門）及び中央の三ヵ所を指し、三備とは便所、かまど、井戸（あるいは浴室）の三つの設備を指します。三所は陰気、不潔になることを忌むとします。三備は日常生活に最も大切なところですから、これらの配置や施設を完全にしましょう。

神棚・仏壇の方位について

現在では神棚がほとんどですが、「神間」を設けるのが正式です。神棚は家の中央を避け、高い位置に設けますが、その下を人が通れるような場所は凶とされています。また、他に適当な場所がなく、二階が座敷や押入れの場合は、神棚の天井へ「雲」と書いた紙を貼ります。

■神棚の方位

北に設けて南向きは吉。

西北に設けて東南向き、南向き、東向きは吉。

東北、西南の方位は、その方に設けても、向けても凶。

■仏壇の方位

仏壇は宗派によってそれぞれ宗旨に合ったものを適切な位置に設けなければなりません。

西北に設けて東南に向けるのは吉。

西に設けて東に向けるのは吉。

北に設けて南向き、西向きは吉。

東に設けて西向き、南向きは吉、北向きは凶。

東北、西南の方位は、その方に設けても、向けても凶。

姓名吉凶の知識

それぞれの国において、ある決められた方式により、各人には姓名というものが定められています。私達日本人も姓名を持ち、その姓名がなければ生きていくことはできません。また、その姓名によって国に届出をし、日本の〝国籍〟を得ているのです。姓名は同音の〝生命〟にも通じるものです。姓名が私達が生活していく上で欠くべからざるものであることは、あえて今さら言うまでもないことです。

姓名は人間の符牒ではありますが、その符牒は一生を通じて、いや死んだ後までも残るものです。「人間の符牒によって運命が左右されるなんて信用できない」といって頭から否定する人もいますが、姓名学は決してそのようないい加減なものではありません。

人間には運命という宿命的なものが作用することがあるようです。先天運は先祖代々の歴史に裏付けられたものですから、その人に対して、その人の運命の根幹をなすものです。

同姓同名の人がいたとしても、その人の先天運までも同じということはまず考えられません。

ですから、同姓同名の人が同じ運命をたどるということはあり得ないということです。姓名は先天運と密接な関係の上にあって、吉凶力を発揮するのです。しかし、その先天運を調べる法則はなかなか複雑で、わかりにくいものです。

人の一生の初めは個人個人が各々違った宿命を持って出発しますが、生まれた時の状態から十年、二十年と経って、その間の努力や健康状態、環境によって、いろいろな変化が起きています。

ですから、たとえ貧しい家に生まれたとしても、一生貧しいとは限りません。

それには姓名に限らずいろいろな要素がありますが、姓名判断の正しい使い方によって、後天運の吉としての要素を作り、できるだけ悪い要素を取り除くために、その人自身に適した名前かどうか調べ、選び抜いて名前を付けるべきです。

容姿が人間の外観の美醜を表すと同じように、文字にも文字の形とその発音によって美醜が感じられます。ですから、画数や五行等の配置が正しくできても、他人に与える感じが悪いという名前はできるだけ避けるべきでしょう。

次に、木性、火性、土性、金性、水性の五つの名目を付し、その相性、相剋と陰陽の配置の状態によって吉凶を判断する「字音五行」という考え方をもとに、「天格、人格、地格、総格、外格」の五格について説明します。

○**天格**とは、姓名の合計画数をいい、その人の祖先運、または先天運となります。

○**人格**とは、苗字の一番下と名前の一番上の字を合わせた画数で、その人の運命に大きく影響を与える力を有します。「人格」を現します。

○**地格**とは、名前の字画数を合わせたもので、人格形成以前の運で、幼少から青年期に入る時期と異性との関係にも影響を与えます。

○**総格**とは、苗字と名前の画数をすべて合わせたもので、主として後年運を判断します。「総」の字の意味から、その人の一生の運を左右する力を持つところです。

○**外格**とは、苗字の上の一字と名前の下の一字を合わせた画数で、外部との関わりに大きく作用を及ぼします。主としてその人の環境などを示し、総格の足りないところを補っています。

姓名学では、以上五格の取り方を姓名判断の基準としています。三字姓名や五字姓名の場合も、下図を参考にして判断してください。

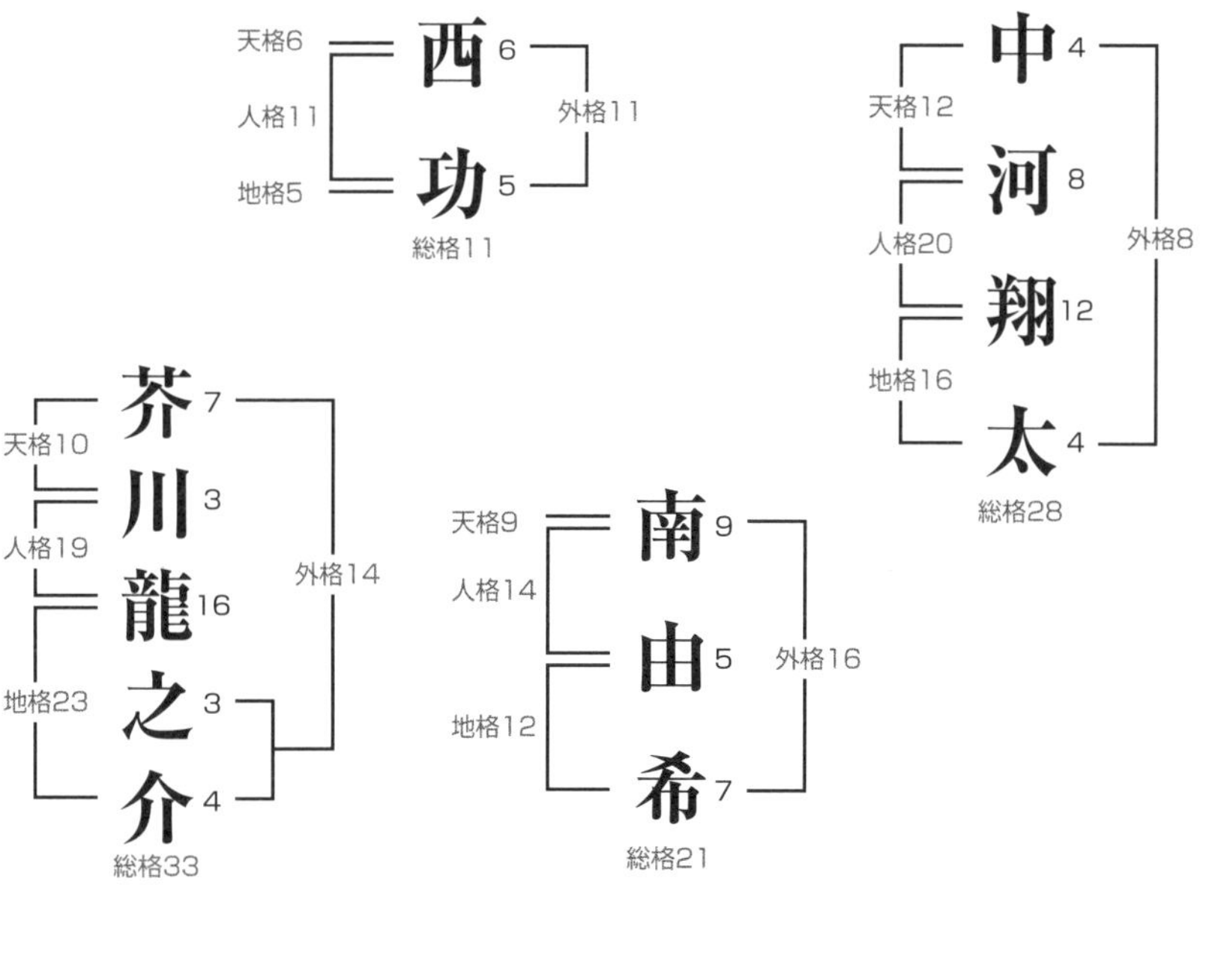

厄年の知識

厄年の歴史

平安時代の「宇津保物語」「源氏物語」「栄華物語」、江戸時代の百科事典といわれる「和漢三才図会」などに載っている「厄年」は、七歳、十六歳、二十五歳、三十四歳、四十三歳、五十二歳、六十一歳です。

明治以降になって定着した「厄年」は、男性二十五歳、四十二歳、女性十九歳、三十三歳となっていて、今でも通念になっています。

厄年の発生は、中国古代の陰陽道に基づいたといわれていますが、その根拠は明確にされていません。しかし当時はもちろん、その後の長い年月にわたって、厄年は大きな影響を人間生活に与え、今日でもある意味では科学的事実といえます。

現在の「厄年」は、数え歳で男性四十二歳、女性三十三歳の大厄を指すのが一般的です。

前厄・本厄・後厄

方位気学は、本命星が坎宮に回座した年を、運気停滞して多事多難、衰極の凶運年としています。つまり、「厄年」です。厄年とは「天運味方せず」の時であり、仕事、事業、商売上のことも個人的な悩み事も多発する傾向となります。特に、病魔潜入の暗示があり、健康管理が極めて大事です。

坎宮回座の前年は、本命星が離宮に回座し、吉凶交互、運気不順、いわば衰運に向かっていく年で、これが前厄です。また、坎宮回座の翌年は、本命星が坤宮に回座して、前年までの停滞運気の延長線上にあり、これが後厄となります。

つまり、前厄・本厄・後厄三年間の処し方に誤りがあってはいけないのです。慎重さと「他力本願」の方針が無事安泰の鍵となります。長年の体験からみても、相談にみえる多くの方々の実例の中に、適合する事例のなんと多いことかと驚いているのが実情です。

皇帝四季の占い

春生まれは立春から立夏の前日まで、夏生まれは立夏から立秋の前日まで、秋生まれは立秋から立冬の前日まで、冬生まれは立冬から立春の前日までの生まれです。

春生まれ

夏生まれ

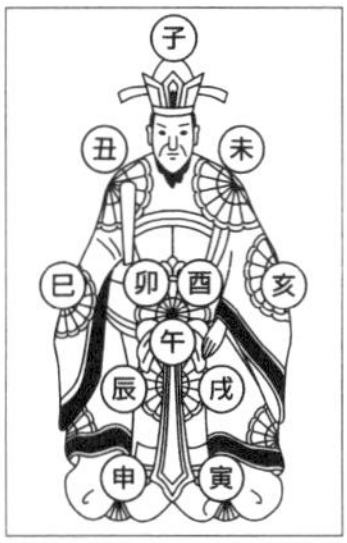

秋生まれ

冬生まれ

■皇帝の頭部にあたる生まれ……素質が上品かつ優雅で、人望厚く衆人に慕われます。上位の引き立てにあい、出世し、世に出ては頭領となるでしょう。運気に満ちあふれ、一生を苦労なく過ごし、寿命長きを祝されます。女性は言動が穏やかで、名を上げます。人の上位に立つ人柄の男性との縁があります。

■皇帝の肩にあたる生まれ……若年までは苦労がありますが、正しい行ないと信念を持てば、数々の厄災から逃れられるでしょう。成年とともに安楽に過ごせる吉運が強いようです。また、大地に親しむことがよく、耕作や牧畜業が適職で大成するでしょう。ただし、親族との縁が薄いようです。女性は衣食住に不自由せず、目上に縁があるでしょう。

■皇帝の手にあたる生まれ……諸芸を好み、そのことに天分の器があります。物腰が柔らかく、人付き合いが上手なようです。また、派手な性質があり、色情に溺れやすいので、身を慎めば後年栄誉に輝きます。女性は芸能関係の人との安楽な生活が営め、芸に生き甲斐を見ることがあるでしょう。

■皇帝の腹にあたる生まれ……経済関係に強い運、財産が自ずとわく性質を持ちながら、人一倍苦労が絶えず、家庭的にも不穏が多いようです。心中穏やかに中庸を保ち慎めば、厄難も少なくなるでしょう。女性は家庭を大事に、如才ない社交性で愛嬌よく振る舞い、嫉妬を慎めば運気良好となるでしょう。

■皇帝の股《また》にあたる生まれ……運気を早くつかみ取れば、出世も早いですが、親の都合で左右されることもあります。酒を慎み、移り気や気迷いなく、祖先を尊べば、良き妻と巡り合えて力づけられ、やがては富貴となるでしょう。女性は家庭を守れば子女に恵まれ、裕福な一生を過ごせることになります。

■皇帝の膝《ひざ》にあたる生まれ……持続性がなく、中年までは落ち着きがありません。修養に励み、親孝行をすることが運気の開ける道となるでしょう。よく自己を顧みると大成し、晩年運が安泰となり楽に過ごせます。保身を図って持続性を持ちましょう。女性は理性を持ち、良縁に恵まれますが、下半身の疾病に注意しましょう。

■皇帝の足にあたる生まれ……自由奔放な生き方で、生まれ故郷では飽きたらず、他郷に出て出世の道を開く糸口を見出します。肉親との縁が薄く、夫婦縁も淡く、再婚することが多いようです。あるいは妻との縁で出世をすることがあります。女性は神仏を敬い、信心をして、良縁の兆しがあります。

毎日の株式相場高低判断 十干十二支

きのえ	ね	急騰暗示
きのと	うし	利食い千人力
ひのえ	とら	買い出動
ひのと	う	人気にならない
つちのえ	たつ	乱高下注意
つちのと	み	買うところ
かのえ	うま	暴落予告
かのと	ひつじ	ガラガラ落ちる
みずのえ	さる	上下に小動き
みずのと	とり	まだまだ上がる
きのえ	いぬ	だまって買う
きのと	い	買いチャンス
ひのえ	ね	恐いが買う
ひのと	うし	目つむって買う
つちのえ	とら	ジリ貧
つちのと	う	ここからジリ高
かのえ	たつ	見切って乗り換え
かのと	み	下押しする
みずのえ	うま	大下落の危険

みずのと	ひつじ	整理場面
きのえ	さる	買ってよし
きのと	とり	売り準備
ひのえ	いぬ	見送る
ひのと	い	軟弱
つちのえ	ね	当分相場なし
つちのと	うし	泥沼　見切る
かのえ	とら	にわかに急騰
かのと	う	売るところ
みずのえ	たつ	売り待ちに戻りなし
みずのと	み	買い場近し
きのえ	うま	戻り売り
きのと	ひつじ	小動きに終始
ひのえ	さる	見送る
ひのと	とり	売りに利あり
つちのえ	いぬ	休むも相場
つちのと	い	買うところ
かのえ	ね	なりゆき買い
かのと	うし	買い方堅持

みずのえ	とら	買いひとすじ
みずのと	う	買いに利あり
きのえ	たつ	買い安心
きのと	み	買い一貫
ひのえ	うま	高値追い注意
ひのと	ひつじ	買って大利
つちのえ	さる	往来相場
つちのと	とり	急騰予告
かのえ	いぬ	弱きに推移
かのと	い	大相場の序曲
みずのえ	ね	もちあい
みずのと	うし	模様ながめ
きのえ	とら	売り一貫
きのと	う	中段もみあい
ひのえ	たつ	反発急騰あり
ひのと	み	売りは急ぐ
つちのえ	うま	強気を通せ
つちのと	ひつじ	動かない
かのえ	さる	意外高あり
かのと	とり	動きなし
みずのえ	いぬ	押し目買い
みずのと	い	もちあいばなれ

くじ運、金運に強い日の選び方

人はそれぞれ生まれた時に、その年によって、十二支のうちの一支、九星のうちの一星を得るとされています。九星はその配置により、相互にさまざまな吉凶を生じます。その考えを元にすれば、日の九星と自分の生まれ年の九星の関係から、くじ運、金運に強い日を選ぶことができます。

■九星による、くじ運、金運に強い日

●生まれ年の九星	●吉日					
一白水星	八白	九紫	二黒	四緑	三碧	六白
二黒土星	九紫	一白	三碧	五黄	四緑	七赤
三碧木星	一白	二黒	四緑	六白	五黄	八白
四緑木星	二黒	三碧	五黄	七赤	六白	
五黄土星	三碧	四緑	六白	八白	七赤	一白
六白金星	四緑	五黄	七赤	九紫	八白	二黒
七赤金星	五黄	六白	八白	一白	九紫	三碧
八白土星	六白	七赤	九紫	二黒	一白	四緑
九紫火星	七赤	八白	一白	三碧	二黒	五黄

例えば、一白水星生まれの人は八白の日、二黒土星の人は九紫の日、三碧木星の人は一白の日となります。上の表中の「吉日」欄のうち、最初に書いてある日が最強で、下にいくにつれやや弱くなります。また、傍線の付いた赤文字の日は、くじ運、金運は強くても、障害がつきまとう日なので、注意が必要です。

なお、自分の生まれ年の九星は、表紙裏の「年齢早見表」を、日の九星は、48ページからの「行事・祭事」欄の上から四段目、「九星」欄を参照してください。

また、生まれ年の十二支と日の十二支によって、くじ運、金運に強い日を選ぶこともできます。

■十二支による、くじ運、金運に強い日

子《ね》年生まれの人……申《さる》、辰《たつ》、丑《うし》、亥《い》、午《うま》の日
丑《うし》年生まれの人……巳《み》、酉《とり》、寅《とら》、子《ね》、未《ひつじ》の日
寅《とら》年生まれの人……午《うま》、戌《いぬ》、卯《う》、丑《うし》、申《さる》の日
卯《う》年生まれの人……亥《い》、未《ひつじ》、辰《たつ》、寅《とら》、酉《とり》の日
辰《たつ》年生まれの人……申《さる》、子《ね》、巳《み》、卯《う》、戌《いぬ》の日
巳《み》年生まれの人……酉《とり》、丑《うし》、午《うま》、辰《たつ》、亥《い》の日
午《うま》年生まれの人……寅《とら》、戌《いぬ》、未《ひつじ》、巳《み》、子《ね》の日
未《ひつじ》年生まれの人……亥《い》、卯《う》、申《さる》、午《うま》、丑《うし》の日
申《さる》年生まれの人……子《ね》、辰《たつ》、巳《み》、卯《う》、寅《とら》の日
酉《とり》年生まれの人……巳《み》、丑《うし》、戌《いぬ》、申《さる》、卯《う》の日
戌《いぬ》年生まれの人……寅《とら》、午《うま》、亥《い》、酉《とり》、辰《たつ》の日
亥《い》年生まれの人……卯《う》、未《ひつじ》、子《ね》、戌《いぬ》、巳《み》の日

三土の年の調べ方

人生にはいろいろな変化があります。良いほうに向かっている時は良いのですが、悪い時にはなぜだろうと悩むことでしょう。

去年まで万事順調に効果的な動き方をしていたのに、今年は初めから物事につまずき通しで、厄病神にでもつかれたのではないかと悩むことがあります。反対に、思いもかけない抜擢を受けて昇進したり、大儲けをすることもあるでしょう。なぜこのようになるのでしょうか。

下の八角形の図を見てください。

八方に分けた所に中央を加えた九つの場所に、それぞれ一歳から百歳までの年齢（数え歳）が記されています。そして、艮《ごん》（丑寅《うしとら》）、中央（中宮）、坤《こん》（未申《ひつじさる》）の三方を貫く斜線があります。この線上にある場所を傾斜宮（三《さん》土《と》）と呼び、土星がつかさどります。この三土に入った年は、運命的に変化が起こる年といわれ、悪くも良くもなるものなのです。

土は万物を変化させる性質を持っています。気学では、土性宮に入る人は、土性により運命の変化をもたらされる年となるとされています。

この土性の年に、作家の太宰治氏が玉川上水に入水自殺（四十歳）、国鉄総裁の下山定則氏が事故死（四十九歳）など、実例は枚挙にいとまがありません。

現在のように情勢変化の激しい時代を泳ぎきるには、運命の変化を先取りして凶運を吉運に切り替える方法を考え、万全を期すことが望ましいのです。

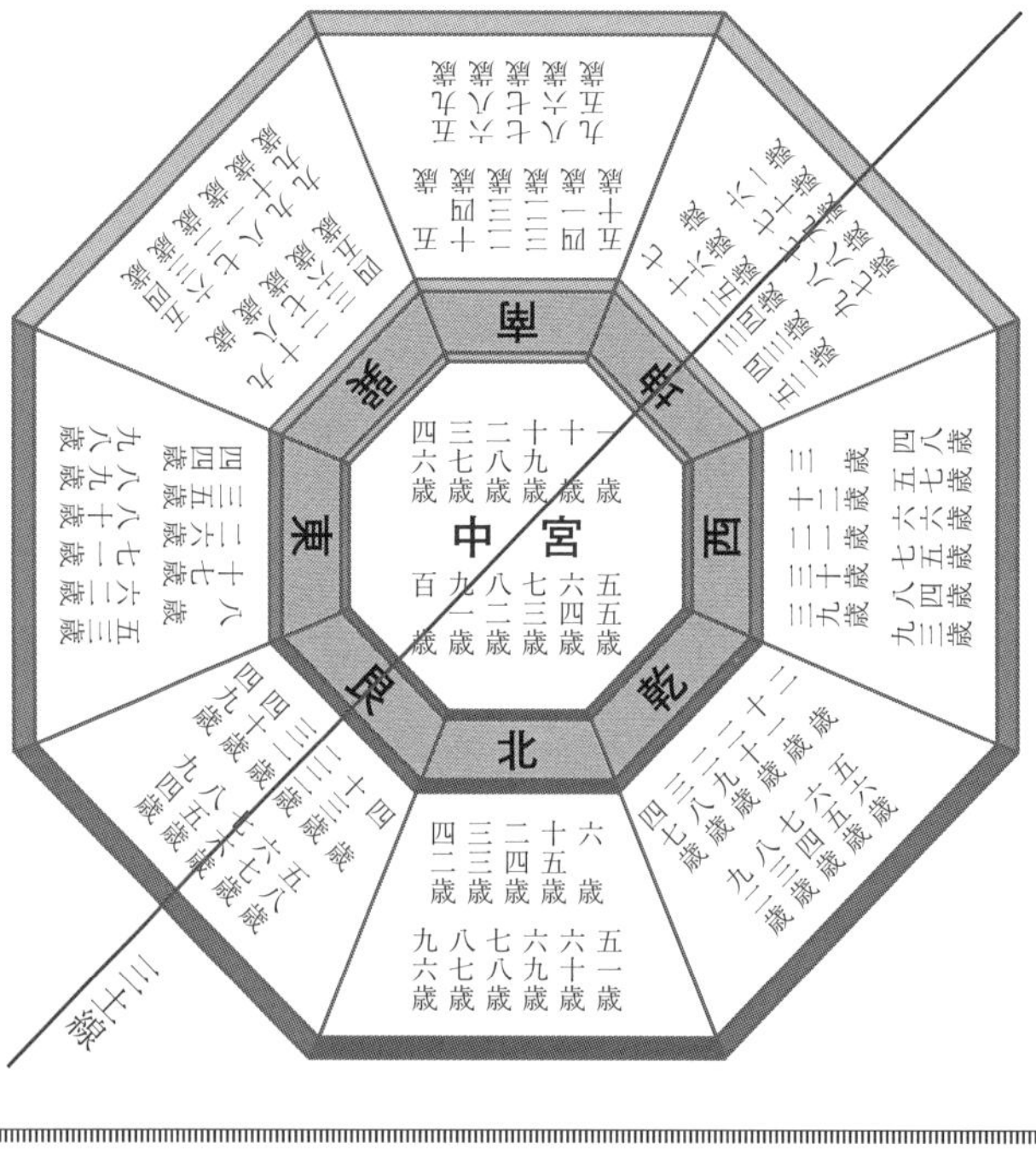

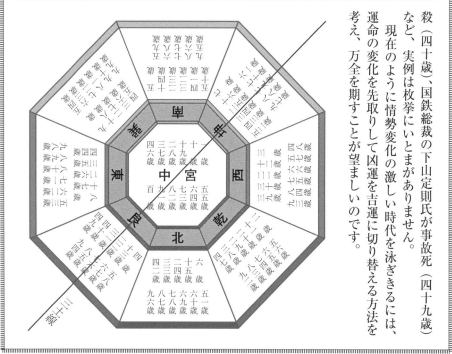

六三除け

病院でも原因が判明せず、薬も役に立たず、鍼灸でも治らず、症状が長引くような時、六三《ろくさん》にかかっていることが多い場合があります。

六三であるかそうでないかの判別法は、病にかかった年の数え歳を九で割って、割り切れずに残った数を下図にあてはめます。割り切れた場合は下図の九になります。

例えば、数え歳四十九歳の時に体調が悪くなったとします。四十九を九で割ると四が余ります。下図は男性用と女性用とがあるので、間違いのないように、性別によって四の場所を見つけます。男女共、四の場合は腹の部分なので、その部分が悪ければ、六三ということになります。

六三除けの方法は、まず、八つに割れている八つ手の葉を探します。葉の数は九つでも七つでもだめで、正しく八つあるものを使います。その葉を原因不明の病の場所に、一日に二、三回、押しあてます。

葉が枯れてきたら、赤の絹糸を茎の部分に七回巻いて、陰干しにしておきます。干し上がったら、細かく切って燃やして灰にします。

その灰を、「我が身をさまたげる古神や、ここ立ち去れや、千代ら、見よらん」と三回唱えながら、大きな木の根元に埋めてください。

神社の大きな木の根元に埋めれば、なお良いでしょう。埋める時刻は午前中が良いでしょう。

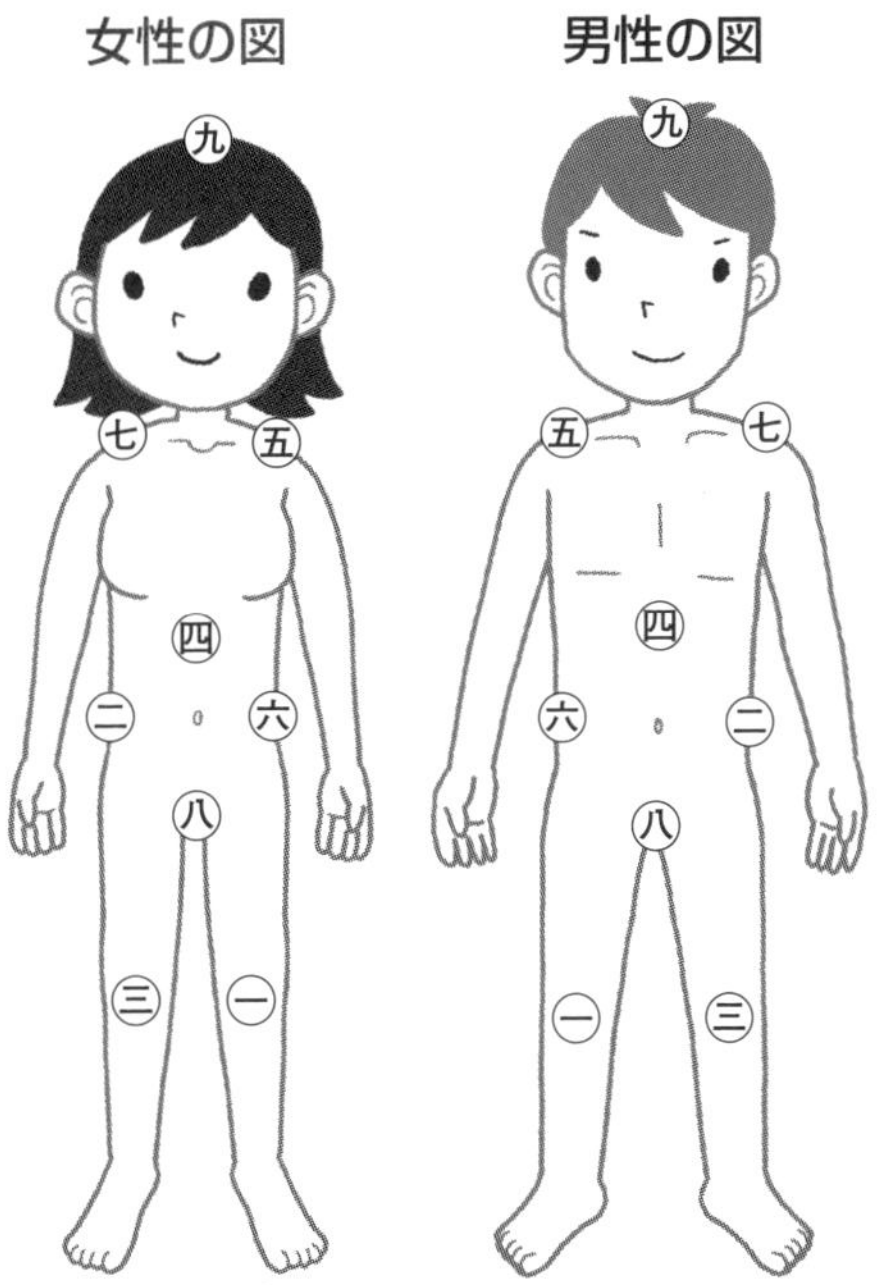

護符を使うお呪《まじな》い

●思うことをかなえる秘符

右の文字を墨で半紙一枚に書き、小さくたたんで胸のポケットなどに入れ、いつも身に着けておく。夜は枕の下に入れると効果大。

●家内安全息災延命の秘符

右の文字を半紙に筆で書き、玄関など出入口に貼る。

●長寿のお呪い

元日の朝に右の文字を半紙に書き、それを丸めてくみたての清水で飲み込む。ミネラルウォーターで代用も可。

●金運のお呪い

白い紙に右の文字を墨で書き、乾いたらすぐポケットに入れ、身に着けておく。

●賭事に勝つお呪い

半紙か和紙に右の図形と文字を書き、勝負の日に胸元にしのばせて行く。

●商売繁昌の護符

半紙に墨で右の文字を書き、店の入口に貼る。朝早く店先を掃除すると効果大。

●怨みを避けるお呪い

國　國
國
國　國

鬼喼急如律令

白紙に右の文字を同じ位置に書き、いつも身に着けておく。入浴時もそばに置く。

●男女互いに思いを通じるお呪い

戸田鬼
日日日
喼急如律令

半紙と筆を用意し、その年の恵方に向かって右の文字を書き、枕の下に置く。毎晩寝る時、恵方に向かい正座し、「虎と見て石にたつ箭《や》のためしありなどか思ひのとほらざらまし」と三回唱える。

●男女の仲を裂くお呪い

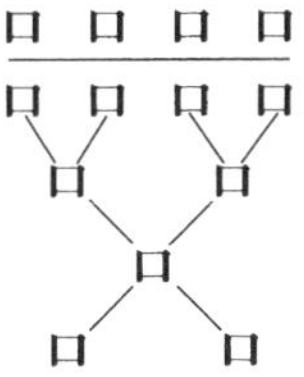

喼急如律令

恋人を他に取られた時などに用いるが、遊び半分でやると自分がひどい目に遭う。半紙に上の文字を書き、念を込めつつ、いつも身に着けておくこと。人に知られると効果なし。

●盗難よけのお呪い

そわか
とつ犬しみん
中たい

家の表側に立ち、家に向かって右の護符を小声で唱えながら、その言葉を指先に書くまねをする。さらに家の裏側に立ち、前と同じく行なう。ただし、他人に気付かれると効果なし。

●虫歯の痛みをやわらげるお呪い

天鬼喼急如律令

半紙に墨で右の文字を書き、それを細かく折って痛む歯に差し挟む。誠意がないと効果は望めない。

冠の常識

冠とは冠礼のことで、古くは元服を意味し、奈良時代の初めの頃から唐の礼を取り入れて行なわれました。十二～十六歳の男の子が大人になったことを表すために、衣服を改め髪を結い、冠を身に着けた儀式です。

貴族の間で始まったこの行事も、武家そして庶民へと広がりました。平安から室町時代には、女の子の場合も成人に達した儀式と共に髪型や服装の変化でこれを示し、今日では成人式がこれにあたります。

このように人が生まれてから死ぬまで、一生の間にその成長に応じて行なわれる〔個人的な祝賀行事（祝い事）〕全般を冠礼、すなわち冠と考えてよいでしょう。

●個人的な祝賀行事

①出産関係の諸行事（着帯のお祝い・お七夜のお祝い・出産祝いの贈答・お宮参り・お食い初めなど）
②節句（特に初節句）
③誕生日（特に一年目の初誕生日祝い）
④七五三のお祝い
⑤入学・卒業など学業関係の祝賀行事
⑥成人式
⑦就職・栄転など就職関係
⑧結婚記念日（特に銀婚式・金婚式などのお祝い）
⑨賀寿（長寿のお祝い…還暦・古稀・喜寿・米寿などのお祝い）

初節句・七五三・成人式などは年中行事として祭に分類しがちですが、その人にとっては、それぞれ特定の年齢に達して初めて祝えるのです。一生に一度のことですから、冠として考えるほうがよいでしょう。

この他、新築祝い・開店祝い・開業祝いなども個人的なお祝い事といえますが、これらは一般的な礼儀としての常識と考えてよいでしょう。

❶出産関係の諸行事

1 着帯のお祝い

日本では妊娠五ヵ月になると、〔岩田帯〕といって腹帯を巻く習慣があり、妊婦が五ヵ月目の戌《いぬ》の日に巻くのがしきたりです。犬は多産でお産が軽いため、それにあやかって戌の日が良いとされました。

2 出産のお祝い

無事赤ちゃんが生まれたら、最初に双方の両親に知らせます。赤ちゃんの性別・体重・母子の健康状態を報告し安心させます。仲人や親戚・友人への知らせはお七夜を目安にします。

病院での出産の場合、退院時にお世話になった医師や看護師にお礼をします（五千円～一万円）。

死産の場合は、のし紙を付けずに同程度の金品を渡します。

生後七日目の夜に赤ちゃんの名前を披露して、健やかな成長を願うのがお七夜です。赤ちゃんが生まれて最初に行なう儀式で、命名書を飾り、祝いの膳を囲みます。

3 お宮参り・お食い初めのお祝い

お七夜のお祝いに続いて赤ちゃんの出産を祝う行事には、お宮参り・お食い初めがあります。

お宮参りは、赤ちゃんが生まれてから初めて産土《うぶすな》の神に参詣することをいい、昔は氏神に対して氏子として仲間入りを認めてもらうという意味を持っていましたが、今日では昔のしきたりに従って赤ちゃんの健やかな成長を祈るためにお参りするという意味でとらえられています。

お食い初めは、赤ちゃんに初めて飯を食べさせる儀式で〈はし初め・はしぞろい・はし立て・真魚《まな》初め・魚味の祝〉ともいいます。昔は〈五十日《いか》〉〈五十日《いか》の賀《が》〉などともいって、五十日目に餅をついて祝うしきたりがありましたが、今は百二十日目に行なうのが一般的です。

❷ 節句（特に初節句）

毎年三月三日は女の子の節句、五月五日は男の子の節句として子供の健やかな成長を祈るならわしがありますが、赤ちゃんにとっての初節句は一生に一度の事なので、家族だけでなく近い親戚や知友なども贈り物をして祝意を表すしきたりがあります。一般にはひな人形や鯉のぼりなどを贈りますが、一式をどの程度でそろえるか計画して、率直に贈る人贈られる人とが話し合って、贈り物が重複したり無駄にならないように、その内容や方法を考えたほうが実質的なお祝いとなります。

❸ 誕生日（特に一年目の初誕生日）

誕生日を祝う風習は明治以降に欧米から伝わってきたものですが、生後一年目の初誕生日だけは日本でも昔から家族・親戚が集まって祝うしきたりがありました。立ち餅とか力餅などといって餅をついて祝ったり、赤ちゃんが誕生日前から歩き始めると、成長して家を遠く離れて暮らすようになるとして、大きな鏡餅を背負わせてわざと倒れさせる「ぶっ倒れ餅」のならわしがある地方もあります。

いずれにしても、病気に負けない強い子に育ってほしいという願いを込めて、祝い餅を背負わせたり足で踏ませたりして祝います。

❹七五三のお祝い

数え歳三歳と五歳の男児及び三歳と七歳の女児に晴着を着せ、十一月十五日にお宮参りにつれて行くならわしです。七五三の起こりは江戸時代の武家で、数え歳三歳で髪置きの祝い（初めて髪を伸ばす儀式）、五歳又は七歳で袴着の祝い（初めて小袖に袴をはく儀式）、また女児も三歳で髪置きの祝い、七歳で紐落としの祝い、帯解きの祝い（付け紐をやめ、初めて本式の帯を用いる儀式）を行ない、これが今日の七五三になっています。

❺入学祝い・卒業のお祝い

幼稚園の入園から小学校、中学校、高校、大学の入学と卒業は、当人はもちろん、親達にとっても一生のうちで最も感動的な慶祝すべき行事といえます。

家族はもとより、親戚や親しい友人の家庭に入園・入学あるいは卒業の喜びを迎える子弟がある時は、その親しさの度合いに応じてしかるべき贈り物などして、励ましを込めて祝意を表したいものです。

❻成人式のお祝い

「国民の祝日に関する法律」によって毎年一月十五日は「成人の日」と定められました。現在ではその法律が一部改正され、毎年一月の第二月曜日が、「成人の日」です。その主旨は「おとなになったことを自覚し、みずからが生き抜こうとする青年を祝いはげます」となっています。なお、令和四年に成人年齢が満二十歳から満十八歳に変わりました。市町村の役所や職場などを中心としてお祝いの式典が実施されますが、家族としては誕生日に祝ってあげるのも一つの方法です。

❼就職祝い

入試、就職、結婚は、人生の三大関門だといわれるほど重要なことです。ですからお祝いは、親しさの度合いにもよりますが、盛大に行ないましょう。当人も初月給をもらったら、たとえささやかでもお礼をしましょう。

❽結婚記念日

結婚後二十五年目の記念日を〈銀婚式〉、五十年目を〈金婚式〉と呼びます。これを祝う風習は、明治以降欧米から入ってきたものですが、知友を集めてパーティーを開いてもいいし、夫婦が互いに感謝をこめて贈り物を贈って、二人きりで祝うのもよいでしょう。

婚の常識

婚姻とは

婚姻については、令和四年に「民法」が改正されました。第七三一条に「婚姻は、十八歳にならなければ、することができない」と明記され、成人年齢が十八歳になったことで、未成年の婚姻に関する「民法」七三七条は削除されました。

お見合いの常識

お見合いで心得ておきたいことは日取りと場所です。縁起をかつぐわけではありませんが、暦の上の吉凶をもとにして双方の家風も十分に考慮し、お互い（両家）のより良い日を選ぶべきです。一般の風潮としては結婚式の場合と同じく、暦の中段の、なる・たいら・たつ・さだん、六輝の大安の日が選ばれているようです。

場所も普通は紹介者の自宅、ホテル、レストラン、料亭、劇場などが使われていますが、なるべく当事者がリラックスできるような場所を選ぶようにすべきです。

結納についての心得

日本では古くから婚約の固めを結納という形式で行なってきました。これによって婚約が成立します。この場合両家の間に正式に仲人（媒酌人）を立てて、さらに結婚式へと進めるのが一般的です。

結納のやり方は、地方によってそれぞれのならわしがあり様々ですが、近年は簡略化・現代化されています。やはり日柄を大切にすることから、暦の中段の、なる・みつ・おさん、六輝の大安・友引の日を吉日にしています。最近ではほとんどの人たちが市販の結納飾りにセットされている目録と受け書を使うようになっています。男性側から贈る金包を「帯料」、女性側からのものが「袴料」で金包の内容が結納金です。普通は帯料の半額程度を袴料としていますが、決まりはなく、また地方によってならわしも違いますので、周囲の方と相談して手落ちのないように心掛けてください。

結婚式の心得

挙式の日取りは、大切な「縁」を築く日ですから、できれば大安吉日、あるいは暦の中段の、なる・たいら・たつ・さだん・みつの日が吉です。正式な仲人がいる場合は、仲人が両家の意向を確かめたうえで最良の日を決めますが、昨今は現代的に当人同士が相談して日程・会場まで決めることが多いようです。

日取りが決定したら、披露宴の世話人の人選です。司会者は披露宴の雰囲気を左右する大役ですから、しっかりした話し上手な人に依頼します。受付は新郎・新婦双方から一名ずつ選べばよいでしょう。会計は親族から選ぶのが無難です。スピーチや余興の依頼は招待状の発送時などに、前もってしておくことが大切です。

招待状は遅くとも挙式一ヵ月前には参列者の手元に届くように発送し、二週間前には返事がもらえるようにするべきでしょう。体裁よりも失礼にならない内容にすること、略図、電話番号、駐車場の有無などを書くのが礼儀です。

●御祝儀・チップなど

御祝儀はお祝い事の時の心付けです。例えば結婚式のお手伝いの方や、建前の時の棟梁・大工さんへと、種類はいろいろとありますが、労をねぎらい感謝の心で渡すものです。金額は場合により異なりますが、周囲の方とよく相談して、タイミングよく渡すことが大切です。

●来賓の祝詞

披露宴の来賓者のなかで祝詞をお願いする方には、関係者が話し合い、少なくとも一週間前には、何らかの方法で連絡し依頼します。

司会者は、宴の前に祝詞をいただく方の出席を確認し、順番、時間などをお伝えして、失礼のないように十分注意しなければなりません。順番は、新郎側主賓、新婦側主賓に祝詞をいただいた後、食事に入り、徐々にテーブルスピーチをお願いするのが自然です。

●来賓客の装い

来賓の方の装いはお祝いの気持ちを最大限に表現すると同時に、自分の役割をわきまえたものであることが第一です。

披露宴に招かれた男性の一般的な服装は、ブラックスーツかダークスーツです。ダブル、シングルどちらでもよいでしょう。勤務先からビジネススーツで出席する場合には、ネクタイを替えてポケットチーフを飾るなど華やかな雰囲気を心掛けてください。

女性は和装の場合は未婚、既婚により決まりがあります。既婚女性の正礼装は留め袖ですが、現代では年配の身内の方以外は避けたほうが無難です。格式の高い席で正式な礼装が必要な場合は、色留め袖がよいでしょう。未婚女性の場合には振り袖が一般的ですが、新婦より格を下げて中振り袖を着るのがエチケットです。

洋装は未婚既婚の区別はありませんが、基本的に昼はアフタヌーンドレスで普通丈のもの、夜はイブニングドレスで光沢のある素材を選びましょう。

いずれにしても主役の二人を引き立て、上品にそして華やかに喜びの気持ちを表す服装を心掛けることが、何よりも大切です。

葬の常識

●葬儀についての心得

葬儀の前後は、遺族は気も動転し取り乱していますから、親戚や会社の人、近所の知人など葬儀の経験豊かな人に世話役（葬儀委員長）になってもらい、その人と遺族が相談して、通夜・告別式・火葬場にいたるまでの葬儀の手配一切を取り仕切るようにします。

喪主は原則として故人に一番近い人か法律上の相続人がなるのが常識ですが、夫が亡くなった時、相続人がまだ幼児である場合は、亡くなった夫の妻が喪主になるのが自然です。葬儀はできる限り故人の信仰に従って行ないますが、一般的に、通夜・葬儀・告別式・出棺・火葬という順序で葬送の儀式が行なわれます。

●弔問と応対のマナー

臨終を知らされた時は、近親者（血族）、親戚（近い姻族）は何をおいてもすぐ駆けつけて、まずお悔やみを述べ遺族を慰めます。そのまま喪家にとどまって手伝いができるなら遺族に申し出ますが、人の手が足りているようなら、お悔やみを述べるだけにして焼香し、すぐに辞去します。服装は、この段階では地味なものなら何でもよいです。

香典は、故人の霊を供養する香や花などの供物に代わる金銭です。表書きは宗教により違いますが「御霊前」ならどの宗教にも使えます。香典を持参する時期に特別な決まりはありませんが、通夜の時がよいでしょう。通夜に出席しないなら、告別式の時に持参するようにします。

●焼香の順序

告別式や法事での焼香の順序は、以下のとおりです。

一、喪主（配偶者または長男）
二、配偶者または長男（喪主にならないもの）
三、両親（父が先）
四、長男の嫁・次男・次男の嫁の順に
五、孫（年齢順、同配偶者）
六、おじ・おばとその配偶者・その兄弟
七、故人と血縁順の親戚
八、故人の先輩・友人・知人・近所の人・手伝いの人

故人の冥福を祈り、霊を慰め死を惜しむ心を伝えるのが焼香ですから、順番にこだわらず皆の納得する順にするのがよいでしょう。線香で焼香の時は炎は必ず手であおぐようにして消します。口で吹いて消すのは、不浄の息を吹きかけることになりますので、絶対にしてはいけません。

仏式の焼香では、順番がきたら次席に目礼して数珠を

左手に持って立ち、祭壇の少し手前で僧侶と遺族に一礼し、前に進み、遺影・戒名を正視してから合掌します。次に右手の親指と人さし指・中指で香をつまみ静かに額の高さまでおしいただいてから香炉にくべます。

香は仏法僧三回献じるのが正式ですが、宗派やその時の事情で一回ないし二回の時もあります。再び合掌し最後に僧侶、遺族に一礼して席に戻ります。

葬儀やその他の儀式が神式で行なわれる場合は、神前に玉串《たまぐし》を捧げます。キリスト教の葬儀では、焼香にあたる儀式として、献花が行なわれます。

●喪服についての心得

葬儀・告別式では、喪主・故人の遺族・近親者・世話役は正式な喪服を着ます。一般の会葬者は、できれば略式の喪服にしますが、平服でもかまいません。

略式の服装は、男性の場合、黒・濃紺・グレーの無地で女性の場合は、和服なら黒か茶の地味なもので、三つ紋か一つ紋、帯・ぞうりも黒っぽいもの。洋服の場合は、黒・グレーの長袖スーツかワンピースにします。

●後始末から法要まで

○礼状

現在では、葬儀・告別式の参列者が帰る時、出口で手渡すようになっています。

○お礼

僧侶に読経をお願いするのは、枕経・通夜・葬儀・火葬場・遺骨が帰ってきてからの還骨勤行と何回もありますが、そのお礼は多くの場合一括して包みます。普通は菩提寺の僧侶にお願いするので最後まで同じ僧侶ですからまとめてお礼します。表書きは「御布施」とし、読経料に戒名料を加えた金額になります。菩提寺の場合でも金額が分からない時は葬儀社の方と相談しましょう。

●香典返しは

仏式では、故人が亡くなって四十九日を過ぎると故人の霊は六道のいずれかに輪廻すると考え、この四十九日を忌明《きあ》けといいます。この日の法要をすませ、納骨を行ないます。この忌明けに、挨拶状と共に香典返しをしますが、最近では早いほうがいいということから、三十五日を目安にすることが多くなっています。

●法要についての心得

仏式での法要は、亡くなった日を入れて七日目ごと、初七日《しょなのか》・二七日《ふたなのか》・三七日《みなのか》・四七日《よなのか》・五七日《いつなのか》・六七日《むなのか》・七《なな》七日《なぬか》と月忌（一ヵ月後の命日）、百ヵ日ですが、普通は初七日、三十五日（五七日）、四十九日（七七日）、一周忌、さらに三回忌、七回忌というふうに奇数年に営みます。一般的に三十三回忌までが行なわれています。

祭の常識

正月を祝う

正月とは、もともと新しい年に天から降りてこられる「年神様」、別名「お正月様」を迎えて豊作を祈願する行事のことです。正月飾りはその「年神様」を迎えるために作られたものでした。現在では簡略化されている部分も多いのですが、伝統的なしきたりを大切にしながら、一年の健康と幸福を願うようにしたいものです。

正月飾りは、十二月二十六日から三十日の間に飾るのが一般的です。ただし、二十九日は「苦の日」として避けるのが賢明です。また、三十一日の大晦日は「一夜飾り」として避けるのが普通です。

初詣と年始回り

除夜の鐘が鳴り終わると神社やお寺は大勢の初詣の人々でにぎわいます。初詣は正月三が日だけに限らず、七日の松の内まで、または十五日頃までにすませればよいでしょう。神社に参詣する時は、正式には手水で身を清め、さい銭を納めて鈴を鳴らし、二礼・二拍手・一礼をします。

年始回りは、三が日、遅くとも松の内にはすませます。ただし、元日は避けること。時間も午前十一時頃から明るいうちに訪問し、玄関先で挨拶をすませます。

事始め

初夢は元日の夜から二日の朝にかけてみる夢です。「一富士二鷹三茄子」といわれる縁起のよい夢をみるように、宝船の絵を枕の下に敷いて寝る風習がありました。

書き初めは、正月二日に初めて文字を書いて、書の上達を願う儀式のことをいいます。弾き初め、歌い初め、初釜などの稽古事も同様に行なわれます。

御用始めは、昔は二日からでしたが、今では四日というケースがほとんどです。

大晦日

いよいよ年越しと正月です。昔は十二月十三日の正月事始めから正月の準備に取り掛かっていたようですが、今は二十五日を過ぎた頃から始めるのが一般的になりました。

年賀状は十二月に入ったら書き始めます。二十日を過ぎたら冷蔵庫・食器棚などの掃除をしておきましょう。

やがて大晦日を迎え、除夜の鐘を聞きながら年越しそばを食べ、過ぎてゆく一年の出来事を思い出して反省し、来るべき新年を心新たに迎える準備をします。除夜の「除」とは、旧年を除くという意味です。百八の鐘の百七までは旧年に、最後の一つは新年につきます。

申込日　　年　　月　　日

鑑定申込書

相談内容（ご相談内容はできるだけ簡単明瞭にお書きください）

住所	氏名	生年月日
〒□□□－□□□□	ふりがな	大正・昭和 平成・令和 年 月 日生
	電話番号	性別 男・女
		年齢 歳

☆ご相談内容は、すべて秘密として厳守いたします。ご記入いただいた個人情報は、運命鑑定以外の目的には使用しません。

高島易断の暦は
いつも、あなたのそばにあり。
毎月・毎日の好運の指針として、
きっとお役に立てることでしょう……。

令和六年 高島易断開運本暦

発行所 株式会社ディスカヴァー・トゥエンティワン
〒102-0093
東京都千代田区平河町2-16-1
平河町森タワー11F
電話 03・3237・8321（代表）
FAX 03・3237・8323

編著 高島易断協同組合

蔵版 高島易断

印刷製本 中央精版印刷株式会社
DTP 株式会社 T&K
発行日／2023年7月21日 第1刷
ISBN 978-4-7993-2959-7

定価は裏表紙に表示してあります。
乱丁・落丁本は小社にてお取替えいたしますので、
小社「不良品交換係」まで着払いにてお送りください。

■本書の記載内容についてのお問い合わせは、
つぎの所へお願いします。

高島易断協同組合
〒108-0073
東京都港区三田2-7-9 サニークレスト三田B1
電話 03・5419・7805
FAX 03・5419・7800